Der Beitrag der Veränderungsforschung zur
Nachhaltigkeit von Organisationsentwicklung

Lothar Schäffner

Der Beitrag der Veränderungsforschung zur Nachhaltigkeit von Organisationsentwicklung

Rainer Hampp Verlag München und Mering 2002

Die Deutsche Bibliothek - CIP-Einheitsaufnahme

Schäffner, Lothar:
Der Beitrag der Veränderungsforschung zur Nachhaltigkeit von
Organisationsentwicklung / Lothar Schäffner – München ; Mering :
Hampp, 2002
ISBN 3-87988-684-9

Liebe Leserinnen und Leser!
Wir wollen Ihnen ein gutes Buch liefern. Wenn Sie aus irgendwelchen Gründen
nicht zufrieden sind, wenden Sie sich bitte an uns.

∞ *Dieses Buch ist auf säurefreiem und chlorfrei gebleichtem Papier gedruckt.*

© 2002   Rainer Hampp Verlag   München und Mering
Meringerzeller Str. 10   D - 86415 Mering

Internet: www.Hampp-Verlag.de

Alle Rechte vorbehalten. Dieses Werk einschließlich aller seiner Teile ist urheberrechtlich geschützt. Jede Verwertung außerhalb der engen Grenzen des Urheberrechtsgesetzes ist ohne schriftliche Zustimmung des Verlags unzulässig und strafbar. Das gilt insbesondere für Vervielfältigungen, Mikroverfilmungen, Übersetzungen und die Einspeicherung in elektronische Systeme.

**Meinen beiden Söhnen
Cord und Fabian
gewidmet**

Inhalt

1. Einleitung 14

2. Veränderungsforschung

2.1 Definition 22
2.2 Aktionsforschung zwischen kritischer Theorie und Pragmatik 23
2.3 Zielsetzung und Strategie als Verständigungsgrundlage zwischen Forscher und Unternehmen 24
2.4 Veränderungsforschung und Parteinahme 25
2.5 Der symbolische Interaktionismus als paradigmatische Basis 26
2.6 Tradierte Kulturen und Widerstände gegen Veränderungen 29
2.7 Die Verknüpfung von qualitativen und quantitativen Methoden 29
2.8 Die Rollen des Forschers und des Praktikers im Veränderungsprozess 31
2.9 Zum Wissenschaftsverständnis 32

3. Veränderungsprozess durch Modellversuche - Veränderungsforschung im Sinne einer wissenschaftlichen Begleitung
Am Beispiel des Modellversuches Ausbildung von Frauen in gewerblich/technischen Berufen

3.1 Zielsetzung der Veränderung 34

3.2 Externe Rahmenbedingungen 34

3.3 Unternehmensinterne Rahmenbedingungen 38
    3.3.1 Gründe für die Teilnahme am Modellversuch 38
    3.3.2 Die Rolle der wissenschaftlichen Begleitung zwischen analytischer Distanz und zunehmender Parteinahme 39

	3.4	Konzeptioneller Ansatz der wissenschaftlichen Begleitung	41
		3.4.1 Gesellschaftliche Vorannahmen	42
		3.4.2 Die Bewährung im System Betrieb als Untersuchungsfocus	43
		3.4.3 Einflussfaktoren auf die Bewährung	45
		3.4.4 Weitere zentrale Fragestellungen aus dem Prozess des Modellversuches heraus	46
	3.5	Geplante Methoden und Instrumente	48
	3.6	Ergebnisse	52
		3.6.1 Bewährung	52
		3.6.2 Positive biographische Leistungskarriere als zentrale Bedingung	57
	3.7	Zusätzliche Erkenntnisse	60
		3.7.1 Das Spannungsverhältnis zwischen wissenschaftlicher Erkenntnis und Parteinahme im Rahmen der Veränderungsforschung	61
		3.7.2 Die Bedeutung der Präsentation wissenschaftlicher Erkenntnisse	63
		3.7.3 Wandel der Einstellung zur Beobachtung – von der Attraktivität zur Last	65
		3.7.4 Veränderungen der Qualifikationsanforderungen in der industriellen Produktion	67
		3.7.5 Sondersituation Modellversuch	70

4. Veränderungsprozesse durch neue firmeninterne - Qualifizierungsstrategien - Veränderungsforschung im Sinne von Erfolgsmessung
Am Beispiel der Implementierung von Facharbeitern in der Produktion

	4.1	Zielsetzung der Veränderung	77
	4.2	Externer Kontext	79
	4.3	Unternehmensinterne Rahmenbedingungen	79

	4.3.1	*Die Verbündeten im Veränderungsprozess*	79
	4.3.2	*Die Ambivalenz zwischen Qualifikation und Kosten*	81
	4.3.3	*Der Legitimationsdruck auf Bildungseinrichtungen*	82
4.4	Konzeptioneller Ansatz der Veränderungsforschung		83
	4.4.1	*Methoden und Instrumente*	84
	4.4.2	*Das Auswertungsverfahren*	87
	4.4.3	*Veränderungen in den Fragestellungen während des Prozesses*	88
4.5	Ergebnisse		88
	4.5.1	*Summarische Beschreibung*	89
	4.5.2	*Defizite der jungen Facharbeiter und deren Ursachen*	90
	4.5.3	*Kurzzeitige und mittelfristige Einsatzmöglichkeiten der Produktionsfacharbeiter*	91
	4.5.4	*Bewährungsmaßstab nach Einsatzbereichen*	93
	4.5.5	*Beurteilung der Produktionsfacharbeiter durch ihre Vorgesetzten*	96
4.6	Begleitende Erkenntnisse bei der Durchführung des Veränderungsprozesses		101
4.7	Unterstützung des Veränderungsprozesses durch die Diskussion um lean production		101
4.8	Eine Maßnahme zur Verringerung der Kluft zwischen Facharbeitern und Angelernten		102

5. Veränderung durch eine neues Ausbildungsprofil für Führungskräfte – Veränderungsforschung als Erfolgssicherung
Am Beispiel des Studiums im Praxisverbund – Ausbildung von Produktionstechnikern

5.1	Zielsetzung der Veränderung *Das Ende der „Meisterschaft" als Qualifikation zur Führungskraft*	105

5.2	Externer Kontext	107
5.3	Unternehmensinterne Rahmenbedingungen	108
5.4	Konzeptioneller Ansatz der Veränderungsforschung	109
	5.4.1 Die Verantwortung unternehmensinterner Ausbilder	110
	5.4.2 Das Auswahlverfahren	110
	5.4.3 Methoden und Instrumente der Veränderungsforschung	116
5.5	Ergebnisse	117
	5.5.1 Gründe für Wahl des dualen Studiums	117
	5.5.2 Zufriedenheit mit der Ausbildung	118
	5.5.3 Berufsperspektive und Stellenantritt	118
5.6	Begleitende Erkenntnisse	123
	Das Passungsproblem zwischen dem technischen System und dem Qualifikationssystem	

6. Entwicklung einer Unternehmensstrategie und deren Umsetzung in Managementziele, Arbeitsorganisationen und Führungsverhalten - Veränderungsforschung in der Rolle eines „multifunktionalen change agents"

Am Beispiel der langjährigen Beratung eines mittelständischen Unternehmens

6.1	Die Ermittlung strategischer Ansatzpunkte	127
6.2	Die Zusammenarbeit im Führungskreis 1	131
	Rollenverhandeln	
	6.2.1 Methode	131
	6.2.2 Ergebnis	134
6.3	Die Definition strategischer Ziele und deren Operationalisierung	135
	6.3.1 Workshop „Umsetzung der Qualitätsphilosophie"	135
	6.3.2 Workshop Vision 2000: „100% in 24 Stunden"	139
	6.3.3 Eine Krise im Prozess – Risiko des Moderators	144

6.4	Mitarbeiterbefragung im Produktionsbereich Ein survey-Feed-back-Prozess	147
	6.4.1 Die Praxis der Befragung - und handwerkliche Tipps	*147*
	6.4.2 Ergebnisse der Mitarbeiterbefragung beim mittelständischen Brillenglashersteller	*156*
	6.4.3 Exkurs: Der Konflikt zwischen den Schichten – ein Dauerthema	*160*
6.5	Die Einführung einer Teamorganisation	162
	6.5.1 Zur Aktualität des Themas Teamorganisation	*162*
	6.5.2 Die Initiative	*165*
	6.5.3 Klärungspunkte im Vorfeld	*166*
	6.5.4 Die Einführung von Teamarbeit als Organisationsentwicklungsprozess	*169*
	6.5.4.1 Das Verständnis von Organisationsentwicklung	169
	6.5.4.2 Das Vorgehen bei der Organisationsentwicklung	169
	6.5.4.3 Change-Agent-Funktionen	170
	6.5.4.4 Phasen des Organisationsentwicklungsprozesses	172
	6.5.5 Einflussmöglichkeiten des Betriebrates	*173*
	6.5.6 Die Entscheidungen über die Einführung und die Rahmenbedingungen	*174*
	6.5.6.1 „Politisches" Vorgehen	176
	6.5.6.2 Verantwortung des Teams	178
	6.5.6.3 Investitionen	178
	6.5.6.4 Arbeitsgestaltung im Team	178
	6.5.6.5 Die Rolle der Vorgesetzten	179
	6.5.6.6 Steuerung und Gestaltung des Einführungsprozesses	180
	6.5.7 Kommunikation der Ziele durch die Geschäftsleitung	*181*
	6.5.8 Das Projektteam	*186*
	6.5.8.1 Das Spannungsverhältnis zwischen Freiraum und Sicherheit	186
	6.5.8.2 Dauerthemen	189
	6.5.9 Die Arbeit des" Steuermannes" Spielregeln für den Prozess	*190*

6.5.10	*Die Arbeit mit dem Start-Team*	192
	6.5.10.1 Der Startworkshop	192
	6.5.10.2 Teamarbeit macht das Zusammenleben nicht leichter	197
	6.5.10.3 Effektivere Übernahme ehemaliger Führungsaufgaben durch das Team	200
	6.5.10.4 Rollenkonstellationen als Hindernis für die Entwicklung eines Teams	201
	6.5.10.5 Kritische Situationen im Berufsalltag des Teams	202
	6.5.10.6 Ein Rollenwechsel vom Trainer zum Botschafter	203
	6.5.10.7 Die Bezahlung als zentrale Teamfrage	205
	6.5.10.8 Selbstdarstellung als Motivationsschub	206
6.5.11	*Die Vergleichsgruppe in der Niederlassung*	207
	Der Einfluss historischer, struktureller und personeller Rahmenbedingungen auf den Teamgeist	
6.5.12	*Die Arbeit im Meisterteam*	211
	6.5.12.1 Das Führen von Teams	211
	6.5.12.2 Coaching als Führungsverständnis	216
	6.5.12.3 Die Attraktivität der Gruppe als Anreiz zur Leistung	218
	6.5.12.4 Die neue Funktion der ehemaligen Vorgesetzten bei der Einführung von Teamarbeit	220
	6.5.12.5 Das Nebeneinander von Teamstruktur und Hierarchie	232
	6.5.12.6 Spielregeln und Transfersicherung von Veränderungen	233
6.5.13	*Teaminspektion*	239
	6.5.13.1 Das Instrument	239
	6.5.13.2 Die Ergebnisse im Jahresvergleich	240

7. Veränderung durch Aus- und Weiterbildung - Veränderungsforschung als Transfersicherung
Am Beispiel eines Pilotprojektes bei einer Luftfahrtgesellschaft

7.1	Zur Vorgeschichte des Projektes	251

7.2	Das Konzept des Pilotprojektes	251
7.3	Die Berufspraxis der Pilot-Zielgruppe	253
	7.3.1 Die Beobachtung der Arbeitsplätze im Pilotprojekt	*254*
	7.3.2 Abgleich der Beobachtungen mit dem gewünschten Service-Verhalten	*256*
7.4	Konzeption einer Kundenbefragung	259
	7.4.1 Der Kundenwunsch als Maßstab der Praxis	*259*
	7.4.2 Die Auswahl der Critical Incidents	*260*
	7.4.3 Hygienefaktoren und Motivatoren	*262*
	7.4.4 Der Fragebogen	*262*
	7.4.4.1 Der Aufbau des Fragebogens	262
	7.4.4.2 Zur Kritik am Fragebogen im Untersuchungsvorfeld	264
	7.4.5 Die Befragung der Fluggäste	*267*
	7.4.6 Ergebnisse der Kundenbefragungen	*268*
	7.4.6.1 Motivatoren, Hygienefaktoren und verallgemeinerbares Verhalten	271
	7.4.6.2 Zur Funktion von added-value	273
	7.4.7 Konsequenzen aus der Kundenbefragung	*277*
	7.4.8 Zur Einschätzung der Kundenwünsche durch das Service-Personal und die Flight-Manager	*278*
	7.4.8.1 Zur Interpretation der Hygienefaktoren	283
	7.4.8.2 Zur Interpretation der Motivatoren	284
7.5	Konsequenzen aus den Abweichungen zwischen Kundenerwartungen und Einschätzung durch die Dienstleiter	284
7.6	Die Ermittlung der Kundenwünsche als zentrales Element der Transfersicherung	286
7.7	Transfersicherungsmaßnahmen im pädagogischen Feld	287
	7.7.1 Das theoretische Modell	*287*
	7.7.2 Unterstützende Voraussetzungen	*291*
	7.7.3 Toolbox zur Transfersicherung	*300*

8. Voraussetzungen für die Nachhaltigkeit von Veränderungsprozessen

8.1	Die leidvolle Praxis	303
8.2	Kriterien für die Nachhaltigkeit von Veränderungen	304
8.3	Veränderungen müssen intendiert sein	306
	8.3.1 Die Bandbreite der Unterstützung	*307*
	8.3.2 Die Rollen im Veränderungsprozess	*309*
	8.3.3 Zielformulierungen in Veränderungsprozessen	*311*
8.4	Organisationale Veränderungen müssen indiziert sein	312
8.5	Veränderungen müssen durch Nachpflege unterstützt werden	315
8.6	Veränderungen müssen die mit ihnen verknüpften Ziele erfüllen	316
8.7	Kosten und Nutzen von Veränderungen	317

9. Das Potenzial der Nachhaltigkeit in den dokumentierten Veränderungsprozessen   320

9.1	Modellversuch Ausbildung von Frauen in gewerblich-technischen Berufen	321
	9.1.1 Was ist daraus geworden? – Interviews mit Wolf Dieter Gogoll und Uwe Roßberg	*321*
	9.1.2 Aspekte der Nachhaltigkeit	*324*
9.2	Die Implementierung von Facharbeitern in der Produktion	328
	9.2.1 Was ist daraus geworden? – Interview mit Wolf Dieter Gogoll	*328*
	9.2.2 Aspekte der Nachhaltigkeit	*328*

9.3	Die Ausbildung von Produktionstechnikern durch ein Studium im Praxisverbund	331
	9.3.1 Was ist daraus geworden? – ein Interview mit Wolf Dieter Gogoll	331
	9.3.2 Aspekte der Nachhaltigkeit	333
9.4	Einführung von Teamarbeit	336
	9.4.1 Was ist daraus geworden? – Ein Interview mit Günther Hubrach	336
	9.4.2 Aspekte der Nachhaltigkeit	338
	Exkurs: Teamarbeit und Sozialkapital	340
9.5	Pilotprojekt Transfersicherung	342
	9.5.1 Was ist daraus geworden? – Ein Interview mit Ursula Fuhrmann	342
	9.5.2 Aspekte der Nachhaltigkeit	343
9.6	Zusammenfassung	345

Literatur 347

1. Einleitung

Anstoß und zentrale Fragestellung

In diesem Buch wird der Zusammenhang zwischen der Nachhaltigkeit von Veränderungsprozessen in Wirtschaftsunternehmen und deren externe Begleitung – hier als Veränderungsforschung bezeichnet – hergestellt. Anstoß, Veränderungsprozesse hinsichtlich ihrer Nachhaltigkeit zu thematisieren, sind die Erfahrungen des Autors, die er bei der Begleitung von Veränderungsprozessen in drei Jahrzehnten gewonnen hat. Vor allem ist es die beobachtete Hektik, mit der in den letzten Jahren in Unternehmen eine Veränderungsmaßnahme die andere jagt. Die Gründe für dieses Phänomen sind vielfältig. Zum einen ist es die Ungeduld der Manager, die von Veränderungsprojekten schnellstmöglich wirtschaftliche Erfolge erwarten, weil von diesen Erfolgen wiederum ihre eigene Karriere abhängt. Zum anderen sind Anstöße von Veränderungen und vor allem das Stoppen von laufenden Veränderungsprozessen als „Reviermarken" neuer Manager zu interpretieren, die das Ruder übernommen haben und mit mehr oder weniger laut geäußerten Parolen, wie zum Beispiel *„Teamarbeit ist doch Quatsch – Team heißt doch letztendlich: Toll ein anderer macht's"*, Projekte ihrer Vorgänger über Bord werfen und ihre neue Richtung vorgeben. Eigene Erfahrungen zeigen, dass sie in solchen Fällen meist nicht einmal danach fragen, was die bisherigen Maßnahmen gebracht haben, worauf man aufbauen und was man davon übernehmen könne.

Beispiele für Veränderungsprojekte

Genug Stoff für eine solche Diskussion bieten die vielfältigen Projekte, die der Autor im Verlauf seiner Berufsbiografie in Wirtschaftsunternehmen in unterschiedlichen Rollen – vom wissenschaftlichen Begleiter über die des Leiters der Bildungsabteilung eines großen Konzerns bis hin zum strategischen Berater und Moderator eines mittelständischen Unternehmens – begleitet hat. Im Zentrum stehen folgende Veränderungsprojekte:

- der Modellversuch „Ausbildung von Frauen in gewerblich/technischen Berufen"
- Die Implementierung von Facharbeitern in der Produktion eines Automobilzulieferers
- die Kreierung eines neuen Ausbildungsprofils für Führungskräfte durch ein neu konzipiertes technisches Studium im Praxisverbund

- die Entwicklung einer komplexen Unternehmensstrategie und deren Umsetzung in Managementziele, Führungsverhalten, und Arbeitsorganisation in einem mittelständischen Betrieb der Brillenglasherstellung, vor allem die Einführung von Teamarbeit
- das Pilotprojekt Transfersicherung in der Aus- und Weiterbildung für das Check-In Personal einer Luftfahrtgesellschaft.

Aspekte der Aufarbeitung

Die Aufarbeitung der exemplarischen Veränderungsprojekte bringt folgende vier Aspekte in einen Zusammenhang:

- die Rolle des Veränderungsforschers
- die konkreten Schritte im Veränderungsprozess durch die Dokumentation der eingesetzten Instrumente und deren Wirksamkeit und daraus abgeleitet Verbesserungsvorschläge für Maßnahmen in zukünftigen Projekten
- die Ergebnisse, die in den Projekten erzielt wurden, und
- die Nachhaltigkeit in deren Wirkung.

Die Einschätzung der Nachhaltigkeit in der Wirkung der einzelnen Projekte geschieht vor dem Hintergrund von neu entwickelten Kriterien für die Nachhaltigkeit von Veränderungsprozessen. Dadurch kann zum einen aufgezeigt werden, warum bestimmte Ansätze nicht erfolgreich sein konnten. Zum anderen ermöglicht eine solche Analyse Schlussfolgerungen für die konkrete Gestaltung zukünftiger Prozesse.

Grobstruktur

In einem einführenden Kapitel wird zunächst das spezifische Verständnis von Veränderungsforschung – auch in der Abgrenzung zur Aktionsforschung und Organisationsentwicklung – entfaltet. Danach werden alle oben genannten Projekte zunächst ausführlich hinsichtlich ihrer Konzeption und Ergebnisse dokumentiert.

In einem nächsten Schritt wird mit Hilfe von Interviews mit den damals für den Veränderungsprozess Verantwortlichen überprüft, was aus diesen Projekten geworden ist, das heißt in erster Linie, inwieweit die intendierten

Zielsetzungen heute noch gültig sind und auch noch erreicht werden. Die Spanne zwischen damaliger Intention und dem heutigen Zustand ist längstens 25 Jahre, das Transfersicherungs-Projekt wird mit lediglich fünf Jahren auf die kürzeste „Haltbarkeitsdauer" überprüft. Alle anderen Projekte können vom Start bis heute auf mindestens zehn Jahre zurückblicken. Gerade die langen Zeiträume, auf die sich die Betrachtung ausdehnt, machen den Wert der aktualisierten Bearbeitung aus. „Wertsteigernd" kommt noch hinzu, dass die Projekte selbst in ihrer „heißen" Zeit der Implementierung auch schon über einen Zeitraum von mehreren Jahren unter einer intensiven Beobachtung standen. Diese beiden Bedingungen zusammen erheben Dokumentation und Überprüfung der Projekte in den Stand von Langzeitstudien, die in dieser zusammenfassenden Vielfalt wohl selten sind.

Nach dieser Aufarbeitung und Überprüfung folgt ein Kaptitel, das die Kriterien für die Nachhaltigkeit von Veränderungsprozessen entfaltet. Vor diesem Hintergrund werden dann die Veränderungsprojekte nochmals gemeinsam zusammenfassend diskutiert und auf Mängel und Stärken in der Nachhaltigkeit ihrer Wirkung diskutiert.

Die zentralen Veränderungsprojekte

Das Herzstück auch in quantitativer Hinsicht bleibt die Dokumentation der zentralen Projekte, die dann durch Erfahrungen aus anderen Prozessen ergänzt werden, wenn sie zur Bestätigung oder auch zur Relativierung der gewonnenen Erkenntnisse dienlich sind. Während die ersten drei Veränderungsprojekte auf Grund ihres institutionellen Zusammenhangs und auf Grund ihrer „Abfolgelogik"[1] die gleiche Struktur aufweisen, sind die beiden anderen Projekte entsprechend ihrer spezifischen Fragestellung anders strukturiert. Vorrangig beschäftigt sich die Aufarbeitung der Veränderungsprojekte mit

- der Zielsetzung der Maßnahmen
- externen und internen Rahmenbedingungen
- dem konzeptionellen Ansatz der Veränderungsforschung
- den Methoden und Instrumenten.

---

[1] Alle diese drei Projekte sind in dem selben Konzern der Automobilzuliefer – Industrie durchgeführt worden und haben sich sachlogisch und strategisch aus einander folgerichtig Stufe für Stufe entwickelt worden.

Zielsetzung der Maßnahmen

Bei dem Modellversuch „Ausbildung von Frauen in gewerblich/technischen Berufen" handelte es sich zum Beispiel um die Verbesserung der Berufschancen für Frauen durch die Ausweitung der Berufswahlmöglichkeiten in ein attraktives Berufsfeld, das bislang nahezu ausschließlich Männern vorbehalten war, bei der Entwicklung einer komplexen Unternehmensstrategie und um die Einbindung und damit einhergehend um die Verpflichtung der Führungskräfte für die Umsetzung der Strategin den Unternehmensalltag und um die Implementierung von Teamarbeit.

In dem Transfersicherungsprojekt handelte es sich um eine doppelte Zielsetzung: Zum einen um die Entwicklung eines Musters, mit dessen Hilfe die zentralen transfersichernden Faktoren auf ihre Wirksamkeit analysiert werden können, und zum zweiten darauf aufbauend um die Kreierung von Transfersicherungsansätzen, die dem Bildungsbereich als „Handwerkskasten" zur Verfügung gestellt werden können.

Externe und interne Rahmenbedingungen

Hier werden die Interessen von Politik, Unternehmen und Wissenschaft bei der Durchführung eines Modellversuches, die Notwendigkeit und Auswahl von Verbündeten für die Realisierung einer Veränderungsidee, der Legitimationsdruck auf Bildungseinrichtungen, die Rolle des Betriebsrates und die Bedeutung der Kundenwünsche in Service-Bereichen diskutiert.

Konzeptioneller Ansatz der Veränderungsforschung

Auf dieser Ebene geht es um paradigmatische Vorannahmen, Erklärungsmodelle, die Begründung der zentralen Fragestellungen und deren Veränderungen während des Prozesses.

Methoden und Instrumente

Die Dokumentation der Methoden und Instrumente kann als eine Sammlung von Anregungen dienen, wie und mit welchen Tools man einerseits Veränderungsprozesse anstößt und andererseits evaluiert. Zur Verdeutlichung seien einige Instrumente genannt:

- Die Ermittlung der Beurteilungskriterien von Vorgesetzten für die Bewährung im Beruf mittels eines Paarvergleichs
- Instrumente zur Überprüfung der personellen Auswahlkriterien „Reflexionsfähigkeit", „Kommunikationsfähigkeit" und „aktive Mitgestaltung eines Teamergebnisses"
- Entwicklung eines Unternehmens-Strategie-Portfolios
- Umsetzung von strategischen Zielen in Managementaufgaben
- Rollenverhandeln zur Optimierung der Zusammenarbeit im Team
- Erstellung und praktischer Einsatz eines Survey-Feedback-Instruments
- ein Instrument zur Messung der Mitarbeiterzufriedenheit und dessen Verwendung in der Praxis
- ein Instrument zur Teaminspektion bei der Implementierung von Teamorganisation
- ein Instrument zur Erstellung von Spielregeln der Zusammenarbeit in Teams
- „Critical Incidents" als Grundlage einer Kundenbefragung
- ein Instrument zur Befragung von Fluggästen nach Ihren Wünschen, das eine Differenzierung in Motivatoren und Hygienefaktoren zulässt
- ein Instrument zur Beobachtung des Service-Personals am Check-In.

Ergebnisse

Die Vielfalt der Ergebnisse beruht zu einem Teil auf Untersuchungen, die dem Anspruch empirischer Studien gerecht werden, zu einem anderen Teil beruhen sie auf dokumentierten Beobachtungen oder auf in Workshop-Protokollen festgehaltenen Ergebnissen.

Diese bestehen, wie im Transfersicherungsprojekt in einem Produkt, das unmittelbare Handlungsanleitungen für die Praxis liefert, oder stellen sich als analytische Auswertungen eines im Prozess erreichten Ist-Zustandes dar, die mittelbar Anregungen für ein zukünftiges Agieren in Veränderungsprozessen geben.

Zusätzliche Erkenntnisse

Im Rückblick nicht weniger wichtig sind die Ergebnisse, die zunächst nicht im Fokus der Fragestellung waren, sich aber im Laufe der Prozesse als wichtige Erkenntnisse ergaben. Dazu gehören unter anderem die im Rahmen einer begleitenden Untersuchung festgestellten Veränderungen in den Qualifikationsanforderungen der industriellen Produktion, die für eine teilweise Abkehr vom Prinzip der Anlernung zu Gunsten einer Facharbeiterausbildung sprechen.

Eine weitere sehr praktische Erkenntnis bezieht sich auf die Bedeutung der Art und Weise, wie wissenschaftliche Ergebnisse in und für Öffentlichkeit präsentiert werden. In dieses Feld einzuordnen ist auch die Erfahrung, wie ein Mega-Thema in der Managementdiskussion – aufgezeigt am Beispiel „Lean Production" – schon weit früher angestoßene Veränderungen, wie zum Beispiel das Bemühen um eine Höherqualifizierung des Produktionspersonals, erheblich fördern kann.

Darüber hinaus ist das Passungsproblem zwischen dem technischen und dem Qualifikationssystem als beständige Fragestellung deutlich geworden, die nach einer gezielten und strukturierten Beobachtung verlangt. Hinzu kommt noch die resignierende oder auch tröstende Feststellung, dass alle Bildungseinrichtungen – egal in welchem Umfeld sie agieren – einen großen Anteil ihrer Energie für Legitimationsarbeit aufwenden müssen.

Die Rolle des Veränderungsforschers

Ein ständig die Dokumentation begleitendes Thema ist die Rolle derer, die sowohl extern als auch die Veränderungsprozesse begleiten. Dazu gehört das Spannungsverhältnis zwischen einer analytischen Distanz und die innere (zunehmende) Parteinahme sowohl für das Ziel als auch für die Betroffenen.

Im vierten Beispiel, das die Entwicklung einer Unternehmensstrategie und deren Umsetzung verdeutlicht, wird die besondere Rolle eines multifunktionalen Change Agents, also einer „beraterischen Mehrzweck-Waffe" einschließlich ihrer nahezu idealtypischen Beratungsbiografie, in ein und demselben Unternehmen und der damit verbundenen Abnutzungserscheinungen beschrieben.

Dazu gehört auch das Risiko bei eskalierenden internen Konflikten dafür die Verantwortung zugeschrieben und die „Kündigung" als Berater zu bekommen ebenso wie „normale", in jedem Beratungskonzept eigentlich als Ziel intendierte „Abnabelungsprozesse".

Die Abbildung von Prozessen

Hinter dem oben dargestellten Prozess in der Entwicklung der Beraterrolle steht selbstverständlich eine Prozess in der Veränderung der Organisation selbst. Ein solcher Prozess über einen Zeitraum von mehr als fünf Jahren wird am Beispiel der Einführung einer Teamorganisation bei dem mittelständischen Brillenglashersteller abgebildet, indem eine chronologische Darstellung der Vorbereitungsphase gewählt wird, die sich dann in der Implementierungsphase – allerdings getrennt nach den unterschiedlichen im Prozess beteiligten Gruppen und Funktionen – fortsetzt. Zu der Besonderheit dieses konkreten Prozesses gehört, dass der Fokus der Begleitung sich stärker als erwartet auf die Gruppe der ehemaligen Vorgesetzten richtete, was angesichts der Betroffenheit dieser Gruppe durch die geplanten Veränderungen im Nachhinein durchaus verständlich ist.

Zielgruppe des Buches

Dieses Buch richtet sich schon auf Grund der Verknüpfung mehrerer zentraler Aspekte an mehrere Zielgruppen, und zwar an alle, die sowohl Betroffene als auch Beteiligte in Veränderungsprozessen sind. Dazu gehören

- Manager, die in Unternehmen Verantwortung tragen, in denen umfassende Veränderungsprozesse laufen oder geplant sind,
- Trainer und Organisationsentwickler, die als Change Agents solche Prozesse begleiten,
- Hochschullehrer, die Unternehmensentwicklung erforschen und Studierende, die sich auf eine professionelle Rolle in organisationalen Veränderungsprozessen vorbereiten wollen.

Die Konzeption des Buches erforderte eine für den Autor ungewöhnlich lange Bearbeitungszeit von nahezu zwei Jahren. Umfangreich Recherchen in den Protokollen und Forschungsberichten zu den einzelnen Projekten waren dafür ebenso der Grund wie die Ermittlung dessen, was inzwischen aus den dokumentierten Veränderungsprozessen geworden ist.

Allen, die bereit waren, Informationen beizusteuern, sei gedankt, vor allem denen, die für ein Interview zur Verfügung standen. Namentlich genannt seien Frau Ursula Fuhrmann und die Herren Wolf Dieter Gogoll, Günther Hubrach und Uwe Roßberg. Dank gebührt schließlich Sylvia Wiesner, die in gewohnter Sorgfalt das Manuskript erstellt hat, und Astrid Rimbach, die es in eine druckfertige Form brachte.

Lothar Schäffner
Hannover, im Juli 2002

2. Veränderungsforschung

2.1 Definition

Veränderungsforschung ist ein besonderer „Typ der angewandten oder entscheidungsorientierten Forschung, wo dieselbe Person Forscher *und* Praktiker ist, Entscheidungen trifft und mit ihnen lebt."[2] Der Forscher analysiert theoriegeleitet Prozesse und evaluiert Ergebnisse, der Praktiker entscheidet und handelt. Je stärker dieses Handeln auf erforschte Ergebnisse zurückgreifen kann, desto stärker überlagern sich diese beiden Rollen und desto mehr macht es Sinn, von einem Theorie-Praxis-Bezug und von einem theoriegeleiteten Handeln zu sprechen. Wie groß die Schnittmenge zwischen Forschung und Praxis ist, variiert sehr stark. Die Notwendigkeit, in Veränderungsprozessen zum Teil schnelle Entscheidungen treffen zu müssen, macht es unmöglich, diese jeweils auf systematisch erworbene Erkenntnisse im Sinne der zentralen Aufgabe von Forschung zurückführen zu können. Entscheidungen „aus dem Bauch heraus" oder wissenschaftlich korrekter ausgedrückt auf der Grundlage alltagstheoretischer Deutungen sind dabei nicht zu umgehen, vor allem dann, wenn zu bestimmten Fragestellungen die Forschung überhaupt keinen Beitrag bereithält.

Veränderungsforschung unterscheidet sich von der Aktionsforschung durch die Zielvorgabe der angestrebten Veränderung und zum Teil auch durch die Vorentscheidung für eine spezifische Strategie zur Erreichung des angestrebten Ziels.

Das Konzept der Aktionsforschung geht wie die Organisationsentwicklung auf Kurt Lewin zurück. Während Organisationsentwicklung eher die Veränderungsinteressen von Mitarbeitern und von Führungskräften in Organisationen berücksichtigt, ist in der Aktionsforschung der Fokus stärker auf den Forscher gerichtet, was allerdings zum Teil dadurch aufgehoben wird, dass die Trennung zwischen dem Subjekt der Forschung und deren Objekt schwindet. Eine Organisationsform, eine solche Aufhebung Anfang der Vierzigerjahre zu realisieren, waren gruppendynamische Seminare, deren Beitrag zu Veränderungsprozessen unter anderem darin bestand:

---

[2] Damit deckt sich dieser Teil der Definition weitgehend mit der von Lehmann und Mehrens: Educational Research. Readings. In: Focus. New York 1971, S. 6; zitiert nach Moser, Heinz: Aktionsforschung als kritische Theorie der Sozialwissenschaften. München 1975, S. 42.

- ein offenes problemlösendes Klima innerhalb einer Organisation zu erzeugen,
- Vertrauen unter Individuen und Gruppen zu schaffen,
- die Selbstkontrolle und Selbstlenkung der Person zu stärken. (Staehle 1994, S. 868)

Weiterhin sollte das Gefühl für „Eigentumsrechte" innerhalb der Organisation gesteigert werden. (Staehle 1994, S. 868)

2.2 Aktionsforschung zwischen kritischer Theorie und Pragmatik

An diesem letzten Punkt setzt die deutsche Diskussion um die Aktionsforschung an, die in der gesellschaftskritischen Tradition der 68er die Aktionsforschung als „kritische Theorie der Sozialwissenschaften" – so der Titel des Buches von Heinz Moser (1975) – verstanden wissen wollte. Sie war verbunden mit der Forderung nach Demokratisierung von Veränderungsprozessen und nach Mitbestimmung der Betroffenen und zugleich nach Transparenz von Forschungsprozessen. Zur Erhellung der Forschungsprozesse gehört, dass der Gegenstandsbereich einer Gesellschaftswissenschaft „nicht ein im naturwissenschaftlichen Sinne zu erforschendes Projekt darstellt, denn der Forscher gehört dem zu erforschenden Bereich der Gesellschaft selbst an." (Moser 1975, S. 13) Selbst wenn Heinz Moser Konkretisierungen zur Aktionsforschung anbietet (Moser 1975, S. 117 ff.), bleibt die Auseinandersetzung auf einer Metaebene, indem Wissenschaftstheorie vor dem Hintergrund einer kritischen Gesellschaftstheorie diskutiert wird. Da die Kapitalismuskritik zentraler Bestandteil dieser Gesellschaftstheorie war, blieb es selbstverständlich ausgeschlossen, Aktionsforschung als Instrument für die Steuerung von Veränderungsprozessen einzusetzen, die von dem Management eines Unternehmens initiiert wurden.

Ein im Vergleich dazu weit pragmatischeres Verständnis von Aktionsforschung entwickelte sich in den USA. So definieren French und Bell einen Organisationsentwicklungsprozess als „ein Aktionsforschungs-Programm in einer Organisation zur Verbesserung des Funktionierens dieser Organisation."[3]

---

[3] French, W. L.; Bell, C. H.: Organisationsentwicklung. Stuttgart und Bern 1982, S. 123; zitiert nach Staehle: Management. 1994, S. 560.

Ein solches Verständnis kommt dem hier propagierten Ansatz schon ziemlich nahe. Wenn dennoch mit Veränderungsforschung ein neuer Begriff eingeführt wird, so soll damit deutlich gemacht werden, dass die angestrebte Verbesserung zielgerichtet stattfindet, das heißt, dass der Veränderungsprozess einem zuvor definierten Ziel dient.

2.3 Zielsetzung und Strategie als Verständigungsgrundlage zwischen Forscher und Unternehmen

Durch eine solche Zielvorgabe mag die Veränderungsforschung lediglich als Mittel zum Zweck erscheinen und den Forscher in die Ecke des Erfüllungsgehilfen rücken. Dies ist insofern nicht gerechtfertigt, als die Frage der Zielsetzung und der zur Erreichung des Zieles geplanten Strategie das Entscheidungskriterium für den Forscher ist, mitzumachen oder eine Zusammenarbeit abzulehnen. Das heißt, der Forscher muss für das Ziel und die Strategie der Auftraggeber selbst Partei ergreifen. Konkret: Bezogen auf die in diesem Buch dokumentierten Veränderungsprozesse muss er:

- die Verbesserung der Berufschancen für Frauen als Ziel für richtig und dies über den Zugang zu gewerblich-technischen Berufen für sinnvoll halten.

- Dies gilt im gleichen Maße für die Höherqualifizierung der Produktionsarbeiter als Ziel und die Ausbildung von Produktionsfacharbeitern als Strategie.

- die Entwicklung höher qualifizierter, aber dennoch praxisnaher Führungskräfte als Ziel durch die Implementierung eines technischen Studiums im Praxisverbund als Strategie

- die Zunahme an Flexibilität innerhalb eines Unternehmens als Ziel durch die Einführung von Teamarbeit als Strategie und

- die Erhöhung der Transfersicherheit von Bildungsmaßnahmen für Dienstleister als Ziel durch eine an den Kundenwünschen orientierte Transfersicherungsstrategie.

Verbinden wir Organisationsentwicklung, wie später noch differenzierter ausgeführt wird, mit der doppelten Zielsetzung von Effektivität und Humanität, so mag es in vielen Fällen sein, dass Veränderungsforscher, die aus den Sozialwissenschaften kommen, sich zum Teil stärker mit der geplanten Strategie identifizieren können als mit der Zielsetzung. Dies trifft zum Beispiel auf die Einführung von Teamarbeit zu als Strategie zur Erhöhung der Leistungsfähigkeit eines Unternehmens. Was hier zur Mitarbeit anlockt, ist eher die Teamarbeit als das dahinter liegende Ziel der Leistungssteigerung. Mit der Einführung einer Teamorganisation, vor allem mit Blick auf die Vorteile, die für die Mitarbeiter antizipiert werden, versprechen sich Sozialwissenschaftler einen Humanisierungseffekt – auch wenn die betroffenen Mitarbeiter dies zum Teil anders sehen. Die Zunahme der Leistungsfähigkeit des Unternehmens wird als Gegenleistung ins Feld geführt, um das Unternehmen für die Teamidee zu gewinnen. Was dem einen Partner in Veränderungsprozessen das Ziel ist, kann für den anderen Strategie sein und umgekehrt. Insofern sind beide Elemente – sowohl für die Organisationen, die Veränderungen anstreben, als auch für die, die sie von außen als Veränderungsforscher begleiten, uneingeschränkt „zustimmungspflichtig". Die Leistungsfähigkeit eines Unternehmens mit Hilfe der Einführung der Prügelstrafe für schwache Leistungen zu steigern, würde ebenso eine Kooperation ausschließen wie die Implementierung von Teamarbeit mit der Prognose, durch gruppendynamische Effekte würden die Qualität, die Fertigungszahlen und die Produktionsgeschwindigkeit abnehmen.

2.4 Veränderungsforschung und Parteinahme

Die Parteinahme der Veränderungsforschung für das Paket „Zielsetzung und Strategie" verbietet die Fragestellung: Wir wollen beobachten, ob wir das Ziel mit der gewählten Strategie erreichen. Sondern sie lautet: Wie können wir das Ziel mit der geplanten Strategie erreichen? Im Sinne einer Kräftefeldanalyse geht es darum, die Fördernisse und vor allem die Hindernisse auf dem Wege zum Ziel aufzuspüren und „Unter-Strategien" zu entwickeln, diese zu überwinden.

Diese Hindernisse können zum einen im technisch-organisatorischen Bereich, zum anderen im sozio-kulturellen Bereich liegen. Während technisch-organisatorische Hindernisse leichter fassbar sind und damit auch die Art und Weise, wie diese überwunden werden können, schneller deutlich wird, erfordert die Überwindung beziehungsweise die Beseitigung der Sperren im sozio-kulturellen Bereich weit mehr Aufwand bei geringeren Erfolgsaussichten.
Dennoch ist die Arbeit in diesem Feld von entscheidender Bedeutung. Nur wenn Mitarbeiter sich mit Ziel und Strategie identifizieren, ist ein Erfolg

möglich. Anderenfalls wirken sich die vielfältigen Formen des Widerstandes, die Mitarbeiter in einem Unternehmen im Arbeitsalltag mehr oder weniger offen entwickeln können, kontraproduktiv aus.

2.5 Der symbolische Interaktionismus als paradigmatische Basis

Veränderungen vollziehen sich in vielfältigen Interaktionsprozessen. Inwieweit diese erfolgreich im Sinne der Veränderungsziele gestaltet werden können, hängt von der Fähigkeit derer ab, die als „Change Agents" die Protagonisten von Veränderungsprojekten sind. Diese Fähigkeiten wiederum basieren auf der sensiblen Wahrnehmung, was in Interaktionen stattfindet. Theoretische Grundlage für die Entwicklung einer solchen Sensibilität ist das Paradigma des symbolischen Interaktionismus. Der Autor hat an anderer Stelle dieses Paradigma als theoretische Grundlage für die Begleitung von Veränderungsprozessen im Sinne eines „praktikablen Theoriemodells" ausführlicher beschrieben. (Schäffner 1991, S. 18 – 36) Hier sollen die wesentlichen Aspekte zusammengefasst werden.

Alle Aktionen vollziehen sich in sozialen Situationen, die von den Interaktionspartnern auf Grund der vermittelten Symbole interpretiert und definiert werden. Dabei stellen sich diese Situationen als prozesshaft und dynamisch dar. Rollen und Institutionen werden als Vermittlung von Handlungen verstanden, als eingeschliffene Interaktionsmuster. Im Vergleich zu einer funktionalistischen Rollentheorie sind sie jedoch revidierbar. Blumer fasst die, wie er sagt, drei „einfachen Prämissen" wie folgt zusammen:

Die erste Prämisse besagt, dass Menschen „Dingen" gegenüber auf der Grundlage der Bedeutungen handeln, die diese für sie besitzen. „Unter Dingen wird hier alles gefasst, was der Mensch in seiner Welt wahrzunehmen vermag – physische Gegenstände, wie Bäume oder Stühle; andere Menschen wie eine Mutter oder einen Verkäufer; Kategorien von Menschen, wie Freunde oder Feinde; Institutionen, wie eine Schule oder eine Regierung; Leitideale, wie individuelle Unabhängigkeit oder Ehrlichkeit; Handlungen anderer Personen, wie ihre Befehle oder Wünsche; und solche Situationen, wie sie dem Individuum in seinem täglichen Leben begegnen. Die zweite Prämisse besagt, dass die Bedeutung solcher Dinge auf der sozialen Interaktion, die man mit seinen Mitmenschen eingeht, abgeleitet ist oder aus ihr entsteht. Die dritte Prämisse besagt, dass diese Bedeutungen in einem interpretativen Prozess, den die Person in ihrer Auseinandersetzung mit den ihr begegnenden Dingen benutzt, gehandhabt und abgeändert werden."[4]

Menschliches Verhalten ist durch kulturell geformte Normen und Werte geprägt, die sich im Laufe der Geschichte verändern. Voraussetzung für eine Interaktion ist das Wissen um Bedeutungen und Bewertungsmuster, die erlernt werden müssen. Dabei handeln Individuen nicht vorgeprägt und starr; sie können die Erwartungen des Interaktionspartners nicht definitiv antizipieren, sondern durch den Symbolgehalt seiner Gesten erschließen. Die Geste wiederum „erzeugt einen Prozess, durch den man in sich selbst die Reaktion auslöst, die in einem anderen ausgelöst werden könnte (...)." (Mead 1980, S. 137) Gesten haben für die Menschen dann eine Bedeutung, wenn sie signifikant sind, das heißt, wenn die Reaktion des anderen Menschen auf die eigene Geste gedanklich vorweggenommen und somit Handlungsabläufe geplant und kontrolliert werden können.

Die in tierischen Gesellschaften über Instinkte und körperliche Besonderheiten gesicherte Möglichkeit, gegenseitig aufeinander reagieren zu können, wird bei den Menschen durch „den Mechanismus wechselseitiger Rollenübernahme auf der Grundlage eines signifikanten Symbolsystems, dessen Bedingungen empirisch durch die natürlichen menschlichen Sprachen erfüllt sind, sichergestellt. (...) Unter Signifikanz eines Symbolsystems versteht Mead, dass der Sprecher davon ausgehen kann, dass die kommunizierte Äußerung beziehungsweise ‚Sprachgebärde' für ihn dieselbe Bedeutung hat wie für den Hörer. Der Sprecher muss sich selbst aufzeigen können, welche Reaktionen die Sprachgebärde beim Hörer auslöst – und natürlich auch umgekehrt." (Matthes/Schütze 1980, S. 25)

In Interaktionen entsteht schließlich das, was den Menschen in seiner Einzigartigkeit im Rahmen sozialer Bezüge ausmacht, also Identität. „Identität entwickelt sich; ist bei der Geburt anfänglich nicht vorhanden, entsteht aber innerhalb des gesellschaftlichen Erfahrungs- und Tätigkeitsprozesses, das heißt im jeweiligen Individuum als Ergebnis seiner Beziehungen zu diesem Prozess als ganzem und zu anderen Individuen innerhalb dieses Prozesses." (Mead 1980, S. 177) Identität zu haben, bedeutet, das eigene Verhalten als zusammenhängend und sinnvoll zu erfahren und das eigene Leben als zusammenhängendes zu gestalten.

---

[4] Vgl. Blumer, H.: Der methodologische Standort des symbolischen Interaktionismus. In: Arbeitsgemeinschaft Bielefelder Soziologen (Hg.): Alltagswissen, Interaktion und gesellschaftliche Wirklichkeit. Band 1 und 2. Opladen 1980, S. 80 ff.

Um Identität entwickeln zu können, muss das Individuum in der Lage sein, sich gegenüber sich selbst so zu verhalten wie gegenüber anderen. Es muss sich zum Objekt seiner Selbst machen können, über sich nachdenken, kurz: **Reflexivität** entwickeln. Erst die Reflexivität, das heißt die Fähigkeit, über sich selbst nachdenken zu können, ermöglicht es dem Individuum, sich einen **persönlichen Freiraum** zu sichern. Diesem persönlichen Freiraum steht nach Auffassung Meads die **gesellschaftliche Bestimmtheit** gegenüber, das heißt, soziale Erwartungen, Rollen, internalisierte und organisierte Einstellungen der anderen. Der Mensch wird nur Mitglied einer Gesellschaft, indem er die organisierten Handlungen der anderen selbst einnimmt. (Vgl. Mead 1980, S. 218.) Dies geschieht je nach Verallgemeinerungsgrad der Interaktion durch

„- die Übernahme der Rolle des signifikanten anderen, das heißt die Übernahme der Rollen und Handlungen der für das Kind wichtigen Personen, zum Beispiel Vater, Mutter. Durch diese Rollenübernahme des anderen erhält die eigene Handlung für das Kind die Bedeutung, die sie für den anderen hat, das heißt, das Kind macht sich selber zum Objekt, indem es sich und seine Handlungen aus der Perspektive des signifikanten anderen betrachtet;

- die Übernahme der Rolle des verallgemeinerten anderen. Das Kind übernimmt hier die Rollen und Haltungen weiterer bedeutungsvoller Personen und erkennt, dass bestimmte Ver- und Gebote nicht für es allein Geltung haben, dass „man" sich danach richtet; sie gewinnen normativen Charakter. Das Kind sieht sich nun so, wie die verallgemeinerten anderen es sehen;

- die Übernahme der Rolle des generalisierten anderen, das heißt, der abstrakten Gesellschaft (höhere Werte, Gesetze, Moral, „Überbau"). Die gesellschaftlichen Handlungen gehen über konkrete Erfahrungen im Interaktionsprozess in die Struktur des Einzelnen ein." (Wehling 1983, zitiert nach Schäffner 1991, S. 28)

Die Übernahme der Rolle des anderen vom signifikanten bis zum generalisierten reduziert für den Einzelnen Komplexität, gibt Orientierung und schafft somit Sicherheit. Im Alltag erscheinen solche Orientierungen als Deutungsmuster beziehungsweise als Maßstab, was als normal gilt und was nicht. All dies zusammen macht eine spezifische Kultur im Sinne von gelebten Werten und Normen aus.

2.6 Tradierte Kulturen und Widerstände gegen Veränderungen

Wenn Veränderungsprozesse in dieses kulturelle Gefüge eingreifen, gerät dieses ins Wanken. Trotz aller im symbolischen Interaktionismus verankerten Möglichkeiten der Veränderung von Normen und Werten werden die von den bisherigen Normen geprägten Menschen schon aus Sicherheitsgründen versuchen, an diesen festzuhalten. Darin sind die eigentlichen Ursachen für Widerstände gegenüber Veränderungen begründet. Wird durch eine solche Veränderung jemand in seiner Identität gefährdet, wächst der Widerstand um so stärker an. Verstehen wir, wie oben schon formuliert, die Möglichkeit, das eigene Verhalten als zusammenhängend und sinnvoll zu erfahren und das eigene Leben als zusammenhängend zu gestalten, erscheint zum Beispiel der Verlust einer Führungsfunktion bei der Einführung von Teamarbeit in einem anderen Licht. Hat ein ehemaliger Schichtführer die Übernahme einer solchen Funktion als Konsequenz für seine bisherigen guten fachlichen Leistungen interpretiert und wird diese Interpretation von anderen so geteilt, muss der Verlust der Führungsfunktion den bisher interpretierten Zusammenhang als Aspekt der Identität ebenso in Frage stellen wie die Sinnhaftigkeit der bisherigen eigenen Anstrengungen. Dies wird um so schmerzlicher empfunden als im Sinne des generalisierten anderen die Führung von Mitarbeitern allgemein als signifikantes, universell vermittelbares Symbol für Leistung und Anerkennung gilt.

2.7 Die Verknüpfung von qualitativen und quantitativen Methoden

Vor dem Hintergrund des symbolischen Interaktionismus ist es nahe liegend, dass Veränderungsforschung einem interpretativen Paradigma folgt, was allerdings quantitative Ansätze keineswegs ausschließt. Der Gegensatz zwischen der qualitativen und der quantitativen Forschung ist zu Unrecht aufgebaut und aufgebauscht worden. Man wird den Verdacht nicht los, dass mathematikfeindliche oder mathematikunkundige Sozialwissenschaftler in der qualitativen Forschung einen Hort gefunden haben, der sie in ihrer Unfähigkeit oder Unlust schützt, sich mit Mathematik im Allgemeinen und Statistik im Besonderen auseinander setzen zu müssen. Auf diese Fähigkeiten zu verzichten, wird dann als besondere Leistung überzeichnet.

In wie vielen wissenschaftlichen Arbeiten wurde die quantitative Forschung als Erbsenzählerei abgetan und als Alternative der qualitative Ansatz gefeiert? Nur in wenigen Fällen ist aus diesem Feiern etwas Greifbares im Sinne von generalisierbaren Erkenntnissen herausgekommen, weil entweder der Weg der Interpretation der erforschten Phänomene nicht klar gemacht werden konnte oder weil die Ergebnisse sich als eine Aneinanderreihung von Einzelbeobachtungen und Einzelinterpretationen entlarvte, die sich einer Verallgemeinerung verschlossen.

Ergebnisse einer interpretativen Forschung, die zum Beispiel Deutungsmuster ermittelt und begründet, mit Hilfe derer Menschen ein Phänomen einordnen, bedürfen sinnvollerweise einer ergänzenden Aussage, inwieweit dieses Muster verbreitet, auf einen Einzelnen beschränkt oder schon „Allgemeingut" ist. Eine andere quantitative Aussage besteht in der Eingrenzung eines Deutungsmusters auf eine spezifische Gruppe, was über eine allgemeine summarische Beschreibung einen Ansatz für eine differenzielle Auswertung bietet. Insofern ist eine Schrittfolge sinnvoll, die

1. mit Hilfe eines interpretativen Verfahrens die Dimensionen beziehungsweise Kriterien ermittelt, unter denen eine bestimmte Gruppe ein bestimmtes Phänomen sieht.

2. Diese Dimensionen bilden die Grundlage für eine quantitative Befragung.

3. Die daraus ermittelten Ergebnisse werden schließlich im Sinne eines Survey-Feedback-Verfahrens an die Betroffenen und Beteiligten zurückgemeldet und als vorläufig abschließend interpretiert.

Als Beispiel für ein solches Verfahren gilt unsere später ausführlicher dokumentierte Bewährungsuntersuchung im Rahmen des Modellversuches „Ausbildung von Frauen in gewerblich-technischen Berufen".

In einem induktiven Verfahren wurden betriebliche Vorgesetzte in Gruppensitzungen mit Hilfe einer Brainstorming-Methode gefragt, wann ihrer Meinung nach sich ein Mitarbeiter beziehungsweise eine Mitarbeiterin im beruflichen Alltag bewährt. Die so gewonnenen Beiträge wurden geclustert und mittels eines zusätzlichen statistischen Verfahrens auf sieben konzentriert. Dabei dienen die ursprünglichen Beiträge weiterhin als erläuternde Operationalisierung.

In einer persönlichen Befragung wurden dann die betrieblichen Vorgesetzten mittels Paarvergleich gebeten, ein Ranking herzustellen. Als Ergebnis ließ sich der Maßstab abbilden, den die Vorgesetzten für Bewährung im Beruf im Kopf hatten. Dieser Maßstab diente dann auch zur Beurteilung der Probanden im Modellversuch einschließlich einer Kontrollgruppe.

Die so ermittelten Ergebnisse wurden schließlich an die Beteiligten und Betroffenen zurückgemeldet, hinsichtlich der Übereinstimmung überprüft und gemeinsam interpretiert.

2.8 Die Rollen des Forschers und des Praktikers im Veränderungsprozess

Bezogen auf die Realisierung von Veränderungsprozessen hat der Forscher die Aufgabe, die kulturellen „Gegenanzeigen" zu ermitteln und deren Wirksamkeit aufzuspüren. Solche Gegenanzeigen liegen in erster Linie in den Interpretationsmustern der betroffenen Personen begründet. Die Stärke der Wirkung hängt einerseits von dem Verbreitungsgrad dieser Interpretationsmuster und andererseits von den dahinter liegenden Ängsten ab. Sind diese existenzieller Art, werden sie nur schwer zu verändern sein. Die Aufgabe der Praktiker im Veränderungsprozess ist es, Strategien zu entwickeln, die die Interpretationsmuster der Betroffenen berücksichtigen oder Hilfen zur Uminterpretation zu leisten. Dabei ist die in Konflikttrainings schon klassische Regel anzuwenden: ***Nicht gegen den Widerstand, sondern mit ihm agieren.*** Das heißt, die Ängste, die hinter den abwehrenden Interpretationsmustern stehen, sind entweder als unbegründet darzustellen oder als aufwiegbar gegenüber den Vorteilen, die mit der Veränderung verbunden sind.

Insofern dient Veränderungsforschung einem „Konsensmanagement", und dies nicht zuletzt aus der Einsicht heraus, dass trotz hierarchischer Bedingungen die Widerstandsmöglichkeiten der Mitarbeiter groß sind. Darüber hinaus verändern sich Organisationen – im Sinne der klassischen Definition der Gesellschaft für Organisationsentwicklung von Organisationsentwicklung – im Wesentlichen durch die in ihr tätigen Menschen. (Vgl. Becker/Langosch 1990, S. 5.)

2.9 Zum Wissenschaftsverständnis

Gerade in der Verbindung von Forschung und Praxis wird ein Wissenschaftsverständnis deutlich, das in Distanz zu dem Ansatz geht, die Praxis als Feld der Verifizierung beziehungsweise Falsifizierung von Theorien zu betrachten. Veränderungsforschung geht vielmehr in das Feld auf die Suche nach Fragestellungen, die sie theoriegeleitet zu erklären versucht. Damit wächst mit den derart ermittelten Befunden der Fundus an, zunehmend zu sicheren und generalisierbaren Erkenntnissen zu kommen, die nicht nur für eine rückblickende Analyse taugen, sondern auch einer Prognose dienlich sind. Dies ist auch die Grundlage für die Legitimation der Disziplinen, die sich mit solchen Veränderungsprozessen auseinander setzen. Mit Sorge ist zu beobachten, dass die Wissenschaft innerhalb der scientific community der Fachexperten sich zunehmend darauf konzentriert, den Gegenstand ihrer Forschung zum Teil auch in Abgrenzung zu den Fachkollegen immer wieder neu zu ordnen und mit neuen Begrifflichkeiten im internen Zirkel neu zu beleben. Dabei bleibt allerdings die Frage offen, was dies der von der Fachwissenschaft zu behandelnden Praxis überhaupt hilft. Auch bei einer stärker anwendungsorientierten wissenschaftlichen Auseinandersetzung, hier konkret auf Veränderungsprozesse bezogen, muss relativierend eingeräumt werden, dass nur für einen Teil der im Prozess auftauchenden Fragestellungen ein Rückgriff auf erforschte Erkenntnisse möglich ist.

Wenngleich die Arbeit mit den an den Veränderungsprozessen Beteiligten und von diesen betroffenen Menschen im Vordergrund steht, reichen die Gegenstände, mit denen sich dieser Forschungsbereich auseinander zu setzen hat, weit hinaus. Sie umfassen unter anderem

- die Rahmenbedingungen, unter denen die Veränderung stattfindet
- die Zielsetzung der Veränderung und die zentrale Strategie
- die Implementierungsstrategie der Veränderung
- die Durchführung im Arbeitsalltag
- die erzielten Ergebnisse
- die „Nachpflege" beziehungsweise Transfersicherung.

Dazu thematisiert sich der Forschungsbereich selbst, indem er

- den Forschungsansatz und die verwendeten Methoden und Instrumente behandelt.

Dazu kommen noch

- die Erkenntnisse, die unerwartet und nicht intendiert im Prozess gewonnen wurden, die dennoch zum Teil an Bedeutung den aus den zentralen Fragestellungen gewonnenen Ergebnisse ebenbürtig sind.

Schließlich wird der heutige Stand des Projektes im Sinne einer Überprüfung der Langzeitwirkung ermittelt.

Zumindest die Dokumentation der ersten drei nachfolgenden Projekte greift die hier aufgelisteten Gegenstände explizit auf. Die weiteren drei eher implizit, da ihre Fragestellungen und die durch sie ausgelösten Prozesse einer anderen Struktur folgen.

3. Veränderungsprozess durch Modellversuche - Veränderungsforschung im Sinne einer wissenschaftlichen Begleitung
Am Beispiel des Modellversuches Ausbildung von Frauen in gewerblich/technischen Berufen

3.1 Zielsetzung der Veränderung

Der Modellversuch „Ausbildung von Frauen in gewerblich/technischen Berufen" war ein mit öffentlichen Mitteln geförderter Versuch, Frauen ein Berufsfeld zu öffnen, das ihnen bislang traditionell verschlossen blieb. Es handelte sich dabei um gewerblich/technische Berufe, zu denen vor allem die Metallverarbeitungs- und Elektroberufe in Industrieunternehmen gehörten. Also in der damaligen Terminologie waren es: Dreher, Fräser, Betriebsschlosser, Mess- und Regelmechaniker und Energieelektroniker.

Dazu kamen noch wie in unserem örtlichen Modellversuch neu geschaffene produktionsnahe Berufe wie die der Chemiefacharbeiter. Ziel war es, in einer Zeit, in der der Markt der Ausbildungsplätze knapp war und in der die jungen Frauen unter dem Mangel an Ausbildungsmöglichkeiten besonders zu leiden hatten, die Einstiegschancen der Frauen für qualifizierte Berufe zu verbessern. Damit sollte ihnen zugleich die Perspektive für eine längerfristige Berufstätigkeit eröffnet werden, die schon durch die gegenüber den traditionellen Frauenberufen weit besseren Verdienstchancen die Basis legt, die Berufstätigkeit nicht auf die Funktion des Hinzuverdienens zu reduzieren, sondern als voll Verdienende ihren Lebensunterhalt bestreiten zu können.

3.2 Externe Rahmenbedingungen

Die Anregung zu dem Modellversuch kam aus dem Lager der sozialdemokratischen Frauen und der Gewerkschafterinnen. Sie wurde von dem damaligen Bundesminister für Bildung und Wissenschaft aufgegriffen und bundesweit in 21 einzelnen örtlichen beziehungsweise regionalen Modellversuchen umgesetzt. In 21 solchen einzelnen Modellversuchen wurden knapp 800 junge Frauen in gewerblich/technischen Berufen ausgebildet. Mit der Koordinierung wurde das Bundesinstitut für Berufsbildung (BIbb) in Berlin betraut. Diese politische Aktion passt in die späte Phase der sozial-liberalen bildungsreformerischen Anstrengungen, die sich nach der Konzentration auf die öffentlichen Bildungseinrichtungen nun auch auf das Kooperationsfeld zur Industrie einließ.

Eine Besonderheit dieses Modellversuches war es, die Unternehmen oder die anderen Bildungsträger, die an diesem Versuch teilnahmen und dafür auch staatliche Zuwendungen erhielten, zu verpflichten, sich einer wissenschaftlichen Begleitung zu öffnen. Diese ebenfalls öffentlich bezuschusste wissenschaftliche Begleitung stellte zum einen eine Art Kontrollinstanz dar, die absichern sollte, dass in den Unternehmen tatsächlich sich etwas im Sinne des Modellversuches bewegt, auf der anderen Seite garantierte sie die Möglichkeiten einer Evaluation, nicht nur im Sinne einer abschließenden Bewertung, sondern auch im Sinne einer Prozessbegleitung, die Hinweise für die Erfordernisse von Revisionsmaßnahmen liefern sollte.

Weiterhin versprach man sich von der wissenschaftlichen Begleitung Vergleichsmöglichkeiten unter den Einzelversuchen, um so zu gemeinsamen Aussagen für das Gesamtprojekt zu kommen. Während die vergleichenden Aussagen auf Grund der sich sehr selbstständig entwickelnden Einzelprojekte nur sehr realisieren ließen, war doch eine zusammenfassende Bewertung durch die Sammlung der einzelnen Ergebnisse möglich. Einige gemeinsame Tagungen der wissenschaftlichen Begleitungen und eine Vielzahl von Veröffentlichungen des Bildungsinstituts für Berufsbildung belegen dies.

Wahrscheinlich konzeptionell nicht vordergründig beabsichtigt, doch in der Langfristwirkung sehr nachhaltig, war die Verbindung von wissenschaftlicher Begleitung einerseits und Wirtschaftsunternehmen andererseits. In der Tradition der 68er und der dort gepflegten und gehegten Kapitalismuskritik war eine Kooperation für die wissenschaftliche Begleitung von Seiten der in Frage kommenden Sozialwissenschaftlern mit Wirtschaftsunternehmen nur sehr schwer vorstellbar, und diese wiederum hatten Mühe, über den äußerlich demonstrierten Habitus der Sozialwissenschaftler mit Parka, Cordhosen, langen Haaren und Bärten hinwegzusehen und die lauten Geräusche der Clogs zu überhören.

An dem Aufeinandertreffen von zwei Welten ranken sich noch heute Anekdoten. Eine Führungskraft – inzwischen im Ruhestand – erzählt heute noch, wie ein Pförtner bei ihm angerufen und aufgeregt berichtet hätte, eine etwas merkwürdig aussehende Gestalt wolle zu ihm, was er überhaupt nicht glauben könne. Als er dann sagte, das gehe in Ordnung, das sei unser Professor Schäffner, wäre der Übergang über ein Erstaunen in ein erstrecktes Schweigen deutlich hörbar gewesen.

Eine zweite: Ein Mitarbeiter aus dem Bildungswesen merkte anlässlich einer Abschiedsveranstaltung an: Wenn wir den Fahrstuhl und darauf Clogs-Geräusche hörten, wussten wir, dass nun die wissenschaftliche Begleitung kommt.

Hinter solchen Äußerlichkeiten standen Anpassungserwartungen auf der einen und Anpassungswiderstände auf der anderen Seite. Letztere als äußeres Signal: Wir lassen uns von der Industrie nicht vereinnahmen. Diese Haltung entsprang letztlich dem Legitimationsdruck, dem Sozialwissenschaftler ausgesetzt waren, wenn sie Ende der Siebzigerjahre solche vorsichtigen Schritte zur Kontaktaufnahme mit der Wirtschaft machten.

Auf der anderen Seite hatten die Verantwortlichen, die sich für uns als wissenschaftliche Begleiter entschieden, in ihrem betrieblichen Umfeld für uns zu werben, was in dem Maße zunehmend Wirkung zeigte, in dem die andere Seite von der Qualität unserer Arbeit, vor allem – was für ein technisch geprägtes Unternehmen wichtig war – durch die in vielen Präsentationen demonstrierte empirische Solidität unseres Vorgehens.

Dass diese ersten vorsichtigen Schritte zu einem langfristigen Erfolg im Sinne einer guten Zusammenarbeit führten, lässt sich schon allein daran erkennen, dass Studierende unseres Instituts dort Praktikumsplätze, Projektaufträge und Absolventen freie Stellen angeboten bekamen oder als Trainer und Organisationsentwickler beschäftigt wurden. Auch die beiden Wissenschaftler, die im Wesentlichen die wissenschaftliche Begleitung getragen haben, sind in diese Zusammenarbeit direkt einbezogen worden. Der Kollege, der im Wesentlichen für den empirischen Teil verantwortlich war, hat nach Ablauf seiner zeitlich befristeten Universitätsstelle von dem Reifenhersteller ein Angebot erhalten, fest angestellt im betrieblichen Bildungswesen zu arbeiten, später als Bildungsberater und heute als Leiter einer Stabsstelle. Der Autor selbst wurde zwei Jahre nach offiziellem Ende des Modellversuches von dem Unternehmen gefragt, ob er für eine begrenzte Zeit die Leitung des Bildungswesens der deutschsprachigen Standorte übernehmen wolle. Im Rahmen einer Beurlaubung von der Professur ist daraus eine mehr als fünfjährige hauptberufliche Tätigkeit als leitender Angestellter geworden. Auf der anderen Seite wurden

Führungskräfte aus der Personalentwicklung zu Gastvorträgen eingeladen, die aus Sicht der Studierenden sehr erfolgreich waren. Wer von wem mehr profitiert hat, lässt sich schwer beantworten, in der Tendenz wohl eher die Hochschullehrer, denen in einer Großzügigkeit Einblick in ein bislang von den Sozialwissenschaftlern kaum beachtetes Arbeitsfeld geboten wurde. Die Universität hat dies nicht in gleichem Maße honoriert. Hürden durch formale Qualifikationsnachweise verhindern, dass Führungskräfte aus Unternehmen eine ihrem bisherigen Verantwortungsbereich vergleichbare Position in einer Universität – wenn auch nur auf Zeit – erhalten. Andere Wege, durch eine angemessene Honorierung Führungskräfte für nebenamtliche Aktivitäten in den Hochschulen zu gewinnen, scheitern zumeist am Geld.

Die Frage, wer die größte Anpassungsleitung erbracht hat, die Hochschullehrer oder die Unternehmen, lässt sich ebenfalls nicht klar beantworten. In der Tendenz eher die Unternehmen in ihrer stärkeren Betonung der Bedeutung der human resources in dem Bemühen, eine mitarbeiterorientierte Unternehmenskultur zu entwickeln und zu leben. Dieses Unternehmen wird zum Teil durch die Führungsphilosophie dokumentiert, die zwei zentrale Aspekte hervorhebt, zum einen den Respekt vor dem anderen (Menschen) im Unternehmen und der Förderung der Mitarbeiter als zentrale Führungsaufgabe. Dies findet auch eine Entsprechung in den Grundsätzen der Organisationsentwicklung als Prinzip und Methode, Veränderungsprozesse in Unternehmen so zu gestalten, dass Ökonomie und Humanität als gleichberechtigte Ziele gelten und durchaus miteinander zu verbinden sind. Diese – nicht mehr ganz so neue – Sichtweise hat es den Sozialwissenschaftlern erst ermöglicht, ohne schlechtes Gewissen Kooperationspartner der Unternehmen zu sein.

3.3 Unternehmensinterne Rahmenbedingungen[5]

3.3.1 Gründe für die Teilnahme am Modellversuch

Die Abnahme der Zahl der Ausbildungsplätze Ende der Siebziger-, Anfang der Achtigerjahre hat sich auch auf die Bedeutung der Ausbildung in den Unternehmen selbst ausgewirkt. Weniger Auszubildende beziehungsweise die Auffassung, weniger ausgebildete Facharbeiter zu benötigen, hat den Wert der Berufsausbildung reduziert und vor dem Hintergrund der wirtschaftlich schlechten Situation, in der sich der Reifenhersteller befand, wurde in der Unternehmensleitung die Frage diskutiert, ob man die Ausbildung nicht voll oder teilweise einstellen solle. Immerhin handelte es sich bei der Ausbildung um ein Finanzvolumen von knapp zehn Millionen DM bei einer Gesamtauszubildendenzahl von knapp 100 pro Jahr. Bei solchen Einsparungsüberlegungen gerieten vor allem die Lehrwerkstätten für die gewerblich/technischen Berufe in das Blickfeld, da sie durch die Bindung von mehreren hauptberuflichen Ausbildern und die nicht spürbare Produktivität innerhalb dieser „Schonräume" im Vergleich zu der eher ambulanten und starke Nützlichkeit ausstrahlenden kaufmännischen Ausbildung unverhältnismäßig teuer erscheint. Die Reduktion der finanziellen Belastung in den Lehrwerkstätten durch das Einwerben öffentlicher Mittel ist das schlagkräftigste Argument gegen die Schließung solcher Ausbildungsformen.

Dass man quasi als Gegenleistung dafür in zwei Jahrgängen sowohl für den Metall- als auch den Elektrobereich und schließlich auch den Produktionsbereich ausschließlich Frauen als Auszubildende einstellte, war politisch über den Betriebsrat abgestützt, der in der für Ausbildungsfragen zuständigen Bildungskommission die Hälfte der Mitglieder stellte. In das Management hinein wurde der Modellversuch mit dem Argument „verkauft", man wäre über die Einbeziehung von jungen Frauen in das Auszubildendenklientel in der Lage, bei einer in der Zukunft zu erwartenden Verknappung potenzieller Auszubildender, diese durch die Anwerbung von Schulabsolventinnen wettmachen zu können. Zudem könne man über die Einbeziehung von jungen Frauen – vor dem Hintergrund zunehmender intellektueller Anforderungen bei gleichzeitig abnehmenden körperlichen Beanspruchungen – eine „Bestenauslese" auch für die Zukunft absichern.

---

[5] Die Darstellung der unternehmensinternen Rahmenbedingungen beziehen sich auf den Kooperationspartner im Hauptversuch, also den hannoverschen Reifenhersteller, das Übertragungsmodell findet hier keine Berücksichtigung.

3.3.2 Die Rolle der wissenschaftlichen Begleitung zwischen analytischer Distanz und zunehmender Parteinahme

Die Rolle der wissenschaftlichen Begleitung innerhalb des Modellversuches war zunächst auf die Betrachtung der Prozesse aus einer Distanz festgelegt. Durch mündliche Befragungen der weiblichen Auszubildenden, der Ausbilder und der betrieblichen Vorgesetzten sollten die entsprechenden Informationen aus subjektiver Sicht der betroffenen Beteiligten ermittelt werden. Dazu wurden noch objektive Daten aus Tests und Zeugnissen ausgewertet. Die Auswertung der subjektiven Einschätzungen und der objektiven Daten sollte Auskunft geben, inwieweit der Integrationsprozess der jungen Frauen in ein bislang von den Männern dominiertes Berufsfeld erfolgreich verlief oder nicht.

Die Distanz schwankt im Laufe der Jahre – wenn sie überhaupt jeweils wirklich da war. Hinter der Entscheidung, die wissenschaftliche Begleitung in dem Modellversuch zu übernehmen, stand von vornherein die Absicht, den oben skizzierten Zielen des Modellversuches zum Erfolg zu verhelfen. Insofern war es nicht verwunderlich, dass sich vor diesem Hintergrund die Rolle der wissenschaftlichen Begleitung um die der Verfechter der Integration von Frauen in gewerblich/technische Berufe erweiterte. Dies drückte sich darin aus, dass die Mitglieder der wissenschaftlichen Begleitung bei den unternehmensinternen Entscheidungsträgern, ob einzeln oder in Gremien, für die Zielsetzung des Projektes waren. Insofern veränderte sich die Fragestellung, wie weiter unten noch ausgeführt wird.

Die ehemals zentrale Frage: Gelingt die Integration von Frauen in traditionelle Männerberufe? veränderte sich in den Unternehmensfokus: Welche Faktoren fördern oder behindern die erfolgreiche Integration der Frauen in dieses Berufsfeld?

Die Parteinahme für die politische Zielsetzung des Modellversuches manifestierte sich auch in dem Fokus der Argumentation der Mitglieder der wissenschaftlichen Begleitung sowohl gegenüber unternehmensinternen als auch externen Personen und Gruppen. Diese Argumente zielten einerseits auf die Hindernisse und auf die Möglichkeiten, diese zu beseitigen oder zu überwinden, und zum anderen führten sie beobachtete Erfolge ins Feld. Adressaten einer solchen Argumentation waren – unabhängig davon, wie sehr sie die Ziele des Modellversuches teilten – unternehmensinterne Gremien, wie zum Beispiel die Berufsbildungskommission, das zuständige niedersächsische Ministerium, das Bundesinstitut für Berufsbildung, die Öffentlichkeit, die allgemein bildenden und berufsbildenden Schulen. Erfolge wurden hervorgehoben und Widerstände als unbegründet entlarvt. Dass dies nicht unbedingt über eine differenzierte, mit Daten gespickte Argumentationskette sein musste, zeigt folgende, deutlich in Erinnerung gebliebene Situation:

Ein Betriebsratsmitglied von Beruf Betriebsschlosser versuchte seinen Beruf als letzte Bastion männlicher Überlegenheit mit dem Argument zu verteidigen, Frauen könnten bestimmte Schlosserarbeiten nicht ausführen, weil sie auf Grund ihres Busens Schwierigkeiten hätten, sich im Bereich der Produktion und der Versorgungsanlagen zwischen den Maschinen und Röhren durchzudrücken. Ein oszentativer Blick auf die enorme Leibesfülle des Herrn erzeugte ein lautes Gelächter, und das Argument war vom Tisch.

Die Parteinahme für die Zielsetzung, verknüpft mit der Skepsis der Sozialwissenschaftler, ob ihre Ziele mit denen der Unternehmen vereinbar seien, führte im Prozess zu einem weiteren Blickwinkel, den die wissenschaftliche Begleitung glaubte einnehmen zu müssen. Die Ausdehnung des Modellversuches über die klassischen Metall- und Elektroberufe hinaus auf neu geschaffene Produktionsberufe führte zu der Frage, ob diese Berufe nicht von Dequalifikation bedroht seien und damit das Schicksal traditioneller Frauenberufe zu erleiden hätten. Perspektiven über den Modellversuch hinaus zu hinterfragen, kann man somit als einen neu hinzugekommenen Rollenaspekt der wissenschaftlichen Begleitung sehen.

Die Rolle der wissenschaftlichen Begleitung erweiterte sich schließlich im Laufe der mehr als sechs Jahre um einen weiteren wesentlichen zentralen Aspekt, und zwar um die der Parteinahme für die konkreten jungen Frauen, die im Rahmen des Modellversuches ausgebildet wurden. Nun sind Elemente für eine solche Entwicklung schon durch die periodischen Befragungen in persönlichen Interviews begründet, wurden diese vor allem durch die Teilnahme von Mitgliedern der wissenschaftlichen Begleitung an so genannten „sozialpädagogischen Maßnahmen" gestärkt. Diese Maßnahmen waren mehrtägige Seminare in verschiedenen Bildungsstätten mit unterschiedlichen Trainerinnen und Trainern, an denen die wissenschaftlichen Begleiter eher aktiv als distanziert beobachtend teilnahmen.

Vor allem Kreativübungen – in Erinnerung ist mir eine Übung, in der sich Teilnehmerinnen, Mitglieder der wissenschaftlichen Begleitung und Trainerinnen gemeinsam gegenseitig Masken aufschminkten – verringern Distanz und schaffen Nähe genauso wie abendliches gemeinsames Feiern.

Dazu kam noch das in solchen Veranstaltungen üblicherweise eingeführte „Du".

Dies führte dazu, dass die jungen Frauen die Parteinahme für das Ziel des Modellversuches in eine Parteinahme für sie persönlich überführten. So war es nicht verwunderlich, dass irgendwann eine Ute oder Christine bei einem der beiden wissenschaftlichen Begleiter anrief, um sich über einen Ausbilder, einen betrieblichen Vorgesetzten oder über irgendeine sachliche Bedingung in der Lehrwerkstatt zu beklagen oder vermehrt Befürchtungen zu artikulieren, nach der Ausbildung nicht in ein reguläres Arbeitsverhältnis übernommen zu werden.

Da stellte sich die Frage, wie man sich in solch einer Situation als wissenschaftlicher Begleiter verhalten solle. Wir haben uns unabhängig von einer Überprüfung der Klagen oder Befürchtungen entschieden, zunächst einmal Partei für die jungen Frauen zu ergreifen und Ansprechpartner für deren Interessen zu sein. Dies war unseres Erachtens mit der zentralen Fragestellung der wissenschaftlichen Begleitung, die darauf abzielte, hemmende und fördernde Faktoren für die Integration von Frauen in gewerblich/technische Berufe zu suchen, vereinbar, zumal die Deutung der Ausbildungssituation und der beruflichen Perspektive durch die jungen Frauen selbst einen we-sentlichen Einflussfaktor vor dem Hintergrund unserer theoretischen An-nahmen darstellte.

Außerdem passt ein solches Verhalten, ob bewusst oder unbewusst, in die praktische Forschungsstrategie der wissenschaftlichen Begleitung. Auf der Beziehungsebene wurde so eine Basis gelegt, die Bereitschaft der jungen Frauen über einen Zeitrahmen von mehreren Jahren, offen Auskunft über ihre Situation beziehungsweise über die Deutung ihrer Situation zu geben.

3.4 Konzeptioneller Ansatz der wissenschaftlichen Begleitung

Der Ansatz der wissenschaftlichen Begleitung lässt sich zunächst einmal auf folgende Fragestellung konzentrieren: Welche Faktoren fördern beziehungsweise hemmen die erfolgreiche Integration von Frauen in gewerblich/technische Berufe?

3.4.1 Gesellschaftliche Vorannahmen

Das Untersuchungsdesign und unsere Interpretationsfolie für die gewonnenen Ergebnisse basieren auf dem Paradigma des symbolischen Interaktionismus und dabei insbesondere auf dem Modell der Identitätsbalance, wie sie von Goffman und Krappmann entwickelt und ausdifferenziert wurde. Danach stellt sich Identität als eine „Ich-Leistung" in der Balance zwischen „personaler und sozialer Identität" dar. Identität als Wahrnehmung der eigenen Einzigartigkeit im Rahmen von allgemein gültigen Normen- und Rollenerwartungen entwickelt sich in dem Spannungsverhältnis zwischen dem Selbstbild und dem über Rollen zugewiesenen Fremdbild und bildet damit eine der grundlegenden philosophischen Fragen nach der Determiniertheit beziehungsweise Freiheit ab. Dieses Entweder-oder ist in dem Ansatz des symbolischen Interaktionismus in der doppelten Forderung aufgehoben: so zu sein wie kein anderer und gleichzeitig so zu sein wie alle anderen.

Vor dem Hintergrund dieser zu Grunde liegenden Theorie boten sich als sozialisationsbedingte Einflussfaktoren auf die erfolgreiche Integration in das gewerblich/technische Berufsfeld die Dimensionen weibliche Identität und weibliche Lebensplanung an. Der Begriff „weibliche Identität" engt durch das Adjektiv „weiblich" den Balancespielraum ein. Die soziale Identität gewinnt an Dominanz, indem signalisiert wird, wie die individuelle Antwort von Frauen auf die Erwartungen anderer auszusehen hat. Sich den Erwartungen zu widersetzen, würde bedeuten, man sei nicht weiblich. Der so erzeugte Druck engt den Handlungsspielraum von Frauen in Interaktionen ein. „Gestützt wird dieser Prozess über die Propagierung weiblicher Tugenden, wie zum Beispiel ‚sich einfühlen', auf andere einstellen können. Abgesichert wird er vollends durch gesellschaftlich verbreitete Vorstellungen über ‚weibliche Lebensplanung', die für die Lösung des Konfliktes Berufsarbeit oder Hausarbeit – je nach wirtschaftlicher Situation – Muster bereit hält, wie das des Drei-Phasen-Modells, das inzwischen mit dem Prädikat ‚weibliche Normalbiografie' versehen wurde." (Dahms/Schäffner 1985, S. 6) Das Paradigma des symbolischen Interaktionismus zeigt uns die Schwierigkeiten auf, in die die Frauen geraten, wenn sie sich aus den traditionellen Rollenvorstellungen hinausbewegen. Die bei Lothar Krappmann als idealtypische Voraussetzung für eine gelungene Identitätsbalance benannte herrschaftsfreie Interaktion kann über die Analyse von hemmenden Faktoren hinausführen, wenn wir, wie wir es getan haben, herrschaftsfreie Interaktion zur normativen Zielsetzung erklären.

Das Handlungstheoretische Modell

Trotz all dieser theoretischen Kunstgriffe bietet uns dieses Paradigma letztendlich keine Erklärung, warum die Teilnehmerinnen an dem Modellversuch die Alternative der traditionellen Männerberufe nicht nur im Kopf bewegt, sondern in die Tat umgesetzt haben. Hier hilft uns ein handlungstheoretisches Modell, wie das von Esser/Weiter. (Vgl. Dahms/Schäffner 1985, S. 104.) Dieses Modell differenziert Determinanten des Handelns in zwei Gruppen, und zwar zum einen in die, die in der Person und zum anderen in die, die in der Umgebung liegen. Als Grundmodell des Handelns stellt es sich wie folgt dar:

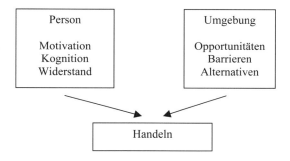

(Dahms/Schäffner 1985, S. 105)

3.4.2 Die Bewährung im System Betrieb als Untersuchungsfocus

Eine Antwort auf die Frage zu finden, welche in der Person und welche in der Umgebung liegenden Bedingungen die Integration von Frauen in gewerblich/technische Berufe fördern und welche sie behindern und wie man die fördernden Faktoren nutzen kann, um die hindernden zu überwinden, war die Aufgabe der wissenschaftlichen Begleitung. Das Erfolgsziel stand von Anfang an fest, und zwar über den Zugang zu traditionellen Männerberufen, die zudem weit besser bezahlt werden als die traditionellen Frauenberufe, die einengende Wirkung auf die Handlungsalternative der Frauen zu einem Teil aufzuheben und über das Qualifikationsniveau der angebotenen Berufe neuere und bessere Chancen zur Bildung von Identität zu schaffen. Für die wissenschaftliche Begleitung stellten sich damit zwei grundsätzliche Fragerichtungen:

1. Wie bewährt sich das betriebliche System gegenüber den Frauen?
2. Wie bewähren sich die Frauen im bestehenden betrieblichen System?

Wir haben uns damals auf die letztere Fragerichtung und damit eindeutig auf die konservativere Sicht konzentriert, und dies bewusst aus folgendem Grund: „Kann eine erfolgreiche Integration von Frauen in gewerblich/technische Berufe ohne einschneidende Veränderungen des betrieblichen Systems festgestellt werden, besteht keine Veranlassung mehr, Frauen diesen traditionell von Männern beherrschten Berufszweig vorzuenthalten. Die Erweiterung der Wahlmöglichkeiten für junge Frauen auf qualifizierte und relativ gut bezahlte Facharbeiterberufe braucht dann nicht mehr auf einen Zeitpunkt verschoben zu werden, zu dem eine Anpassung der Berufe auf geschlechtsspezifische Bedürfnisse der Frauen erfolgt ist." (Dahms/Schäffner 1985, S. 3) Diese unter den damaligen Arbeitsmarktgesichtspunkten eher pragmatische Entscheidung darf nicht als Bestätigung einer Position missverstanden werden, die keine Notwendigkeit für eine Veränderung im Berufssystem auf die Bedürfnisse von Frauen hin sieht.

Vor dem Hintergrund der so entschiedenen Blickrichtung richtete sich der Fokus auf die Bewährung der jungen Frauen ein, zwei Jahre nach Ausbildungsabschluss in der betrieblichen Praxis. Dazu wurden die betrieblichen Vorgesetzten in einem zweistufigen Verfahren befragt. Auf der ersten Stufe machten sie mit Hilfe gewichteter Bewährungskriterien ihren Maßstab für Bewährung deutlich, und vor dem Hintergrund dieses Maßstabes beurteilten sie in einem zweiten Schritt die jungen Frauen.

Bei der Vergleichsgruppe junger männlicher Facharbeiter sollte die eher „volkstümliche" Fragestellung beantwortet werden, ob die Frauen in gewerblich/technischen Berufen schlechter oder besser sind als die Männer. Wichtiger als der Vergleich zwischen Männern und Frauen war uns aber die Unterscheidung der Frauengruppe selbst in zwei Untergruppen, und zwar zum einen in diejenigen, die eindeutig gut und zum anderen in die, die eindeutig weniger gut bewertet werden.

3.4.3 Einflussfaktoren auf die Bewährung

Als Einflussfaktoren auf die erfolgreiche versus weniger erfolgreiche Bewährung wurden eine Vielzahl von unabhängigen Variablen vor dem Hintergrund der geschlechtsspezifischen Diskussion angenommen. Diese Vielzahl von Variablen wurden auf folgende Wenige reduziert. Dabei geschah die Reduktion vor dem Hintergrund des handlungstheoretischen Modells, das Auskunft gibt, warum Frauen eine Berufstätigkeit in einem traditionellen Männerberuf nicht nur im Kopf bewegen, sondern in die Tat umsetzen oder auch später wieder aktiv revidieren.

Als Einflussfaktoren wurden

1. die private Situation der Frauen, insbesondere die Fragen
   - ob sie für ihre außergewöhnliche Berufswahl Unterstützung erhalten oder nicht
   - ob sie einer Doppelbelastung ausgesetzt sind oder nicht

2. die Persönlichkeitsstruktur der Frauen, insbesondere hinsichtlich der Merkmale
   - Konventionalismus und
   - Selbsteinschätzung

3. die Vorstellung von der weiteren Lebensplanung, insbesondere
   - die Rollenvorstellung in der Beziehung zu einem männlichen Lebenspartner und
   - die Bedeutung der Berufstätigkeit in der langfristigen Lebensplanung

angenommen.

Ein weiterer Faktor, den wir zunächst eher den institutionellen Rahmenbedingungen zugeordnet haben, war der Einsatzbereich der jungen Frauen innerhalb der gewerblich/technischen Berufe. Wir unterschieden in die Bereiche der

- Instandhaltung
- Produktion
- Werkstätten.

Die späteren Ergebnisse zeigen jedoch, dass über diese Einsatzbereiche stärker als vorausgesehen sich tradierte geschlechtsspezifische Rollenvorstellungen auswirken.

Neben diesen Einflussfaktoren haben wir die Leistungsbilanz der jungen Frauen entlang ihrer Schul- und Ausbildungsbiografie abgebildet, die mit dem Zeitpunkt der Beurteilung durch die betrieblichen Vorgesetzten im späteren Berufsalltag endet. Diese Leistungsbilanz ging jedoch nicht bei allen Teilnehmerinnen bis zu diesem Zeitpunkt. Von einer nicht unbeträchtlichen Gruppe wurde die Frage der Bewährung in gewerblich/technischen Berufen frühzeitig negativ entschieden, und zwar durch Abbruch der Ausbildung beziehungsweise durch Ausscheiden unmittelbar nach der Abschlussprüfung. Insofern wird der Drop-out zu einer zweiten vorgelagerten Bewährungszielgröße. Als untersuchte Einflussfaktoren auf diese Entscheidung wurden dieselben herangezogen, die wir zur Erklärung der erfolgreichen versus weniger erfolgreichen Bewährung im späteren Beruf selektiert haben. Neben den objektiven Daten der Leistungsbilanz haben wir noch Informationen zu den ursprünglichen Berufswünschen und zu dem Berufsfindungsprozess ebenso eingeholt wie zu der Einschätzung der Ausbildungsentscheidung und zu der der späteren Arbeitsperspektiven.

Die zentrale Frage, so wie sie von uns hervorgehoben wurde, hat sich in dieser Deutlichkeit erst zum Ende des Modellversuches entwickelt. Von dem Zielpunkt der Ausbildung – der Integration der Frauen in das gewerblich/technische Berufsfeld – haben wir zurückgeblickt und empirisch nach Bedingungen gefragt, die den Erfolg einer solchen Integration fördern beziehungsweise behindern. Die Funktion der wissenschaftlichen Begleitung auf die der rückblickenden Analyse begrenzt zu sehen, wäre unserer Auffassung nach jedoch falsch gewesen.

3.4.4 Weitere zentrale Fragestellungen aus dem Prozess des Modellversuches heraus

Parallel zum Verlauf des Modellversuches hat die wissenschaftliche Begleitung jeweils zeitnah oder zum Teil auch im Vorgriff auf das, was auf die jungen Frauen zukommt beziehungsweise was zukünftigen Bewerberinnen die Entscheidung für einen gewerblich/technischen Beruf und auch dessen erfolgreiche Ausbildung erleichtert, zum Gegenstand von Analyse

und auch von Handlung gemacht. Es waren vor allem zwei Themen, die ein besonderes Gewicht erhielten:
1. die Berufsfindung
2. die Qualifikationsanforderungen eines Teils der späteren Arbeitsplätze.

Zu 1.: Berufsfindung

Erkenntnisse aus den Eingangsinterviews über den Prozess der Berufsfindung haben zur Entwicklung eines Modells geführt, das mit Hilfe der damals (1979) noch neuen „Metaplan-Methode" Interaktionsveranstaltungen in Schulen einführte, die in einem interaktiven Gruppenprozess Schülerinnen und Schüler, Lehrerinnen und Lehrer Informations- und Entscheidungshilfen anbot. Eine weitere Innovation wurde vor allem durch die Einbindung der außerschulischen Jugendbildungseinrichtungen angestrebt. Daraus entwickelte sich ein zusätzliches Teilprojekt, das in einer zusätzlichen Veröffentlichung dokumentiert ist. (Vgl. Beyersdorf/Schäffner 1983.)

Zu 2.: Qualifikationsanforderungen eines Teils der späteren Berufe

Die Frage der Arbeitsbedingungen, die sich zunächst auf die Frage der zu erwartenden körperlichen Belastung bezog, konzentrierte sich im Verlauf der Untersuchung auf die Produktionsfacharbeiterinnen. Dahinter stand die Skepsis, ob mit dem Beruf der Chemiefacharbeiterinnen für Frauen ein Feld eröffnet wird, das von Dequalifizierung bedroht ist und zu all den Erscheinungen führen wird, die unter den Reizworten „Frauen- und Leichtlohnarbeitsplätze" zu erheblicher Kritik geführt hat. Dass sich aus diesen Untersuchungsschritten eine Grundsatzentscheidung für die Qualifikationsentwicklung in der Produktion herauskristallisieren wird, die über den Mädchenversuch hinaus von grundlegender Bedeutung war, konnte zu Beginn der Fragestellung in diese Richtung noch nicht erahnt werden. Unsere Untersuchungen, die sich im Laufe der Analyse auf die Frage konzentrierte, inwieweit traditionelle Anlern-Arbeitsplätze nicht durch Facharbeiterplätze abgelöst werden müssen, haben letztendlich die Entscheidung für die Implementierung weiterer Produktionsarbeiterberufe herbeigeführt. Die Implementierung von Kunststoffformgebern in der Kautschuk verarbeitenden Industrie wurde damit eingeläutet. Die Entscheidung für solch eine Qualifizierungsstrategie hat heute nicht nur Bestand, sie hat indirekt auch zu weiteren Konsequenzen geführt, wie zum Beispiel zu Modellen eines dualen Studiums für Produktionstechnik, das Berufsausbildung und Studium miteinander verknüpft und zudem durch ein Weiterbildungsangebot für Nachwuchsführungskräfte ergänzt wird.

3.5 Geplante Methoden und Instrumente

In dem mehr als sechsjährigen Verlauf des Modellversuches kam eine so große Anzahl von Methoden und Instrumenten zum Einsatz, dass deren Aufarbeitung in diesem Buch die zentrale Fragestellung, was an Ergebnissen festzuhalten ist und was den Modellversuch selbst überdauert hat, zudecken würde. Wer an methodischen Details interessiert ist, wird auf die sechs Forschungsberichte verwiesen.[6] Die Darstellung hier beschränkt sich auf die in der nachfolgenden Abbildung skizzierte Zuordnung von Fragestellungen und Methoden.

Rahmenbedingungen

	Fragestellung	**Methode**
Berufsfindung	Rationaler Entscheidungsprozess oder akzeptierte Allokation?	Interview und Inhaltsanalyse
Ausbildungsbedingungen	Frauenspezifische Veränderung der Ausbildungsbedingungen	Einzelinterviews und Gruppendiskussionen mit Auszubildenden und Ausbildern Beobachtungen

---

[6] Quellenangaben zu den Buchpublikationen: Dahms, Wilhelm/Schäffner, Lothar: Ausbildung von Mädchen in gewerblich/technischen Berufen. Determinanten geschlechtsspezifischen Verhaltens, Ausbildungserfolg und didaktische Konse-quenzen. Hannover 1981. Dahms, Wilhelm/Schäffner, Lothar: Lebensplanung und berufliches Leistungsverhalten von Frauen im gewerblich-technischen Berufsbereich. Hannover 1984. Dahms, Wilhelm/Schäffner, Lothar: Frauen in gewerblich/technischen Berufen. Ergebnisse einer Langzeituntersuchung. Hannover 1985.

	Fragestellung	Methode
Arbeitsplatzbedingungen	Qualifikationsanforderungen in Produktionsberufen	AET – ein arbeitswissenschaftliches Instrument zur Anforderungsanalyse und -bewertung
Leistungsverläufe	Geschlechtstypische kognitive Strukturen?	IST, PTV, MTVT
	Geschlechtstypische fachpraktische und/oder fachtheoretische Leistungen? (Ausbildungsrisiko)	Analyse von Leistungs- und Fehlzeitendaten
Drop-out	Gründe für Drop-out	Interviews mit Abbrecherinnen
Einschätzung der Ausbildungsbedingungen u. Arbeitsperspektiven	Distanz zur Ausbildungsentscheidung Einschätzung der Arbeitsperspektiven	Fragebogen und Interviews
Selbstbild	Geschlechtstypische Persönlichkeitsstrukturen?	Einstellungsfragebogen (Dominanz, Konventionalismus, Submission) 3 Testgruppen: männl. gewerbl.-techn. weibl. gewerbl.-techn. weibl. geschlechtstyp.
Lebensplan	Geschlechtstypischer Lebensplan?	Interviews
Bewährung im Beruf	Beurteilung durch betriebliche Vorgesetzte	Interviews mit Paarvergleich

Das Instrument zur Erfassung der Kriterien für Bewährung im Beruf soll als einziges hier ausführlicher beschrieben werden. Zwei Gründe sprechen dafür:

1. Es stellt die Grundlage für den Zielfokus unserer Untersuchung dar.
2. Das mit diesem Instrument praktizierte Ranking durch Paarvergleich hat einen Nutzen, der sich bei Entscheidungen in Organisationsentwicklungsprozessen von großem praktischen Nutzen erwiesen hat.

In einem ersten Schritt haben wir in Interaktionsveranstaltungen mit betrieblichen Vorgesetzten (in der Regel Schichtführer und Meister) Kriterien für die Bewährung an Arbeitsplätzen gesammelt und mittels eines Q-Sort-Verfahrens auf folgende sieben konzentriert:

- fachliches Können
- Zuverlässigkeit
- körperliche Konstitution
- Leistungsbereitschaft
- Eigenverantwortung und berufliches Interesse
- kollegiales Verhalten
- Durchsetzungsvermögen.

Aus dem Sammelverfahren selbst lässt sich dann auch die folgende Operationalisierung rückwärts ableiten.

„- *Durchsetzungsvermögen:*
 Zum Beispiel in der Lage sein, neue Ideen für verbesserte Arbeitsabläufe gegen das Zögern von Kollegen („haben wir bisher anders gemacht") durchsetzen können.

- *Eigenverantwortung und berufliches Interesse:*
 Zum Beispiel einen Fehler selbst suchen, diesen Fehler gegebenenfalls selbst schnell erledigen, auch wenn ein anderer dafür zuständig wäre, über verbesserte Arbeitsabläufe nachdenken, sich nicht vor Entscheidungen drücken.

- *Fachliches Können:*
 Zum Beispiel fachlichen Durchblick haben, Produktionskenntnisse besitzen, den eigenen Arbeitseinsatz mit dem Produktionsablauf koordinieren können, wissen, wie die eigene Arbeit mit der Arbeit der

Kollegen aus der eigenen Abteilung und die Arbeit der Abteilung mit anderen Abteilungen zusammenhängt.

- **Kollegiales Verhalten:**
  Zum Beispiel gegenüber Kollegen und Vorgesetzten höflich sein, für das Arbeitsklima Verantwortlichkeit zeigen, Kooperationsbereitschaft gegenüber Kollegen und Vorgesetzten, keine Arbeit auf Kollegen abschieben, kein Schwätzer sein, in der Gruppe mit Kritik oder Vorschlägen offen sein, aber nicht die Probleme der Gruppe ohne Absprache nach außen tragen.

- **Leistungsbereitschaft:**
  Zum Beispiel Bereitschaft zeigen, betriebsnotwendige Überstunden zu leisten, schwierige Arbeiten übernehmen.

- **Zuverlässigkeit:**
  Zum Beispiel ohne Aufsicht gewissenhaft arbeiten, qualitätsbewusst und kostenbewusst arbeiten, Pünktlichkeit und nicht zu häufig fehlen.

- **Körperliche Konstitution:**
  Zum Beispiel für seine Arbeit nicht die Hilfe seiner Kollegen brauchen, robust genug sein, um über den ganzen Tag die notwendige Arbeitsleistung zu bringen." (Vierter Zwischenbericht, S. 33 - 35)

Diese sieben Kriterien wurden durch einen Paarvergleich einem Ranking unterzogen, das heißt, jedes Kriterium spielte einmal gegen jedes andere. Diese einzelnen „Spielpaarungen" haben wir mit der operationalen Beschreibung auf je eine extra Karte geschrieben und jedem der betrieblichen Vorgesetzten somit einen Satz von 21 Karten zur Entscheidung vorgelegt. Unsere Erfahrungen haben sowohl bei Top-Managern wie auch bei Meistern große Widerstände gezeigt, ein Ranking durchzuführen. Solche Widerstände äußern sich sehr häufig in Entgegnungen, wie zum Beispiel: „Alle diese Kriterien sind doch (gleich) wichtig." Sie lösen sich in der Regel durch einen einfachen Kunstgriff auf, der in der Formulierung folgender Rahmenbedingung besteht: „Stellen Sie sich vor, Sie hätten eine Stelle zu besetzen, auf die sich zwei Bewerberinnen oder Bewerber mit den formal gleichen Voraussetzungen bewerben; der/die eine zeigt zum Beispiel mehr Zuverlässigkeit, der/die andere mehr Durchsetzungsvermögen. Wen würden Sie auf die Stelle eher nehmen?" Eine solche Einführung hat in der Regel die Wirkung, dass die betrieblichen Vorgesetzten sich schnell entscheiden konnten und das Kriterium auf der Karte ankreuzten, das ihnen im direkten Vergleich mit einem anderen doch wichtiger erschien.

Nachdem die betrieblichen Vorgesetzten durch ein Ranking ihren Maßstab für Bewährung abgebildet haben, wurde dann danach gefragt, inwieweit die konkrete junge Dame, um die es ging, diese Kriterien überdurchschnittlich beziehungsweise unterdurchschnittlich erfüllt.

Zusätzlich zu der Befragung der betrieblichen Vorgesetzten wurden die weiblichen Facharbeiter und eine Kontrollgruppe von männlichen Facharbeitern einer vergleichbaren Prozedur unterzogen. Auch sie hatten durch den Paarvergleich ihren Maßstab für Bewährung abzubilden und sich vor dem Hintergrund dieses Maßstabes selbst einzuschätzen. Ziel dieses ergänzenden Verfahrens war es, eventuelle Unterschiede im Maßstab zwischen jungen Facharbeitern und betrieblichen Vorgesetzten einerseits und zwischen männlichen und weiblichen jungen Facharbeitern andererseits zu ermitteln. Weiterhin sollte herausgefunden werden, wie sich die jungen Facharbeiter/innen einschätzen – eher positiv oder eher negativ – und wie weit die Selbsteinschätzung mit der Fremdeinschätzung durch die betrieblichen Vorgesetzten übereinstimmt.

3.6 Ergebnisse

3.6.1 Bewährung

Maßstab
Der Maßstab für Bewährung wurde aus den jeweiligen binären Entscheidungen der betrieblichen Vorgesetzten über ein statistisches Verfahren abgebildet, das aus folgenden drei Schritten bestand:

1. Erstellung einer Prozent-Matrix, die angibt, zu wie viel das eine Kriterium gegen das andere gewonnen hat.

2. Diese Ergebnisse wurden dann in eine „U-Matrix" übersetzt und

3. schließlich mit Hilfe einer linearen Transformation, bei der die Skalenanfänge auf 1 gesetzt wurden, in eine zahlenmäßig fixierbare Bedeutungshierarchie übertragen.

In einer Gegenüberstellung der Maßstäbe der drei beteiligten Gruppen stellt sich das Ergebnis wie folgt dar:

Vorgesetzte		Weibliche Facharbeiter		Männliche Facharbeiter	
Zuverlässigkeit	2.8	Fachliches Können	2.5	Fachliches Können/ Eigenverantwortung und berufliches Interesse	2.6
Eigenverantwortung und berufliches Interesse	2.5	Zuverlässigkeit	2.3		
Fachliches Können	2.2	Eigenverantwortung und berufliches Interesse	2.1	Kollegiales Verhalten	2.2
Kollegiales Verhalten	2.1	Kollegiales Verhalten	1.8	Zuverlässigkeit	2.0
Leistungsbereitschaft	1.5	Leistungsbereitschaft	1.7	Leistungsbereitschaft	1.5
Durchsetzungsvermögen	1.3	Durchsetzungsvermögen	1.1	Körperliche Konstitution	1.2
Körperliche Konstitution	1.0	Körperliche Konstitution	1.0	Durchsetzungsvermögen	1.0

Vierter Zwischenbericht, S. 45.

Als hervorstechende Befunde des Vergleiches kann Folgendes festgehalten werden:

„- Die Kategorien ‚körperliche Konstitution', ‚Durchsetzungsvermögen' bilden in allen drei Teilstichproben den Fuß der Hierarchie; es folgt ebenfalls eher an unteren Ende verortet ‚Leistungsbereitschaft'.

- An der Spitze der Hierarchie zeigen sich interessante Differenzen: Hier wird insbesondere auf die unterschiedliche Bewertung von ‚Zuverlässigkeit' und ‚fachliches Können' geachtet werden müssen." (Vierter Zwischenbericht, S. 46)

Dass die körperliche Konstitution am Ende der Bedeutungshierarchien steht, ist ein Beweis, dass die Körperkraft, die traditionell als Argument gegen die Aufnahme von Frauen in gewerblich/technische Berufe ins Feld geführt wurde, nicht mehr von entscheidender Bedeutung ist. In der Praxis zeigt es sich, dass moderne Hebezeuge sowohl den Frauen als auch den Männern gleichermaßen die Arbeit wesentlich erleichtern.

Die Platzierung von Durchsetzungsvermögen weiter unten spiegelt sowohl von den Vorgesetzten als auch von den jungen Facharbeiterinnen und Facharbeitern gleichermaßen gemeinsame Vorstellungen von jungen Fachkräften, die sich zunächst einmal in ihre neue Arbeitsumgebung einfügen sollten.

Dass die Zuverlässigkeit aus Sicht der betrieblichen Vorgesetzten in der Rangreihe ganz oben steht, ist wiederum über die Vorgesetztenrolle und deren Kontroll- und Steuerungsfunktion zu erklären. Sich auf die Mitarbeiter verlassen zu können, ohne dass man ihnen ständig über die Schulter schauen muss, ist wohl der Traum jedes betrieblichen Vorgesetzten.

Dass sich in der Rangreihe der Kriterien, wie sie von den befragten Schichtführern und Meistern erstellt wurde, die Vorgesetztenrolle widerspiegelt, wird allein schon dadurch belegt, dass die Unterschiede in der Rangreihe in deren Befragungsergebnisse auffallend gering waren. Das heißt, die betrieblichen Vorgesetzten haben fast alle den gleichen Maßstab im Kopf. Dies war für uns auch der Grund, ein Verfahren zu wählen, das alle jungen Frauen und auch die in der Vergleichsgruppe beurteilten Männer vor dem Hintergrund des über alle betrieblichen Vorgesetzten ermittelten gemeinsamen Maßstabes bewertet wurden.

Bewertung der Modellversuchsteilnehmerinnen

Der zweite Schritt der Bewertungsanalyse erfolgte, wie oben schon skizziert, darin, dass die betrieblichen Vorgesetzten gefragt wurden, ob die junge Facharbeiterin beziehungsweise der junge Facharbeiter, der im konkreten Fall beurteilt werden sollte, die einzelnen Kriterien jeweils in der Tendenz eher überdurchschnittlich oder eher unterdurchschnittlich ausgebildet hat. Ein „durchschnittlich" wurde nicht zugelassen. Für die Kriterien, die unterdurchschnittlich ausgebildet waren, wurden die im betrieblichen Vorgesetztenmaßstab ermittelten Punktwerte übertragen. Wenn eine junge Facharbeiterin zum Beispiel das Kriterium der Zuverlässigkeit, des fachlichen Könnens und der Durchsetzungsfähigkeit nur unterdurchschnittlich zeigt, die anderen vier aber überdurchschnittlich, werden für eine Gesamtzensur die drei Werte für die Kriterien addiert, die sie unterdurchschnittlich zeigt (also 2,8 + 2,2 + 1,3 = 6,3).

Die maximal beste Bewertung ist also 0, die maximal schlechteste 13,4. Das Ergebnis der Leistungseinschätzung nach Geschlecht im Mittelwert zeigt folgenden Unterschied: Die weiblichen Facharbeiterinnen erzielen die Note 4,2; die männlichen 4,6.

Für ein Boulevard-Blatt wäre dies die Nachricht Wert: „Frauen besser in gewerblich/technischen Berufen als Männer!" Abgesehen davon, dass rein statistisch eine solche Aussage kaum gültig wäre, war für uns viel wichtiger, eine Differenzierung der Faktoren herauszuarbeiten, die junge Facharbeiterinnen erfolgreich in die gewerblich/technischen Berufe integrieren verglichen mit denen, denen dieses weniger gut gelingt. Dazu haben wir folgende zwei Gruppen gebildet: Die erste hat einen Durchschnitt der Bewährungsbeurteilung unter 6,7, die zweite über 6,7.

Bedingungen der Bewährung

Welche Faktoren es nun sind, die die gute versus schlechte Bewährung beeinflussen, zeigt die nachfolgende zusammenfassende Ergebnisskizze: In diese Skizze sind die vermuteten zentralen Einflussfaktoren aufgenommen und hinsichtlich ihrer tatsächlichen Wirkung auf die erfolgreiche Bewährung der jungen Frauen hin abgebildet worden.

Die dünnen Pfeile zeigen leichte Tendenzen der Beeinflussung auf. Konkret heißt dies, dass die private Unterstützung die jungen Facharbeiterinnen tendenziell lediglich bei der Entscheidung für einen gewerblich/technischen Beruf gestärkt hat. Die Fragen der Doppelbelastung und der Persönlichkeitsstruktur differenziert nach Konventionalismus und nach positiver oder negativer Selbsteinschätzung haben keinen Einfluss, wenn dann lediglich auf den anderen Einflussfaktor Lebensplanung. Konkret: Die jungen Frauen, die weniger konventionalistisch eingestellt sind, räumen der langfristigen Berufstätigkeit einen höheren Stellenwert in ihrer Lebensplanung ein als diejenigen, die eindeutig konventionalistische Tendenzen zeigen.

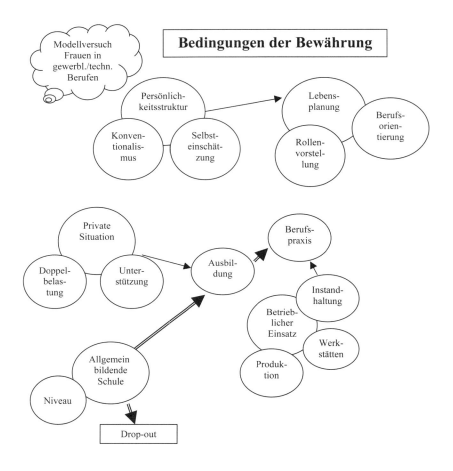

Konkret: Die Frauen, die sich weniger als die anderen konventionellen Anpassungsanforderungen unterwerfen und (und als zusätzlich ermitteltes Ergebnis) auf Grund ihres höheren Alters über größere Erfahrungen verfügen, sich in Interaktionssituationen zu behaupten, haben eher die Absicht, längerfristig im Beruf zu bleiben und sich nicht den Erwartungen zu beugen, dass dem Ehemann die bevorzugte Berufsrolle zukommt. Damit konnten wir also einen Zusammenhang zwischen zwei konkreten Einflussfaktoren feststellen, auf unsere Zielgröße der Bewährung aus Sicht der betrieblichen Vorgesetzten hat dies jedoch keinen Einfluss.

3.6.2 Positive biographische Leistungskarriere als zentrale Bedingung

Zentraler und mit einer Ausnahme alleinigen Einfluss auf die Bewährung hat die biografische Leistungskarriere der jungen Frauen. Differenzieren wir die Gruppe der jungen Frauen nach denen, die im unteren Zensurenbereich liegen, also mehr als 6,7 aufweisen, mit denen, die unter 6,7 liegen, lässt sich eindeutig ein Bezug zu den bislang gezeigten Leistungen vor der Bewährungsphase erkennen, die wir zusammen genommen als Leistungskarriere bezeichnet haben.

Um die Leistungskarriere einschätzen zu können, werden die durchschnittlichen Zensuren

- im Abschlusszeugnis der allgemein bildenden Schulen
- im Berufsschulzeugnis
- in der IHK-Zwischenprüfung
- in der Facharbeiterprüfung

einbezogen und in überdurchschnittlich (= positive Leistungskarriere) und unterdurchschnittlich (= negative Leistungskarriere) klassifiziert.

Dabei ist im Einzelnen festzuhalten, dass diejenigen, die eine positive Leistungskarriere nachweisen können, gegenüber den Frauen, die eine negative Leistungskarriere zeigen, auch später von den Vorgesetzten weit besser eingeschätzt werden. Diejenigen, die eine negative Leistungskarriere haben, werden auch eindeutig schlechter eingeschätzt.

Einflussfaktor Rollenerwartungen
Der einzige Einflussfaktor, der außerhalb der Leistungskarriere liegt, ist der Einsatzort der Facharbeiterinnen im Betrieb und steht zum Teil im Widerspruch zu dem Ergebnis, dass Frauen mit einer positiven Leistungskarriere in der Bewährungsphase besser abschneiden. Als Einsatzorte unterscheiden wir dabei nach

- Instandhaltung,
- Werkstätten (zum Beispiel zur Herstellung von Formen und Maschinen) und
- Produktion.

Folgende Zensuren haben die Frauen im Mittelwert in den drei Einsatzbereichen erhalten:

- Instandhaltung (4,6)
- Werkstätten (4,2)
- Produktion (3,1).

Dass die Facharbeiterinnen in der Instandhaltung die schlechtesten Werte erhalten, war nicht zu vermuten, da dort einige der Frauen eingesetzt wurden, die über eine deutlich positive Leistungskarriere verfügen. Zur Interpretation dieses Ergebnisses half uns schließlich die Erzählung der jungen Mess- und Regelmechanikerinnen und Betriebsschlosserinnen über ihre Erfahrungen als Instandhalterinnen am Rande eines „sozialpädagogischen Seminars". Es waren vor allem die Produktionsarbeiterinnen, die beim Instandhaltungsmeister forderten, dass doch ein Mann kommen solle. Der Grund lag nicht in dem Zweifel an der fachlichen Kompetenz der Frauen. Etwas anderes störte. Das bislang ritualisiert ablaufende Rollenspiel, das man folgendermaßen ins Bild bringen kann, war nicht mehr möglich.

Marianne an der Maschine zum Extrudieren von Profilen ruft den Instandhalter Fritz, weil etwas nicht stimmt. Fritz im „Blaumann" kommt gewichtig und wichtig an. Fritz: „Na, Süße, was ist?" Marianne mit sichtbarem oder unsichtbarem hilflosem Augenaufschlag: „Ich weiß nicht, aber die Maschine spinnt." Fritz: „Gib's zu, du hattest Sehnsucht nach mir, wo soll ich dir sonst noch helfen ...?" Marianne: „Ach du, du hast doch schon so viele Verehrerinnen hier ... ." Ein solches oder ähnliches „Schäkern", das zum Ritual zwischen den mehrheitlich in der Produktion als angelernt arbeitenden Frauen und den männlich starken Helfern in der Instandhaltung Tradition hatte, wird zwangsläufig zerstört, wenn anstelle von Fritz plötzlich Christiane kommt.

Die Frage der erfolgreichen Integration von Frauen in gewerblich/technischen Berufen wird zwar primär über deren Leistung über einen längeren Zeitraum entschieden, im Detail aber mit beeinflusst durch Momente der alltäglichen Rollenerwartungen, die von Frauen ihren Geschlechtsgenossinnen gegenüber nicht minder gehegt werden als von den Männern gegenüber Frauen.

Ursachen für Drop out

Bezogen auf die Zielgröße Bewährung müssen wir den Drop-out, das heißt das frühzeitige Ausscheiden von immerhin zwanzig jungen Frauen aus dem Modellversuch zunächst als ein Scheitern verstehen. Dabei erfolgte das Ausscheiden innerhalb folgender Phasen: Vor der Zwischenprüfung 9, nach der Zwischenprüfung und vor der Abschlussprüfung 6, nach bestandener Abschlussprüfung 5.

Das Urteil „Scheitern" muss jedoch relativiert werden, wenn wir die Rahmenbedingungen betrachten, unter denen die Frauen sich 1978 bis 1980 für die Ausbildung in einem gewerblich/technischen Beruf entschieden haben. Keine der befragten jungen Frauen hatte zu Beginn der Berufsfindungsphase den Wunsch, einen der im Modellversuch angebotenen Berufe zu ergreifen. Dass sich die Frauen dennoch für einen dieser Berufe entschieden haben, stellte für sie einen Ausweg aus einer Sackgasse dar, in die diese bei dem Versuch geraten sind, ihre Berufswünsche zu realisieren. Dabei lassen sich drei Gruppen identifizieren. Die Frauen suchten vergeblich nach dem Einstieg,

- in einen handwerklich/technischen Beruf, wie zum Beispiel Tischlerin, Goldschmiedin
- in ein Labor als Chemielaborantin oder
- in einen aus ihrer Sicht qualifizierten „Frauenberuf" wie Tierpflegerin und Pferdewirtin.

Eine weitere Gruppe lässt sich eher über ein ablehnendes Motiv interpretieren, und zwar über die Ablehnung von typischen Frauenberufen im Dienstleistungsbereich, wie zum Beispiel Verkäuferin.

Vor diesem Hintergrund können wir Drop-out „als den Versuch begreifen, die Entscheidung für einen gewerblich/technischen Beruf deshalb zu korrigieren, weil die Hoffnung, mit der getroffenen Berufswahl aus der Sackgasse herauskommen zu können, in der sie sich damals in der Bewerbungssituation gesehen haben, sich aus der Sicht dieser jungen Frauen nicht erfüllt hat.

Dabei müssen wir zwei Gruppen von Abbrecherinnen unterscheiden: Einmal die, die ihre „Fehlentscheidung" durch den Wechsel in einen anderen qualifizierten Beruf stabil korrigieren, und die anderen, denen eine solche stabile Korrektur nicht gelingt, weil sie eher in dequalifizierte Tätigkeiten ausweichen oder sich arbeitslos melden.
Während wir bei der ersten Gruppe keine weiteren Gründe als die der Korrektur der Berufsentscheidung ermitteln können, sind bei der zweiten Gruppe darüber hinaus reichende zu finden.

Im Zentrum steht dabei das Leistungsproblem, das sich in einer durchgängig negativen Leistungskarriere im Allgemeinen und weit unterdurchschnittlichen Mathematikzensuren im Besonderen manifestiert. Das Leistungsproblem wird zudem von einem Konglomerat anderer Einflussfaktoren umgeben und verstärkt, wie zum Beispiel durch ein traditionell familiales Geschlechtsrollenverständnis, unzureichende elterliche oder allgemein private Unterstützung und innerpsychische Konflikte. In einer solchen Situation werden vermeintliche Alternativen gewählt, die sich im Nachhinein nicht als adäquate Lösungen darstellen." (Dahms/Schäffner 1985, S. 7 f.)

Werten wir die zentralen Ergebnisse vor dem Hintergrund der Bewährung im späteren Berufsalltag, so sind sie im Wesentlichen geschlechtsuntypisch. Dies trifft in erster Linie auf die Dimension Leistungskarriere zu, selbst wenn motivationale Aspekte und damit verbunden auch geschlechtsspezifische Aspekte mittelbar Einfluss haben können. Vor dem Hintergrund unseres handlungstheoretischen Modells müssen wir die Ergebnisse zur Leistungskarriere primär der Dimension Kognition zuordnen. Damit stellt sich dieses Ergebnis im Wesentlichen als geschlechtsunspezifisch dar.

Auch die Interpretation des Drop-out als mehr oder weniger gelungene Korrektur einer eher durch die Verhältnisse aufgezwungenen Entscheidung mag für junge Männer ebenso relevant sein wie für junge Frauen. Auch diese Interpretation weist eher auf geschlechtsuntypische Aspekte hin.

Lediglich die Rollenerwartungen im Interaktionsfeld Produktion zwischen Produktionsarbeiterinnen und Instandhalterinnen haben sich als geschlechtsspezifisches Problem herauskristallisiert. Es wird nur sukzessive gelöst werden können. Der Lösungsweg liegt in der Gewöhnung an Interaktionssituationen, in denen Frauen durch eine zunehmende Integration in die traditionellen Männerdomänen als selbstverständlich gelten.

3.7 Zusätzliche Erkenntnisse

In diesem Kapitel werden die wesentlichen Erkenntnisse bearbeitet, die zu Beginn des Veränderungsprozesses nicht intendiert beziehungsweise noch nicht zu erwarten waren. Dazu gehören

1. das Spannungsverhältnis zwischen wissenschaftlicher Erkenntnis und Parteinahme im Rahmen der Handlungsforschung

2. die Bedeutung der Präsentation wissenschaftlicher Erkenntnisse

3. der Wandel der Einstellung zur Beobachtung - von der Attraktivität zur Last

4. Veränderungen der Qualifikationsanforderungen in der industriellen Produktion.

3.7.1 Das Spannungsverhältnis zwischen wissenschaftlicher Erkenntnis und Parteinahme im Rahmen der Veränderungsforschung

Verkürzt man das Ergebnis des von uns begleiteten Modellversuches auf die Feststellung, die Ausbildung von jungen Frauen in gewerblich/technischen Berufen ist ohne große Probleme möglich, mag dies als Banalität erscheinen und die Frage herausfordern, warum für solch eine Feststellung so ein großer Aufwand erforderlich ist.

Wenn wissenschaftliche Untersuchungen den Beweis für etwas erbringen, was man ohnehin erwartet, mag eine solche Frage im ersten Augenblick berechtigt erscheinen. Bei differenzierterer Betrachtung jedoch nicht, da den für sicherer geglaubten Annahmen auf der anderen Seite doch eine Fülle von ebenso schlichten Gegenvermutungen gegenüberstehen.

Im Hinblick auf die Integration von Frauen in gewerblich/technische Berufe waren es der im Vergleich zu Männern (angeblich wissenschaftlich nachgewiesene) „kürzere Daumen", der eine Maschinenbedienung erschweren würde. Dazu kommen noch Gegenargumente, wie zum Beispiel

- die erforderlichen zusätzlichen sanitären Anlagen und
- die mangelnden körperlichen Kräfte.

Diese und weitere ins Feld geführte Widerstände konnten entweder widerlegt oder durch entsprechende Einrichtungen behoben werden.

Damit stellt sich die Aufgabe einer wissenschaftlichen Begleitung in einem anderen Licht dar. Es geht also nicht mehr da-rum, einen Vorgang über eine gewisse Zeit aus der Distanz zu beobachten und am Schluss das Urteil zu sprechen. Solche Prozesse lassen sich nicht über eine lange Zeit verfolgen, ohne dass man sich aktiv in diesen Prozess selbst einbringt. Sich einbringen bedeutet jedoch gleichzeitig eine Partei-nahme im Sinne der Zielsetzung des Projektes. Und das bedeutet zugleich, dass man aus der Sicht der Gegner die Position des Neutralen nicht mehr innehat. Man wird von diesen als Verfechter der anderen Seite wahrgenom-men. Das Urteil kann demnach kein Unabhängiges sein, dem man sich dann unterwirft, auch wenn man Gegenpartei war.

Dem Autor scheint es legitim zu sein, die Neutralität gegen die Parteinahme für die, denen ein Projekt dient, einzutauschen. Die Entscheidung, ob man die wissenschaftliche Begleitung für solch ein Projekt, wie das des Modellversuches „Integration von Frauen in gewerblich/technischen Berufen" übernimmt, stellt also eine wichtige Vorentscheidung dar, ob man die intendierten Ziele grundsätzlich unterstützt oder nicht.

Eine solche Entscheidung berechtigt jedoch nicht, die Funktion der wissen-schaftlichen Beweisführung zu verfälschen. Transparenz und die Einhal-tung wissenschaftlicher Regeln sind unverprüfliche Anforderungen an die Wissenschaftlichkeit. Dies ist durchaus mit der zuvor beschriebenen Par-teinahme in Einklang zu bringen. Wir haben das Problem durch unsere Fragestellung gelöst, die nicht darauf abzielte, „ob die Integration von Frauen in traditionelle Männerberufe gelingt", sondern der Ermittlung der Faktoren diente, die diesen Prozess behindern beziehungsweise fördern.

Die Ermittlung solcher Faktoren – abgeleitet aus der Theoriediskussion und mit wissenschaftlich anerkannten Methoden auf ihre Wirkung überprüft – ist jedoch keine Ex-Post-Sicht, aus der man zuguterletzt festhält, was sich positiv und was sich negativ auswirkt. Die angesprochene Parteinahme drückt sich zu einem großen Teil auch in der Begleitung des Gesamtpro-zesses aus. Eine solche Begleitung vereinigt zwei Aspekte in sich, und zwar zum einen die Beobachtung und die Analyse der Prozesse und zum anderen die möglichst umgehende Revision, wenn die Ergebnisse zeigen, dass dies im Sinne der „politischen" Zielsetzung des Projektes erforderlich ist.

In unserem Fall waren es eine Vielzahl kleinerer Punkte, die eine Revision herausforderten. In diesen Fällen hatte die wissenschaftliche Begleitung eine Rollenbandbreite vom Ermahnen über das Moderieren bis zum Ideen geben.

Als größere Themen haben sich, wie oben schon erwähnt, die Revisionsvorschläge für den Berufsfindungsprozess herausgestellt sowie auch die Veränderungen der Qualifikationsanforderungen an den Arbeitsplätzen in der Produktion, die traditionell zum Anlernsystem gehören.

Gerade dieses zweite Thema führte zu Konsequenzen, die sowohl inhaltlich als auch zeitlich über die Ausbildung von Frauen in gewerblich/technischen Berufen im Rahmen des Modellversuches hinausreicht. Die Befassung mit diesem Thema führte, wie noch weiter unten dargestellt wird, zu einer erheblichen Veränderung der Qualifizierungsstrategie, sowohl bezüglich der Arbeiter als auch der Ingenieure.

Wenn wir die Darstellung unserer Ergebnisse aus dem Modellversuch im Endbericht auf den Fokus der Bewährung aus Sicht der Vorgesetzten ausgerichtet haben, liegt dies nicht zu letzt an dem Bemühen, sich auf Dinge zu konzentrieren, die im Sinne der Zielsetzung zu klaren und über den Einzelversuch hinaus reichenden Aussagen führen.

3.7.2 Die Bedeutung der Präsentation wissenschaftlicher Erkenntnisse

Bei der Präsentation der Endberichte der wissenschaftlichen Begleitungen haben wir uns in unserem Modellversuch bemüht, unsere wesentlichen Ergebnisse so plakativ darzustellen, dass ihre Aussagen tatsächlich auch präsent bleiben. Erreicht haben wir dies durch ein Plakat, auf dem wir – in längerem Ringen um die treffende Reduktion – die zentralen Ergebnisse visualisiert haben. Die anhand dieses Plakates aufgezeigten Einflussfaktoren auf die Bewährung konnten jeweils durch ein bis zwei Folien ergänzt werden, auf denen wir die jeweiligen Instrumente beziehungsweise deren Dimensionen und die in Zahlen gefassten Ergebnisse näher erläuterten. Der Effekt dieser zirka zwanzig Minuten dauernden Darstellung war groß. Im Vergleich zu den anderen Vorträgen, die sich zum Teil in Einzelheiten verloren im Sinne von: „Frau A sagte X, Frau B sagte Y", wurden unsere Ergebnisse von den teilnehmenden wissenschaftlichen Begleitungen intensiv diskutiert und von den Medien zitiert – eben weil sie präsent waren und für eine Zeit auch blieben.

Ein solches Vorgehen – hier als Erfolgsstory „verkauft" – hat sicherlich auch einen Preis. Es kostet ein erhebliches Maß an Komplexität. In diesem Spannungsverhältnis wird unseres Erachtens das Auseinanderdriften von zwei Welten sichtbar, und zwar die der Wissenschaft einerseits und die des Managements andererseits. Wer beide Welten kennen gelernt hat, wird diesen Unterschied spürbar erleben; wer beide miteinander verknüpfen möchte, muss seine Fähigkeiten, „Spagat machen zu können", immer mehr erweitern.

Die Wissenschaft bemüht sich, Komplexität zu entfalten, und die Lehrer als ein Teil der Absolventen der wissenschaftlichen Hochschulen tun dies ebenfalls. Gegenstände werden auf ihre Vielfalt und vielfältigen Beziehungen ihrer Elemente ausdifferenziert, und so wird versucht, ein Verständnis für eine vertiefte Reflexion zu entwickeln.

In Unternehmen sieht dies anders aus. Dort ist es Aufgabe des Managements, Komplexität wieder zu reduzieren und zu einer entscheidungsfähigen Grundlage hin zu verdichten.

Der im Kreise von leitenden Angestellten fast ritualisiert kolportierte Satz: „Wenn du vor deinem Vorstand präsentierst, nicht mehr als einen Satz auf eine Folie", mag in einem ersten Anflug als scherzhafter Hinweis auf die eingegrenzte Wahrnehmungsfähigkeit der obersten Führungsebene verstanden werden. Doch im Grunde genommen steht dahinter eine sehr rationale Rollenverteilung. Der Vorstand möchte von seinen Mitarbeitern nicht vorgeführt bekommen, wie komplex diese denken können, sondern eine Grundlage für ihre Entscheidung bekommen. Eine solche braucht lediglich folgende Informationen zu vermitteln:

1. Was ist das Problem?

2. Was passiert, wenn wir es nicht lösen?

3. Welche Lösungsalternativen gibt es?

4. Welche schlagen Sie – knapp begründet – vor?

5. Welches sind die Risiken

Und man kann sich darauf verlassen, dass noch folgender Punkt kommt:

6. Was kostet dies?

Dass diejenigen, die eine solche Entscheidungsgrundlage ausarbeiten, über die notwendigen Fähigkeiten zur professionellen Reflexion im Sinne auch der Entfaltung von Komplexität verfügen, wird im Idealfall vorausgesetzt. Sie wird jedoch anders als in einer Diskussion unter Wissenschaftlern nicht zum Präsentationsgegenstand und damit zum Kriterium der Qualität selbst, sondern beweist sich erst über die Bewährung der getroffenen Entscheidung.

Welche Präsentationsstrategie man verfolgen soll, hängt von der Zielgruppe und noch mehr von dem Ziel, das man mit der Darstellung verfolgt, ab. Dass der Wechsel zwischen diesen zwei Präsentationskulturen nicht leicht fällt, spüren Forscher, die sich plötzlich in einem betrieblichen Umfeld zu artikulieren haben, genauso wie diejenigen, die aus dem betrieblichen Umfeld kommen und sich in einer universitären Diskussion behaupten wollen.

Beide Kulturen zu kennen und sich darin bewegen zu können, mag ein Ziel sein, mit dem die Subsysteme Wirtschaft einerseits und Wissenschaft andererseits einander näher gebracht werden können.

3.7.3 Der Wandel der Einstellung zur Beobachtung – von der Attraktivität zur Last

Die jungen „Modellfrauen" standen von Juli 1978 bis Dezember 1984 unter Beobachtung der wissenschaftlichen Begleitung. Schon vor Ausbildungsbeginn wurden sie von uns unter anderem

- zu ihrem bisherigen Werdegang
- dem Prozess der Berufsfindung
- zu Gründen ihrer Entscheidung für einen gewerblich/technischen Beruf
- zu ihren Zukunftserwartungen in diesem Berufsfeld
- zu Reaktionen des privaten Umfeldes und
- zu ihren persönlichen Einstellungen zur Frauenrolle, zur Lebensplanung und zu konventionalistischen Deutungsmustern

befragt.
Im Verlaufe der Ausbildung erfolgten weitere Interviews, wurden Gruppendiskussionen durchgeführt und gemeinsam so genannte sozialpädagogische Seminare besucht. Dazu kamen in unregelmäßigen Abständen noch teilnehmende Beobachtungen in der Ausbildungswerkstatt, Interviews bei

Ausbildungsabbruch und für die, die bis zum Schluss des Modellversuches durchgehalten hatten, Bewährungsinterviews und nochmals Fragen zur Veränderung der vor Ausbildungsbeginn befragten Einstellungen. Dies waren die unmittelbaren Berührungspunkte. Darüber hinaus stand das Umfeld der Frauen, wie Ausbilder, betriebliche Vorgesetzte, betriebliche Entscheidungsträger und Berufsschule, ebenfalls im Blickfeld der wissenschaftlichen Begleitung. Auch diese – aus dem Blickfeld der jungen Frauen eher indirekte Einflussnahme – blieb nicht ohne Wirkung. Dazu kamen noch die Medien, die am Schicksal der Modellversuchsteilnehmerinnen ebenso interessiert waren wie Politiker und Projektkoordinatoren.

Diese Aufzählung mag die Stärke des Scheinwerferlichtes andeuten, in dem die Frauen standen.

Wir hatten den Eindruck, dass die Mehrheit der Beobachteten dies genoss, zumindest sahen sie in dem öffentlichen Interesse auch eine Art Schutzmaßnahme, die die ausbildenden Unternehmen geradezu in Zwang setzte, alles zu tun, damit ihre Integration in das erlernte Berufsfeld erfolgreich verläuft. Einige von ihnen entwickelten sich zu wahren Medienprofis, die wiederholt Interviews gaben, Politikern Rede und Antwort standen und auf öffentlichen Veranstaltungen, wie Messen oder Fachtagungen der Berufsbildung, auftraten.

Die während des Modellversuches Ausgeschiedenen hatten natürlich nicht unbedingt Interesse, Objekte weiterer Befragungen zu sein, verweigerten den Mitgliedern der wissenschaftlichen Begleitung jedoch nicht ein Abschlussinterview. Die im Laufe der Jahre gute persönliche Beziehung mag ebenso ein Grund dafür gewesen sein, wie die Chance, das Scheitern einem Dritten gegenüber als Verschulden des Umfeldes darzustellen. Unterstützt wurde die Bereitschaft zu Kontaktaufnahmen und Interviews in späteren Phasen noch durch ein Interviewhonorar in Höhe von 50 DM. Im Laufe der Zeit schwand die Geduld und das Interesse, immer wieder Auskunft geben zu müssen, was von den Frauen gleichermaßen wie von der wissenschaftlichen Begleitung als Eintritt in die Normalität interpretiert wurde.

Die Versuche des Autors, später nun in einer offiziellen Funktion bei dem Unternehmen, das die meisten Probanden beschäftigte, mit den Frauen über den Modellversuch hinaus weiterhin im Gespräch zu bleiben, war bis 1987 noch erfolgreich. In diesem Jahr konnten wir noch den Verbleib der Facharbeiterinnen beim Reifenhersteller verfolgen. Ein weiterer Versuch 1990 endete kläglich, da nur noch wenige Frauen der Einladung zu einem Gespräch folgten. Bei Kaffee und Kuchen verabredeten wir dann, keine weiteren Treffen und Interviews mehr durchzuführen. Damit war die wissenschaftliche Begleitung nach dem offiziellen Ende 1984 sechs Jahre später auch praktisch zu Ende.

Eine Antwort auf die Frage, was dieser Modellversuch nun auf Dauer gebracht hat, wird deshalb nicht mehr bei den Frauen gesucht, sondern bei den Verantwortlichen im Unternehmen, die damals den Einzelmodellversuch initiiert und danach für dessen Umsetzung gesorgt hatten.

3.7.4 Veränderungen der Qualifikationsanforderungen in der industriellen Produktion

Zur Ermittlung der Qualifikationsanforderungen in der Produktion der Kautschukverarbeitung haben wir Eck-Arbeitsplätze sowohl aus dem Handwerksbereich als auch aus der Produktion einer arbeitswissenschaftlichen Analyse unterzogen. Das Untersuchungsinstrument war der AET, ein von der Technischen Hochschule Darmstadt entwickeltes arbeitswissenschaftliches Erhebungsverfahren zur Tätigkeitsanalyse.[7]

Die gewonnenen Daten wurden mithilfe einer Faktorenanalyse ausgewertet. Das Ergebnis war vor dem Hintergrund unserer erwarteten Dequalifizierungstendenz überraschend. Entgegen der erschreckenden Prognoseaussage der Polarisierungsthese von Kern und Schumann (1970) zeigte unsere Analyse, dass ein großer Teil der traditionellen Anlernplätze tendenziell höhere Anforderungen abverlangt als vermutet oder zugestanden. Hinsichtlich der Anforderungen gleichen sie denen der traditionellen Facharbeiterberufe. Was die Anhebung der Anforderungen ausmacht, sind vor allem die abgerufenen Fähigkeiten nach einer vertieften intellektuellen Durchdringung – so zum Beispiel bei der Analyse von Informationen, der Diagnose von Störungen und dem Erkennen von Strukturen und Mustern – und zunehmende extrafunktionale Qualifikationen, wie zum Beispiel Eigenverantwortung, Zuverlässigkeit, produktive und konfliktreduzierende Kommunikation. Wir konnten so für die Kautschuk verarbeitende Industrie exemplarisch eine Umbruchsituation feststellen, die dann auch zu der Entscheidung führte, neue Qualifizierungsstrategien zu verfolgen. Dieser Umbruch dehnte sich allerdings nicht auf alle Arbeitsplätze in der Produktion

---

[7] Zur näheren Beschreibung des AET siehe Wilhelm Dahms und Lothar Schäffner, Hannover 1985, S. 227 ff.

aus, sondern erfasste nur einen Teil. Zur Ermittlung des Bedarfs an höher qualifizierter Arbeit haben wir die Eck-Arbeitsplätze in zwei Gruppen geteilt, in denen Beispiele für unterdurchschnittlich qualifizierte denen für überdurchschnittlich qualifizierte Tätigkeiten gegenüber gestellt werden konnten. (Siehe Dahms/Schäffner 1985, S. 255.)

Zur Unterstützung bei der unternehmensinternen Werbung für die als Ergebnis beginnende neue Ausbildung von Produktionsfacharbeitern haben wir einen Werksleiter gebeten, in einer Skizze zu verdeutlichen, was sich an den Arbeitsplätzen sinnlich wahrnehmbar verändert hat. Von den folgenden Skizzen sind die ersten beiden schon 1991 veröffentlicht worden (Schäffner 1991, S. 131). Sie werden hier in neuer Gestaltung widergegeben.

Geschickte Handarbeit

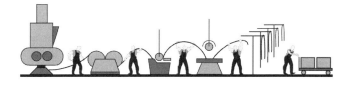

Überlegte Handhabung

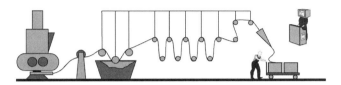

Die Skizzen verdeutlichen die Veränderungen hin von der geschickten (und Körperkräfte erfordernden) Handarbeit zur überlegten Handhabung.

Die inzwischen zum Teil vollzogenen Prozesse zur Teamarbeit legen die Ergänzung durch eine folgende dritte Skizze nahe, die vor allem auf die zunehmenden kommunikativen Anforderungen hinweisen soll.

Gemeinsame, gegenseitige Verantwortung

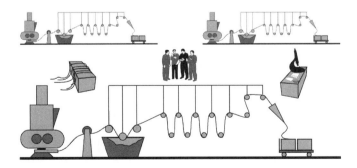

Gehen wir vom gegenwärtigen Ist-Zustand der Arbeitsplätze, so wie zuvor skizziert aus, kann man daraus zu Recht zunächst folgende einseitige Kausalbeziehung ableiten: Der Arbeitsplatz bestimmt die Qualifikation der Mitarbeiter.

Es gibt jedoch auch eine gegenläufige Wirkungsfunktion: Die Qualifikationen der Mitarbeiter bestimmen die Arbeitsplätze. Wenn wir unsere Argumentation für die neu aufzunehmende Ausbildung von Produktionsfacharbeitern auf den bestehenden Bedarf, das heißt vor dem Hintergrund der schon bestehenden Arbeitsplätze aufgebaut haben, so hat dies eher pragmatische Gründe zur Erleichterung der Überzeugungsarbeit. Wie oben schon ausgeführt ist es leichter, einem Manager beizubringen, die gegenwärtige Qualifizierungsstrategie würde nicht mehr den Anforderungen entsprechen, als ihn davon zu überzeugen, dass über den Weg der Höherqualifikation seiner Mitarbeiter sich auch die Arbeitsplätze verändern werden. Dass der Autor diesen zweiten Weg für sinnvoll hält, wollte er durch den Titel seines 1991 erschienenen Buches „Arbeit gestalten durch Qualifizierung" andeuten.

Der Widerspruch zwischen unserer Argumentationsstrategie für die Ausbildung von Produktionsfacharbeitern und dem von mir propagierten Ansatz, Veränderungen durch Qualifizierung anzustoßen, macht den Unterschied der zwei Welten Wirtschaft und Wissenschaft sichtbar. Einem Sozialwissenschaftler ist es eher geläufig, in langfristigen Modellen sich wechselseitig bedingenden Faktoren zu denken. Das Management muss Entscheidungen treffen; je weniger spekulativ die Argumente sind, die zu einer solchen Entscheidung beitragen, desto eher wird es diese akzeptieren und auch aufgreifen.

3.7.5 Sondersituation Modellversuch

Der Versuch einer Begriffsbestimmung

Unser Verständnis von Modellversuch haben wir wie folgt beschrieben: „Wir sehen in dem Modellversuch einen **Sonder**-Fall sozialwissenschaftlicher Feldexperimente, das heißt, sie lassen sich zu einem als Bedingungsstrich und erfolgskontrolliertes ‚Probehandeln' für einen umfassenden gesellschaftlichen Praxisbereich, nämlich im gegebenen Falle die Berufsmarkt-Chancen-Verbesserung für weibliche Jugendliche, auffassen, zum anderen aber auch als ‚Ernstsituation', nämlich für die jungen Frauen, die in den Betrieben konkret ausgebildet werden, die Ausbilder, die betrieblichen Vorgesetzten, die Personalplaner etc. Man kann bei Modellversuchen also von einem in Realitätsbedingungen irreversibel implementierten Fall von ‚Probehandeln' sprechen." (Dahms/Schäffner 1985, S. 13 f.)

Von dem für den Modellversuch zuständigen Bundesminister wird das Ziel wie folgt beschrieben:

„Im Rahmen der Modellversuche sollen schwerpunktmäßig *inhaltliche, methodische und organisatorische* Hilfen für die betriebliche Berufsausbildung ... entwickelt, erprobt und für eine überregionale Anwendung ausgewertet werden." (BMBW 1980, S. 1; zitiert nach Dahms/Schäffner 1985, S. 14)

Die vom Bundesministerium für Bildung und Wissenschaft mit der Vergabe von öffentlichen Mitteln an die Unternehmen verknüpfte Bedingung einer wissenschaftlichen Begleitung brachte nun drei Subsysteme in ein Kooperationsverhältnis, die jeweils spezifische Interessenlagen haben. Eine solche Konstellation birgt zwangsläufig das Risiko von Konflikten in sich, das sich allerdings in dem von uns begleiteten Modellversuch nicht auswirkte.

Die Interessen der am Modellversuch Beteiligten

Die Politik
Die Politik verband mit dem Modellversuch das Interesse, Entscheidungsgrundlagen für Planungsprozesse zu erhalten und Legitimationsaktivitäten gegenüber einer gesellschaftlichen Problemgruppe zu demonstrieren. Die Notwendigkeit, solche Informationen für Planungsprozesse zu erhalten, liegt in der Zuständigkeit des Bundes für Berufsausbildungsfragen begründet. Über Modellversuche entsprechende Daten zu erhalten, scheint dann ratsam, wenn es sich um neue Problemstellungen, wie zum Beispiel der Ausbildung von Frauen in gewerblich/technischen Berufen handelt. Der Gewinn von Erkenntnissen, wie solche Problemfälle gelöst werden können (ob zum Beispiel bei der Ausbildung von Frauen spezifische didaktische Veränderungen erforderlich sind), geht einher mit der öffentlichen Demonstration, etwas für bestimmte Gruppen zu tun. Auf den Punkt gebracht: „Modellversuche sind aus der Sicht der politischen und gesellschaftlichen Entscheidungsträger immer multifunktional und zuallererst auch Instrument der Sozialpolitik." (Dahms/Schäffner 1985, S. 22)

Die Unternehmen

Die Unternehmen, die sich an dem Modellversuch beteiligten, hatten wie bisher bei der Ausbildung das Interesse, mit möglichst wenigen, aber effektiven Mitteln für einen qualifizierten Nachwuchs zu sorgen.

Der Modellversuch kann der betrieblichen Ausbildung Vorteile auf zwei Ebenen bringen: zum einen auf der der Wirtschaftlichkeit und zum anderen in didaktischer Hinsicht.

Die Anwerbung öffentlicher Mittel machte die Ausbildung aus Sicht der betrieblichen Finanzplaner und Entscheidungsträger billiger. In einzelnen Betrieben haben die öffentlichen Mittel für den Modellversuch die Schließung der Berufsausbildung abgewendet.

In ausbildungsdidaktischer Hinsicht konnte vor allem gegenüber den Ausbildern der Vorteil propagiert werden, man könne durch das zuvor beschriebene Probehandeln Erfahrungen zur Bewältigung sich verändernder Ausbildungsbedingungen gewinnen.

Ein weiterer Punkt ergab sich aus der Möglichkeit, sich über den Modellversuch einer breiten Öffentlichkeit als ein moderner Ausbildungsbetrieb zu präsentieren, wobei der Imagegewinn nicht nur der Ausbildung, sondern dem gesamten Unternehmen zu Gute kommen konnte. Der Auftritt der von uns begleiteten Unternehmen auf Messen und Tagungen, bei denen sie ihr Engagement für die Ausbildung von Frauen in gewerblich/technischen Berufen demonstrierten, ist nur ein Beleg für diesen Aspekt.

Die Wissenschaftler

Das Interesse der wissenschaftlichen Begleitung lässt sich auf drei Aspekte zusammenfassen:

- auf den Wissenschaftsanspruch
- die finanziellen Mittel
- die Chance der Präsentation der wissenschaftlichen Leistung in einer Öffentlichkeit, die weit über den Kreis der Fachkollegen hinausreicht.
-

Der Wissenschaftsanspruch
Aufgabe der Sozialwissenschaften ist es unserer Auffassung nach, ein System von Erkenntnissen über Eigenschaften, Zusammenhänge und Gesetzmäßigkeiten sozialer Gegenstandsbereiche herzustellen und zu pflegen. In

einem solchen Verständnis liegt ein anderer Fokus begründet als in dem Praxisfeld beruflicher Ausbildung.

Das System Wissenschaft arbeitet im Wesentlichen theoriegeleitet. Seine zentrale Fragestellung richtet sich traditionell auf die Überprüfung von Theorien in der Praxis und nicht umgekehrt auf die Entwicklung von Theorien aus der Beobachtung von konkreten Phänomenen. Auch die Konzentration auf eine bestimmte Zielgruppe stellt vor dem Hintergrund des wissenschaftlichen Anspruchs eine Einschränkung dar. Erst ein Vergleich zwischen unterschiedlichen Gruppen ist für die Wissenschaft interessant, da über einen solchen Vergleich Aussagen über die Wirkung von Bedingungsfaktoren generiert werden können, die für die Berufsausbildung insgesamt von Bedeutung sind.

Die ausbildenden Unternehmen haben dagegen das zentrale Interesse, den zurzeit in der Ausbildung befindlichen jungen Frauen und Männern die Qualifikationen zu vermitteln, die nach der Ausbildungsverordnung vorgeschrieben sind und für das Unternehmen die Abdeckung von Qualifikationen verheißt, die es gegenwärtig und zukünftig braucht.

Die konkrete Ausbildung folgt erfahrungsgestützt Lösungsmustern, die die Ausbilder im Laufe ihrer Berufstätigkeit sowohl außerhalb als auch innerhalb der Ausbildungsabteilung erworben haben.

Wenn, um es an einem Beispiel aufzuzeigen, ein Auszubildender Angst vor Maschinen zeigt, wird der Ausbilder versuchen, gemeinsam mit dem Auszubildenden Lösungswege zu finden, die auf Grund selbst gemachter oder von Kollegen vermittelter Erfahrungen erfolgreich sein können. Welchen Fokus der Wissenschaftler hat, haben wir in den Ergebnissen unserer Langzeitstudie wie folgt beschrieben: Gehen wir davon aus, „dass sich ein Wissenschaftler dem Problem der Angst in bestimmten Maschinen-Situationen stellen möchte, (so möchte er) klären, in welchen Lernsituationen Maschinenangst besonders häufig beziehungsweise besonders selten auftritt. Der praktische Zweck, den er damit verbindet, ist der, Planungsgrundlagen für die Organisation von Einarbeitungssituationen oder Ausbildungssituationen zu liefern, welche möglichst frei von der störenden Komponente ‚Maschinenangst' sind. Praktisch wird er so vorgehen, dass er sich anhand des vorhandenen Wissensbestandes (zum Beispiel Bücher) darüber informiert, wie die allgemeinen Bedingungen für Angst und Angstproduktion aussehen. Er wird dann – abgeleitet aus diesem allgemeinen Wissensbestand – fragen, welche Bedingungen oder Bedingungsgefüge typischerweise den unerwünschten Effekt nach sich ziehen beziehungsweise umgekehrt. Da er solche gedanklichen Ergebnisse lediglich als eine Hypothese betrachtet, wird er nunmehr versuchen, verschiedene Bedingungskonstellationen zu konstruieren und auf Angst hin zu beobachten. Zeigt sich Angstverhalten in der jeweils erwarteten Weise, so wird er davon ausgehen, dass für seine konkrete Fragestellung ‚Maschinenangst' die allgemeinen Gesetze der Entwicklung von Angst Gültigkeit haben, und er wird entsprechende Erkenntnisse dem alten Wissensbestand hinzufügen (das heißt, er wird seine Ergebnisse veröffentlichen in der Hoffnung, dass er von einer interessierten Fachwelt akzeptiert wird)." (Dahms/Schäffner 1985, S. 17)

Erweitern wir das so dargestellte Wissenschaftsverständnis um den Anspruch, aus den gewonnenen Erkenntnissen Entscheidungsgrundlagen für die Gestaltung von Strukturen in dem zu untersuchenden Feld zu liefern und damit Veränderungen zu initiieren, wird die Distanz zwischen dem wissenschaftlichen Interesse und dem der ausbildenden Unternehmen geringer.

Dennoch bleibt ein Unterschied: Wenn die Wissenschaft in die Praxis hineingeht, handelt es sich um die Konstruktion von Probesituationen, die, wenn sie sich als problematisch erweisen, durchaus abgebrochen werden können.

Dies war in dem Modellversuch „Ausbildung von Frauen in gewerblich/technischen Berufen" nicht möglich, da weder die Frauen noch die Unternehmen die Ausbildung und spätere Integration in die Berufspraxis als Experiment sehen konnten. Für beide war der Modellversuch kein Probehandeln, sondern Ernst. Wollte man von Seiten der wissenschaftlichen Begleitung die jungen Frauen nicht zum Objekt eines Experimentes machen, war es also erforderlich, den Ernstcharakter des Modellversuches für die unmittelbar Betroffenen als gemeinsame Grundlage sowohl für die Wissenschaftler als auch für die ausbildenden Unternehmen zu sehen.

Kooperation von Wissenschaft und Unternehmen als Tauschgeschäft
Aus dieser gemeinsamen Grundhaltung fand ein in der Praxis der gemeinsamen Zusammenarbeit auszuhandelndes Tauschgeschäft statt, in dem der öffentliche Auftraggeber ein für die beiden Partner interessantes Angebot machte. Den Unternehmen bot er direkte finanzielle Förderung für ausbildungsbedingte Ausgaben an und forderte dafür den Einblick in das Ausbildungsgeschehen über die wissenschaftliche Begleitung. Der wissenschaftlichen Begleitung bot der öffentliche Auftraggeber ebenfalls eine finanzielle

Förderung zur Abdeckung von Personal- und Sachkosten an; und dies über einen Zeitraum von sechseinhalb Jahren, was für ein sozialwissenschaftliches Forschungsvorhaben fast schon Ewigkeitscharakter hat.

Auftraggeber, Unternehmen und wissenschaftliche Begleitung profitierten schließlich gemeinsam von einem weiteren Aspekt, und zwar dem Herstellen von Öffentlichkeit.

Die Politiker konnten in der Öffentlichkeit konkrete Reformpolitik demonstrieren, die Unternehmen ihre progressive Personal- und Ausbildungspolitik und die wissenschaftliche Begleitung ihre Forschungsqualität.

Allerdings hatten die Unternehmen für die öffentlichen Auftritte einen zusätzlichen Preis zu bezahlen. Sie mussten ihre Ausbildung über die wissenschaftliche Begleitung der Öffentlichkeit zugänglich machen. Ein differenzierter Blick zeigt, dass aus Sicht der Beteiligten in den Unternehmen Nutzen und Kosten dieselben traf. Während die Presseabteilung den Segen öffentlichen Interesses genoss und die Leitung der Bildungsabteilung das Geld einstrich, bangten die Ausbilder um ihre Souveränität in der Lehrwerkstatt. Sie fürchteten, dass ihnen nun über einen längeren Zeitraum auf die Finger gesehen wird und Misserfolge veröffentlicht werden. Einen Ausweg aus diesem Dilemma bot wiederum die allmähliche Entwicklung eines Tauschgeschäftes. Der Einblick in die Ausbildungspraxis wurde durch eine wachsende Ausbildungsberatung „belohnt". Diese Ausbildungsberatung vollzog sich in einer Art Metakommunikation über das Tun der Ausbilder, aber auch über die Fragen, die anzustellen sind, wenn man den Ausbildungserfolg messen, und – was noch wichtiger ist – mithilfe der Messwerkzeuge sichern will.

Darüber hinaus gibt es ein Tauschmittel, das die wissenschaftliche Begleitung – unabhängig von der persönlichen pädagogischen Leistung der Ausbilder – anbieten kann, es ist die Parteinahme für die Ausbilder in der innerbetrieblichen politischen Auseinandersetzung, und zwar durch Hinweise auf eventuell erforderliche Verbesserungen der Rahmenbedingungen für die Ausbilder.

Inwieweit ein solches Tauschgeschäft allerdings gelingt, hängt von der Fragestellung der wissenschaftlichen Begleitung ab, die sie in das Zentrum ihrer Arbeit stellt. Richtet sie sich auf die Ermittlung von Faktoren, die die Erreichung der Projektziele hemmen oder fördern, ist es leichter zu vollziehen, als wenn es Aufgabe einer wissenschaftlichen Begleitung wäre, den

Qualitätsstandard in einer Ausbildungsabteilung zu bestimmen. Die Suche nach hemmenden beziehungsweise fördernden Faktoren macht Veränderungen im Laufe des Projektes in gemeinsamen Diskussionen zwischen betrieblichen Ausbildern und wissenschaftlicher Begleitung möglich und legt sie sogar nahe, wenn wir das Probehandeln – als welches wir einen Modellversuch betrachten – nicht als statisch festgelegtes Tun, sondern als einen Prozess begreifen.

4. Veränderungsprozesse durch neue firmeninterne Qualifizierungsstrategien Veränderungsforschung im Sinne von Erfolgsmessung
Am Beispiel der Implementierung von Facharbeitern in der Produktion

4.1 Zielsetzung der Veränderung

Die Ausbildung von Produktionsfacharbeitern, konkret handelt es sich um Kunststoff- und Kautschuk-Formgeber der Fachrichtung Kautschuk (KKF) und der Chemiefacharbeiter (CFA), dient der qualifikatorischen Anpassung an sich verändernde Rahmenbedingungen.

Wie in den Ausführungen zum Modellversuch „Ausbildung von Frauen in gewerblich/technischen Berufen" beschrieben, konnten wir feststellen, dass ein großer Teil der Arbeitsplätze in der Kautschuk verarbeitenden Industrie, die bislang durch Angelernte besetzt wurden, hinsichtlich der Anforderungen denen der klassischen Metall- und Elektroberufe vergleichbar waren. Die zuvor beschriebenen Veränderungen von der *geschickten Handarbeit* zur *überlegten Handhabung* machen eine längerfristige systematische und theoretisch begründete Ausbildung – in der Bundesrepublik Deutschland institutionalisiert in der dualen Berufsausbildung – erforderlich. Die Veränderungen in der Qualifikationsstrategie standen ganz allgemein im Zusammenhang mit der industriesoziologischen und qualifikationstheoretischen Diskussion um die Ablösung der Anlernung durch die Ausbildung. Sie wurde wesentlich beeinflusst von Drexel/Nuber, die 1979 ihre Untersuchung „Qualifizierung für Industriearbeit im Umbruch" veröffentlicht haben. Dort werden an Beispielen von Großbetrieben der Stahl- und Chemieindustrie aus bildungspolitischer Sicht Bedingungen herausgearbeitet, die die Abkehr von der Anlernung zu Gunsten der Ausbildung erforderlich machen. Die Autoren gehen dabei von dem System Anlernung aus, dessen Funktionsbedingungen sich differenzieren lassen in

- personelle Voraussetzungen, qualitativ, quantitativ und strukturell;
- technologisch-arbeitsorganisatorische Voraussetzungen;
- Voraussetzungen der Lohnstruktur.

Sobald Teile dieser Funktionsbedingungen in Gefahr geraten, müssen zur Erhaltung des Systems Anlernung kompensatorische Maßnahmen ergriffen werden. Können mehrere dieser Voraussetzungen jedoch nicht mehr kompensiert werden, ist die Suche nach einer Alternative zur Anlernung erforderlich.

Im Rahmen des Modellversuches „Ausbildung von Frauen in gewerblich/ technischen Berufen" haben wir den Ansatz von Drexel/Nuber auf die Arbeitsplätze in der Produktion der Continental Gummi Werke AG überprüft, also auf die Tätigkeitsbereiche, in denen bislang das System Anlernung eindeutig vorherrschte.

Mittels einer Analyse der Personalstruktur der angelernten Produktionsarbeiter und der angestellten Produktionsmeister (vgl. Dahms et al. 1982, S. 75 – 111) konnten wir feststellen, dass ein quantitativ ausreichendes Angebot gut qualifizierbarer Arbeitskräfte für diesen Bereich nicht mehr gegeben ist. Damit fehlt *eine* Funktionsbedingung für das System Anlernung. Für die Anlernung muss jedoch erst dann die Ausbildung als Alternative eingesetzt werden, wenn die technologisch-arbeitsorganisatorischen Voraussetzungen sich als weitere Funktionsbedingungen so verändert haben, dass sie danach verlangen.

Diese technologisch-arbeitsorganisatorischen Voraussetzungen wurden über eine arbeitswissenschaftliche Untersuchung ermittelt, in die wir 63 Eckarbeitsplätze, das heißt Arbeitsplätze, die für den gewerblich/technischen Bereich exemplarisch sind, einbezogen haben. Das Interesse richtete sich dabei auf die empirische Ermittlung von Qualifikationen, die an die einzelnen Arbeitsplätze gebunden sind, nicht aber an die individuellen Voraussetzungen der an diesen Plätzen tätigen Mitarbeiter; das heißt, wir fragten nach den Qualifikationsanforderungen, die von den Tätigkeiten an den einzelnen Arbeitsplätzen selbst ausgehen. Als *Ergebnis* können wir Folgendes festhalten:

Eine bedeutende Anzahl von Arbeitsplätzen in der Produktion stellt Anforderungen, die über dem Durchschnitt aller gewerblich/technischen Arbeitsplätze liegen. Diese Anforderungen entsprechen denen, die von Arbeitsplätzen ausgehen, denen man bislang nur durch Facharbeiterqualifikationen gerecht werden konnte.

Bezogen auf das System Anlernung ist damit eine weitere Funktionsbedingung nicht mehr gegeben und somit die Ausbildung als Alternative geboten.

Die bislang theoretisch abgeleiteten bzw. empirisch-analytisch ermittelten Ergebnisse unterstützen folglich eindeutig die Entscheidung der Continental Gummi Werke AG, Produktionsfacharbeiter auszubilden.

4.2 Externer Kontext

Die Maßnahmen zur Einführung von Produktionsfacharbeitern standen bei Weitem nicht in solch einem komplexen institutionellen Kontext wie im Modellversuch „Ausbildung von Frauen in gewerblich/technischen Berufen". Die Entscheidung lag alleine im Unternehmen selbst. Dennoch lassen sich externe Kontextfaktoren darstellen, die mittelbar Einfluss auf die internen Vorgänge hatten. Dazu gehörte

- die industriesoziologische Diskussion um die Zukunft des Systems Anlernung, die in einem nachfolgenden Abschnitt skizziert wird,

- die Existenz der Berufsbilder Kunststoff- und Kautschuk-Formgeber und Chemiefacharbeiter und

- das Verhalten der Wettbewerber bei der Qualifizierung ihrer Produktionsarbeiter.

Die hier kurz skizzierten externen Faktoren beeinflussten die Entscheidung, die letztendlich durch Führungskräfte im Unternehmen Continental getroffen wurde.

4.3 Unternehmensinterne Rahmenbedingungen

4.3.1 Die Verbündeten im Veränderungsprozess

Die Initiative zur Ausbildung von Produktionsfacharbeitern ging – unterstützt durch die „Neben"-Ergebnisse aus dem Modellversuch „Ausbildung von Frauen in gewerblich/technischen Berufen" – von der Bildungsabteilung aus. Wie in allen unternehmensinternen Veränderungsprozessen ging es zunächst einmal darum, Verbündete zu gewinnen, die bereit waren, diese Initiative zu unterstützen. Dabei waren in einer ersten Phase vor allem zwei Rollenpositionen innerhalb des Sets der Change-Täger zu gewinnen, und zwar gibt es „Patrons" und „Defenders". Die Zustimmung des Vorstandes (als Patron) und die unternehmensöffentliche Erklärung einiger Produzenten (als Defenders), sie hielten eine solche Maßnahme für sinnvoll, wurde relativ rasch erreicht. Die Zustimmung des Betriebsrates war angesichts der gewerkschaftlichen Qualifizierungsstrategie im Grunde genommen reine Formsache.

Eine solche Beschränkung signalisierte ein behutsames Vorgehen, das auf die Gewinnung von Erfahrung verwies und spätere korrigierende Maßnahmen nicht behinderte. Dies ist eine in der Unternehmenspraxis probate Strategie zur Implementierung neuer Qualifikationsmodelle und rückt das Vorgehen in die Nähe eines Pilotprojektes.

In einer zweiten Phase wurden Anstrengungen unternommen, die Rollen der „early users" und der „early adopters" zu besetzen.

„Early users" sind die mittleren Führungskräfte, die die neuen Produktionsfacharbeiter tatsächlich einsetzen, und die „early adopters" sind diejenigen, die den Einsatz von Produktionsfacharbeitern auch für die Zukunft zum Programm machen. Es mussten also Führungskräfte gewonnen werden, die als Abteilungsleiter oder Meister ihre Bereitschaft erklärten, nach Ausbildungsabschluss junge Produktionsfacharbeiter/innen einzustellen und nach erfolgreichem Verlauf auch für die Zukunft nach solchen zu verlangen.

Eine solche Absichtserklärung zu früh abgeben zu müssen, schien nicht ratsam zu sein, da dies angesichts des langen Zeitraumes von der Anwerbung bis zum Ausbildungsabschluss von zirka vier Jahren und vor dem Hintergrund der raschen und in immer kürzeren Zeitabständen erfolgenden Veränderungen in Unternehmen eher zu einer Verweigerung geführt hätte.

Ein wesentliches Kalkül, die in der unmittelbaren Produktionspraxis arbeitenden Führungskräfte zu gewinnen, zielte auf die positiven Erfahrungen, die sie mit „konkreten" Auszubildenden während deren Praxisphase in der Produktion machen konnten und die zu dem erklärten Wunsch führten, diesen oder jenen später übernehmen zu können. Dieses Kalkül ging auf. Es gab praktisch keine Probleme, die jungen Produktionsfacharbeiter unterzubringen.

4.3.2 Die Ambivalenz zwischen Qualifikation und Kosten

Dennoch blieb der Einsatz von Produktionsfacharbeitern nie ganz unumstritten. Die Erfahrung des Autors in den Jahren, in denen er für die Aus- und Weiterbildung in den deutschsprachigen Standorten des Unternehmens Continental zuständig war, verdeutlichte dies. In Managementkonferenzen erhielt die Strategie, Produktionsfacharbeiter auszubilden, einerseits Lob, andererseits jedoch zum Teil von denselben Personen Kritik. Lob gab es, wenn es um die Arbeitsqualität und die Flexibilität der jungen Produktionsfacharbeiter ging, Kritik jedoch, wenn über Geld gesprochen wurde.

Angesichts des zunehmenden Kostendruckes stellten höhere Lohnkosten für Facharbeiter im Vergleich zu den Angelernten eine höhere finanzielle Belastung dar. Diese Belastung wurde besonders deutlich empfunden, da im Rahmen der Dezentralisierung des Unternehmens Führungskräfte, die ehemals „reine" Produzenten waren, nun zu Geschäftsführern einer neu gegründeten GmbH wurden, die stärker als bislang Ergebnisverantwortung trugen. Die damit verbundene Unsicherheit führte bei den Betroffenen zu traditionell absichernden Taktiken und diese liegen eher auf der Kostenebene als auf der Ebene, die das Potenzial einer höheren Qualität und Produktivität in Aussicht stellt.

Die Kostendiskussion erhielt weiteren Nährstoff durch die Diskussion über die Frage der Gerechtigkeit zwischen den Gruppen mit unterschiedlichen Qualifikationsniveaus. Wenn die angelernten Arbeiter der Auffassung sind – ob zu Recht oder nicht – sie würden dieselben Arbeiten ausführen wie die Facharbeiter, weil sie ja an den gleichen Maschinen stehen, wächst selbstverständlich die Begehrlichkeit nach einer Bezahlung, die der der Facharbeiter entspricht. Auf der anderen Seite fragen sich die Produktionsfacharbeiter, warum sie mit Arbeiten betraut werden, die sonst von Angelernten ausgeübt werden. All diese widersprüchlichen Aspekte spiegeln die Ambivalenz wider, mit der die Betroffenen – ob Führungskräfte oder Produktionsfacharbeiter – den qualifikatorischen Wandel betrachten.

Eine solche Ambivalenz wiederum ist typisch für Veränderungsvorgänge. Da Veränderungen den Unternehmensalltag zunehmend bestimmen, ist der Umgang mit solchen Ambivalenzen eine typische Managementaufgabe, die eine hohe Ambiguitätstoleranz erfordert.

Konkret heißt dies, dass in solchen Fällen entweder die Situation offen gehalten oder eine Grundsatzentscheidung getroffen wird. Offen halten heißt:

Es wird keine Entscheidung getroffen, und jedem steht frei, ob er für seinen Bereich auch Facharbeiter einstellt oder ob er sich weiterhin ausschließlich auf das Anlernsystem stützt. Die zweite Alternative besteht darin, dass ein einflussreicher Entscheidungträger nach einer grundsätzlichen und möglichst einheitlichen Lösung verlangt.

Im konkreten Fall der Einführung von Produktionsfacharbeitern bei der Continental AG war es der Vorstand für den wichtigsten Produktionsbereich, der eine solche Entscheidung einforderte. Er stellte die Frage, inwieweit die Berufsausbildung im gewerblichen Bereich sowohl für die Produktion als auch für die Handwerker, die in den deutschen Standorten über zehn Millionen DM kostete, unter der Situation des hohen Kostendrucks noch zu rechtfertigen sei. Als wir ihm statistisch nachweisen konnten, dass zehn Jahre nach Ausbildungsabschluss noch 75 % der männlichen ehemaligen Auszubildenden im Unternehmen seien und 30 % der im Unternehmen ausgebildeten Produktionsfacharbeiter inzwischen Meisterstellen besetzten, wurde die Frage nach der Rentabilität der Berufsausbildung nicht mehr gestellt. Firmentreue als rechenbare Größe vor dem Hintergrund der Kosten für die Einarbeitung neuer Mitarbeiter, die für qualifizierte Kräfte beachtliche Dimensionen einnehmen, und die Bereitstellung von Führungsnachwuchskräften für die Produktion stellten sich als Kriterien heraus, die auch unter Kostengesichtspunkten überzeugend waren. Dies bedeutet jedoch nicht, dass die Diskussion um die Berufsausbildung im Allgemeinen und die der Produktionsfacharbeiter im Besonderen nun endgültig abgeschlossen ist.

4.3.3 Der Legitimationsdruck auf Bildungseinrichtungen

Wer in pädagogischen Feldern arbeitet, wird immer wieder von Entscheidungsträgern – sei es in politischen Institutionen oder in Unternehmen – aufgefordert werden, seine Existenzberechtigung nachzuweisen. So wird von der niedersächsischen Landesregierung unabhängig davon, welche Partei die Regierung bildet, in nahezu regelmäßigen Abständen die Existenz des Fachbereiches Erziehungswissenschaften der Universität Hannover, dessen Dekan der Autor von 1983 bis 1986 war, in Frage gestellt, obwohl jeder weiß, dass die dort ausgebildeten Lehrer gebraucht werden und eine Verlagerung der Lehrerausbildung aus einer Landeshauptstadt keinen Sinn macht.

Die Konsequenz aus dieser erfahrungsgeprägten Erkenntnis ist die Sammlung eines Argumentationsspektrums, aus dem je Adressat schwerpunktmäßig selektiert werden kann. Für die Ausbildung zu Produktionsfacharbeitern umfasst dieses Argumentationsspektrum unter anderem die Dimensionen

- Flexibilität
- Arbeitsqualität
- Führungsnachwuchs
- Firmentreue.

Quellen weiterer Argumente sind

- Vergleiche mit Wettbewerbern (Wie sehen deren Qualifikationsstrategien aus?)
- Benchmarking (Welche Qualifizierungsstrategien verfolgen besonders erfolgreiche Unternehmen?)
- Kennziffern (Welche aus Erfahrung gewonnenen Zahlen signalisieren eine überdurchschnittliche bzw. unterdurchschnittliche Ausprägung bestimmter Qualifizierungskriterien?).

Sind die Verfechter einer bestimmten Qualifizierungsstrategie überzeugt, haben sie in einem ersten Schritt ihre Konzeption anhand der unterschiedlichen Argumentationsaspekte zu überprüfen. Ein positives Ergebnis stellt ihnen dann ein Argumentationsspektrum zur Verfügung. Eigene Erfahrungen haben gezeigt, dass unterschiedliche Zielgruppen durchaus auf unterschiedliche Argumente reagieren. So ist es vorstellbar, dass der zuständige Controller für Kennzahlen empfänglich ist, während der verantwortliche Fachvorstand eher inhaltliche Argumente erwartet.

Es ist festzuhalten: Will man sich in dem unternehmensinternen Willensbildungsprozess durchsetzen, muss man bereit und in der Lage sein, auf dieser Klaviatur der Argumente zu spielen.

4.4 Konzeptioneller Ansatz der Veränderungsforschung

Aspekte des konzeptionellen Ansatzes sind schon im Abschnitt „Unternehmensinterne Rahmenbedingungen" implizit angedeutet worden. Über einige Jahre hinaus begnügte man sich damit, Rückmeldungen aus den abnehmenden Abteilungen zu sammeln und vor allem darauf zu achten, dass alle Produktionsfacharbeiter, die ihre Ausbildung abgeschlossen hatten, auch in das Unternehmen integriert werden. Ein Forschungsansatz im engeren Sinne wurde dann für das Jahr 1985 durch eine Befragung der betrieblichen Vorgesetzten geleistet. Der konzeptionelle Ansatz war identisch mit der Schlussbefragung im Rahmen des Modellversuches „Ausbildung von Frauen in gewerblich/technischen Berufen". Konkret handelt es sich um die Frage der Bewährung aus Sicht der betrieblichen Vorgesetzten.

4.4.1 Methoden und Instrumente

Wie im vorigen Abschnitt dargestellt, baute die Untersuchung methodisch auf den Erfahungen auf, die wir im Modellversuch „Ausbildung von Frauen in gewerblich/technischen Berufen" gemacht haben. Insofern ist es nicht verwunderlich, dass die Bewährungsdimensionen im Zentrum standen, allerdings ergänzt durch einen Fragenkatalog vor allem zu den Einsatzmöglichkeiten der jungen Facharbeiter.

Untersuchungsgruppe

Befragt wurden die unmittelbaren Vorgesetzten aller jungen Produktionsfacharbeiter, die 1985 in den hannoverschen Werken der Continental Gummi Werke AG mindestens ein Jahr beschäftigt waren.

Bei den betrieblichen Vorgesetzten handelt es sich in erster Linie um Schicht- bzw. Gruppenmeister. In Zahlen: 33 Vorgesetzte geben Auskunft über 73 Kunststoff-Formgeher (KKF) und Chemiefacharbeiter (CFA). Die im Vergleich zu den Facharbeitern geringere Zahl an betrieblichen Vorgesetzten resultiert aus der Tatsache, dass die Meister zum Teil für zwei oder mehrere Facharbeiter zuständig sind. Allerdings wurde für jeden der zu beurteilenden Facharbeiter ein getrenntes Interview geführt.

Die Befragung fand im Zeitraum von März 1985 bis Oktober 1985 statt. Sie wurde ausnahmslos vom Autor selbst vor Ort, das heißt in den Räumen der Werke durchgeführt.

Die Instrumente

Der Befragung der betrieblichen Vorgesetzten lagen drei Instrumente zu Grunde:

- ein Fragenkatalog
- ein Paarvergleich von Beurteilungskriterien
- ein Beurteilungsbogen.

Zur Ermittlung differenzieller Ergebnisse wurden außerdem noch die Daten über die Leistungen der jungen Produktionsfacharbeiter in Schule und Ausbildung herangezogen. Konkret:

- Abschlusszeugnis der allgemein bildenden Schule
- Abschlusszeugnis der Berufsschule
- Facharbeiterprüfung in Theorie und Praxis.

Der Fragenkatalog
Den Interviews lag ein Katalog von vierzehn Fragen zu Grunde. Gefragt wurde nach

- dem Beruf
- dem Ausbildungsjahrgang
- dem Einsatzort
- dem gegenwärtigen Arbeitsplatz
- den bisherigen Tätigkeiten
- den beobachteten Defiziten
- der Einschätzung der Ausbildung
- den kurzfristigen Einsatzmöglichkeiten
- den mittelfristigen Einsatzmöglichkeiten
- den Zeitperspektiven für den mittelfristigen Einsatz

der jungen Facharbeiter.

Darüber hinaus wurde gefragt nach

- der grundsätzlichen Einstellung der betrieblichen Vorgesetzten zur Ausbildung von Produktionsfacharbeitern
- den Gründen für diese Einstellung.

Bei der ersten Hälfte der Interviews (genau 37) konnten die Fragen offen beantwortet werden. Die Gespräche wurden mit einem Rekorder aufgezeichnet und dann abgeschrieben. Die Auswertung dieser Interviews führte zu einem Katalog von Antwortmöglichkeiten, die bei den restlichen 36 Interviews jeweils abgefragt wurden. Die Interviewten hatten jedoch die Möglichkeit, Ergänzungen einzubringen.

Die Intention, die diesem Verfahren zu Grunde liegt, zielt auf die Verknüpfung der Vorteile ab, die zum einen in offenen und zum anderen in geschlossenen Fragen liegen.

Konkret: Die Dimensionen werden nicht am grünen Tisch des Forschers festgelegt, sondern stammen (in der ersten Phase) von den Befragten selbst und werden dann einer besseren Vergleichbarkeit der Aussagen wegen in der zweiten Phase standardisiert.

Der Paarvergleich der Beurteilungskriterien

Diesem Verfahren lagen die sieben Bewährungskriterien zu Grunde, die wir schon für die wissenschaftliche Begleitung des Modellversuches „Ausbildung von Frauen in gewerblich/technischen Berufen" über ein mehrstufiges Verfahren inhaltlich ermittelt und statistisch ausgewertet haben. (Dahms et al. 1982, Seite 33 – 46)

Nochmals zur Erinnerung er waren folgende
Durchsetzungsvermögen
Eigenverantwortung und erufliches Interesse
Fachliches Können
Kollegiales Verhalten
Leistungsbereitschaft.
Zuverlässigkeit
Körperliche Konstitution

Den betrieblichen Vorgesetzten wurden wiederum zwei dieser Kriterien zu einer Binärentscheidung vorgelegt. Das heißt, es wurde um die Entscheidung gebeten, welchem dieser beiden Kriterien für den Arbeitsplatz, an dem der Facharbeiter arbeitet, den es zu beurteilen gilt, jeweils die vorrangige Bedeutung zukommt.

Der Beurteilungsbogen

In einem weiteren Schritt wurde den betrieblichen Vorgesetzten jeweils eine Liste der sieben Beurteilungskriterien vorgelegt, mit der Bitte, zu entscheiden, ob der jeweilige Facharbeiter diese Qualifikationen eher überdurchschnittlich oder eher unterdurchschnittlich zeigt.

Der Gewinn im Sinne einer differenzierteren Beurteilung durch den zuvor abgebildeten Maßstab (mit den ermittelten Abständen) liegt darin, etwaige Qualifikationsdefizite präziser beurteilen zu können.

Defizite in Qualifikationsanforderungen, die an dem jeweiligen Arbeitsplatz weniger gefordert werden, fallen in dem Maße, in dem sie den anderen an Bedeutung nachgeordnet sind, weniger ins Gewicht und umgekehrt.

4.4.2 Das Auswertungsverfahren

Die Angaben über die einzelnen Produktionsfacharbeiter werden von uns so ausgewertet, dass sie nicht mehr auf Einzelpersonen zurückgeführt werden können. Um dies zu gewährleisten, haben wir die Interviews vercodet. Allein der Autor verfügt über die Codes. Datenschutz- und Erkenntnisinteresse fallen hier zusammen. Wir wollen mit dieser Untersuchung kein individuelles Beurteilungsverfahren kréieren, das die betriebsinternen Regelungen ergänzt. Wir bemühen uns vielmehr um eine Gruppenaussage, die für künftige konzeptionelle Entscheidungen von Bedeutung sein können.

Im Sinne einer Gesamterhebung bedeutet dies

- eine Aussage über die Beurteilung der Produktionsfacharbeiter in den hannoverschen Werken der Continental Gummi Werke AG insgesamt im Sinne einer summarischen Beschreibung aller Antworten der Befragten und

- eine Aussage über differenzielle Ergebnisse, das heißt über Zusammenhänge zwischen Beurteilung und den sich abzeichnenden Zusammenhängen zu anderen Bedingungen.

Die Ergebnisse sind dabei nicht auf ihre Repräsentativität zu befragen, sie sind uneingeschränkt aussagekräftig für die untersuchte Gesamtgruppe.

Nur dort, wo über die konkrete Fragestellung hinaus Ergebnisse beziehungsweise Trends deutlich werden, die allgemein von Bedeutung sind, wie zum Beispiel berufliche Bewährung in Abhängigkeit von Prüfungsergebnissen beziehungsweise Schulzensuren, sind wir um Klärung bemüht, inwieweit diese Ergebnisse sich verallgemeinern lassen. Die Grundgesamtheit aller Produktionsfacharbeiter der Firma Continental AG Hannover wird so zu einer Stichprobe für Facharbeiter im gewerblich/technischen Bereich allgemein. Motiv für dieses Unterfangen sind die Erkenntnisse der Zusammenhänge zwischen beruflicher Bewährung und der sie erklärenden Bedingungen, die wir in dem Modellversuch „Ausbildung von Frauen in gewerblich/technischen Berufen" gewonnen haben. Die dort erzielten Ergebnisse laden im Sinne einer Überprüfung zu einem Vergleich mit den Ergebnissen dieser Untersuchung ein. Wir verfolgen dabei das Ziel, zu Erkenntnissen zu gelangen, die sich über einzelne, auf uneingeschränkte Beobachtungsfelder bezogene Untersuchungen, auf die grundsätzliche Fragestellung der Bewährung im Beruf und der sie bedingenden Einflussgrößen abstrahieren lassen.

4.4.3 Veränderungen in den Fragestellungen während des Prozesses

Während der Untersuchung und besonders bei der Auswertung der Befragung der betrieblichen Vorgesetzten hat sich eine Fragestellung weiter in den Vordergrund geschoben, die wir zu Beginn für nicht so bedeutungsvoll angesehen haben. Es ist die Differenzierung in zwei Typen von Einsatzfeldern, und zwar in die Fertigung und Qualitätssicherung einerseits und die Materialvorbereitung andererseits. Sie unterscheiden sich, wie die Ergebnisse in dem nachfolgenden Abschnitt zeigen, durch die Rangreihe der Bewährungskriterien und weisen damit auf unterschiedliche Anforderungen je nach Typ des Einsatzortes hin. Aus heutiger Sicht erfordert dieses Ergebnis kein Umdenken in der Berufsausbildung, wohl aber eine höhere Sensibilität bei der Auswahl der Personen.

Da im Bereich der Fertigung und Qualitätssicherung extrafunktionale Qualifikationen, wie Eigenverantwortung und Zuverlässigkeit, deutlich vor dem fachlichen Können stehen, müssen die betrieblichen Vorgesetzten bei der Auswahl aus den Bewerbern auf Persönlichkeitsmerkmale achten, die in der Kompetenzforschung der **Selbstkompetenz** zugeschrieben werden. Damit sind Fähigkeiten gemeint, wie Selbstverantwortung zu übernehmen, sich selber anzutreiben, sich selbst zu steuern, indem man sich Regeln und Strukturen gibt.

4.5 Ergebnisse

Nachfolgend werden die 1986 vom Autor in einem maschinenschriftlichen Gutachten festgehaltenen Ergebnisse in der damals gewählten Form und in der damals gültigen Schreibweise wiedergegeben.

4.5.1 Summarische Beschreibung

Zunächst werden die Antworten der betrieblichen Vorgesetzten zu folgenden Punkten im Sinne einer Rangauszählung summarisch dargestellt:

1. Grundsätzliche Einstellung von Produktionsfacharbeitern und deren Begründung

2. Defizite der jungen Facharbeiter und deren Ursachen

3. Kurzfristige und mittelfristige Einsatzmöglichkeiten der jungen Produktionsfacharbeiter.

Grundsätzliche Einstellung zur Ausbildung von Produktionsfacharbeitern und deren Begründung

Als erstes beachtliches Ergebnis ist festzuhalten, dass alle befragten betrieblichen Vorgesetzten der Ausbildung von Produktionsfacharbeitern ausnahmslos positiv gegenüberstehen. Eine negative Stellungnahme bei den Interviews war ebenso verzeichnen wie eine ambivalente Haltung.

Dieses Ergebnis mag dazu verleiten, es schon als Bestätigung dafür heranzuziehen, dass die Entscheidung für die Ausbildung von Produktionsfacharbeitern richtig war. Haben wir uns jedoch das Ziel gesetzt, die Bewährung der Kunststoff-Formgeber Fachrichtung Kautschuk (KKF) und der Chemiefacharbeiter (CFA) in der betrieblichen Praxis zu überprüfen, genügt ein solches Pauschalergebnis nicht. Die Gefahr ist groß, dass die betrieblichen Vorgesetzten ihre positive Einstellung auf die Ziele richten, die der Betrieb mit der Ausbildung verfolgt, das heißt, sie demonstrieren Konsens mit der Firmenphilosophie bezüglich dieses Projektes. Die so gedachte grundsätzliche Übereinstimmung kann sich von den in der Realität gemachten Erfahrungen durchaus unterscheiden. Aus diesem Grund wurden die betrieblichen Vorgesetzten zu ihren konkreten Erfahrungen mit den einzelnen Mitarbeitern befragt. Auch wenn ein betrieblicher Vorgesetzter über mehrere Mitarbeiter Auskunft geben musste, wurde über jeden einzelnen dieser Mitarbeiter ein gesondertes Interview geführt.

Aus Kenntnis der Leistungen der Kunststoff-Formgeber Fachrichtung Kautschuk und der Chemiefacharbeiter heben die Vorgesetzten in erster Linie folgende Gründe (in absoluten Zahlen) für ihre positive Einstellung hervor:

- Grundkenntnisse 31
- Überblick 19
- Fachkenntnisse 18
- Kenntnisse des Produktionsablaufes 10
- Handwerkliche Kenntnisse 5

Es handelt sich dabei ausschließlich um funktionale Qualifikationen, die die Produktionsfacharbeiter auf Grund ihrer Ausbildung erworben haben.

4.5.2 Defizite der jungen Facharbeiter und deren Ursachen

Die Nennung von Defiziten durch die betrieblichen Vorgesetzten lassen sich nach funktionalen und extrafunktionalen unterscheiden.

Die *funktionalen Defizite* beziehen sich vor allem auf:

- spezifische Arbeitsvorgänge am Einsatzort 41
- Produktionsüberblick 14
- Entwickeln von Gespür für bestimmte Stoffe
  (Signallernen durch Erfahrung) 10

Extrafunktionale Defizite zeichnen sich nach Aussagen der betrieblichen Vorgesetzten ab in den Bereichen:

- Kollegiales Verhalten 17
- Leistung in bestimmter Zeit 14
- Durchsetzungsvermögen 9
- Eigenverantwortung 8
- Zuverlässigkeit 8

Hinsichtlich der Ursachen richtet sich unser Interesse ausschließlich auf die Ausbildung. Es beschränkt sich dabei auf die Frage, inwieweit die Ausbildung die Qualifikationen hätte vermitteln können, die bei den jungen Facharbeitern vermisst werden.

- Lediglich in neun Fällen vertreten die betrieblichen Vorgesetzten die Auffassung, die bei ihren Mitarbeitern zu verzeichnenden Defizite hätten schon in der Ausbildung behoben werden können.

- In 58 Fällen sind die Vorgesetzten dagegen der Meinung, dass die Qualifikationen, die sie bei ihren Mitarbeitern vermissen, nicht in der Ausbildung erworben werden können.
- In sechs Fällen haben die Vorgesetzten keine eindeutige Position bezogen beziehungsweise keine Angaben gemacht.

Es ist festzuhalten, dass die Qualität der Ausbildung von den betrieblichen Vorgesetzten kaum in Frage gestellt wird. Sowohl die Defizite bezüglich der extrafunktionalen Qualifikationen als auch die der funktionalen Kenntnisse basieren im Wesentlichen auf mangelnder Erfahrung mit der betrieblichen Praxis beziehungsweise den spezifischen Arbeitsvorgängen am Einsatzort. Die Beseitigung dieses Mangels ist kaum eine Aufgabe der Ausbildung, sondern eine Frage der Zeit, das heißt der weiteren Erfahrungen im betrieblichen Alltag.

Extrafunktionale Fähigkeiten, wie zum Beispiel kollegiales Verhalten, Leistung in bestimmter Zeit, Durchsetzungsvermögen, Eigenverantwortung, können nicht über Ausbildungsinhalte vermittelt werden; sie basieren vielmehr auf Eigenschaften und Einsichten, die altersabhängig sind.

Funktionale Fähigkeiten bezüglich spezifischer Arbeitsvorgänge und das Entwickeln von Gespür für bestimmte Stoffe sind erst am konkreten Arbeitsplatz und im Laufe der Zeit zu erwerben.

Dort, wo auf ein Defizit an Produktionsüberblick verwiesen wird, scheint ein Widerspruch zu den Ausbildungszielen erkennbar. Hier zeichnet sich die Notwendigkeit einer differenzierten Klärung ab.

4.5.3 Kurzfristige und mittelfristige Einsatzmöglichkeiten der Produktionsfacharbeiter

Die oben gemachte Aussage, dass die von den betrieblichen Vorgesetzten verzeichneten Defizite sich im Lauf der Zeit „von alleine" abbauen, kann durch einen Vergleich der Aussagen gestützt werden bezüglich der kurzfristigen Einsatzmöglichkeiten (nach zirka sechs Wochen Einarbeitungszeit) und dem mittelfristig prognostizierten Endpunkt der betrieblichen Karriere der jeweiligen jungen Facharbeiter.

An folgenden Orten konnten die Facharbeiter nach Ausbildungsabschluss *kurzfristig* eingestellt werden.

- Überall als Helfer 8
- als Führer einfacher Maschinen 23
- als Führer komplizierter Maschinen 36
- als Aufsicht 3
- in anderen Einsatzbereichen 3

Mittelfristig sehen die betrieblichen Vorgesetzten ihre Mitarbeiter ihren Fähigkeiten entsprechend an folgenden Plätzen optimal eingesetzt:

- Maschinenhelfer 2
- Führer einfacher Maschinen 3
- Führer komplizierter Maschinen 18
- Schichtmeister/mitarbeitende Aufsicht 28
- Gruppenmeister 18
- andere hoch qualifizierte Einsatzorte 4
  (zum Beispiel Techniker, Ausbilder)

Die optimale Einsatzmöglichkeit sehen die betrieblichen Vorgesetzten in folgendem Zeitrahmen erreicht:

- unmittelbar nach Ausbildungsabschluss 11
- nach 1 bis 2 Jahren 28
- nach 3 bis 5 Jahren 28
- nach mehr als 5 Jahren 5

Eine kleine Gruppe der Produktionsfacharbeiter hat wenige Wochen nach Ausbildungsabschluss den Einsatzort gefunden, der nach Auffassung ihrer Vorgesetzten ihren Fähigkeiten optimal entspricht; es handelt sich in erster Linie um den einen Maschinenführers.

In der überwiegenden Mehrzahl der jungen Produktionsfacharbeiter sehen die Vorgesetzten zukünftig ihre in der Funktion gleich gestellten Kollegen beziehungsweise Nachfolger, ob als Schichtmeister, Gruppenmeister oder in anderen hoch qualifizierten Tätigkeiten.

4.5.4 Bewährungsmaßstab nach Einsatzbereichen

Im nachfolgenden Kapitel bemühen wir uns, die Befragungsergebnisse differenziell auszuwerten. Das heißt, es wird der Versuch unternommen, über die summarische Beschreibung hinaus Unterschiede zu ermitteln und nach Zusammenhängen zu suchen, die diese Unterschiede erklären können.

Im Gesamtzusammenhang aller 73 Interviews hat sich folgender Maßstab abgebildet, den die betrieblichen Vorgesetzten als Grundlage ihrer Bewertung für die Bewährung der Produktionsfacharbeiter „im Kopf haben":

- Zuverlässigkeit 3.0 (2.8)[8]
- Fachliches Können 2.9 (2.2)
- Eigenverantwortung und beruliches Interesse 2.7 (2.5)
- Kollegiales Verhalten 2.3 (2.1)
- Leistungsbereitschaft 2.0 (1.5)
- Durchsetzungsvermögen 2.0 (1.3)
- Körperliche Konstitution 1.0 (1.0)

Damit ist hinsichtlich der Rangreiche dieses Maßstabes mit Ausnahme des Positionswechsels „fachliches Können" vor „Eigenverantwortung und beruflichem Interesse" identisch mit der von uns im Rahmen des Modellversuches „Ausbildung von Frauen in gewerblich/technischen Berufen" ermittelten Rangreihe von Bewährungskriterien für gewerblich-technische Berufe generell. (Vgl. Dahms/Schäffner 1985, S. 186.)

Hinsichtlich der Punktbewertung zeigt sich fachliches Können mit 2.9 gegenüber 2.2 stark erhöht. Vergleichbares ist für das Durchsetzungsvermögen festzustellen. Seine Bedeutung hat gegenüber unseren früheren Ergebnissen von 1.3 auf 2.0 zugenommen.

Diese Veränderungen lassen sich nur durch eine weitere Differenzierung annähernd erklären. Wir können dabei zwei unterschiedliche Bewährungsmaßstäbe je nach Einsatzbereichen unterscheiden, und zwar einerseits nach Materialvorbereitung und andererseits nach Fertigung und Qualitätssicherung, die beide eine gleiche Kriterienrangreihe aufweisen.

---

[8] Vergleichszahlen in: Dahms, Wilhelm; Schäffner, Lothar: Ausbildung von Frauen in gewerblich/technischen Berufen. Hannover 1985, S. 186.

Für die Materialvorbereitung (Innenmischer, Kalander, Spritzmaschine) sieht der Maßstab für Bewährung folgendermaßen aus:

1. Fachliches Können   3.2
2. Zuverlässigkeit   2.9
3. Kollegiales Verhalten   2.5
4. Eigenverantwortung   2.3
5. Leistungsbereitschaft   2.0
6. Durchsetzungsvermögen   1.8
7. Körperliche Konstitution 1.1

Für die Fertigung und Qualitätssicherung, das heißt für die Fertigung von Profilen, Keilriemen, Formartikeln und für die Arbeit in der Produktionsprüfung und in Prüflabors lautet die Rangreihe so:

1. Eigenverantwortung   3.1   (+ 0.8)[9]
2. Zuverlässigkeit   3.0   (+ 0.1)
3. Fachliches Können   2.6   (- 0.6)
4. Durchsetzungsvermögen   2.1   (+ 0.3)
5. Leistungsbereitschaft   2.0   (0)
6. Kollegiales Verhalten   2.0   (- 0.5)
7. Körperliche Konstitution 0.8   (- 0.3)

Auffallend ist die unterschiedliche Gewichtung sowohl der Eigenverantwortung als auch des fachlichen Könnens je nach Einsatzbereich. Steht bei der Fertigung und Qualitätssicherung die Eigenverantwortung und das betriebliche Interesse an erster Stelle, ist es bei der Materialvorbereitung das fachliche Können.

Weitere Aufschlüsse über die Ursachen der unterschiedlichen Maßstäbe können wir erwarten, wenn wir die einzelnen Paarvergleiche nach Verlust und Gewinn sortieren. Dort, wo Eigenverantwortung und berufliches Interesse dem fachlichen Können gegenübergestellt werden, hat in der Fertigstellung und Qualitätssicherung die Eigenverantwortung in unmittelbarem Vergleich zum fachlichen Können (bei 39 Fällen) mit 29 : 10 gewonnen; in der Materialvorbereitung (34 Fälle) dagegen mit 0 : 34 verloren.

Das heißt, einen Fehler selbst suchen, diesen Fehler gegebenenfalls selbst schnell erledigen, über verbesserte Arbeitsabläufe nachdenken und sich nicht vor Entscheidungen drücken, ist am Innenmischer oder am Kalander

---

[9] Differenz zur Materialvorbereitung

weit weniger angebracht als bei der Fertigung von Profilen, Keilriemen und Formartikeln und in den Prüfabteilungen. Im direkten Vergleich zu fachlichem Durchblick, zu Produktionskenntnissen und zur Koordinierung des eigenen Arbeitseinsatzes mit dem Produktionsabluaf ist Eigenverantwortung überhaupt nicht gefragt.

Da sich das eindeutige Verlustverhältnis der Eigenverantwortung gegenüber fachlichem Können im Bereich der Materialvorbereitung an den Arbeitsplätzen der Fertigung und Qualiftätssicherung nicht einfach in einen entsprechenden Gewinn umkehrt, ist die dortige Spitzenstellung der Eigenverantwortung nur durch Gewinne bei anderen Paarvergleichen zu erreichen.

Eigenverantwortung gewinnt

- gegenüber kollegialem Verhalten mit 31 : 8 (Materialvorbereitung 13 : 21) und
- gegenüber Zuverlässigkeit mit 24 : 15 (Materialvorbereitung 8 : 26).

Die unterschiedlichen Maßstäbe für Bewährung in der beruflichen Praxis lassen sich durch unterschiedliche Anforderungen erklären, die an die Facharbeiter je nach Einsatzort gestellt werden.

Im Bereich der Materialvorbereitung handelt es sich um eine Tätigkeit an großen komplizierten Maschinen. Der Facharbeiter arbeitet gegenwärtig in erster Linie eher stationär als Maschinenführer oder als Helfer. Die Fähigkeiten, die ihm abverlangt werden, beziehen sich auf das fachliche Können in dem Sinne, dass die Maschine, an der er arbeitet, beherrscht wird. Fachliches Können ist eher als präventive Voraussetzung zu begreifen, das im langwierigen Prozess der weiteren Verarbeitung nicht schon bei der Materialvorbereitung Fehler zu Grunde gelegt werden, die nachher nicht mehr zu beheben sind.

In der Fertigung und Qualitätssicherung arbeitet der junge Facharbeiter an weniger komplizierten Maschinen, hat dafür aber für den gesamten Prozessverlauf Mitverantwortung zu tragen. Von daher ist Eigenverantwortung, das heißt, die Bereitschaft, einen Fehler selbst schnell zu beheben, eher gefordert als kollegiales Verhalten oder Zuverlässigkeit in dem Sinne, dass man von seinem Vorgesetzten an eine Maschine gestellt werden kann, an der man nun ohne weitere Aufsicht gewissenhaft arbeitet.

4.5.5 Beurteilung der Produktionsfacharbeiter durch ihre Vorgesetzten

Generelle Beurteilung

Die Einschätzung der einzelnen jungen Produktionsfacharbeiter vor dem Hintergrund des Bewährungsmaßstabes der betrieblichen Vorgesetzten wurde in eine Punkteskala von 0 bis 15.9 übertragen. Die beste aller Beurteilungen drückt sich in der Ziffer 0 aus, die schlechteste in 15.9.

Der Mittelwert aller 73 Bewertungen beträgt 4.0 und entspricht – in traditionelle Schulnoten umgerechnet – einem uneingeschränkten „gut" (2.0).

Die gute Bewertung entspricht – in einer Umrechnung auf die hier verwendete Punktskala – genau der Bewertung, die wir für die Chemiefacharbeiter im Rahmen des Mädchen-Modellversuches „Ausbildung von Frauen in gewerblich/technischen Berufen" ermitteln konnten. Dies ist zum einen eine Bestätigung des von uns entwickelten und eingesetzten Instrumentes, zum anderen ein Beleg für eine äußerst konstant positive Beurteilung der Produktionsarbeiter insgesamt.

Eine differenzielle Auswertung erfordert jedoch die Suche nach sich abzeichnenden Unterschieden in der Beurteilung der einzelnen Facharbeiter und nach der Ermittlung der sie erklärenden Bedingungen.

Differenzierung nach Einsatzbereichen

Hinsichtlich der von uns beobachteten drei Einsatzbereiche sind im Mittel Bewertungsunterschiede festzustellen, die in Schulzensuren übertragen zwischen 2 + und 2 - liegen und damit eine maximale Differenz von 0.6 Schulzensuren ausmachen.

Diese Spanne mag zwar als sehr gering erscheinen, kann unseres Erachtens jedoch Tendenzen aufweisen, die zu berücksichtigen sind, wenn man auf einen optimalen Einsatz der jungen Facharbeiter – optimal sowohl für den Betrieb als auch für den Facharbeiter selbst – abzielt.

In der von uns ermittelten Punkteskala (von 0 bis 15.9) haben die Kunststoff-Formgeber Fachrichtung Kautschuk und die Chemiefacharbeiter in ihren Einsatzbereichen im Mittel folgende Bewertungen erreicht:

- Qualitätssicherung (Prüflabor, Produktionsprüfung)   3.3

- Materialvorbereitung (Innenmischer, Kalander, Spritzmaschine)   3.5

- Fertigung (Profile, Keilriemen, Formartikel)   5.0

Unser vordringliches Interesse richtet sich auf das relativ schlechte Abschneiden der Facharbeiter im Bereich Fertigung. Dabei scheint uns ein Vergleich mit der Materialvorbereitung eher angebracht zu sein als mit der Qualitätssicherung, da im Mischsaal und Kalandersaal wie auch in der Fertigung die Produktionsarbeitsplätze vorhanden sind, auf die die Ausbildung von Produktionsfacharbeitern vorbereiten soll.

Die Tätigkeiten in der Qualitätssicherung vollziehen sich dagegen entweder in Labors, weit ab von der Produktion, oder in laborähnlichen Einrichtungen am Rande der Produktion.

Ein *Ergebnis* kann für den Bereich der Qualitätssicherung, in dem ausnahmslos Chemiefacharbeiter eingesetzt werden, festgehalten werden: Die Ausbildung zum Chemiefacharbeiter scheint eine sinnvolle Alternative zur Ausbildung von Chemielaboranten zu sein.

Zum Vergleich Materialvorbereitung/Fertigung:

Die nahe liegende Vermutung, der Bewertungsunterschied sei darauf zurückzuführen, dass die Vorgesetzten in der Materialvorbereitung eine Bestenauslese getroffen hätten, trifft, wie wir überprüft haben, nicht zu. Die jungen Facharbeiter in der Fertigung weisen gegenüber ihren Kollegen in der Materialvorbereitung keine schlechteren Beurteilungen in Schule und Ausbildung nach.

Der Bewertungsunterschied zwischen den Einsatzbereichen lässt sich auf die spezifischen Qualifikationsanforderungen zurückführen, die sich, wie oben dargestellt, auch in unterschiedlichen Maßstäben niederschlagen, die die Vorgesetzten für die Bewährung in der betrieblichen Praxis im Kopf haben.

Im Bereich der Materialvorbereitung handelt es sich um eher stationäre Tätigkeiten an auch nach außen sichtbar komplizierten Maschinen, die von den Facharbeitern als erstes fachliches Können verlangen. Im Bereich der Fertigung sind die Maschinen weniger kompliziert und können zu einem großen Teil von weniger qualifizierten Kräften bedient werden. Es ist nicht die Bedienung dieser Maschinen, die Anforderungen im Sinne von Facharbeiterqualifikationen stellt; es ist vielmehr die Verfolgung des gesamten Prozesses über die einzelnen Phasen der Fertigung, die nach Facharbeiterqualifikation verlangt.

Dies wiederum hat zur Folge, dass eher extrafunktionale Qualifikationen wie Eigenverantwortung gezeigt werden müssen. Diese zu erwerben, ist nicht in erster Linie eine Frage der Ausbildung, sondern eher der Zeit, das heißt der beruflichen Erfahrung. Von daher mag sich eine Verbesserung der Bewertung im Laufe der Zeit einstellen.

Die Akkordbedingungen in der Fertigung mögen zudem die Beurteilung der jungen Facharbeiter aus Sicht der Vorgesetzten etwas niedriger halten, da diese, wie oben (als Defizit im extrafunktionalen Bereich) dargestellt, nach Ausbildungsabschluss noch nicht gewohnt sind, „Leistung in bestimmter Zeit zu bringen".

Differenzierung nach Vorleistungen

Zur Ermittlung weiterer Differenzen haben wir zwei Extremgruppen gebildet, die wir miteinander vergleichen. Die erste Gruppe umfasst alle die Facharbeiter, die von ihren Vorgesetzten sehr gut beurteilt werden, also auf unserer Punkteskala den Wert 0 aufweisen. Dieser Gruppe stellen wir diejenigen gegenüber, die in mindestens gleichem Abstand vom Mittelwert in Richtung negativere Bewertung abweichen, also einen Wert von 8 und mehr Punkten haben.

In der Differenzierung dieser beiden Gruppen such wir nach Zusammenhängen zwischen bisher erbrachten Leistungen in Schule, Berufsschule und Facharbeiterprüfung. Dabei fragen wir, inwieweit die einzelnen Beurteilungen besser beziehungsweise schlechter als die jeweils durchschnittliche Beurteilung aller 73 Facharbeiter sind.

Als *Ergebnis* lassen sich folgende zwei Zusammenhänge ermitteln:

- Berufliche Bewährung und Theoriezensur in der Abschlussprüfung
- Berufliche Bewährung und Mathematikzensur im Abschlusszeugnis der allgemein bildenden Schule.

In eine Vier-Felder-Tafel übertragen, lässt sich der Zusammenhang „Beurteilung durch betriebliche Vorgesetzte und Theorieleistungen" so darstellen:

	Theoriezensur (überdurchschnittlich)	Theoriezensur (unterdurchschnittlich)
Sehr gute Beurteilung (Wert 0)	11	5
Weniger gute Beurteilung (Wert > 8)	4	11

Abbildung: Zusammenhang „Beurteilung durch betriebliche Vorgesetzte und Theorieleistungen"[1]

Es bestätigt unsere an anderer Stelle dokumentierten theoretischen Befunde, die auf die theoretische Durchdringung als grundlegendes Prinzip einer erfolgreichen Ausbildung verweisen. (Vgl. Dahms/Schäffner 1981, S. 109 ff. und S. 117 ff.)

Der Zusammenhang mit der Mathematikzensur im Schulabschlusszeugnis sieht in Zahlen ausgedrückt so aus:

	Mathematikzensur überdurchschnittlich	Mathematikzensur unterdurchschnittlich
Sehr gute Beurteilung (Wert 0)	7	5
Weniger gute Beurteilung (Wert > 8)	3	8

Abbildung: Zusammenhang „Beurteilung durch betriebliche Vorgesetzte und Mathematikzensur im Schulabschlusszeugnis"[10]

Dieses Ergebnis zeigt mit einer Irrtumswahrscheinlichkeit von 15 % zumindest einen deutlichen Trend, den wir schon bei der Untersuchung der beruflichen Bewährung von Frauen in gewerblich/technischen Berufen festgestellt haben. Auch dort war ein Zusammenhang zwischen Mathematikleistung in der Schule und der späteren beruflichen Bewährung nach Ausbildungsabschluss festgestellt worden. (Vgl. Dahms/Schäffner 1985, S. 8.)

Die Ergebnisse lassen sich somit widerspruchsfrei in die Ergebnisse einordnen, die im Rahmen des zeitlich vorgelagerten Modellversuchs gewonnen wurden. Sie bestätigten die Ergebnisse und bereiteten den Boden für deren Generalisierung über die eingegrenzte Fragestellung der jeweiligen Untersuchung hinaus. Aussagen zum Anforderungsprofil an typischen Einsatzorten im Rahmen von industrieller Produktion auch außerhalb der Kautschukverarbeitung lassen sich weitgehend wenigstens hypothetisch kontrollieren. Zudem lassen sich Schlussfolgerungen für personelle Auswahlkriterien ziehen. Hinsichtlich der Aspekte der Veränderung der Qualifizierungsstrategie, deren Notwendigkeit wir schon im Verlaufe des Mo-

---

[10] Über die Schulzensuren lagen nicht für alle hier einbezogenen Probanden entsprechende Informationen vor.

dellversuches „Ausbildung von Frauen in gewerblich/technischen Berufen" erkannt haben, ist die positive Befragung zur Bewährung von Kunststoff- und Kautschuk-Formgebern Fachrichtung Kautschuk und Chemiefacharbeitern ebenso eine Bestätigung wie auch die Prädiktoren in der bisherigen Leistungskarriere junger Produktionsfacharbeiter. In diesem Sinne können wir Bestätigung als eine Variante der Nachhaltigkeit verstehen.

4.6 Begleitende Erkenntnisse bei der Durchführung des Veränderungsprozesses

Die begleitenden Erkenntnisse, die der Autor gewinnen konnte, waren in den oben dargestellten unternehmensinternen Rahmenbedingungen thematisiert worden. Im Wesentlichen beziehen sie sich auf die Willensbildungsprozesse in einem Unternehmen und die potenziell taktischen Handlungsmöglichkeiten im Rahmen des immer wieder aufs Neue auftauchenden Legitimationsdrucks. Aktives Bemühen um die Legitimation der Veränderungsvorhaben ist vor dem Hintergrund der Ambivalenz, die innerbetriebliche Entscheidungssituationen prägen, besonders erforderlich.

4.7 Unterstützung des Veränderungsprozesses durch die Diskussion um lean production

Sinn und Zweck der Implementierung von Produktionsfacharbeitern wurde durch eine Diskussion bestätigt, die von J. Womack, D. Jones und E. Roos mit ihrem Buch „The Machine that Changed the World"[11] (1990) ausgelöst haben. In diesem Buch haben die Autoren Konsequenzen aus der weltweiten Studie des Massachussets Institute of Technology gezogen. Mit dieser Untersuchung soll am Beispiel der Automobilindustrie aufgezeigt werden, warum die einen (vor allem die Japaner) erfolgreicher sind als die anderen (die Amerikaner und Europäer). Das Erfolgsrezept wurde unter dem Begriff *lean production* zusammengefasst.

Lean production zeichnet sich dabei aus, dass Unternehmen, die nach diesem Prinzip arbeiten,

---

[11] In der deutschen Übersetzung 1991 unter dem Titel „Die zweite Revolution in der Automobilindustrie" erschienen.

- weit weniger Produktionsfläche
- weit weniger Lagerfläche und
- weit weniger Personal

benötigen und dabei erheblich kürzere Durchlaufzeiten ausreichen.

Ein wesentliches Element von lean production ist, Verantwortung weitgehend dorthin zu verlagern, wo Wertschöpfung erbracht wird – also auf die Arbeiter in der Produktion. Damit kann zugleich einem Phänomen begegnet werden, das man folgendermaßen beschreiben kann: Die Mitarbeiter in der Produktion sehen tagtäglich, was tatsächlich passiert, können oder dürfen es aber nicht deuten. Diejenigen, die es deuten können und dürfen, sehen aber kaum, was und wie etwas wirklich passiert.

In Vorträgen hat der Autor dieses Phänomen als schizophrenes Konstrukt nach dem Muster bezeichnet: „Die da oben denken, alles läuft gut, weil sie ihre Anweisungen geben, und die unten sagen: Obwohl wir so merkwürdige und falsche Anweisungen erhalten, bekommen wir die Sache gerade noch in den Griff."

Dass dieses Konstrukt weit verbreitet ist, belegen mir Zuhörer, die – so häufig wie auf keine andere Äußerung – reagieren und signalisieren, dass dies ebenso typisch für ihr Unternehmen sei.

Die Verlagerung der Verantwortung dorthin, wo Wertschöpfung erbracht wird, als Antwort auf diese Misere kann nur zu einem erfolgreichen Ergebnis führen, wenn die Mitarbeiter auf die die Verantwortung verstärkt zukommt, entsprechend qualifiziert werden.

Dies spricht eindeutig für die Ausbildung von Produktionsarbeitern und bestätigt die Richtigkeit der zuvor beschriebenen Qualifizierungsstrategie.

4.8 Eine Maßnahme zur Verringerung der Kluft zwischen Facharbeitern und Angelernten

Die Strategie zur Ausbildung von Produktionsfacharbeitern wurde insofern nochmals dadurch modifiziert, dass man ab 1992 die vorhandenen angelernten Produktionsarbeiter in die Überlegungen mit einbezog und Bemühungen anstellte, die Kluft zwischen Facharbeitern und Angelernten durch ein Qualifizierungsprogramm für die Letzteren zu verringern.

Orientierung bot dabei die Ausbildung zum Kautschuk-Formgeber Fachrichtung Kautschuk. Ein Expertenteam, dem auch der Autor angehörte, hat aus den dort aufgelisteten Lernzielen und Lerninhalten diejenigen ausgewählt, die notwendig sind, zunächst einmal Schlüsselfunktionen in der Produktion auch mit Angelernten qualifiziert zu besetzen. Zusätzlich zu der inhaltlichen Auswahl und zu der Definition von Lernzielen wurden folgende drei Lernstufen je nach Tiefe der Auseinandersetzung unterschieden:

1. Wissen (Können im Sinne von Memorieren)

2. Erlernte Algorithmen selbstständig anwenden können (im Sinne von konstruktivem Denken und Herstellen von Zusammenhängen)

3. (theoretische) Hintergründe erfassen und daraus neue Algorithmen ableiten (im Sinne von produktivem Denken).

Im Rahmen eines Projektes wurde nach geeigneten Lern- und Lehrformen für diese Zielgruppe gesucht. Als wirksam herausgestellt haben sich dabei Wege, die Abschied nehmen vom traditionellen Schulunterricht und dagegen auf eine arbeitsplatznahe Problemlösung zielen.

Ein solches Modell stellten neu implementierte *Lernzirkel* dar, für die anhand der Schichtberichte Probleme herausgegriffen wurden, mit denen die zentralen Lernziele und Lerninhalte exemplarisch abgearbeitet werden konnten. Keiner der Zirkelteilnehmer musste sich fragen, wozu er dieses oder jenes lernt. Er hat es ja selbst „hautnah" erlebt, dass er die in den Lernzielen vermittelten Erkenntnisse tatsächlich braucht, um seinen betrieblichen Alltag sowohl zu seiner Zufriedenheit als auch zum Wohle des Unternehmens beherrschen zu können.

Exemplarisch wurden die Verantwortlichen für die Lernzirkel und deren Teilnehmer in einem Werk, allerdings ohne ein explizites Instrument und ohne Anspruch auf eine Systematik 1993 vom Autor befragt. Als Tendenz zeichnete sich eindeutig ab, dass sowohl die Lehrenden als auch die Lernenden das Modell für sehr erfolgreich einschätzten. Von den Lernenden wird unter anderem Folgendes positiv hervorgehoben:

- die Freiwilligkeit der Teilnahme
- die gegenseitige Hilfe
- mit dem erworbenen Wissen gehe die Arbeit leichter von der Hand, mache mehr Spaß und hebe das Selbstvertrauen

- das Lernen beschränke sich nicht nur auf Fachfragen, man lerne seine Kenntnisse auch auf neue Situationen zu übertragen
- man lerne verstärkt, mit anderen in einem Team zusammenzuarbeiten
- man entwickle die Bereitschaft, eigenverantwortlich im Wissen um die eigenen Stärken und Schwächen zu handeln.

Zusammenfassend kann festgehalten werden, dass diese Fähigkeiten durch das Lernen in Lernzirkeln gefördert werden. Dazu gehört auch die Entwicklung eines Teamgeistes. Insofern können Lernzirkel auch einen wichtigen Beitrag dazu leisten, Gruppenarbeit in der Produktion vorzubereiten.

Dass diese Lernformen von den Lernenden angenommen wurden, zeigt allein die Tatsache, dass sie zum überwiegenden Teil auch kamen, wenn sie während des Lernzirkels keine Schicht hatten.

Das Interesse an Lernzirkeln wurde jedoch durch eine Maßnahme gesteigert, die auf Gleichbehandlung setzende Erziehungswissenschaftler Entsetzen bereiten dürfte, marktwirtschaftlich Denkenden aber als plausibel erscheinen mag. Die Lernzirkel wurden nicht flächendeckend eingeführt, sondern in der Anzahl begrenzt und auch in den ersten Durchgängen wurden die Teilnehmer durch ihre unmittelbaren Vorgesetzten vorgeschlagen. Die potenziellen Teilnehmer hatten entsprechend marktgesellschaftlich reagiert, das heißt, ihre Begehrlichkeit in neu einzurichtenden Lernzirkeln mitzuwirken, wurde geweckt und die Motivation zur kontinuierlichen Teilnahme gestärkt.

5. Veränderung durch ein neues Ausbildungsprofil für Führungskräfte – Veränderungsforschung als Erfolgssicherung
Am Beispiel des Studiums im Praxisverbund – Ausbildung von Produktionstechnikern

5.1 Zielsetzung der Veränderung

Das Ende der „Meisterschaft" als Qualifikation zur Führungskraft

Betrachtet man die Qualifikationsstrategie im Rahmen eines Gesamtsystems, so wird deutlich, dass die Maßnahme zur Ausbildung von Produktionsfacharbeitern und die Weiterbildung von Angelernten Auswirkungen auf die Anforderungen an die darüber liegende Führungsebene haben muss. Sinnvollerweise entwickelt man Qualifikationsprofile von unten nach oben. Die Führungsfunktion auf jeder Ebene wird jeweils bestimmt durch das Qualifikationsniveau ihrer Mitarbeiter.

Am Beispiel der Produktionsfacharbeiter bedeutet dies für die Ebene der Meister ein Zurücknehmen unmittelbarer fachlicher Eingriffe im Tagesgeschäft und eine Ausweitung der eigentlichen Führungsaufgabe im Sinne der **Zielsetzung,** des **Soll-Ist-Vergleichs,** des **Steuerns** und der **Entwicklung der Mitarbeiter.**

Dass dies ein für die Meister häufig schmerzlicher Prozess ist, zeigt folgende Geschichte, die mir von einem Auszubildenden zugetragen wurde: Während einer betriebspraktischen Phase sprach ein Auszubildender den Meister an und machte ihn auf eine Störung aufmerksam, und was nun für den Meister irritierend war, er lieferte zugleich die Analyse und darüber hinaus einen Lösungsweg nach, indem er seine Vermutung über die Ursache deutlich machte und zugleich aufzeigte, wie man dieser Störung begegnen könnte. Der Meister griff daraufhin in die Hosentasche, zog einen Schlüssel heraus und hielt diesen dem jungen Mann mit den Worten hin: „Wenn du meinen Job haben willst, hier ist der Schlüssel fürs Meisterzimmer."

Dort, wo die Meister ihre Führungslegitimation aus ihrer Meisterschaft, das heißt aus der Fähigkeit, alles besser zu können als ihre Mitarbeiter, ableiten, muss die Demonstration fachlicher Kompetenz durch die Mitarbeiter zu einer starken Verunsicherung führen. Und diese wird tendenziell mit der Verringerung der Halbwertzeit von Wissen zunehmen, was schließlich noch durch das bessere Handling der elektronischen Medien durch die Jugendlichen verstärkt wird.

Ein Weg aus diesem Dilemma ist die Weiterbildung der Meister, die weniger auf Fachinhalte zielt, sondern die Veränderung der Rolle des Meisters zum Gegenstand hat und Fähigkeiten vermittelt, die neue Rolle besser ausfüllen zu können.

Ein zweiter Weg besteht in der Ausbildung eines neuen Typs betrieblicher Vorgesetzter. Die Continental AG hat beide Wege beschritten. Neben den Anstrengungen, die Meister weiterzubilden, richtete sich eine neue zusätzliche Alternative auf die Entwicklung eines neuen Berufsbildes, und zwar die des Produktionstechnikers. Es handelte sich dabei um ein „duales Studium im Ausbildungsverbund". Die Teilnehmer an diesem Qualifizierungsmodell machten eine Facharbeiterausbildung zum Kunststoff-Formgeber Fachrichtung Kautschuk und studierten gleichzeitig an der Fachhochschule Hannover Maschinenbau mit der Fachrichtung Produktionstechnik und wurden durch entsprechende Seminare firmenintern auf ihre zukünftige Führungsaufgabe vorbereitet.

Da ein solches Verbundsystem unter Effizienzgesichtspunkten eine bestimmte Anzahl von Studierenden erfordert, mussten auch andere, nicht nur Kautschuk verarbeitende Unternehmen gewonnen werden. Continental ergriff die Initiative und sicherte die Lebensfähigkeit des Unterfangens, indem die Firma jeweils rund 50 % der Teilnehmer stellte. Diese Vorreiterrolle wurde 1993 mit dem „Initiativpreis Aus- und Weiterbildung der Wolf-von-Amerongen-Stiftung und des Deutschen Industrie- und Handelstages" an Wolf Dieter Gogoll, dem Leiter des Konzernbildungswesens der Continental AG, gewürdigt.

Ziel des Ausbildungsprogramms war es, Führungskräfte für die untere Managementebene zu gewinnen, die in der Lage sind, vor dem Hintergrund theoretischer Kenntnisse praktische Handlungskonzeptionen zu entwickeln und zudem über gute Kenntnisse der spezifischen Organisationsstruktur und –kultur sowie über Produktionskenntnisse verfügen.

5.2 Externer Kontext

Während Unternehmen im Bereich der Weiterbildung weitgehend autonom ihre Maßnahmen bestimmen können, ist dies im Bereich einer formalisierten Qualifizierung, die öffentliche Bildungseinrichtungen einschließt, nicht der Fall. Im konkreten Fall mussten sowohl die Berufsschulen als auch die Fachhochschule Hannover gewonnen werden.

Der Weg, dies zu erreichen, führt erfahrungsgemäß über die Suche nach Partnern, die sich als change agents verstehen. Es geht also darum, in den Berufsschulen und in der Fachhochschule Verbündete für die eigene Idee zu finden, die das Vorhaben sachlich für vernünftig hielten und vor allem die Bereitschaft und Neugier zeigten, Neues zu erproben und den Aufwand, der damit verbunden ist, zu tragen. Dieser Aufwand bezieht sich zu einem großen Teil auf die Veränderung von Regularien, die auf den Status quo zugeschnitten sind und dem Neuen nicht entsprechen.

Dies gelingt – wie schon in dem Projekt „Ausbildung von Frauen in gewerblich/technischen Berufen" deutlich wurde – am Besten in einem geschützten Freiraum zum Probehandeln, wie er durch einen Modellversuch bereitet wird. Damit wird das konkrete Vorhaben der Schwerkraft der tradierten Strukturen und Regeln entzogen, die eher zu nivellierenden Anpassungen gezwungen hätten, als einer neuen Idee „Flügel zu verleihen". Auf der anderen Seite bedeutet dies jedoch auch für ein Unternehmen, von einem Zuschnitt auf seine spezifischen Belange abzurücken, um sich auf ein Ergebnis einzulassen, das den Interessen der beteiligten Partner ebenso berücksichtigt. Dies betrifft nicht nur die öffentlichen Bildungseinrichtungen, sondern auch die anderen an dem Modellversuch beteiligten Unternehmen. Dass dies auch bedeutende inhaltliche Konsequenzen hat, lässt sich schon daraus ableiten, dass es sich dabei um andere Sparten, und zwar vor allem der Metall verarbeitenden Industrie handelte.

Als „Kostenfaktor" kommt noch die Belastung hinzu, in den entsprechenden (zum Teil neu eingerichteten) Gremien diese Abstimmungsarbeit zu leisten. Ein solcher zusätzlicher Aufwand wird erfahrungsgemäß nur von Personen geleistet, die von einer Idee begeistert und bereit sind, diese Last auf sich zu nehmen.

5.3 Unternehmensinterne Rahmenbedingungen

Die Aussagen über den Willensbildungsprozess in Unternehmen aus dem Abschnitt, der die Thematik der Produktionsfacharbeiter thematisiert, lässt sich im Wesentlichen auch auf das duale Studium im Ausbildungsverbund übertragen. Einige nachfolgend beschriebene Bedingungen kommen allerdings noch hinzu. Innerhalb des Unternehmens musste wie bei der Ausbildung von Kunststoff-Formgebern Fachrichtung Kautschuk und Chemiefacharbeitern eine neue Ausbildungsinfrastruktur aufgebaut werden. Zwar konnte räumlich und sachlich auf das „Technikum" zurückgegriffen werden, das schon für die Ausbildung der Produktionsfacharbeiter sorgte. Die personelle Besetzung des Ausbildungsverantwortlichen führte in ein bislang unbekanntes Terrain. Es musste jemand gefunden werden, der die Ausbildung der Produktionstechniker nicht nur im Sinne der IHK-Richtlinien leisten konnte, sondern auch in Studienfragen den Produktionstechnikern in der Ausbildung beratend zur Seite stehen konnte.

Wir gewannen dafür eine Studienrätin mit naturwissenschaftlichen Fächern, die bereit war, mit dem ersten Jahrgang die Ausbildung zum Kunststoff-Formgeber Fachrichtung Kautschuk selbst mitzumachen.

Die berufspraktische Ausbildung innerhalb der Produktion erforderte gegenüber dem Umgang mit den Kunststoff-Formgebern Veränderungen, da die zukünftigen Produktionstechniker die Ausbildungsbeauftragten auf Grund ihrer zunehmenden ingenieurwissenschaftlichen Kenntnisse mit anderen Fragen konfrontierten, als die Kunststoff-Formgeber und die Chemiefacharbeiter dies tun. Konkret mussten den Produktionstechnikern neben den für den Produktionsalltag verantwortlichen Meistern auch Ingenieure als Tutoren zur Verfügung stehen.

Schließlich mussten langfristig die späteren Abnehmer für die Übernahme der Absolventen gewonnen werden. Dies war leichter, wenn die Produktionstechniker in Konkurrenz zu dem klassischen Maschinenbaustudenten gesehen wurden. Als zukünftigen Ersatz für die untere Managementebene der Meister war die Überzeugungsarbeit wegen der damit verbundenen höheren Entgeltkosten schwieriger.

Eine Besonderheit stellte die Haltung des Betriebsrates dar. Gewerkschaftliche Ausbildungspolitik tut sich bekanntlich schwer mit Formen „elitärer" Ausbildung, so wie sie die Verbindung zwischen Berufsausbildung und Studium darstellt. Dem Pendant zu dem Produktionstechnikermodell – der

Qualifizierung zum Betriebswirt (VWA) – stimmte zum Beispiel der Betriebsrat nur unter der Voraussetzung zu, dass Abiturienten von der „normalen" kaufmännischen Ausbildung ausgeschlossen sind.

Insofern war es nicht verwunderlich, dass der Betriebsrat der Ausbildung zu Produktionstechnikern nicht mit allzu großer Begeisterung entgegen blickte. Dies hat sich jedoch im Verlaufe der Jahre ins Gegenteil verkehrt. Den Grund für den Sinneswandel konnten wir erst nach einiger Zeit auf eher informellem Wege erfahren. Mit den Produktionstechnikern kamen auf einmal gewerkschaftlich organisierte Ingenieure ins Unternehmen. Wie dies dazu kam, bedarf einer näheren Erläuterung. In einem Großunternehmen wie Continental ist es üblich, dass schon die Auszubildenden in die Gewerkschaft eintreten. Das kollegiale Umfeld in der Produktion und in den Werkstätten machte den neu ankommenden Auszubildenden sehr früh und nachdrücklich deutlich, dass es üblich sei, wenn man als Kollege gelten wolle, in die Gewerkschaft einzutreten. Diesem Usus konnten sich die Produktionstechniker in ihrer Rolle als Auszubildende kaum entziehen, und wer weiß, wie viel schwerfälliger man den Austritt aus einer Organisation betreibt als den Eintritt in diese, kann nachvollziehen, dass viele Produktionstechniker auch später in der Gewerkschaft blieben.

5.4 Konzeptioneller Ansatz der Veränderungsforschung

Der konzeptionelle Ansatz der Veränderungsforschung ist im Hinblick auf das Produktionstechnikerprojekt nur schwer zu fassen, da die Rolle des Autors sich über den Zeitraum des Projektes änderte. Von 1986 bis 1992 als firmeninterner Agent, der vor allem für die Anwerbung der Kandidaten und für die Bewerberauswahl zuständig war, 1999 dann als Betreuer einer Praktikumsarbeit, die eine Untersuchung zu Tage förderte, die angefangen von den Motiven, diesen Ausbildungsweg zu gehen, über die Beurteilung dieser Ausbildung und der dort verankerten Elemente bis hin zum gegenwärtigen Einsatzort und darüber hinaus noch über die Erwartung an die persönliche Weiterentwicklung umfangreich über Vergangenheit, Gegenwart und Zukunftspläne der „fertigen" Produktionstechniker Auskunft gibt.

Die erste Phase des Autors war bestimmt durch seine Nähe als verantwortlicher Manager zum Gegenstand der Untersuchung selbst, was im Widerspruch zu dem Grad an erforderlicher Distanz steht. Die Ergebnisverantwortung geht über die zuvor als legitim beschriebene Parteinahme für das Ziel der Veränderung hinaus. Für einen verantwortlichen Angestellten eines Unternehmens ist der Zeitumfang für ein Probehandeln weit kürzer als für einen Wissenschaftler oder einen wissenschaftlichen Begleiter. Auch die von uns im Modellversuch gestellte zentrale Frage, welche Faktoren behindern beziehungsweise fördern die erfolgreiche Integration einer Zielgruppe in das Berufsfeld, stellt sich für einen Manager anders als für einen Forscher dar. Für jeden verengt sich der Fokus auf die Frage: Wie kann man eine getroffene Entscheidung im vorliegenden Fall erfolgreich zu Ende bringen und welche Optimierungsmöglichkeiten gibt es bei weiteren Wiederholungsdurchgängen?

5.4.1 Die Verantwortung unternehmensinterner Ausbilder

Da Unternehmen Ausbildung als eine Investition in ihre human resources begreifen, ist ein Misserfolg – auch wenn er noch so viele Erkenntnisse für später bringen mag – eine Fehlinvestition, die quantitativ mit 80.000 bis 100.000 DM pro Auszubildender bezogen auf die gesamte Ausbildungszeit zu umreißen ist.

Insofern sind Absicherungsmechanismen vor und während der Ausbildung zu institutionalisieren. Während der Ausbildung ist es eine erfolgreiche Ausbildungsdidaktik und in Notfällen zusätzlicher „Werkunterricht" für Theorie.

5.4.2 Das Auswahlverfahren

Vor der Ausbildung ist es ein Auswahlverfahren, das die Bewerber in das Unternehmen bringen soll, die die Ausbildung erfolgreich durchlaufen und später auch in das Unternehmen passen. Besonders für Ausbildungsberufe mit hoher Attraktivität gilt: Eine gute Bewerberauswahl verringert Kosten und Mühen bei der Ausbildung selbst. Wenn sich mehrere hundert Abiturienten auf zehn Stellen als Betriebswirt (VWA) bewerben, ist die Wahrscheinlichkeit, Kandidaten zu finden, denen man nicht übermäßig viel Unterstützung zukommen lassen muss, groß.

Vor dem Hintergrund der Ergebnisverantwortung wäre es fahrlässig, sich dies nicht zunutze zu machen. Diese Position wird sicherlich den Widerspruch von unterschiedlichen Seiten wecken, die sich in der Mahnung nach der gesellschaftlichen Verantwortung auch für nicht so leistungsstarke Menschen zusammenfassen lassen.

Ein Beispiel: In der Podiumsdiskussion während eines Legastheniekongresses wurde der Ausbildungsleiter eines Automobilherstellers gefragt, wie viel Legastheniker er pro Jahr als Auszubildende einstellen würde. Der Ausbildungsleiter war verblüfft und antwortete, er wisse es nicht, zumal sie aus mehreren tausend Bewerbern eine Bestenauslese treffen würden. Diese Antwort löste Empörung bei den im Hörsaal anwesenden Eltern legasthenischer Kinder aus. Die Replik des Ausbildungsleiters, er sehe keine Gründe, warum er die leistungsstarken Bewerber bestrafen solle, indem er weniger Leistungsstarke nimmt, minderte zwar die Lautstärke der Empörung, aber führte nicht unbedingt zur Akzeptanz seiner Position.

Das Dilemma zwischen Bestenauslese, getragen von individuellen und institutionellen Egoismen, und der gesellschaftspolitischen Verantwortung für alle Menschen unabhängig von ihrer Leistungsstärke[12] wird tendenziell immer dann zu Gunsten der Bestenauslese ausfallen, wenn die Entscheidung für den einen oder anderen ein „Blankoscheck" für die Zukunft (bezogen auf die Auszubildenden mindestens für die Dauer der Ausbildung) darstellt. Dass in diesem Fall Absicherungsstrategien in Form von systematischen Verfahren zur Auswahl derer mit den größeren Erfolgsaussichten verfolgt werden, ist nicht verwunderlich. Ein Weg aus diesem Dilemma könnte darin bestehen, den Zugang von jungen Menschen in ein Berufsfeld nicht zu einer einmaligen Entscheidung, sondern zu einem Vorgang zu machen, der sukzessive immer neue Teilentscheidungen sowohl auf Seiten der Jugendlichen als auch auf Seiten des Unternehmens möglich machen. Wie so etwas aussehen könnte, wird weiter unten im Abschnitt „Begleitende Erkenntnisse" skizziert.

Zurück zu dem Auswahlverfahren: Aus den sechzig bis achtzig Bewerbungen pro Jahr haben wir zunächst diejenigen vorrangig ausgewählt, die Mathematik im Leistungsfach hatten und eine überdurchschnittliche Zensur

---

[12] Dass diese Diskussion an dieser Stelle geführt wird, liegt daran, dass hier ein Auswahlverfahren thema-tisiert wird. Diese Diskussion könnte innerhalb dieses Buches an vielen anderen Stellen geführt werden, wo es um die Rekrutierung und Auswahl von Personen geht, ob es sich um den Eintritt in ein Unternehmen handelt oder um Selektions- und Platzierungsprozesse innerhalb eines Unternehmens.

nachweisen konnten. Physik als zusätzliches Leistungsfach brachte einen zusätzlichen Bonus. Wer Mathematik nicht als Leistungsfach nachweisen konnte, musste dies über eine sehr gute Zensur kompensieren.

Hintergrund dieser Kriterien ist die stark mathematisch-naturwissenschaftliche Ausrichtung des Studiums in den ersten Semestern. Wer auf Grund mangelnder Vorkenntnisse hier einen großen Nachholbedarf hat, wird – so unsere Vorannahme durch die Doppel- beziehungsweise Dreifachbelastung (Ausbildung, Studium und Weiterbildung zur Führungskraft) – einen unbewältigten Berg vor sich herschieben, der Stress, Motivationsverlust und Scheitern mit großer Wahrscheinlichkeit erwarten lässt.

Exkurs: Die Anwerbung von Frauen
Sehen wir die Ausbildung zu Produktionstechnikern in der Kette der Veränderungsprozesse – angefangen vom Modellversuch „Ausbildung von Frauen in gewerblich/technischen Berufen" über die Ausbildung von Produktionsfacharbeitern –, so war auffallend, dass nun auf der darüber liegenden Qualifikationsebene die Anzahl der weiblichen Bewerber auffallend gering war. Das im Bildungswesen intern formulierte Ziel, 30 % Frauen zu gewinnen, konnte man nur über eine nachgeschobene zusätzliche Anwerbungsbemühung leisten. Als Verfahren bot es sich an, aus den mehreren hundert Bewerberinnen, die den Beruf der Betriebswirtin VWA ergreifen wollten, aber nicht zum Zuge kamen, Kandidatinnen für eine gezielte Anwerbung zu gewinnen. Die Auswahlkritierien waren dabei dieselben wie bei den männlichen Bewerbern. Die jungen Frauen, die diesen Kriterien genügten, wurden nach einer Absage bezüglich ihres ursprünglichen Berufswunsches in einem nachfolgenden Brief angeschrieben und gefragt, ob sie sich nicht vorstellen könnten, in einem ganz anderen Berufsfeld zu arbeiten. Falls sie dies für sich bejahen könnten, haben wir ihnen eine Einladung zu einem Vorstellungsgespräch zugesandt. Die Erfolgsquote war überraschend groß. Das intern gesteckte Ziel konnte somit erreicht werden.

Die Gruppendiskussion
Die Vorstellungsgespräche wurden als Gruppenveranstaltung mit sechs bis zehn Teilnehmern gestaltet, bei denen vor allem extrafunktionale Fähigkeiten überprüft werden sollten, die in den Zeugnissen nicht unmittelbar zum Ausdruck kamen, wohl aber in der späteren Berufspraxis mindestens genauso wichtig sind. Das Auswahlgremium setzte sich zusammen aus je einem Vertreter der Personalabteilung, des Betriebsrates, des Ausbil-

dungstechnikums, das für die konkrete Gestaltung der Ausbildung zuständig war, und dem Autor als verantwortlichem Leiter der Bildungsabteilung.

Zentral zu beobachtende Kriterien waren

- Reflexionsfähigkeit über Ereignisse im Umfeld
- Kommunikationsfähigkeit und
- die aktive Mitgestaltung eines Teamergebnisses.

Die Überprüfung der Reflexionsfähigkeit

Der Impuls zur Überprüfung des ersten Kriteriums bestand in folgender, eine Gruppendiskussion auslösender Frage: „Wie sieht es bei uns in fünfzehn Jahren aus?"

Dieses „bei uns" wurde mit Absicht so vage gewählt, um eine freie Wahl des Horizonts zu ermöglichen.

Reflexionsfähigkeit wurde über die Vielfalt und Originalität der Zukunftsaspekte, der Begründung für die Bedeutung der angesprochenen Themen und der Entfaltung von Lösungsmöglichkeiten ermittelt.

Die Überprüfung der Kommunikationsfähigkeit

Kommunikationsfähigkeit über die Art und Weise der Interaktion, vor allem unter den Bewerbern. Kriterien für Kommunikationsfähigkeit sind für den Autor in folgenden drei Regeln, die den Kodierungs- und Dekodierungsprozess optimieren können, zusammenzufassen:

1. Versuche den anderen wirklich zu verstehen.
2. Versuche dich selbst verständlich zu machen.
3. Im Notfall betreibe Metakommunikation.[13]

Das Bemühen, den anderen wirklich zu verstehen, wurde ermittelt über die Tatsache, ob ein Bewerber mit seiner Äußerung auf die der anderen Bezug nimmt und sich gegebenenfalls versichert, ob er die anderen richtig verstanden hat.

---

[13] Die Erfahrungen mit Kommunikationsseminaren haben dem Autor gezeigt, dass unter diese drei zentralen Regeln die Vielfalt aller Empfehlungen zur Verbesserung der Kommunikation zusammengefasst werden können. So hat der Autor selbst ursprünglich zehn solcher Empfehlungen für sinnvoll gehalten. Diese sind beschrieben in: Bähring, Winfried; Roschmann, Christian; Schäffner, Lothar: Das Mandantengespräch. Essen: Deutscher Anwaltsverlag, 1989, Seite 87 – 96.

Die Fähigkeit, sich selbst verständlich zu machen, wurde über die Kriterien, die in der Literatur auf der Sachebene als Verständlichmacher bezeichnet werden, ermittelt. Diese sind:

- Einfachheit
- Gliederung und Ordnung
- Kürze, Prägnanz
- zusätzliche Stimulation. (Vgl. auch Bähring/Roschmann/Schäffner 1989, S. 74.)

Entsprechende Kriterien auf der Beziehungsebene sind in den Feedbackregeln enthalten. Dazu gehören:

- Ich-Botschaften
- Konkretheit
- Verzicht auf Manipulation (zum Beispiel Verzicht auf Killer-Phrasen)
- Vermeiden, den anderen durch das Einordnen in „Schubladen" zu beherrschen oder zu beschädigen (zum Beispiel durch eine Charakterdiagnose).

Die Überprüfung der aktiven Mitgestaltung eines Teamergebnisses

Die Frage der Metakommunikation geht in den zweiten Hauptteil des Auswahlgespräches ein, das im Laufe der Zeit an Komplexität und Bedeutung gewonnen hat. In diesem zweiten Teil wurden die Teilnehmer in zwei bis drei Gruppen eingeteilt, die die Aufgabe erhielten, mit Hilfe von Illustrierten und Metaplan-Material eine Collage zu erstellen, in der die Situation der soeben laufenden Vorstellungsveranstaltung dargestellt werden sollte.

In dieser Aufgabenstellung war der Aspekt der Metakommunikation ebenso gegeben wie die der Evaluation der Veranstaltung, zumal die Produkte als Gruppenergebnisse präsentiert werden konnten.

Die Anonymität bezog sich auf die inhaltlichen Aussagen der Gruppenergebnisse. Sie war allerdings nicht angestrebt bei der Art und Weise, wie die Gruppenergebnisse zu Stande kamen. Eher informell und beiläufig wurde von den Mitgliedern des Auswahlgremiums wahrgenommen, wer bei der Erstellung der Gruppenergebnisse eine aktive, kooperative Rolle einnahm.

Im Laufe der Jahre konnten wir feststellen, dass bei diesem Teil vor allem die jungen Frauen Pluspunkte sammelten. Während die jungen Männer unter anderem schon auf Grund ihres bedingt durch den Wehr- oder Zivildienst höheren Alters in der Gruppendiskussion dominierten, nahmen die jungen Frauen bei der Erstellung der Collagen führende Rollen ein, die angenehmerweise weniger demonstrativ gestaltet waren.

Die Collagen dienten dem Auswahlgremium zudem auch als Rückmeldung für die Wahrnehmung der Vorstellungssitzung durch die Bewerber. Hier ist der Ansatz der Handlungsforschung auf einfache Art und Weise und ohne großen zusätzlichen Aufwand realisiert, zumal die Erstellung der Collagen selbst ein Szenario darstellte, in dem sich die Bewerber selbst erproben und präsentieren konnten.

Wie die Aussagen über die Collagen Einfluss auf die Gestaltung der Auswahlgespräche erzielten, soll an folgendem Beispiel verdeutlicht werden:

Die ersten Collagen übermittelten die Botschaft, dass das Gespräch von den Bewerbern im Nachhinein als sehr angenehm und locker empfunden wurde und sich die anfänglichen Ängste nicht bestätigten. Auffallend war, dass die meisten „Werke" eine Darstellung in Phasen aufwies, zumindest in die Zeit vor Gesprächsbeginn, während und nach dem Gespräch. Die in Bildern gefassten Befürchtungen, sich schlimmstenfalls einem Tribunal zu stellen, hat sich aufgelöst in die Wahrnehmung einer kooperativen Gesprächsrunde.

Für uns war dies Anlass, die Eingangsphase, das heißt die Art und Weise, wie die Bewerber ankommen und von uns in einem ersten Kontakt aufgenommen wurden, neu und weniger formell zu gestalten.

Statt eines gemeinsamen „Auftritts" des Auswahlgremiums in den Seminarraum, nachdem die Bewerber schon Platz genommen hatten, waren die Mitglieder des Auswahlgremiums in den späteren Sitzungen schon „verteilt" im Raum und begrüßten die einzelnen ankommenden Bewerber und initiierten zwischen den Bewerbern und ihnen selbst oder unter den Bewerbern informelle Gesprächssituationen. So waren schon kleine Grüppchen vor dem offiziellen Beginn miteinander im Gespräch, was nach Rückmeldung durch die Bewerber zwar die Angst nicht voll beseitigen, aber wohl verringern konnte.

Das Zusatzkriterium: Passung in die Unternehmenskultur
Wer an Auswahlverfahren als Beobachter teilgenommen hat, wird ehrlicherweise zugestehen müssen, dass ein noch so ausgeklügelter Kriterienkatalog nicht immer zu einem sicheren beziehungsweise für die Auswählenden gefühlsmäßig befriedigenden Ergebnis führt. Ein Grund liegt zweifellos in den unterschiedlichen Wahrnehmungen und darüber hinaus noch in deren interpretativem Einordnen. Aber selbst wenn darüber im Auswahlgremium Übereinstimmung bestehen würde, bleibt in einigen Fällen die Unklarheit, ob man Ja oder Nein sagen sollte. Als Zünglein an der Waage entwickelte sich aus der Sicht des Autors allmählich die Stellungnahme des Betriebsrates heraus. Dies allerdings nicht auf Grund seiner Funktion, sondern auf Grund seiner vierzigjährigen Berufserfahrung im Unternehmen. Wenn er sagte: „Ich glaube, die oder der passt zu uns", war dies für den Autor in seiner Funktion als Vorsitzender des Gremiums und letztendlich Verantwortlicher Grund genug, für ein Ja zu plädieren. Ein solches unterstützendes, eher verborgenes Kriterium stützt sicherlich ein Verhalten, das auf Kooption abzielt und damit selbstverständlich die mit Kooptionsprozessen verknüpften Gefahren der Beharrung in sich birgt. Auf die Passung zwischen Firmenkultur und Bewerberpersönlichkeit Rücksicht zu nehmen, hatte aus unserer Sicht eine Schutzfunktion gegenüber den Bewerbern, die nicht für eine spezifische Funktion mit einer vielleicht abweichenden Kultur ausgewählt wurden, sondern sich durch das breite Produktionsfeld arbeiten mussten. Ihre Anzahl in dem gewaltig großen Firmenumfeld war zu klein und die jungen Männer und Frauen zu unerfahren, als dass man sie zur „Speerspitze" eines Kulturwandels funktionalisieren dürfte.

5.4.3 Methoden und Instrumente der Veränderungsforschung

Dieser Abschnitt beschränkt sich auf die systematische Befragung aus dem Jahre 1999. Für diese Untersuchung konnten insgesamt 44 Produktionstechniker ermittelt werden, die zu dieser Zeit im Konzern beschäftigt waren. Fünf Produktionstechniker wurden außerhalb des Unternehmens ermittelt, das sie inzwischen verlassen hatten. Auch diese fünf wurden angeschrieben, konnten jedoch nicht zu einer Beantwortung des Fragebogens bewegt werden. Von den 44 im Unternehmen Tätigen haben insgesamt 29 Produktionstechniker, davon 4 Frauen und 25 Männer, den Fragebogen ausgefüllt.

Der Fragebogen wurde zunächst in einem Entwurf in einem mündlichen Verfahren mit drei Produktionstechnikern bezüglich der sprachlichen Eindeutigkeit und Verständlichkeit und der Richtigkeit und Wichtigkeit seiner Inhalte überprüft und danach in eine endgültige Fassung gebracht. Die befragten Produktionstechniker verteilten sich nahezu gleichmäßig über den Zeitraum Studienbeginn 1985 bis 1994. Lediglich die Studienbeginnjahrgänge 1989 und 1991 waren zahlenmäßig stärker vertreten.

5.5 Ergebnisse

Das folgende Kapitel fasst die von Uta Schönmann in einem maschinenschriftlichen Manuskript zusammengetragenen Ergebnisse nochmals zusammen.

Diese Ergebnisse lassen sich in zwei Blöcke differenzieren, und zwar

- in die nachfolgende Bewertung des gesamten Ausbildungsprogrammes und

- in die Situation und die Perspektiven nach Abschluss des Studiums.

5.5.1 Gründe für die Wahl des dualen Studiums

Gründe für die Wahl des dualen Studiums waren:

- Praxisbezug   90 %[14]
- finanzieller Rückhalt   55 %
- Effizienz der Ausbildung   48 %
- gute Berufsperspektive   41 %

Dass die Erwartungen hinsichtlich eines deutlichen Praxisbezugs auch in der Realität erfüllt wurden, lässt sich aus der Tatsache schließen, dass 28 der 29 Befragten eine Diplomarbeit über ein spezifisch betriebliches Problem geschrieben haben.

---

[14] aller Nennungen/Mehrfachnennungen möglich

5.5.2 Zufriedenheit mit der Ausbildung

Differenziert man nach der Zufriedenheit mit den einzelnen Institutionen beziehungsweise nach den darin ablaufenden Phasen, so wird während der eigentlichen Berufsausbildung die Betreuung im Ausbildungstechnikum mit einer Durchschnittszensur von 2,0 (bei einer Notenskala von 1 = „sehr gut" bis 5 = „unzureichend") bewertet. Die betriebliche Betreuung erhält in dieser Phase die Bewertung 2,7.

Stellen wir das Betreuungssystem der Fachhochschule dem des Betriebes nach der eigentlichen Berufsausbildung gegenüber, geben die Befragten vor dem Hintergrund der Gesprächsbereitschaft und Zugänglichkeit der Hochschullehrer einerseits und der Mentoren im Betrieb andererseits folgende durchschnittliche Bewertungen ab:

- Fachhochschule 2,3
- Betrieb 2,2

Die Bewertung der Betreuung beim Abfassen der Diplomarbeit weist zwischen den beiden Institutionen größere Unterschiede auf. Die Durchschnittszensur liegt:

- für die Fachhochschule bei 2,5
- für den Betrieb bei 1,7

5.5.3 Berufsperspektive und Stellenantritt

Ein erster Aspekt der beruflichen Perspektive, der schon in der Ausbildung selbst verankert sein könnte, ist die Möglichkeit, während des Studiums thematische Schwerpunkte zu wählen. Dies war allerdings nach Auffassung der Mehrheit der Befragten (genau 19 von 29) nicht möglich. Ob eine weitere Wahlmöglichkeit machbar oder überhaupt – vor der Gefahr einer thematischen Einengung – sinnvoll ist, ist eine Frage, der man sich stellen muss, die aber an dieser Stelle nicht beantwortet wird.

Welche Voraussetzungen beziehungsweise Initiativen zu der ersten Stelle nach Studienabschluss führte, zeigt die nachfolgende Abbildung, die das Ergebnis auf folgende Frage verdeutlicht:

„Auf Grund welcher Voraussetzungen beziehungsweise Initiative haben Sie Ihre erste Stelle nach Studienabschluss erhalten?" *(Mehrfachnennungen möglich, 29 Produktionstechniker)*

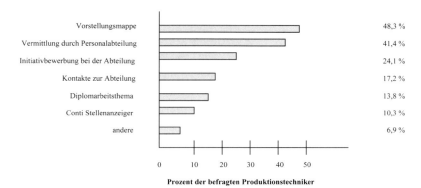

Die überwiegende Mehrheit hat sehr zeitnah die erste Stelle bekommen, und zwar waren es

- vor dem offiziellen Studienabschluss   11
- direkt nach dem Studienabschluss   14
- einige Wochen warten mussten   3
- mehr als sechs Wochen warten musste   1

Ein Wechsel der Einsatzgebiete – hier als Abteilungen wie Produktion, Qualitätssicherung, Marketing, Forschung und Entwicklung definiert – fand weniger statt.

14 haben bislang nur in einer Abteilung Erfahrungen gesammelt, die restlichen 15 in zwei Abteilungen. Wahrscheinlich ist die Frage der Häufigkeit der Mitarbeit in Projekten für die Tätigkeit der Produktionstechniker aussagekräftiger. Die weit überwiegende Mehrheit von 25 hat bislang in zwei und mehr Projekten mitgearbeitet. Dabei hat der Umfang und/oder die Komplexität bis auf eine Ausnahme bei allen im Laufe der Zeit zugenommen. Dies korrespondiert auch mit der Zunahme der fachlichen Führungsverantwortung (14 Nennungen) und in eingeschränktem Maße gleichzeitig auch mit der Übernahme personeller Führungsverantwortung (8 Nennungen). Diese Entwicklung wurde unterstützt durch die Teilnahme an Weiterbildungsmaßnahmen, von denen 26 zwei oder mehr in Anspruch genom-

men haben. Dabei lag der Schwerpunkt eindeutig auf fachlich-funktionalen Inhalten (zum Beispiel IT-Anwendungen, Kautschuktechnologie) und auf Managementtechniken (zum Beispiel Projektmanagement und Moderation).

Lediglich ein Viertel der Produktionstechniker hat bislang Führungsseminare besucht.

Vor dem Hintergrund der Zielsetzung der Produktionstechniker-Ausbildung – einen neuen Typus von Führungskräften für die Produktion zu gewinnen – ist die Frage nach den gegenwärtigen Arbeitsplätzen von besonderer Bedeutung. Zur genaueren Bestimmung dieser Arbeitsplätze unterscheiden wir folgende zwei Dimensionen:

- Funktionsbereich
- Einordnung in die Wertschöpfungskette.

Die Verteilung der Antworten auf die entsprechenden Fragen führten zu folgenden Ergebnissen:

„In welchem Funktionsbereich sind Sie derzeit beschäftigt?" (Alle befragten Produktionstechniker)

1	=	Forschung und Entwicklung
2	=	Kundenservice
3	=	Produktion
4	=	Qualitätswesen
5	=	Industrial Engineering
6	=	Logistik
7	=	Regeltechnik
8	=	Marketing
9	=	Corporate Purchasing

Funktionsbereiche

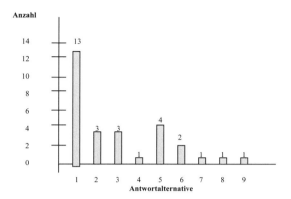

„Wie ordnen Sie Ihre heutige Tätigkeit innerhalb der Wertschöpfungskette ein?"

1 = Produktion/Fertigung (Maschinen- und Anlagenbedienung, Produktherstellung)

2 = produktionsnaher Bereich (Logistik, Qualitätssicherung, Materialvorbereitung, Arbeitsvorbereitung, Industrial Engineering)

3 = Produktionsperipherie (Produkt- und Verfahrensentwicklung, Materialentwicklung, Technischer Service, Industrial Engineering)

4 = produktionsfremder Bereich (Marketing und Vertrieb, Finanz- und Rechnungswesen, Controlling, Personalwesen, Einkauf)

Einordnung Wertschöpfungskette

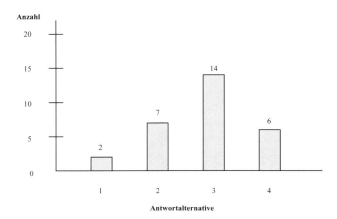

Eindeutig ist festzustellen, dass der Produktionsbereich zum marginalen Arbeitsfeld der Produktionstechniker geworden ist, und dies, obwohl der Schwerpunkt des Themas der Diplomarbeiten noch im Produktionsbereich lag. Nach Studienabschluss hat die Produktionsperipherie die meisten Produktionstechniker aufgenommen, vor allem die Forschung und Entwicklung. Danach folgt mit Abstand der produktionsnahe Bereich, unmittelbar gefolgt von produktionsfremden Einsatzgebieten.

Die Produktionstechniker haben sich also zu einer Qualifikationsressource entwickelt, die – wie die nachfolgende Präzisierung der Position zeigt – als Sachbearbeiter und Projektleiter (mit einem gewissen Potenzial zu einer mittleren Führungskraft) ein breites Beschäftigungsfeld bedienen können.

„Welche Bezeichnung trifft auf Ihre jetzige Position zu?"

```
1  =  Geschäftsführer/in
2  =  Bereichsleiter/in
3  =  Abteilungsleiter/in
4  =  Meister/in
5  =  Gruppenleiter/in
6  =  Projektleiter/in
7  =  Sachbearbeiter/in
```

Bezeichnung jetzige Position

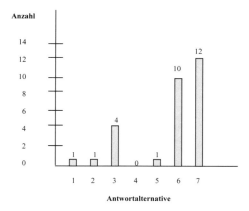

Damit entspricht der Einsatzort nicht dem anvisierten Ziel der Ausbildung. Dieses Ergebnis als Misserfolg zu verstehen, wäre nach Auffassung des Autors jedoch völlig falsch. Die Ausbildung zu einem Ingenieur der Produktionstechnik mit sehr starkem Praxisbezug hat anscheinend zu einem Fachkräftepotenzial geführt, das auf Grund seiner „theoriegeleiteten Bodenhaftung" vielfach verwendbar und vor allem im näheren und weiteren Produktionsumfeld gefragt ist.

5.6 Begleitende Erkenntnisse

Das Passungsproblem zwischen dem technischen System und dem Qualifikationssystem

Das zuletzt beschriebene Ergebnis bestätigt das Passungsproblem zwischen dem System der Qualifizierung und dem der Arbeitsorganisation.

Der Autor hat das Passungsproblem, wie er mit den beiden folgenden Abbildungen deutlich machen wollte, bislang eher als eines der zeitlichen Abfolge gesehen.

Passungsproblem:
Technisches System und Qualifikationssystem

Problemfall = Normalität?

Folge :

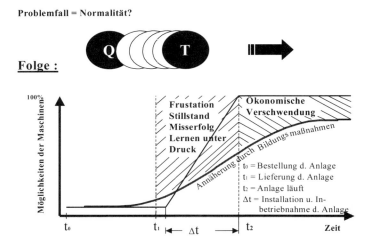

In dieser ersten Abbildung wird eine Vorgehen beschreiben, das durchaus einen Normalfall darzustellen vermag. Eine Maschine wird bestellt und schließlich geliefert, ohne dass in dem dazwischen liegenden Zeitraum entsprechende Qualifizierungsmaßnahmen ergriffen werden. Bis die Anlage dann nach deren Installation endlich einigermaßen beherrscht wird, herrscht ein Zustand, der durch Frustration, Stillstand, Misserfolg und Lernen unter Druck gekennzeichnet ist. Durch Bildungsmaßnahmen kann schließlich eine Annäherung in Richtung der Möglichkeiten erreicht werden, die die neue Anlage in sich birgt. Die 100 % der Möglichkeiten werden bei diesem Vorgehen wohl kaum erreicht, da die Bediener der neuen Anlage in der Regel auf die Algorithmen zurückgreifen, die sie sich bei den alten Maschinen angeeignet haben und die auch bei den neuen noch greifen, ohne allerdings deren Potenziale völlig auszuschöpfen. Jeder, der ein neues Gerät einsetzt, ob es sich um eine Küchenmaschine, ein Kamera, eine Musikanlage oder einen Computer handelt, weiß dies aus eigener Erfahrung. Man studiert nicht unbedingt zuerst die Bedienungsanleitung, sondern man versucht möglichst schnell das „Ding" in der Griff zubekommen. Und dies geling am Besten, wenn man es zunächst so handhabt wie das Vorgänger-Modell, und Zufriedenheit stellt sich schon ein, wenn es ein bisschen besser, schneller und schöner läuft als

bisher. Diese Zufriedenheit dämpft – vor allem, wenn man unter einem Produktionsdruck steht - dann auch noch die Neugier, auf all das, was das neue Gerät sonst noch zu leisten vermag. Das Ergebnis lautet schlicht und einfach: Verschwendung
Die Altnernative besteht in einem Verfahren, das die Qualifikation vorauslaufen lässt, wie in der zweiten, nachfolgenden Abbildung verdeutlicht wird.

Passungsproblem
Technisches System und Qualifikationssystem
Konsequenz

Vorteil: Technik kann voll genutzt werden
Qualifikation zieht Technik nach

Voraussetzung: Qualifizierte MA haben Freiraum, ihre Arbeitswelt mit zu verändern
Ansonsten Gefahr der Frustration, nicht qualifiziert genug eingesetzt zu werden

Hinweis: Je höher Qualifikation desto weniger kontinuierlich muss diese Qualifikation voll eingesetzt werden
Entscheidend ist Potential im „Ernstfall"

Das Richtige zum richtigen Zeitpunkt zu tun

Die Botschaft, die diese Abbildungen verdeutlichen sollen, lautet: Qualifikation zieht Technik (hier verallgemeinert zu verstehen als Arbeitsorganisation) nach sich.[15] Das heißt, höher beziehungsweise anders qualifizierte Mitarbeiter werden sich ihr Arbeitsumfeld ihrer Qualifikation entsprechend gestalten. Diese Botschaft wird im vorliegenden Fall der Ausbildung zu Produktionstechnikern allerdings überlagert durch die Marktgesetzlichkeit, die auch das Aushandeln von Angebot und Nachfrage an Qualifikation bestimmt. Dieses Marktgeschehen zu beeinflussen, ist vor allem dann eingeschränkt, wenn zwischen vorgelagerten Steuerungsmaßnahmen und der erhofften Wirkung eine so lange Zeitspanne einkalkuliert werden muss, wie von der Initiative zur Schaffung

---

[15] Dies soll auch der Titel des vom Autor veröffentlichten Buches „Arbeit gestalten durch Qualifizierung". München: Lexika Verlag, 1991 verdeutlichen.

Das Passungsproblem aus Sicht derer, die die Initiative zur Ausbildung von Produktionstechnikern gern ergriffen und getragen haben, zeigt sich vor dem Hintergrund der skizzierten Marktgesetzlichkeit in folgendem Spannungsverhältnis: Von den niedersächsischen Firmen, die Produktionstechniker ausbilden, drohten einige mit „pönaler Strafe", wenn die fertigen Produktionstechniker vor einer bestimmten Frist aus dem Ausbildungsunternehmen ausscheiden wollten. Andere wiederum mussten intern für ihr „Produkt" Produktionstechniker werben. Unabhängig von dieser Detailfrage wird immer wieder deutlich, dass die Initiative von Veränderungsprozessen, deren konsequente Weiterverfolgung und deren Regelung sehr stark von den agierenden Personen abhängt. Alleine schon das Ausscheiden einer Person kann ein innovatives Projekt scheitern lassen.

6. Entwicklung einer Unternehmensstrategie und deren Umsetzung in Managementziele, Arbeitsorganisation und Führungsverhalten - Veränderungsforschung in der Rolle eines „multifunktionalen change agents"
Am Beispiel der langjährigen Beratung eines mittelständischen Unternehmens

6.1 Die Ermittlung strategischer Ansatzpunkte

Bei dem Unternehmen, das in dem folgenden Kapitel im Mittelpunkt steht, handelt es sich um einen mittelständischen Brillenglashersteller, der durch eine Inhaberstruktur geprägt ist, die schon in der dritten Generation besteht. Dabei teilen sich zwei Inhaber die operative Verantwortung in der Steuerung des Unternehmens. Der eine ist für den technischen Bereich, der zum größten Teil die Produktion umfasst, der andere für den kaufmännischen Bereich zuständig.

Ende der Achtzigerjahre ist das Unternehmen enorm gewachsen und die Zahl der Mitarbeiter stieg von zirka 200 auf über 400.

Als veränderte Rahmenbedingungen zeichnetete sich zudem die Veränderung des Marktes durch die Wiedervereinigung ab. Die Veränderung der Unternehmensgröße verlangte nach veränderten Organisationsformen intern im Unternehmen. Die Zeit, in der die Inhaber von face to face unmittelbar ihre Mitarbeiter steuerten, gehörte nun einer – aus Mitarbeitersicht – verklärten Vergangenheit an. Extern bedurfte es einer Strategie, die sich bietenden Marktchancen zu nutzen und zu erweitern. Eine solche Strategie wird allerdings nur voll wirksam, wenn sie im Unternehmen selbst begriffen und von den Mitarbeitern getragen wird.

Damit waren zwei Aufgaben gleichzeitig und mit einer möglichst großen Schnittmenge zu bewältigen. Einmal die Errichtung einer neuen Führungsebene unter der Geschäftsleitung – als Führungskreis 1 bezeichnet – und damit zwangsläufig verbunden die Neudefinition der Führungsebene derer, die als Schicht- oder Gruppenleiter bislang für das Alltagsgeschäft verantwortlich waren (nun der Führungskreis 2).

In dieser Situation kam der Inhaber, der für den technischen Bereich zuständig ist, (im Folgenden technischer Geschäftsleiter genannt) über eine Empfehlung auf den Autror zu und bat ihn, einen Strategieworkshop durchzuführen, an dem erst mal die Mitglieder des Führungskreises 1 aus dem technischen Bereich teilnehmen sollten. Dieser fand im Oktober 1991 statt.

Für diesen Workshop unter dem Titel „Mitarbeitermotivation – Führen – Qualität" gab der technische Geschäftsleiter in einem Einladungsschreiben an die Teilnehmer folgende Ziele vor:

1. Unsere Produkte müssen den Kunden nutzen. Das bedeutet Produktqualität und berechenbare Lieferzeiten.

2. Wir produzieren umweltgerechte Produkte im Rahmen umweltgerechter Produktionstechnologien.

3. Wir arbeiten ständig an einer neuen Produktinnovation zur flexiblen Befriedigung von Kundenwünschen.

4. Die Produktionsabläufe sind kostenbewusst zu gestalten, um Gewinne zu erwirtschaften.

5. Unsere Produkte entstehen in einer humanen Arbeitswelt. Humane Arbeit bedeutet für uns, dass der Sinn der Arbeit erkennbar ist.

Diese Ziele wurden in der ersten Phase des Workshops um ein weiteres von den Führungskräften ergänzt:

6. Motivierte und qualifizierte Mitarbeiter sind Träger unseres Unternehmenserfolges.

Nachdem die sechs Ziele einzeln unter der Fragestellung „Warum?" und „Wozu?" sind diese anzustreben, durch die Teilnehmer konkretisiert worden sind, wurden sie in ein Portfolio[16] eingeordnet, das aus den Dimensionen „Bedeutung für den Unternehmenserfolg" und „Grad der Zielerreichung" gebildet wurde.

---

[16] Am Beispiel einer Bildungsabteilung in einem Bildungsabteilung ist diese Methode exemplarisch beschrieben in: Schäffner, Lothar: Arbeit gestalten durch Qualifizierung. München: Lexika Verlag, 1991, S. 149 f.

Das Ergebnis, das über ein Rankingverfahren erzielt wurde, stellte sich für die einzelnen der sechs bezifferten Ziele folgendermaßen dar:

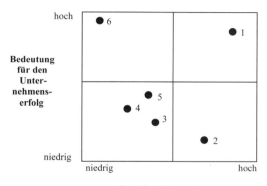

Das Ziel Nummer 1 im „Star-Bereich", das heißt in dem Quadranten, in dem die hohe Bedeutung für den Unternehmenserfolg mit einem hohen Grad der Zielerreichung korrespondiert, verortet, zeigt das Vertrauen der Führungskräfte in die Produktqualität und Zuverlässigkeit des Brillenglasherstellers. Auffallend ist die Platzierung der Ziffer 2. Eine Erklärung bieten die bisherigen Anstrengungen des Unternehmens im Bereich Umweltschutz, die ihm gegenüber den Mitbewerbern einen Vorsprung verschafft hat, der auf dem Markt zu dieser Zeit noch nicht im erwünschten Maße „gewinnbringend" war. In der politischen Öffentlichkeit wurde das Bemühen, vor allem die Brillengläser FCKW-frei zu reinigen, durch den Bayerischen Umweltpreis gewürdigt.

Im strategischen Feld, das durch eine Urbedeutung für das Unternehmen einerseits und einem niedrigen Grad der Zielerreichung definiert ist, steht „einsam" der strategische Faktor der Mitarbeiter. Eindeutig sind hier die Kräfte zu bündeln, um Motivation und Qualifikation der Mitarbeiter erheblich zu steigern. Dieses Ergebnis war so augenfällig, dass die Führungskräfte allesamt überzeugt waren, auf diesem Feld die erforderlichen Anstrengungen erbringen zu müssen.

Die Ziele 3, 4 und 5 bewegen sich nach Auffassung der Teilnehmer zwangsläufig von alleine in das Starfeld, wenn die Anstrengungen in Richtung Mitarbeiter greifen.

In einem weiteren Schritt wurden die Teilnehmenden gebeten, Ziel für Ziel herauszuarbeiten, was das Unternehmen und insbesondere die Führungskräfte tun müssen, damit die Mitarbeiter ihren Beitrag leisten, diese zu erreichen.

Die vorgeschlagenen Maßnahmen wurden vom Autor dann in folgender Strukturskizze zusammengefasst:

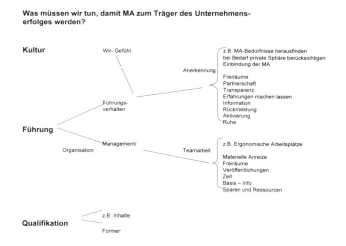

Abgeschlossen wurde der Workshop mit einer Kräftefeldanalyse, die nach den Kräften fragt, welche die angestrebten Bemühungen entweder fördern oder hemmen.[17]

Als hemmende Faktoren wurden von den Führungskräften unter anderem genannt:

- Zeitdruck
- unklare Freiräume
- Abteilungsegoismus
- zu wenig zielorientiertes Handeln
- unterschiedliche Bewertung von Zielen
- unzureichende Kommunikation der Ziele.

Als fördernde Faktoren wurden ermittelt:

- das Know-how
- die Experimentierfreude
- der Wunsch nach Veränderung.

Die das Seminar zugleich abschließende und darüber hinaus führende Frage lautete schließlich: Was kann man tun, um die fördernden Kräfte zu nutzen und die hemmenden abzubauen? Dies sollte Anstoß sein im Sinne einer „Hausaufgabe", den Workshop fortwirken zu lassen.

6.2 Die Zusammenarbeit im Führungskreis 1
Rollenverhandeln

6.2.1 Methode

Im März 1992 wurde mit demselben Teilnehmerkreis ein weiterer Workshop mit dem Ziel durchgeführt, den Teamfindungsprozess innerhalb des Führungskreises 1 voranzutreiben. Vom Autor wurde dieser Prozess bewusst sehr rational und funktional gesteuert. Zentraler Ansatz war die Arbeit an und mit Rollen in Organisationen, wie sie von C. D. Eck in seinem

---

[17] Das Instrument ist beschrieben in: Reiner Czichos: Change Management. München und Basel: Ernst Reinhardt Verlag, 1990, S. 478.

Beitrag „Rollencoaching als Supervision" (1990) beschrieben wurde.[18] Dabei wurden zwei Aspekte unterschieden, einmal

- der Rolleninhalt (Primary Task) und
- das Rollenverhalten, das heißt die Art und Weise, wie man den Rolleninhalt vor allem anderen gegenüber gestaltet.

Zur Vorbereitung der Teilnehmer und zur besseren Antizipation der potenziellen Konflikte hat der Autor als Moderator dieses Workshops einen Monat vor dieser Veranstaltung mit allen elf Mitgliedern des Führungskreises 1 des technischen Bereiches ein einstündiges Interview geführt, in dem jeder Einzelne gebeten wurde, seine Primary Tasks zu definieren und zugleich die Kommunikationsstränge zu den anderen im Führungskreis 1 vertretenen Abteilungen beziehungsweise Bereichen aufzuzeigen und eventuelle Störungen anzudeuten. Diese Störungen wurden nochmals in eine „aktive" Variante und eine „passive" unterteilt. Das heißt, zum einen wurden Andeutungen verlangt, wo der Interviewte selbst Störungen verspürt (aktiv) und zum anderen, wo er meint, wo die anderen Abteilungen ihm gegenüber Störungen empfinden (passiv). Die Ergebnisse wurden in eine Art „Soziogramm" übertragen und bei dem Workshop zu Beginn mit Hilfe eines Charts dargestellt. Dabei waren die Teilnehmer verblüfft, dass sie in der Regel weit mehr annahmen, dass die „andere Seite" ihnen gegenüber Störungen empfindet. Dies machte es leichter, den Workshop nicht gleich zu Beginn zu einer „Abrechnungsaktion" verkümmern zu lassen und ermöglichte, gelassen und distanziert die Ursachen für das so ermittelte Ergebnis zu analysieren. Deutlich herausgearbeitet wurde als Ursache die besondere Situation des Umbruchs im Unternehmen, die zwischen den zum Teil neu eingerichteten beziehungsweise neu definierten Funktionen eine Phase der Klärung und einer gewissen Zeit des „Einspielens" bedarf.

In einem zweiten Schritt wurde jeder Teilnehmer gebeten, auf Flipchart seine Primary Task aufzuschreiben und durch zentrale Einzelaktivitäten zu verdeutlichen beziehungsweise zu ergänzen.

Die Teilnehmer wurden dann gebeten, die Beschreibungen der anderen durchzusehen und bei Bedarf dort Widerspruch zu kennzeichnen, wo sie der Auffassung waren, dieser Punkt würde in ihren eigenen Aufgabenbereich fallen oder Schnittmengen mit ihrem Bereich anzumerken.

---

[18] In: Fatzer, Gerhard; Eck, Claus D. (Hg.): Supervision und Beratung. Edition Humanistische Psychologie. S. 209 - 247.

Die anschließende Diskussion hat sich auf die Schnittstellenproblematik konzentriert. Dabei war es in einem ersten Schritt erforderlich, die Schnittstellenprobleme zu präzisieren und dann in einem zweiten an die Lösung der einzelnen Probleme heranzugehen. Dieser zweite Schritt wurde im Wesentlichen auf die Ebene der „Hausaufgaben" verlagert beziehungsweise in die Entscheidung des technischen Geschäftsleiters gestellt.

Wichtig war in dem Workshop selbst, Handlungsmaxime im Sinne von zentralen Spielregeln zu formulieren, wie man zukünftig mit Schnittmengen möglichst konfliktfrei umgehen sollte.

Während die Auseinandersetzung mit den Rolleninhalten sich weitgehend auf der Ebene einer Problembestimmung und einer Annäherung an Ursachenforschung abspielte, wurde die Auseinandersetzung mit dem Rollenverhalten konkreter und aus Sicht der Teilnehmer besonders fruchtbar.

Der Ansatz, der hierfür gewählt wurde, lehnt sich an das „Rollenverhandeln" nach Harrison an. (Vgl. Eck, S. 220 ff.) Das impulsgebende Element dieser Methode ist ein Brief, den jeder an jeden schreiben kann. Dieser beginnt mit dem Satz: „Es würde meine Aufgabenerfüllung wesentlich erleichtern, wenn Sie Folgendes

- mehr oder besser machen würden:
- mehr oder gar nicht mehr machen würden.

Ergänzt werden kann der Brief durch eine Anmerkung zu folgenden Strukturmustern:

- Mit folgender Verhaltensweise haben Sie mir geholfen, meine Aufgabenerfüllung zu optimieren und ich hoffe, dass Sie diese weiterhin beibehalten werden.

Der Autor hat die Struktur auf den Impuls reduziert: „Es würde meine Arbeit erleichtern, wenn Sie in Zukunft Folgendes anders machen würden." Diese reduzierte Form verzichtete zwar auf das aufbauende Moment der Bestätigung positiver Verhaltensweisen, behält aber die wichtige Eingangsformulierung, die eine Ich-Botschaft in Form einer Bitte vermittelt und daher einen wesentlichen Beitrag leistet, eine Polarisierung in Ankläger und Verteidiger zu vermeiden.

Die Empfänger listeten alle an sie gerichteten Bitten auf einem Flipchart auf, und dann beginnt das eigentliche Rollenverhandeln. Damit das Verhandeln zu einem erfolgreichen Ergebnis führt, sind einige Spielregeln einzuhalten, von denen die wichtigste darauf abzielt, sich auf Abwehren der Legitimationsversuche zu stützen, warum man das gewünschte Verhalten bislang nicht gezeigt habe. Insofern sind von dem Empfänger der Briefe nur Verständnisfragen erlaubt. Dem Moderator obliegt es, für die Einhaltung dieser zentralen Spielregel zu sorgen, auch wenn es sich bei dem Verteidiger um einen Vorstandsvorsitzenden oder Geschäftsführer handelt. Nur so kann das Ziel erreicht werden, innerhalb der Kunden-Lieferanten-Kette im internen Unternehmensablauf die jeweiligen Kunden zufrieden zu stellen. Eindeutiges Ziel ist es insofern, von den jeweiligen Empfängern ein Ja zu erhalten, das lediglich ergänzt werden kann durch Bedingungen, die er mit diesem Ja verbindet. In der Regel handelt es sich um Voraussetzungen, die geschaffen werden müssen, um den in den Briefen formulierten Wünschen entsprechen zu können. Ein Verhandeln zwischen zwei gleich berechtigten Partnern ist dann gegeben, wenn der jeweilige Empfänger Bedingungen formulieren kann, die der jeweilige Absender zu erfüllen hat. Sind mit den Bedingungen Entscheidungen verbunden, die nicht in der Befugnis der beiden „Kontrahenten" liegen, werden sie auf eine andere Entscheidungsebene gehoben, die dann – im konkreten Fall des hier dokumentierten Beispieles – durch den technischen Leiter repräsentiert wird, der an dem Rollenverhandeln selbst als Partner teilnahm.

6.2.2 Ergebnis

Als Beweis für die Wirksamkeit des hier konkretisierten Rollenverhandelns kann das Ergebnis in diesem Workshop dienen. Innerhalb eines halben Tages wurden 53 Vereinbarungen getroffen, dokumentiert und in ein vereinbartes Follow-up-Verfahren gebracht, das die Einhaltung der getroffenen Absprachen zu kontrollieren hilft.

Wie die Bandbreite der getroffenen Vereinbarungen aussah, sollen folgende Beispiele verdeutlichen: Der Leiter der Abteilung Arbeitsorganisation wird zusätzlich mindestens alle sechs Monate in die Niederlassung kommen. Die Leiter zweier benachbarter Produktionsabteilungen werden einmal täglich eine Besprechung von zirka 15 Minuten abhalten. Informationen über Überstunden an einzelnen Anlagen eines Produktionsbereiches werden dem Leiter der Abteilung Arbeitsorganisation mit Hilfe eines Meldezettels (später über Datenverarbeitung) übermittelt und – als erster Hinweis auf die Implementierung einer Teamorganisation – der technische Geschäftsleiter wird Teamarbeit im Unternehmen als Organisationsprinzip und als wichtiges Element in der Unternehmenskultur fördern.

Nach dem Teamfindungsseminar für den Führungskreis 1 leiteten sowohl der technische als auch der kaufmännische Geschäftsleiter Aktivitäten ein, die im ersten Workshop beklagte Unklarheit hinsichtlich der Bewertung der Ziele auszuräumen. Dazu wurde

1. 1993 eine Qualitätsphilosophie entwickelt und vorgestellt und
2. 1994 eine Vision hinsichtlich der Lieferzeit formuliert, die lautete: *"100 % in 24 Stunden"* – das heißt, alle Bestellungen für die Fertigung und Veredelung sollen spätestens nach 24 Stunden das Unternehmen verlassen.

Zu beiden Zielorientierungen wurde je ein Workshop mit dem Führungskreis 1 – ergänzt durch einige Mitglieder des Führungskreises 2 beziehungsweise Inhaber von Stabsstellen durchgeführt. Der Teilnehmerkreis war dabei nicht mehr auf den technischen Bereich begrenzt, sondern umfasste auch die kaufmännischen Bereiche.

6.3 Die Definition strategischer Ziele und deren Operationalisierung

6.3.1 Workshop „Umsetzung der Qualitätsphilosophie"

Die Qualitätsphilosophie wurde Anfang 1993 von beiden Geschäftsleitern verfasst und in einer ansprechenden Form auf einem großen Q in den Farben des Unternehmens den Mitarbeitern in folgendem Wortlaut zur Kenntnis gegeben:

Unser oberstes Ziel ist es, Produkte mit bester Qualität zu erzeugen und – damit verbunden – Dienstleistungen auf höchstem Niveau anzubieten.

Da der Kunde bestimmt, was Qualität ist, bedarf es einer konsequenten Kundenorientierung. Das heißt, wir sind ständig auf dem Laufenden, was unsere Kunden zurzeit wollen und was sie zukünftig vom Markt erwarten. Wir hören unseren Kunden zu – ihre Meinungen sind für uns Ansporn zu kontinuierlichen Verbesserungen.

Um unseren Anspruch verwirklichen zu können, bedarf es einer Qualitätskultur im gesamten Unternehmen. Diese Kultur tragen wir alle. Jeder von uns fühlt sich für die Qualität seiner Produkte verantwortlich. Er versteht im inneren Ablauf seine Arbeit als einen Beitrag zu einem externen wie auch internen „Kunden-Lieferanten-Verhältnis"; Produktqualität und Liefertreue haben oberste Priorität.

Unsere Qualitätsstruktur ist durch eine entsprechende Qualifizierung der Mitarbeiter zu erreichen und durch ein Führungsverhalten, das es den Mitarbeitern ermöglicht, Verantwortung zu übernehmen und sie gleichzeitig zu motivieren, im Sinne unserer Qualitätsphilosophie das Beste zu geben.

Management und Mitarbeiter sind gleichermaßen Garant für die Qualität. Dies erreichen wir, indem wir die Kosten gering halten, offen sind für Innovationen, alle Prozesse beherrschen und mit Ressourcen sorgsam umgehen.

Unser Qualitätsanspruch ist dadurch in das Ringen um den Erhalt unserer Umwelt eingebunden. Wir verstehen dies als Kundenorientierung auf eine gesicherte Zukunft hin.

Nach einer Themensammlung unter der Fragestellung „Über was müssen wir alles reden?" folgte Schritt für Schritt eine Klärung der zentralen Begriffe

- Qualitätsphilosophie
- Produktqualität
- Dienstleistungsqualität
- Kundenorientierung
- Qualitätskultur.

Die ersten drei Begriffe wurden jeweils unter den Kriterien

- Wie lautet das Ziel? Und
- Wie ist die Zielerreichung messbar?

diskutiert.

Die in Gruppenarbeit zusammengetragenen Ergebnisse wurden schließlich in folgenden Empfehlungen zusammengefasst:

- Man muss sich um eine Quantifizierung bemühen.

- Wo dies dennoch nicht möglich ist, muss man Feedback einholen.

- Die Kundenorientierung für die jeweiligen Aufgabenbereiche muss konkretisiert werden.

- Bemühungen um Kundenorientierung stehen unter dem Postulat, die Wünsche der Kunden ernst zu nehmen und sie durch Zuhören oder durch die Aufforderung, Wünsche zu äußern, zu erfahren.

- Mitarbeiter und Führungskräfte sollen sich als Experten für die Realisierbarkeit im Dialog mit Kunden verstehen.

- Dies ist nur durch ein Umdenken der Fragerichtung möglich, die konkret lautet: Was muss ich tun, damit meine Kunden ihre Aufgaben/Bedürfnisse erfüllen/decken können?

- Dabei ist nicht zu vergessen, dass die Wünsche der externen Kunden nur erfüllt werden können, wenn die internen genauso ernst genommen werden.

Diese Empfehlungen führten schließlich zu folgendem Schema, das alle zur Konkretisierung der Kundenorientierung berücksichtigen sollen:

1. Wer ist mein Kunde?
2. Welche Aufgaben haben diese zu erfüllen und welche Erwartungen leiten sie daraus auf mich ab?
3. Wie soll die Güte meiner Leistungen aussehen?
4. Wie ist die Annäherung an das Ziel mit Hilfe welcher Kriterien messbar?

Für die Qualitätskultur wurden in einem Brainstorming eine Vielfalt von Schlüsseln gesammelt, die den Zugang zu einer solchen Kultur im Arbeitsalltag verschaffen und dann durch ein Ranking auf folgende sieben reduziert:

- Den anderen als Kunden sehen.
- Die eigene Arbeit transparent machen.
- Zuhören, verstehen und Feedback einholen.
- Prozesse beherrschen.
- Flexibel sein.
- Gemeinsame Regeln und Kontrakte einhalten.
- Selbstverpflichtung.

Diese Schlüssel wiederum wurden als Grundlage für eine Portfolio-Analyse unter den zwei Dimensionen *Bedeutung für die Entwicklung einer Qualitätskultur* und *schon erreichte Stärke* unterzogen.

Während die Beurteilung des Kriteriums Bedeutung für die Entwicklung einer Qualitätskultur zu einigermaßen deutlichen Trends führte, zeigte die Einschätzung der eigenen Stärke (mit Ausnahme der Flexibilität, die nach Auffassung aller sehr hoch ist) eine überraschend hohe Streuung, so dass ein Zwischenschritt zwangsläufig unter der Fragestellung erfolgen musste: „Wie kommen wir zu einer so unterschiedlichen Auffassung über unsere eigene Stärke?".

Zur Erklärung wurden folgende Punkte herangezogen:

Durch den schnell wachsenden Betrieb gibt es weniger direkte Kontakte, so dass man auch weniger voneinander weiß.

Die Trennung des kaufmännischen vom technischen Bereich erschwert die Kontakte und erhöht die internen Kommunikationsprobleme, was zwangsläufig auch zu Fehleinschätzungen führt.

Die Diskussion brachte eine geradezu süffisante Erklärung für die hohe Flexibilität als eigene Stärke. Interne Kommunikationsprobleme als „Sand im Getriebe" werden durch die Flexibilität als notwendiges Hilfsmittel überdeckt.

Eine vorletzte Frage: „Was hindert uns, die Schlüssel zur Entwicklung einer Qualitätskultur anzuwenden?" galt als Vorbereitung für den letzten Schritt, und zwar die Erstellung von Aktionsplänen zur Nutzung der zuvor definierten Qualitätsschlüssel, die auf folgende Punkte zusammengefasst und gleichzeitig um den Punkt Lieferzeiten erweitert wurden.

1. Regeln und Kontrakte optimieren und installieren durch das Aktionsprinzip „aus Fehlern lernen".

2. Verbesserung der Kommunikation durch ein Kommunikationsschema.

3. Den anderen als Kunden sehen, zum Beispiel Abteilungen stellen sich vor.

4. Lieferzeiten.

Diese Aktionspläne nach dem Muster: *„Wer macht was mit wessen Unterstützung bis wann?"* erstellt wurden in einer abschließenden Phase den beiden Geschäftsleitern präsentiert.

6.3.2 Workshop Vision 2000: „100 % in 24 Stunden"

Im Frühjahr 1994 haben die beiden Geschäftsleiter eine Vision entwickelt, die extern den Kunden gegenüber als Marketing-Instrument gedacht wurde und intern den Mitarbeitern einen Motivationsschub geben sollte.

Die Vision 2000: „100 % in 24 Stunden" wurde dann in einem Workshop im April 1994 durch den Führungskreis 1 sowohl des technischen als auch des kaufmännischen Bereiches bearbeitet. In einem Rückblick auf den Workshop der Qualitätsphilosophie wurde festgestellt, dass die Maßnahmen zur Realisierung der Qualitätsschlüssel mit dem Ergebnis verfolgt wurde, dass einige teilweise schon weit fortgeschritten waren, wie zum Beispiel die Verbesserung der Kommunikation durch ein gegenseitiges Vorstellen und Besuchen der Abteilungen, andere jedoch erst in Ansätzen vorhanden waren, wie zum Beispiel die Verbesserung und Nutzung der EDV.

Erst nach dieser Rückschau wurde von dem technischen Geschäftsleiter die Lieferzeiten-Vision vorgestellt. In einem darauf folgenden Schritt wurde gefragt, wie leicht beziehungsweise wie schwierig es sein wird, das Lieferzeitenziel für die unterschiedlichen Produkte erreichen zu können. Das Ergebnis war eine Differenzierung der Produktpalette, die die Schwierigkeit der Realisierung mit zunehmendem Veredlungsgrad deutlich machte.

Die darauf folgende Aufgabe, Vorschläge aufzulisten, die erforderlich sind, um das Ziel zu erreichen, führte schließlich zu einer Sammlung von Aktionsfeldern, von denen folgende vier von den Teilnehmern für vorrangig gehalten wurden:

- Prozesse
- Arbeitszeit
- Organisation
- Logistik.

Diese Felder wurden dann unter folgender Fragestellung bearbeitet:

- Was müssen wir konkret verändern?
- Wie wollen wir das verändern?

Als Hilfe zur Bearbeitung wurde folgende durch drei konzentrische Kreise verdeutlichte Struktur angeboten:

Nach der Präsentation der so strukturierten Ergebnisse aus den Gruppen wurden zu den vier Aktionsfeldern erste Schritte verabredet und in eine konkrete Maßnahmenplanung gefasst.

Die Einführung einer Teamorganisation in der Produktion wurde dabei zu einem wichtigen Thema.

In einer abschließenden Arbeitseinheit ging es um die Frage: Wie bringen wir die Mitarbeiter auf die „Spur 100 % in 24 Stunden"?

Das Ergebnis der Diskussion zielte darauf ab, vor allem die Vorgesetzten in die Pflicht zu nehmen. Folgendes wurde dabei vereinbart:

- Jede Führungskraft organisiert in ihrer Abteilung eine formelle Zusammenkunft, in der die Ergebnisse dieses Workshops vorgestellt werden.

- Die Geschäftsleitung lädt zu diesem Thema zu einer Betriebsversammlung ein.

- Darüber hinaus sollen Artikel in der Firmenzeitung und entsprechende Informationen am schwarzen Brett die Lieferzeitenstrategie vermitteln.

Der emotionale Gehalt der Vermittlung lässt sich nach Auffassung der Workshop-Teilnehmer auf folgende Aspekte zusammenfassen:

- Visionen, die bildhaft sind und zugleich eine klare Aussage treffen, bringen Power.

- Bei Erreichung der Ziele „Herzlichen Glückwunsch an die Mitarbeiter!".

- Positive Aufmunterung: „Seid aktiv!"

- Den Nutzen für die Mitarbeiter selbst aufzeigen.

Die Arbeit an den Maßnahmen zur Verkürzung und Absicherung der Lieferzeiten wurde intern ohne externen Moderator fortgesetzt und führte im Oktober 1994 zu einem alle Abteilungen umfassenden Maßnahmenkatalog. Zur Verdeutlichung seien nur einige genannt:

- Abschluss einer Betriebsvereinbarung zu einem flexiblen Arbeitszeitmodell in der Verantwortung der Personalabteilung

- die Verbesserung der Erreichbarkeit des Betriebsservices durch Funktelefone in der Verantwortung des Betriebsservices

- ein neues Versandkonzept in der Verantwortung der Versandabteilung

- eine Ausweitung der Maschinenkapazität in der Verantwortung der Produktionsabteilung

- die Erstellung einer Prioritätenliste bei Projekten mit EDV-Unterstützung in der Verantwortung der technischen Geschäftsleitung.

Ein vom Autor einen Monat später moderierter Workshop zum selben Gegenstand brachte ein überraschendes Ergebnis, das aus Sicht der Teilnehmer als Rückschritt, aus Sicht des Moderators möglicherweise das Offenlegen von ungelösten grundsätzlichen Schwierigkeiten darstellte, die durch die bisherige eindeutige Aktionsorientierung seitens des Moderators überdeckt worden war.

Auslöser war die Frage, inwieweit die Teilnehmer im Vergleich zum April desselben Jahres es optimischer, gleich bleibend oder pessimistischer einschätzten, das Lieferzeitenziel „100 % in 24 Stunden" zu erreichen. Das Ergebnis wies eine eher pessimistische Sicht auf, und dies trotz der Vielfalt der in Angriff genommenen Maßnahmen.

Als zentrales Problem wurde die Schwierigkeit bezeichnet, eine Vereinbarkeit zwischen Projekten und Alltagsarbeit – das heißt von Pflicht und Kür – zu erreichen. In einer differenzierten Analyse wurden folgende Ursachen genannt, die für die Verzögerung von Maßnahmen in Richtung Lieferzeitziel verantwortlich sind.

- fehlende Vernetzung
- Zeitmangel
- mangelnde Planungsqualität.

Zur Beseitigung dieser Ursachen wurden dann wiederum konkrete Vorschläge gemacht und entsprechende Vereinbarungen getroffen.

Zu einer *besseren Vernetzung* wurde die Forderung nach regelmäßigen Treffen des Führungskreises 1 erwogen. Die Geschäftsleitung entschied darauf hin: „Alle zwei Monate findet ein Informationsaustausch im Führungskreis 1 statt."

Die *Maßnahmenvielfalt* will man durch Absprachen mit der Geschäftsleitung über Prioritäten bewältigen.

Der *Zeitmangel* soll über eine „Entrümpelungsaktion" gemildert werden, bei der jeder das aussondert, was nicht unbedingt nötig ist. Dazu gehört auch die Konzentration auf die Führungsaufgabe durch Delegation.

Die *Planungsqualität* sollte durch die Nutzung von erprobten Methoden und Techniken wie zum Beispiel Inszenarien im Sinne von Best-Case- und Worst-Case-Denken und durch den Einsatz der FMEA (Fehlermöglichkeitsbeeinflussungsanalyse) verbessert werden.

6.3.3 Eine Krise im Prozess – Risiko des Moderators

Trotz der Vielfalt der konstruktiven Vorschläge war das Fazit über den workshop - zum Teil auch vor dem Hintergrund von persönlichen Auseinandersetzungen zwischen den Teilnehmern - eher kritisch. Nach Auffassung des Autors hat die in das Protokoll aufgenommene Äußerung des Personalleiters diese kritische Strömung am besten wiedergegeben: „Wir haben von einem Hügel auf das Schlachtfeld der vergangenen Aktionen hinuntergeblickt."

Nach einer kurzen „Verarbeitungszeit" hat der Autor zwei Tage nach dem Ende der Veranstaltung an die Teilnehmer einen Brief mit der Bitte geschrieben, die im Workshop zu Tage getretene – oder auch durch sie ausgelöste – Unruhe produktiv zu nutzen. Die Teilnehmer trafen sich wenige Tage später zu einer eineinhalbstündigen Besprechung, in der die Unzufriedenheit nochmals präzisiert wurde.

Dabei richteten sich die kritischen Äußerungen gegen

- den Workshop und dessen Moderation
- die Gruppe selbst und
- die Geschäftsleitung.

Hinsichtlich des *Workshops* wurde die Vorbereitung angesprochen, die durch einen Mangel an Informationen und unklare Ziele beeinträchtigt war. Durch falsche oder sich wiederholende Themen, die dann aus den Augen verloren wurden, und durch eine Moderation, die in den Augen der Teilnehmer zu weich und im Konzept undeutlich war und zudem das gleiche Schema wie in den bisherigen Workshops aufwies. Die Erwartungen an den Autor als Moderator waren stärker auf die Ebene des Beraters (auch im Sinne von Ratgeber) als auf die des Moderators gerichtet.

Die Kritik am Verhalten der *Gruppe selbst* wurde durch folgende Stichworte in dem Protokoll zusammengefasst:

- Es war eine Rechtfertigungsveranstaltung.
- Es war ein Schauprozess.
- Beziehungsprobleme wurden in Kleinkriegen erkennbar, aber nicht offen ausgetragen.
- Abteilungsdenken verhinderte wirkliche Kooperation.
- Diejenigen, die Kritik äußern, sind die „Doofen".

Die *Geschäftsleitung* wurde kritisiert, weil sie den Wunsch nach regelmäßigem Informationsaustausch in der Realität auf ein zweimonatliches Treffen reduziert hat, dass sie in den Auseinandersetzungen zu wenig relativierend eingegriffen und zum Teil mit erforderlichen Informationen zurückgehalten hätte.

Rückblickend lässt sich – unabhängig davon, ob in der konkreten Veranstaltung die Leistung des Moderators tatsächlich nicht gut war – folgender Fehler von Seiten des Autors festhalten. Er hat elementare Erkenntnisse der Gruppendynamik, insbesondere der Lebensphasen von Teams nicht beachtet beziehungsweise durch den Anspruch an sich selbst, möglichst schnell greifbare Ergebnisse vorweisen zu können, überlagert.

Dieser auf Aktion ausgerichtete Erfolgsnachweis mag eine marktgesetzliche Grundlage darin haben, dem Kunden möglichst schnell und eindrucksvoll zu beweisen, dass man ihm nutzt. Dieser Übereifer hat eindeutig eine Lücke in der Entwicklungsphase von Gruppen, und zwar die der „Klärung und Gärung"[19] hinterlassen, die vom Autor nicht geschlossen wurde, zumal ihm die Konsequenz nicht aus der Tatsache bewusst war, dass sich die Führungskräfte zwar kannten, aber bis 1993 noch nicht als ein Team zusammengearbeitet haben und schon aus diesem Grunde Prozesse durchlaufen, die man ansonsten Teams zuschreibt, deren Mitglieder sich von vornherein noch gar nicht kannten.

Muss eine solche Phase nachgeholt werden, wie im obigen Workshop deutlich wurde, wird dies von den Beteiligten zwangsläufig als ein Rückschritt betrachtet. Wenn man darüber hinaus bedenkt, dass in der Phase der Klärung und Gärung die Teilnehmer häufig ihre Probleme untereinander häufig auf den Moderator verlagern: „Sie müssen direktiver entscheiden

---

[19] Langmaack/Braune-Krickau: Wie die Gruppe laufen lernt – Anregungen zum Planen und Leiten von Gruppen. 1989, S. 70.

und Regelungen treffen," wird das Nachholen dieser Phase in einer Zeit, in der man sich schon weiter wähnt, in einer gesteigerten Kritikbereitschaft dem Moderator gegenüber zum Ausdruck kommen.

Für den Autor war dies das Ende in der Zusammenarbeit mit dem Führungskreis 1, und auch für diesen Kreis selbst bedeutete dies einen vorläufigen Stopp für solch extern durchgeführte moderierte Treffen. Erst über ein Jahr später wurde diese Form mit einem anderen Berater, der den Fokus auf eine stärkere betriebswirtschaftliche Sicht legte und eher die Rolle eines Ratgebers einnahm, wieder aufgegriffen.

Obwohl das Risiko eines Beraters, leicht „Opfer" von personellen und organisatorischen Neu- und Umentscheidungen zu werden droht, noch an anderer Stelle thematisiert wird, hier im Kontext der Wiedergabe des Vorgangs eine Anmerkung. Sicherlich ist es eine nicht zu leugnende Kränkung, wenn ein Auftraggeber einem Berater signalisiert, dass er schon auf der Suche nach einem Nachfolger ist, weil er mit der Leistung oder dem Ergebnis nicht zufrieden ist. Diese Kränkung wird um so stärker empfunden, je mehr der Berater von narzistischen Bedürfnissen – die wohl alle Berater und Trainer, die vor einem Publikum stehen, in gewissem Maße haben müssen, und das sich in der Bereitschaft zeigt, gerne vor einem Publikum zu stehen – gesteuert ist. Professionelles Handeln kann trotz einer nicht zu leugnenden Kränkung darin bestehen, dass man erkennt, welche Art der Beratung und damit welche Beraterperson das Unternehmen in einer bestimmten Phase braucht und über die eigene Person hinaus einen neuen personellen Vorschlag unterbreitet. In dem vorliegenden Fall war dies so. Von dem Autor wurde für den Führungskreis ein neuer Berater vorgeschlagen, und dieser Vorschlag wurde von dem Unternehmen auch angenommen. Die Tatsache, dass diese neue Konstellation nun schon über sechs Jahre andauert, kann der Verabschiedete für sich im Sinne eines kleinen Trostpflasters als Ergebnis professioneller Haltung interpretieren.

Auf der Ebene der Implementierung einer Teamorganisation, die wie nachfolgend noch intensiver ausgeführt wird, als ein zentrales Mittel zur Verwirklichung der Firmenziele propagiert wurde, hielt die Zusammenarbeit zwischen dem Autor und dem Unternehmen noch einige Jahre länger.

Neben den hier in einen Zusammenhang gebrachten Rahmenbedingungen, die aus dem Führungskreis 1 heraus entwickelt wurden, gab es Ende 1992 noch eine weitere Aktion, die hier auch im methodischen Vorgehen beschrieben wird.

6.4 Mitarbeiterbefragung im Produktionsbereich
Ein survey–Feed–back-Prozess

Im Oktober 1992 hat der Autor innerhalb von drei Tagen eine Befragung aller Produktionsmitarbeiter – insgesamt waren es 111 Frauen und Männer – durchgeführt, die Befragung ausgewertet und die Ergebnisse den Führungskräften des technischen Bereiches präsentiert. Dabei basierte diese Befragung auf dem Verständnis eines Survey-Feedback-Modells, das durch die Ermittlung eines Ist-Zustandes und dessen anschließende Rückspiegelung Veränderungsprozesse auf die jeweiligen Schwachstellen hin zielgerichtet anstoßen soll.[20]

6.4.1 Die Praxis der Befragung – und handwerkliche Tipps

Die vom Autor eingesetzte Technik setzt auf der Metaplan-Methode auf, wie sie vor allem in der Moderationsphase des Trailers Verwendung findet. Eine These oder eine Satzergänzung, eine Frage wird gestellt, die Teilnehmer werden um eine Einschätzung auf einer Skala gebeten und das so rasch entstandene Ergebnis zu begründen. Die Diskussionsbeiträge werden festgehalten und somit ein qualitatives Ergebnis zu dem quantitativen hinzugefügt.

Dabei ist es ratsam, Argumente für die positive wie auch für die negative Seite zu sammeln. An die Sammlung für die einzelnen Positionen sollten auch diejenigen einbezogen werden, die diese nicht bezogen haben, und zwar unter der Fragestellung: „Was könnte die anderen bewogen haben, dort zu punkten?" Selbst wenn entweder die positiven oder die negativen Bewertungen nicht abgegeben wurden, kann man danach fragen, welche Argumente es geben könnte, eine solche Bewertung vorzunehmen. Erfahrungsgemäß kommen auch in solchen Fällen genügend Stichworte für die nicht eingenommenen Positionen zusammen.

Vom Autor wird gewissermaßen auf einer Metaebene dies im Prozess selbst angesprochen und die Reaktion der Teilnehmer auf den Grundsatz zurückgeführt, dass ein Null-zu-Hundert- oder ein Schwarz-Weiß-Denken der Realität nicht angemessen ist. Es gibt bei allen Entscheidungen ein Da-

---

[20] Vgl. auch Becker/Langosch 1995, S. 60 ff.

für und Dagegen, was uns allerdings nicht davon abhalten darf, eine Entscheidung für die eine oder andere Seite zu treffen, wo es um ein Ja oder Nein geht oder um die Wahl einer der möglichen Alternativen. Wenn dies nicht der Fall ist, handelt es sich zumindest um eine Trendaussage hinsichtlich der Zufriedenheit mit einer Situation beziehungsweise einer Person. Entscheidungen in unsicheren Situationen zu treffen, ist eine Herausforderung, der sich jeder – ob im Berufs- oder Privatleben – tagtäglich stellen muss. Die Weigerung, bei einer getroffenen Entscheidung Gegenargumente überhaupt zuzulassen, können wir dem Phänomen der Vermeidung einer kognitiven Dissonanz zuschreiben. Wer guten Gegenargumenten jegliche Anerkennung verweigert, wird den, der diese Argumente vorbringt, nicht von einer getroffenen Entscheidung überzeugen können, weil dieser zwangsläufig folgendes Denken entwickelt: „Wenn der mein gutes Argument nicht anerkennt, muss seine Entscheidung auch falsch sein."

In Unternehmen in unklaren Situationen Entscheidungen zu fällen, ist zunächst einmal Aufgabe der Führungskräfte, die je nach Situation und Gegenstand delegiert werden können. Entscheidungen über das gesamte Unternehmen und dessen Ausrichtung und Strategie ist Aufgabe des Managements. Diese Aufgabe erfüllen zu können, bedarf einer hohen Ambiguitätstoleranz, das heißt der Fähigkeit, Ambivalenzen ertragen zu können, widersprüchliche und zum Teil einander widerstrebende Meinungen und Motive zu respektieren und dennoch handlungsfähig zu bleiben. Wären Handlungen aus eindeutigen Fakten, das heißt alternativlos abzuleiten, bräuchte man kein Management, sondern nur einen schlichten Rechner, in den die Daten eingegeben werden und der dann ein Ergebnis auswirft.

Wir brauchen Manager, weil ein solcher Automatismus der komplexen Realität nicht gerecht wird. Der Manager hat die Aufgabe, in einer komplexen Umwelt nach sorgfältigem Abwägen die Richtung anzugeben, in die das Agieren zielt. Der Manager erhält dann den „Adelstitel" eines Leaders, wenn er in der Lage ist, seine Mitarbeiter davon zu überzeugen, dass es gut so ist, in diese Richtung zu gehen und zu begeistern, mit aller Kraft aktiv ihren Beitrag dazu zu leisten, dass das Ziel erreicht wird.

Zurück zu der Mitarbeiterbefragung in dem Unternehmen der Brillenglasherstellung.

Die Form und Durchführung der Befragung lässt sich wie folgt skizzieren: Mit Hilfe von drei mobilen Metaplan-Wänden wurden im Umfeld der Produktion in dafür frei gemachten „Ecken" Mitarbeitergruppen in der Größe von sechs bis acht Personen mit folgenden drei Fragen in Skalenform konfrontiert:

Mit meiner Arbeit bin ich ...

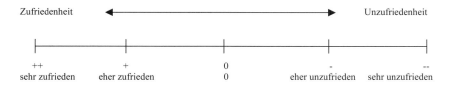

Mit meinen Vorgesetzten bin ich ...

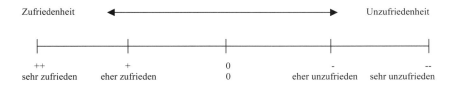

Mit dem Arbeitsverhältnis zu meinen Kollegen bin ich ...

Die Befragten, die in Kleingruppen vor den Wänden sitzen, werden nun gebeten, für jede der Aussagen auf einer Skala (in diesem Falle von „sehr zufrieden" bis „sehr unzufrieden" – in eine Notenskala übersetzt von 1 bis 6) ihre Bewertung durch einen Klebepunkt deutlich zu machen.

Die Anonymität sollte dadurch gewahrt werden, dass möglichst alle gleichzeitig nach vorne kommen und ihre Punkte kleben und der Moderator sich dabei ostentativ abwendet.

Eine humorvolle Bemerkung wie „Keine Angst, es ist alles anonym, wir haben allerdings vorher Ihre Fingerabdrücke genommen" löst erfahrungsgemäß bei den Teilnehmern Heiterkeit aus und entkrampft eine zu Beginn nicht unübliche Spannung. Danach werden die Teilnehmer, wie oben schon dargestellt, um Argumente als Belege für die abgegebenen Bewertungen beziehungsweise auch für nicht gepunktete Positionen gebeten.

Dieser Teil, der nach dem quantitativen Ergebnis das qualitative liefert, kann je nach Bedürfnis der Teilnehmer, in welchem Maße sie die Anonymität abgesichert haben wollen, in zwei Alternativen gestaltet werden, und zwar

1. durch eine Kartenabfrage mit hoher Sicherung der Anonymität oder
2. durch eine Zurufabfrage, deren Beiträge vom Moderator dokumentiert werden.

Zu 1.:

Die Teilnehmer werden gebeten, sowohl zu den negativen als auch zu den positiven Positionen Begründungen zu schreiben (wobei zur besseren Unterscheidung von positiven und negativen Argumenten unterschiedliche Farben verwendet werden sollten). Dabei ist es nicht erforderlich, dass jeder Teilnehmer für jede These und für jede Bewertungsposition eine Karte schreibt. Die Karten werden dann geclustert und die Cluster mit Überschriften versehen. Die Absicherung der Anonymität wird hier allerdings durch einen enormen Aufwand „bezahlt".

Zu 2.:

Der Aufwand ist hier durch die Einsparung des Clusterns weit geringer. Die Anonymität ist allerdings nicht in gleichem Maße wie bei der Kartenabfrage gewahrt. Die Wahrung der Anonymität gegenüber dem Moderator kann dadurch abgesichert werden, dass auf Namensschilder für die Teilnehmer verzichtet wird. Außerdem wird sich ein Moderator, der sich dieser Befragungsmethode bedient, kaum an einzelne Personen erinnern, wenn er pro Tag je nach Fragenumfang fünf bis zehn Gruppen mit sechs bis acht ihm fremde Teilnehmer vor sich hat.

Die Anonymität unter den Gruppenmitgliedern ist allerdings nicht mehr gewahrt. Insofern ist es unbedingt erforderlich, es den befragten Gruppen zu überlassen, welche Form der qualitativen Auswertung sie wählen wollen. Die Erfahrung des Autors beim langjährigen Einsatz dieses Instruments in einer Vielzahl von Gruppen unterschiedlicher Unternehmen, hat gezeigt, dass mit einer Ausnahme die Befragten uni sono selbstbewusst die Meinung vertreten haben, was sie hier zu sagen hätten, könnten sie laut sagen und brauchten es vor ihren Kolleginnen und Kollegen nicht zu verheimlichen. Eine spezifische Rahmenbedingung kann diese Offenheit jedoch erheblich einschränken, und zwar dann, wenn ein gruppenfremdes Firmenmitglied – vielleicht ein Mitarbeiter aus der Personalabteilung zur organisatorischen Unterstützung der Befragung – anwesend oder in der Nähe ist.

Erfahrungsgemäß wird die Frage der Anonymität dann allerdings wieder zu einem informellen Thema nach der Befragung. Dabei geht es weniger um den Einzelnen als um das Gruppenergebnis, vor allem dann, wenn die Gruppen nicht willkürlich zusammengesetzt sind, sondern gezielt ihren Arbeitsbereich repräsentieren und somit auch einem Vorgesetzten zuzuordnen sind. Befürchtungen werden dann wach, das „eigene Nest beschmutzt" zu haben und dafür vom Vorgesetzten genauso wie von den Kollegen sanktioniert zu werden.

Insofern ist die Frage der Identifikation der Ergebnisse der einzelnen Gruppen die eigentlich zentrale im Umgang mit den Ergebnissen.

Der sich vordergründig anbietende Weg, die Gruppenergebnisse zu einem Gesamtergebnis für das ganze Unternehmen zusammenzufassen und nur dieses zurückzumelden, entpuppt sich allerdings dann als eine Scheinlösung, wenn die Ableitung von Handlungskonsequenzen aus dem Feedback des Ist-Standes von einer differenzierten Analyse abhängt.

Wie dieses Dilemma gelöst wird, ist eine Frage der gelebten Firmenkultur. Ist es üblich, dass Führungskräfte im Rahmen eines 270- oder 360-Grad-Feedbacks von ihren Mitarbeitern und Kollegen beurteilt werden und wird ein solches Verfahren nicht als Revanchechance verstanden beziehungsweise missbraucht, verringert sich die Skepsis. Ganz zum Schwinden gebracht werden kann diese jedoch nicht. Insofern muss jeder, der Feedback verlangt oder gibt, damit rechnen, dass er beim Adressaten etwas auslöst, das, wenn der Absender des Feedbacks – ob es ein Individuum oder eine Gruppe ist – identifiziert werden kann – auf eben diesen Absender zurückführt. Dies ist der Preis, der für eine offene und nur so erfolgreiche Kommunikationskultur erbracht werden muss. Den höheren Anteil haben dabei die Führungskräfte beizutragen. Sie dürfen die Befürchtungen ihrer Mitarbeiter, als Überbringer schlechter Botschaften in der Tradition des Feudalismus geköpft zu werden, nicht bestätigen, indem sie tatsächlich Köpfe rollen lassen oder Anstalten machen, dies bei einer der nächsten negativen Botschaften tatsächlich zu tun. Möglicherweise brauchen Führungskräfte in der ersten Phase der Einführung von Feedback-Verfahren verstärkt Unterstützung durch ein Coaching, das die Interpretation der Rückmeldung der Verarbeitung durch die Führungskräfte und die Verhaltenskonsequenzen zum Inhalt hat.

Vor dem Hintergrund dieser Überlegungen ist die Frage der Anonymisierung der Aussagen sowohl der einzelnen Mitarbeiter als auch der Gruppen auf die Situation hin zu entscheiden.

Intensität und Anzahl der Absicherungsmaßnahmen werfen ein Licht auf die Unternehmenskultur. Daraus, auf der Ebene des Managements den Schluss abzuleiten, man brauche all diese Vorkehrungen nicht, um sich als offenes Unternehmen zu präsentieren, wäre falsch. Zusammen mit den Mitarbeitern beziehungsweise mit dem Betriebsrat als deren Vertreter sind diese Fragen offen zu diskutieren und alle Maßnahmen zu treffen, die die Mitarbeiter schützen, ohne allerdings die Aussagekraft einer differenzierten Analyse erheblich abzuschwächen.

Dabei ist es empfehlenswert, den Betriebsrat eingehend über die Befragungsmethode, den Auswertungsmodus und Form und Inhalte des Feedbacks zu informieren. Noch besser ist es, ihn dort, wo es möglich ist, zu beteiligen, so zum Beispiel als teilnehmenden Beobachter bei der Befragung von Gruppen und als Teilnehmer der abschließenden Feedbackrunde. Werden diese Empfehlungen berücksichtigt, steigt die Wahrscheinlichkeit einer erfolgreichen Befragung. Zentrales Kriterium ist dabei die Akzeptanz des Vorgehens durch die Betroffenen. Eine Rückmeldung formell seitens des Betriebsrates und informell in Mitarbeiteräußerungen, das Ganze hätte ihnen etwas gebracht, ist eine Basis, auf der sich der Erfolg der Befragung begründet.

Die angestrebte Akzeptanz erhöht sich, wenn die Mitarbeiter sich in der Befragung nicht als „Datensteinbruch" fühlen, sondern – gefordert durch die interaktive Form der Gruppenbefragung – als ein Klientel, an dem man Interesse hat. Voraussetzung dafür ist, dass man die Argumente für die

Bewertung der einzelnen Fragen nicht als ein nüchternes jegliche andere Bemerkung ausschließendes Sammeln gestaltet, sondern ausreichend Raum zum Gedankenaustausch der Gruppenmitglieder untereinander gibt. Erfolgskriterium für die Akzeptanz der Durchführung der Befragung – also das Wie – sind Rückmeldungen wie zum Beispiel: „Der Gedankenaustausch während der Befragung hat uns selbst schon ein erhebliches Stück weitergebracht."

Die Akzeptanz hängt darüber hinaus von der Transparenz der Vermittlung der durch die Gesamtbefragung erzielten Ergebnisse ab. Das heißt, die Befragten müssen wissen, was, wo und wie mit den von ihnen gelieferten Ergebnissen zunächst auf der Ebene der Information geschieht. Von besonderem Interesse dabei ist, wie sie selbst an die Ergebnisse herankommen. Insofern ist der Entschluss, solch ein Survey-Feedback-Verfahren durchzuführen, zumindest von Seiten der für diese Befragung gewonnenen Moderatoren beziehungsweise Beratern mit der Bedingung zu verknüpfen, dass die Mitarbeiter nach dem Feedback an die Führungskräfte von diesen möglichst zeitnah die Ergebnisse – in einer Form, für die sie selbst die Verantwortung tragen – vermittelt bekommen.

Schließlich hängt die Akzeptanz langfristig davon ab, welche Konsequenzen aus den Ergebnissen gezogen werden. Im Sinne einer Transfersicherung ist es ratsam, einen „Wächter" einzusetzen, der auf eine systematische Weise darauf achtet, dass die durch die Ergebnisse ausgelösten guten Vorsätze tatsächlich auch umgesetzt werden. Als externe Person bietet sich derjenige an, der die Befragung durchgeführt, ausgewertet und die Ergebnisse zurückgemeldet hat, da seine Einbindung in den bisherigen Prozess und vor allem die mit ihm geführten Diskussionen während des Feedbacks zu einer höheren Verbindlichkeit geführt hat.
Diese grundsätzlichen Überlegungen werden nachfolgend ergänzt durch einige eher handwerkliche Tipps bei der Verwendung der Variante 2, also der Zurufabfrage, zur Begründung der Bewertungen. Die Anmerkungen der Gruppenmitglieder können von dem Moderator unter der Skala so platziert werden, dass sie die einzelnen Ausprägungen (vor allem die negativen und die positiven) widerspiegeln und kommentieren.

Zunächst liegt es nahe, diese Anmerkungen unmittelbar auf das braune Papier zu schreiben. Dieses Verfahren von dem Autor in dem vorliegenden Beispiel eingesetzt, erweist sich bei einer höheren Anzahl von Gruppen als schwer und bei einer gleichzeitigen Zunahme der Fragen als kaum mehr handhabbar, vor allem wenn es sich um die Zusammenfassung der negativen beziehungsweise positiven Belege zu den einzelnen Items über alle Gruppen geht. Eine Befragung von zum Beispiel siebzehn Gruppen in dem vorliegenden Beispiel ist es erforderlich, für eine Frage die siebzehn Metaplanpapiere nebeneinander stehen oder liegen zu haben. Wenn dies – wie in dem hier dargestellten Fall – lediglich drei Fragen sind – lässt sich ein solches Prozedere ohne größere „Vernebelungsschäden" beim Auswerten überstehen. Bei allerdings sechzehn Fragen mit mehr als zehn Gruppen, die eine Befragung in einem anderen Unternehmen als Rahmen zu Grunde lagen, ist dies nicht mehr möglich. In diesem Fall werden die Argumente auf Karten geschrieben und vom Moderator angepinnt (und *nicht* geklebt). Die Karten sind jeweils durch zwei Ziffern zu kennzeichnen, die eine gibt die Gruppe wieder, die andere die Frage. Die gleiche Kennzeichnung erhält auch die impulsgebende These beziehungsweise Frage. Sie kann auf ein DIN-A3-Blatt geschrieben werden, auf dem zugleich die Skala abgebildet wird, die die Teilnehmer punkten sollen. Auch dieses Blatt wird nur angepinnt. Nach der Bearbeitung der These werden Thesenblätter einschließlich den bewertenden Skalen ebenso wie die Karten mit den Bemerkungen abgenommen. Die bewerteten Thesenblätter geben schnell und übersichtlich die quantitativen Ergebnisse wieder. Die gekennzeichneten Karten können nun thematisch den einzelnen Thesen zugeordnet werden. Das heißt, wenn man zu einer These aus allen befragten Gruppen zum Beispiel 70 Anmerkungen habe, können diese in einem Auswertungsverfahren neu geclustert und somit zu verallgemeinerbaren Aussagen zusammengefasst werden. Bei Bedarf können nun die thematisch geordneten Karten wieder in die einzelnen Gruppen zurücksortiert werden. Erfahrungsgemäß ist dies nicht unbedingt erforderlich, da die Führungskräfte erfahrungsgemäß eine auf die Einzelgruppe ausdifferenzierende Auswertung in erster Linie für den quantitativen Aspekt haben wollen. Eine inhaltliche Begründung reicht den Führungskräften erfahrungsgemäß auf der Ebene der Zusammenfassung über alle Gruppen.

Dies ist insofern positiv nachvollziehbar, als die konkrete inhaltliche Bearbeitung in den einzelnen Abteilungen selbst erfolgen muss. Aus diesem Grunde reicht das quantitative Ergebnis als Hinweis auf den Grad der Dringlichkeit, etwas unternehmen zu müssen, aus.

Ein weiterer, eher handwerklicher Rat: Dem Autor scheint es sinnvoll zu sein, jeweils mehrere Items gleichzeitig zu präsentieren und bewerten zu lassen. Gute Erfahrungen wurden mit drei gleichzeitig gemacht. Die Befragten haben so die Möglichkeit, eine Bewertungsdifferenzierung vorzunehmen. Nehmen wir an, wir haben folgende drei Items vor uns:

Mit meiner Arbeitsaufgabe bin ich ...

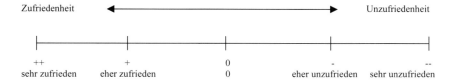

Mit den Werkzeugen, die ich brauche, bin ich ...

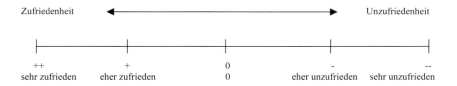

Mit den Arbeitsabläufen bin ich ...

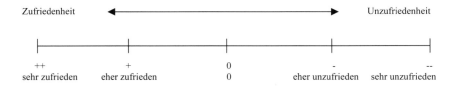

kann der Befragte für sich entscheiden, dass er mit seiner Arbeitsaufgabe sehr, mit den mir zur Verfügung stehenden Werkzeugen etwas weniger, aber mit den Arbeitsabläufen überhaupt nicht zufrieden ist.

Werden bei drei gleichzeitig vorgestellten Thesen mehr als sechs Fragen abgefragt, ist ein Co-Moderator unverzichtbar. In der Zeit, in der der eine drei neue Thesen vorstellt und zum Punkten auffordert, hängt der andere hinten die Thesenblätter und Karten ab und heftet die neuen Thesenblätter an. Dies ist die Zeit, die der Moderator vorne braucht, um die Thesen zu präsentieren und die Teilnehmer benötigen, um ihre Punkte zu kleben. Dann steht der zweite Moderator zur Verfügung, die Anmerkungen der

Teilnehmer auf Karten zu schreiben, während der andere in Kontakt zur Gruppe die Moderation weiter steuert.

Die Planung des Zeitaufwandes ist schwierig. So ist es anzuraten, zwischen den Gruppen eine Pause von mindestens 30 Minuten einzuplanen. Im Rückblick auf die Erfahrungen mit dem Zeitaufwand, der in den vom Autor bislang durchgeführten Befragungen aufzubringen ist, lässt sich folgende Faustformel aufstellen: Bei einer Gruppengröße von sechs bis acht Teilnehmern benötigt man pro These zwischen sechs und zehn Minuten.

Die qualitative Auswertung nach Abschluss der Befragung je nach Anzahl der Gruppen dauert zwischen 20 und 60 Minuten. Dazu kommt noch die Erstellung einer Präsentation. Wie das nachfolgende Beispiel zeigt, wurden vom Autor innerhalb von drei Tagen 111 Mitarbeiter befragt, die Ergebnisse ausgewertet, präsentiert und diskutiert.

Bei einem Befragungsteam von vier Personen lässt sich eine vergleichbar große Zahl von Personengruppen mit einer weit höheren Anzahl von Fragen (bis zu fünfzehn) innerhalb des gleichen Zeitraumes von der Befragung bis zur Präsentation bewältigen.

Die Akzeptanz der hier dargestellten Methode liegt nach den Erfahrungen des Autors nicht zuletzt in der Dynamik begründet, die sich als Spannung abbildet, die sich im Unternehmen während der Befragung zwangsläufig aufbaut und in der raschen Befriedigung der Neugier auf das, was nun herausgekommen ist. Dies hat eine Werbewirkung, die für ein stark aktionsorientiertes Management eine hohe Anziehungskraft hat.

6.4.2 Ergebnisse der Mitarbeiterbefragung beim mittelständischen Brillenglashersteller

Die methodisch so durchgeführte Mitarbeiterbefragung für den Brillenglashersteller brachte folgendes Ergebnis:

Zufriedenheit mit der Arbeit:

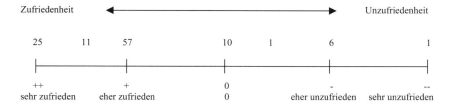

Zufriedenheit mit den Vorgesetzten:

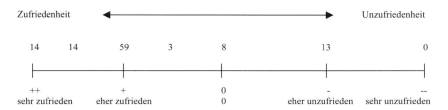

Zufriedenheit mit dem Arbeitsverhältnis zu den Kollegen:

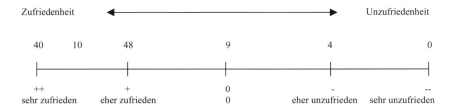

Dieses Ergebnis ist insgesamt recht gut, denn 84 % aller Bewertungen sind positiv. Auch zwischen den Urteilen der Befragten zu den drei Themen Arbeit, Vorgesetzte und Kollegen gibt es nur unwesentliche Unterschiede. Die positiven Nennungen liegen zwischen dem „Spitzenreiter" 88 % positive Nennungen beim Verhältnis zu den Kolleginnen und Kollegen und dem „Schlusslicht" Vorgesetztenbewertung 81 % positive Nennungen.

Eine Bewertung, was dieses Ergebnis über die Bedingungen im Unternehmen selbst aussagt, ist auch dem Bedürfnis der Auftraggeber entsprechend erst dann möglich, wenn es Vergleichsdaten zu anderen Unternehmen gibt. Dieses Thema wird an anderer Stelle noch gesondert thematisiert. Was dieses Ergebnis leistet, ist zunächst einmal eine grobe Auskunft über die Grundstimmung der Mitarbeiter bezogen auf die drei befragten Dimensionen. Dies war auch zunächst der vordergründige Zweck aus Sicht des technischen Geschäftsleiters. Weitere Interpretationen lässt die Zufriedenheitsrangfolge hinsichtlich der drei Dimensionen zu. Dass das Verhältnis zu den Kollegen stets an erster Stelle steht, ist eine Erkenntnis, die der Autor aus allen nachfolgenden Versuchen ableiten kann, Mitarbeiterzufriedenheit zu messen.

Dort, wo Kollegen und Kolleginnen unmittelbar zusammenarbeiten, scheint die Quelle der Zufriedenheit zu liegen. Je weiter sich das persönliche Verhältnis von dem engeren Zirkel entfernt, desto kritischer wird die Sichtweise. Während im eigenen Umfeld, zu dem man ja selbst einen größeren Beitrag leistet, der Umgang als kollegial, offen und hilfsbereit beschrieben wird, herrscht anderswo aus Sicht der BefragenAbteilungsegoismus.

Eingeleitet durch die quantitative Bewertung bieten sowohl die kritischen als auch die bestätigenden Anmerkungen der Befragten – selbst bei einem noch so positiven Ergebnis – noch Ansatzpunkte für Optimierungsmöglichkeiten.

So wird die *Arbeit* nach Meinung der Befragten dann positiv bewertet, wenn die abwechslungsreich und vielseitig ist, zum Mitdenken verpflichtet, Selbstständigkeit ermöglicht und Konzentration verlangt. Herausfordernde Arbeit ist also zufriedenstellende Arbeit. Allerdings sollte die Herausforderung nicht dazu führen, dass man sich abhetzen und Stress empfinden muss. Die Arbeit sollte darüber hinaus in einer sauberen Umgebung geleitet werden können und (vor allem als Argument der befragten Frauen) körperlich nicht zu schwer sein. Flexibilität in der zeitlichen Gestaltung schließlich wird als weiteres Mittel genannt, die Zufriedenheit mit der Arbeit zu steigern.

Arbeit wird dann kritisiert, wenn all diese Voraussetzungen nicht gegeben sind. Weitere Kritikpunkte sind

- Schwankungen in der Belastung
- fehlende Unterstützung bei Mühen, die Arbeit schnell und zügig zu erledigen
- erschwerende äußere Bedingungen und
- unnötige Arbeiten.

Schwankungen in der Belastung erfahren die Mitarbeiter durch Stoßgeschäfte, auf die ihrer Meinung nach das Unternehmen nicht entsprechend reagiert, zum Beispiel durch genügend Springer. Ebenso wird zum Teil eine ungleiche Verteilung der Arbeit auf einzelne Mitarbeiter bemängelt.

Fehlende Unterstützung empfinden die Mitarbeiter, wenn schnelle Entscheidungen vor allem bei der Beschaffung von Arbeitsmitteln ausbleiben, wenn bürokratisch empfundene Verfahren die eigene Aktivität behindern oder wenn arbeitsorganisatorische Engpässe einen bei der Erledigung seiner Aufgabe aufhalten.

Äußere Rahmenbedingungen, die die Zufriedenheit mit der Arbeit einschränken, sind Lärm, Dämpfe, Haut reizende Stoffe, schweres Heben, zu langes Sitzen und das Fehlen von Frischluft.

Unnötige Arbeiten werden vor allem auf die Unachtsamkeit beziehungsweise die mangelnde Sorgfalt der Kollegen anderer Abteilungen zurückgeführt, so zum Beispiel, wenn noch Schmutz auf den weiter zu verarbeitenden Gläsern ist oder Schmutz die Arbeit der Instandhalter verzögert.

Das positive *Verhältnis zu den Kollegen*, mit denen man in einer Abteiung oder vor allem in einer Schicht zusammenarbeitet, wird wie folgt beschrieben. Die Zusammenarbeit ist geprägt durch ein kooperatives Miteinaner, ein tolerantes Verhalten, eine gegenseitige Unterstützung, ein Vertrauen, ein offenes Austragen von Konflikten, das Gefühl, sich auf die anderen verlassen zu können, das Respektieren anderer Meinungen, Freundschaftsdienste und schließlich die privaten Kontakte außerhalb der Arbeitszeit.

Dagegen wird das Verhältnis zu der „anderen" Schicht als schlecht bezeichnet und in nahezu feindschaftlicher Abgrenzung gezeichnet. „Die anderen spielen Fehler hoch, die unsere Schicht gemacht hat, rennen damit gleich zum Vorgesetzten, setzen hinten herum Gerüchte in die Welt und lassen ihrerseits Arbeiten liegen." So wird in beiden Schichtgruppen sich über die Gegenschicht beschwert. Die zuvor beschriebene Kollegialität im unmittelbaren Tagesgeschäft endet anscheinend dort, wo die anderen formal als andere Gruppe wahrgenommen und über deren Mitglieder, die man persönlich kennt, identifiziert werden kann.

6.4.3 Exkurs: Der Konflikt zwischen den Schichten – ein Dauerthema

Dass Schichten untereinander in Konkurrenz stehen, ist vor dem Hintergrund gruppendynamischer Erkenntnisse vor allem hinsichtlich des Ingroup-Out-group-Phänomens „normal". Engelhardt hat in ihrer Anlayse der Faktoren, die eine Gruppenkohäsion fördern, das heißt, die Gruppe für den Einzelnen attraktiv machen, den Wettbewerb als einen zentralen ermittelt. (Vgl. Engelhardt 1994, S. 64.)
Wenn sich dann der jeweilige Schichtführer lautstark vor seine Gruppe stellt, besteht die Gefahr einer Eskalation, die durch die Rolle des Gruppenrepräsentanten verstärkt wird. Eine solche Repräsentanz der Gruppe ist nach der Klassifizierung von Friedrich Glasel dem Typus des Volkstribunen zuzuordnen, der meint, er würde die Gruppe anführen. In Wirklichkeit wird er aber von der Gruppenmeinung nach vorne getrieben, und wenn er sich dieser verweigert, wird er „gemeuchelt".(Glasl 1994, S. 162ff)

Der Autor versucht dies, den Teilnehmern von Workshopgruppen oder Seminaren durch den raschen Abgrenzungsprozess deutlich zu machen, der entsteht, wenn man für ein oder zwei Abende zwei feste Gruppen im Wettstreit miteinander kegeln oder ein anderes Wettspiel betreiben lässt.

Die Sorge von Unternehmen und Führungskräften über das Phänomen, dass sich zwei Schichten „nicht grün" sind, kann dem zu Hilfe gerufenen Berater die Möglichkeit eröffnen, über Inter-Gruppen-Workshops Geld zu verdienen. Ob diese Investition in Honorare sein muss, kann in der überwiegenden Zahl der Fälle bezweifelt werden. Nur wenn – vor allem über die Verstärkung durch den Volkstribun – die Eskalation soweit vorangetrieben wird, dass die Gegenschichten sich zum Beispiel durch Verstellen der Maschinen, Nichtbeseitigen von Schmutz und Abfall oder das Zurückhalten von Informationen so in ihrer Arbeit behindern, dass dies kontraproduktiv zur Erreichung der quantitativen und qualitativen Ziele wird, ist ein Eingreifen unabdingbar.

Zurück zu den inhaltlichen Ergebnissen der Befragung: In den Anmerkungen zur **Beurteilung der Vorgesetzten** wird bemängelt, dass Vorgesetzte nicht bitten, sondern anweisen, nicht loben, sondern nur kritisieren, nicht grüßen, nicht auf die Probleme des Einzelnen eingehen, sich nicht für die Abteilung einsetzen, Druck von oben auf die Mitarbeiter weitergeben und lockeres Verhalten der Mitarbeiter in Phasen von geringem Arbeitsanfall als grundsätzliches Problem unzureichender Auslastung bezeichnen. Als weitere eher organisatorische Schwäche wird kritisiert, dass die Vorgesetzten auf die Probleme nicht eingehen, die die Mitarbeiter bei der Arbeitsorganisation und der Beschaffung von Hilfsmitteln aufzeigen.

Dort, wo die Mitarbeiter in Frage stellen, dass die Vorgesetzten bei der Verteilung von Arbeit und bei der Bewertung der Leistungen der einzelnen Schichten gerecht sind, wird ebenfalls Klage laut. Positiv werden (vor allem die unmittelbaren) Vorgesetzten hervorgehoben, mit denen man offen über alles reden kann, die tolerant und offen sind, das heißt auch Ideen von Mitarbeitern aufgreifen und gegebenenfalls ihre Meinung revidieren, sich Zeit für das Gespräch mit ihren Mitarbeitern nehmen, Verständnis zeigen, sich den Problemen ihrer Mitarbeiter annehmen, sich für ihre Leute einsetzen, einen Spaß mitmachen und, vor allem bezogen auf die unmittelbaren Vorgesetzten, kameradschaftlich bleiben.

Von hierarchisch höher stehenden Vorgesetzten erwartet man, dass sie die Anliegen der Mitarbeiter aufgreifen und abarbeiten und sich regelmäßig zeigen.

Die Vielzahl der Anmerkungen sowohl hinsichtlich der Faktoren, die Arbeitszufriedenheit bedingen, der großen Zufriedenheit mit den Kollegen im unmittelbaren Umfeld der Tagesarbeit und die kritischen Äußerungen gegenüber den Vorgesetzten weisen in ihrer Schnittmenge auf ein Optimierungsmodell für die Arbeit in dem Unternehmen hin, und dieses heißt: Teamorganisation.

Teamorganisation könnte auf dem fast schon als Gesetzmäßigkeit geltenden guten kollegialen Verhältnis im unmittelbaren Arbeitsumfeld aufbauen und durch eine entsprechende Mitgestaltung der Arbeitsorganisation die Punkte aufgreifen, die nach Meinung der Befragten Arbeit interessant machen, und zwar
- Abwechslungsreichtum
- Vielseitigkeit
- Verpflichtung zum Mitdenken und
- Selbstständigkeit.

Sie könnten darüber hinaus auch über einen entsprechenden Entscheidungsspielraum die Dinge in die Verantwortung des Teams legen, die von

den Vorgesetzten nach Auffassung ihrer Mitarbeiter nicht ernst genug verfolgt werden, und zwar
- Ausgleich der Schwankungen in der Belastung
- Spielregeln im Umgang mit Zeiten geringerer Belastung
- Beschaffung von Hilfsmitteln
- Verteilung von Arbeit
- Aufgreifen von Ideen
- Rücksichtnahme auf persönliche Probleme.

6.5 Die Einführung einer Teamorganisation

6.5.1 Zur Aktualität des Themas Teamorganisation

Die Einführung von Teamarbeit war ein bedeutendes Thema in Unternehmen Ende der Achtziger- und vor allem Anfang der Neunzigerjahre.

Als Indiz dafür kann die Anzahl offen ausgeschriebener Managementveranstaltungen dienen, die dieser Problematik gewidmet waren. Wer weiß, wie schwer es Bildungsveranstalter haben, thematische Kongresse mit mehr als einhundert Teilnehmern zu einem Preis von zirka 2.000,00 DM für eine zweitägige Veranstaltung zu realisieren, wird dies bejahen. Der Veranstalter International Research hat allein 1991 drei Folgekongresse zur Teamarbeit in der Produktion – wie es in der Werbebroschüre heißt: „Wegen des großen Interesses" nun „noch praxisnaher" angeboten.

Der Autor war bei diesen drei Veranstaltungen Eröffnungsreferent und einer der beiden fachlichen Leiter. Etwas mehr als zehn Beispiele wurden in der Regel von Unternehmensvertretern vorgestellt und von den Besuchern mit großem Interesse vor allem an praktischen Tipps für ein vergleichbares Vorhaben in ihren Unternehmen aufgenommen.

Ein weiteres Indiz liefern die Veröffentlichungen, die zu einem bestimmten Thema erscheinen. Ein Blick auf das umfangreiche Literaturverzeichnis in der Dissertation von Ulrich Förster zum Thema „Die Einordnung neuer Formen der Arbeitsorganisation in ein Lebenszykluskonzept – Team- und Gruppenarbeit als Grundlage aktueller Entwicklungstendenzen in der Organisationsentwicklung"[21] zeigt in der Zeitstruktur der Erscheinungsdaten zum Thema Teamarbeit drei Phasen.

Eine erste Vorläuferphase, die Qualitätszirkelarbeit thematisiert, wie zum Beispiel Bungard, W.; Wiendick, G.: Qualitätszirkel als Instrument zeitgemäßer Betriebsführung. Landsberg/Lech 1986.

Anfang der Neunzigerjahre wurden einige arbeitssoziologisch orientierte Studien veröffentlicht, deren Verfasser in der Tradition des Konzeptes Humanisierung der Arbeitswelt wie zum Beispiel die von A. Paul: Gruppenarbeitskonzepte in der Automobilindustrie. In: Bullinger, H. J.; Warnecke, H. J. (Hg.): Produktionsforum 91 – Produktionsmanagement. Berlin, Heidelberg, New York 1991, S. 159 – 174.

Der eigentliche Boom an Veröffentlichungen begann 1994 mit der Aufarbeitung der bisherigen Erfahrungen mit der Gruppenarbeit, vor allem in der Produktion, und dauerte bis 1997. Als gutes Beispiel kann das Buch „Gruppenarbeit in Unternehmen – Konzepte, Erfahrungen, Perspektiven" gelten, das Antoni 1994 als Herausgeber verantwortete.

Vor dem Hintergrund theoretischer Konzepte werden Erfahrungsberichte wiedergegeben, empirische Untersuchungen aufgearbeitet und schließlich Perspektiven entwickelt.

In den Folgejahren erschienen weitere Aufarbeitungen des Themas Gruppenarbeit, die zum Teil auf spezifische Produktionsbedingungen gerichtet waren oder Detailfragen behandelten, wie zum Beispiel die Frage der Entlohnung von Gruppenarbeit.

Die Frage nach Sinn und Zweck der Gruppenarbeit wurde im Verlauf der Neunzigerjahre noch von weiteren Themenfeldern „untergehakt". Dies waren Anfang der Neunzigerjahre die „Mega-Themen" Kaizen, KVP (Kontinuierlicher Verbesserungsprozess) und Lean Production. Mitte und Ende der Neunzigerjahre war es die Diskussion um das „lernende Unternehmen". All diese Themen, die mit Verzögerung in Deutschland aufgegriffen wurden, sahen in der Gruppenarbeit ein wesentliches Element für die Umsetzung des jeweiligen Konzeptes.

Das pädagogische Feld für die Umsetzung der Idee der Gruppenarbeit wurde schon weit früher bereitet. Auf der Grundlage der Gruppendynamik

---

[21] Maschinenschriftliches Manuskript 1999

und der themenzentrierten Interaktion sind Handlungs- und Interventionsmodelle in die Unternehmen hineingetragen worden, die ursprünglich eher auf pädagogische Felder wie zum Beispiel auf die Ausbildung von Gruppenleitern gerichtet waren. Damit werden Methoden und Techniken, die in der Gruppenarbeit und in der klassischen Erwachsenenbildung in Non-Profit-Organisationen verwendet werden, nun zu Mitteln, die Effizienz der Arbeitsorganisation zu erhöhen, indem man Reibungsverluste unter den Mitarbeitern mit Hilfe von geeigneten Weiterbildungsmaßnahmen verringert und zugleich die Leistungsbereitschaft unter einer „kollektiven Stimmungsaufhellung" erhöht.

Die hier skizzierten Rahmenbedingungen sollen den Hintergrund für die Popularität des Themas Teamarbeit beleuchten. Die nachfolgend herangezogenen konkreten Veränderungsprojekte sind ohne diesen Kontext nicht ausreichend zu verstehen.

Der Autor hat im Laufe der vergangenen zehn Jahre in unterschiedlicher Intensität direkt an vier Projekten zur Implementierung von Gruppenarbeit mitgewirkt. Diese Projekte lassen sich wie folgt kennzeichnen:

- Einführung von Gruppenarbeit in der Montage von Steuerungsbauteilen in einem Werk eines Großunternehmens der Elektrobranche

- Einführung einer Teamorganisation im Außendienst eines Pharmaunternehmens

- Einführung einer Teamorganisation in der Personalabteilung eines Energieunternehmens und

- Einführung einer Teamorganisation in dem hier im Zentrum stehenden einem mittelständischen Unternehmen der Brillenglasherstellung.

Da das letzte Projekt vom Autor mit Abstand am längsten – mit einer „Vorlaufphase", die nachfolgend dargestellt wird – von 1991 bis 1998 begleitet wurde, konzentriert sich der Autor zentral auf dieses. Dort, wo Erkenntnisse einerseits verallgemeinert werden können oder andererseits gravierende Unterschiede deutlich werden, werden die anderen drei in die Ausführungen einbezogen.

6.5.2 Die Initiative

Vor dem Hintergrund des oben skizzierten Unternehmensumfeldes und vor allem mit Blick auf die Qualitäts- und Lieferzeitenziele war es nicht verwunderlich, dass die Einführung von Gruppenarbeit zu einem Thema wurde. Anfang 1993 fand zwischen dem technischen Geschäftsleiter und dem Autor ein Gespräch statt, in dem die Möglichkeit der Teamarbeit diskutiert wurde. Bestärkt wurde der technischen Geschäftsleiter in dieser Idee durch die die Einführung von Teamarbeit in dem in derselben Stadt ansässigen Werk eines Automobilzulieferer-Konzerns. Vor allem die positiven Erfahrungen, über die der Werksleiter bei privaten Treffen mit dem technischen Geschäftsleiter berichtete, hatten eine große Wirkung. Dieser Vorgang kann als Beispiel dafür dienen, wie Manager von einer Idee überzeugt werden können. Es sind nicht in erster Linie die professionellen Ideenlieferanten aus der Szene der Personalentwickler und Organisationsentwickler, sondern die Manager, die ihre Funktionskollegen am besten von einer Idee überzeugen können.

Es war erklärter Wille des technischen Geschäftsleiters, eine für das Unternehmen spezifische Form zu finden, was schon in der Namensgebung zum Ausdruck kommen sollte. In der Übernahme des Begriffes Gruppenarbeit sah er eher die Gefahr eines Automatismus, der Folgerungen und Forderungen nach sich zieht, die mit Gruppenarbeit allgemein verbunden werden, aber nicht in die besondere Unternehmensrealität passen. Außerdem sollte in der Begrifflichkeit zum Ausdruck kommen, dass der Teamgedanke schon immer ein wichtiges Element in der Unternehmenskultur allgemein und in der Produktion im Besonderen war; so zum Beispiel durch die Aktivität von Qualitätszirkeln.

Als ein Ergebnis des Gespräches stand schließlich folgender Name: ***KTA als Kürzel für konsequente Teamarbeit.*** Diese Kurzbezeichnung hat sich während des gesamten Prozesses gehalten und wird heute noch – selbst wenn sie in der Langform tautologisch erscheint – in den verschiedensten Verbindungen benutzt, wie zum Beispiel KTA-Team oder KTA-Projektteam.

6.5.3 Klärungspunkte im Vorfeld

Im Juni 1993 fand im Sinne einer Vorklärung eine Sitzung statt, an der neben dem technischen Geschäftsleiter der Leiter der Abteilung Arbeitsorganisation, der Personalleiter, der Autor und ein weiterer Berater teilnahmen.

Vom Autor wurde folgender Katalog von Punkten vorgelegt, die seiner Meinung nach geklärt werden müssen.

Definition Gruppenarbeit

Ziele der Einführung von Gruppenarbeit
- Wie kommuniziert?

„Politisches" Vorgehen
- Betroffene zu Beteiligten machen
- Einbeziehung des Betriebsrates

Welche Bereiche eignen sich für Gruppenarbeit?

Arbeitsgestaltung für ein Einzelnen beziehungsweise für die Gruppe
- Enlargement
- Enrichment
- Technische Gestaltung
- Abläufe

Verantwortung der Gruppe

Gruppenstruktur
- Aufgabenteilung
- Abstufungen im Team (Spezialist, Worker)
- Größe
- Sprecher
- Gruppensitzungen

Rolle des Vorgesetzten
- Investitionen
- Qualifizierung

Bezahlung

Arbeitszeit

Steuerung und Gestaltung des Einführungsprozesses
- Funktionen, zum Beispiel Steuerungsteam, Koordinator beziehungsweise Koordinatorenteam
- Schritte
- Pilot
- Zeit- und Raumplan
- Beratungsfunktionen.

Aus diesem Katalog wurden folgende Themen als vordringlich ausgewählt:

- Definition Gruppenarbeit
- Ziele der Einführung der Gruppenarbeit
- Welche Bereiche eignen sich für Gruppenarbeit?
- Rolle des Vorgesetzten
- Vorauswahl eines Pilotbereiches.

Als wesentliche Faktoren für Gruppenarbeit wurden im Sinne einer definitorischen Skizze folgende drei hervorgehoben:

- eine gemeinsame Aufgabe
- ein innerer Zusammenhang der Teilaufgaben
- Überschaubarkeit der Arbeit.

Als Ziele der Einführung von Gruppenarbeit wurden genannt:

- Verbesserung der Qualität
- Reduzierung von Ausschuss und Nacharbeit
- Erhöhung der Maschinennutzung
- Erhöhung der Flexibilität
- Verringern der Abwesenheit durch Zufriedenheit am Arbeitsplatz
- Verbesserung von Arbeitsabläufen und Arbeitsorganisation
- fachliche und soziale Weiterqualifizierung
- Entwicklung eines Klimas gegenseitiger Unterstützung
- Wechsel von Tätigkeiten
- Abbau unzeitgemäßer hierarchischer Strukturen.

Dabei wurde nochmals der Zusammenhang zwischen Lieferzeit und Qualität verdeutlicht. Die Zuverlässigkeit in die Lieferzeit wird unter anderem dadurch beeinträchtigt, dass Qualität nicht erzeugt, sondern erkontrolliert wird und dass Prozessunsicherheiten zum Teil noch nicht behoben sind.

Da die Herstellung und Veredelung von Brillengläsern sich über mehrere Stunden hinzieht, ist das Aussortieren bei einer Endkontrolle ein erheblicher zeitlicher Verlust, der sich zwangsläufig auf die Lieferzeit niederschlägt.

Teamorientierte Arbeit wird als ein Mittel verstanden, die Liefertreue dadurch zu verbessern, dass die Motivation und Qualifikation der Mitarbeiter erhöht wird, eine Selbstprüfung vorzunehmen, sich untereinander besser zu informieren und darüber hinaus die Erweiterung des Aufgabenbereiches anzustreben und auch zu ermöglichen.

Dadurch soll zugleich die Flexibilität erhöht werden, die für ein Unternehmen in einem Marktbereich wie dem der Brillenglasfertigung unabdingbar ist. Brillengläser in einer bestimmten Ausführung können nicht im Rahmen einer langfristigen Vorplanung gefertigt werden, sondern erst nachdem sie von dem Optiker bestellt werden. Insofern ist die Auftragslage schwankend und erfordert unternehmensintern im Produktionsprozess tagtäglich hohe Anpassungsleistungen an die Kundenwünsche.

Die Rolle des Vorgesetzten wird stärker durch die Vorgabe von Zielen und weniger durch das Eingreifen in die praktische Tagesarbeit bestimmt. Dies ist möglich, weil die Organisation der Tagesarbeit von dem Team übernommen werden soll. Eine weitere Vorentscheidung wurde in dieser Sitzung gefällt, und zwar die Auswahl eines Pilotbereiches. Die Entscheidung für den Produktionsabschnitt, in dem die Entspiegelung der Gläser vorgenommen wird, gründet sich in der Tatsache, dass dort die Kriterien

- gemeinsame Aufgabe
- innerer Zusammenhang der Teilaufgaben

optimal mit dem dritten Kriterium der räumlichen Überschaubarkeit der Arbeit verknüpft werden konnte. Die gemeinsame Aufgabe konnte ohne große Komplikationen durch die Zusammenfassung der für die Veredelungsstufe Entspiegelung erforderlichen Teilschritte formuliert und als gemeinsame Verantwortung für das zu etablierende Team benannt werden. Dadurch war die Grundlage gelegt, die Arbeitsgestaltung zumindest im Sinne von Job-Enlargement zu verändern.

Eine endgültige Entscheidung sollte erst gefällt werden, wenn die neu geschaffene Position eines Produktionsleiters besetzt war. Der neue Produktionsleiter sollte schon aus Gründen der Identifikation mit der Idee der Gruppenarbeit Einfluss auf den Implementierungsprozess haben.

Abschließend wurde verabredet, zu Beginn des Jahres 1994 einen Workshop durchzuführen, bei dem die Führungskräfte des technischen Bereiches in den Prozess der Implementierung von KTA einbezogen werden sollten.

Im Februar 1994 fiel die Entscheidung, den Implementierungsprozess mit dem Autor zu gestalten, obwohl dies zu Beginn der Überlegungen nicht so vorgesehen war.

6.5.4 Die Einführung von Teamarbeit als Organisationsentwicklungsprozess

Im März 1994 fand dann der Workshop mit Führungskräften des technischen Bereiches einschließlich des neuen Produktionsleiters statt. Der Autor gab eine Einführung in seine Vorstellung für die Gestaltung des Implementierungsprozesses im Sinne des Verständnisses von Organisationsentwicklung. Dabei wies er auf die doppelte Zielsetzung von Organisationsentwicklung hin, wie sie Lutz von Rosenstiel formuliert hat:

6.5.4.1 Das Verständnis von Organisationsentwicklung

Unter Organisationsentwicklung (OE) verstehen wir einen „längerfristig angelegten organisationsumfassenden Entwicklungs- und Veränderungsprozess von Organisation und der in ihr tätigen Menschen. Der Prozess beruht auf Lernen aller Betroffenen durch direkte Mitwirkung und praktische Erfahrung. Ein Ziel besteht in der gleichzeitigen Verbesserung der Leistungsfähigkeit der Organisation (Effektivität) und der Qualität des Arbeitslebens (Humanität)." (von Rosenstiel et al. 1988, S. 26)

Hinter dieser Definition steht ein Leitbild, das den Menschen als ein sich entwickelndes und durch vielerlei Umstände lernendes Wesen begreift. (Vgl. Becker/Langosch 1990, S. 94.)

6.5.4.2 Das Vorgehen bei der Organisationsentwicklung

Das Vorgehen wird nach Becker/Langosch (1990, S. 58) – ergänzt durch die Stufe des Kontrakting – nach folgendem Muster erfolgen:

0. Kontrakting

1. Diagnose
1.1 Problemerhebung
1.2 Problemanalyse
1.3 Auswertung der Analyse

2. Planung
2.1 Zielklärung
2.2 Problemlösungsansätze
2.3 Aktionsplanung

3. Aktion
3.1 Einführung und Erprobung von Maßnahmen
3.2 Überprüfung durch Zwischenergebnisse
3.3 Durchführung bis zur Institutionalisierung

4. Auswertung
4.1 Neue Bestandsaufnahme
4.2 Ergebniskontrolle und Prozessanalyse
4.3 Schlussfolgerungen, neue Planung

6.5.4.3 Change-Agent-Funktionen

In einem weiteren Schritt wurde folgende von Duell und Frei erstellte Struktur für die in Veränderungsprozessen erforderlichen Change-Agent-Funktionen auf deren „Besetzung" im konkreten Fall überprüft.

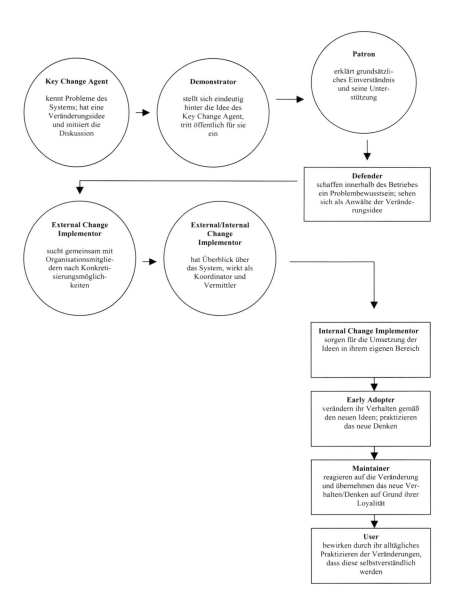

(Quelle: Frei chart 1986)

Festgehalten werden konnte, dass die für den Beginn wesentlichen Positionen besetzt sind, und zwar die des Key-Change-Agent und des Patrons in der Person des technischen Geschäftsleiters. Als Demonstrator kann der Leiter der Arbeitsorganisation gelten. Als Defender die Führungskräfte des technischen Bereiches und der Personalleiter. Als External change Implementor der neue Produktionsleiter und als internal change Implementor der Leiter der Abteilung, in der das Pilotprojekt starten sollte.

6.5.4.4 Phasen des Organisationsentwicklungsprozesses

Vom Autor wurde zudem auf den Organisationsentwicklungsablauf in folgenden drei (von Lewin definierten) Phasen verwiesen:

- unfreeze (auftauen)
- move (bewegen)
- (re-)freeze (stabilisieren). (Vgl. Becker/Langosch 1990, S. 66 f.)

Diese so klare Abfolge ist erfahrungsgemäß in der Praxis nicht so eindeutig abgebildet. Vor allem entstehen Probleme dann, wenn wie in der nachfolgenden Grafik deutlich wird, die von einem Organisationsentwicklungsprozess Betroffenen sich in unterschiedlichen Phasen befinden.

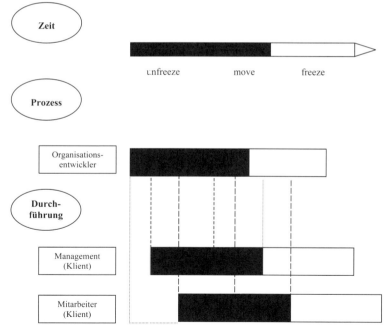

Wenn sich der Organisationsentwickler zum Beispiel schon in der Phase der Bewegung befindet, die Mitarbeiter aber noch nicht „aufgetaut" sind, ist die Gefahr einer Friktion sehr groß. Die Botschaft dahinter zielt auf eine professionelle Geduld und verlangt eine Sensibilität für Indikatoren, die anzeigen, dass der Auftauprozess weitgehend abgeschlossen ist und die eigentlichen Veränderungen vollzogen werden können. Solche Indikatoren können unter anderem sein:

- selbst laufende Diskussionen
- Alternativen-Diskussionen
- Änderungsvorschläge
- Initiativenbildung
- Mitarbeiter fragen um Prozessbegleitung, Interpretationshilfen, Experten, Moderatoren
- Mitarbeiter wehren sich gegen Rückfall
- Mitarbeiter fragen nach Wann und Wie
- Entwicklung von Toleranz
- Persönliche Rückmeldungen zwischen Mitarbeitern
- Ausdehnung von informellen Kontakten
- Konfliktlösungen im Sinne von Win-Win-Strategien.

6.5.5 Einflussmöglichkeiten des Betriebsrates

Nach der Zustimmung zur Gestaltung des Veränderungsprozesses im Sinne des dargestellten Verständnisses von Organisationsentwicklung wurde die Rolle des Betriebsrates in einem solchen Prozess thematisiert. Dazu informierte der Personalleiter über die Paragrafen im Betriebsverfassungsgesetz, die das Mitwirkungsrecht des Betriebsrates – ob im Sinne eines Informationsrechtes bis hin zur Mitbestimmung – regelt. Dies sind im Wesentlichen die Paragrafen

§ 90	Gestaltung von Arbeitsplatz, Arbeitsablauf und Arbeitsumgebung
§ 92	Allgemeine personelle Angelegenheiten – insbesondere Maßnahmen der Berufsbildung
§ 106	Unterrichtung in wirtschaftlichen Angelegenheiten – insbesondere Absatz 3 Ziffer 5 die Einführung neuer Arbeitsmethoden
§ 111	Betriebsänderungen – insbesondere Ziffer 5 Einführung grundlegend neuer Arbeitsmethoden und Fertigungsverfahren

§ 87 Mitbestimmungsrechte
§ 91 Mitbestimmungsrecht bei der Beurteilung der menschengerechten Gestaltung der Arbeit
§ 98 Durchführung betrieblicher Bildungsmaßnahmen
§ 99 Mitbestimmung bei personellen Einzelmaßnahmen.

Anschließend erfolgte eine Information über die Haltung der Industriegewerkschaft Metall zur Gruppenarbeit, die in einem Papier „Gestaltungshinweise und Regelungsvorschläge bei Gruppenarbeit" vom Vorstand der Industriegewerkschaft Metall im Mai 1992 mit dem Ziel herausgegeben wurde, „den Betriebsräten und Vertrauenskörpern Orientierungshilfen für die soziale und humane Gestaltung von Gruppenarbeit wie auch für entsprechende Regelungen in einer Betriebsvereinbarung" (Vorwort) zu geben.

Die intensive Auseinandersetzung mit der Rolle des Betriebsrates im Kreise der Führungskräfte war insofern von besonderer Bedeutung, als in diesem Unternehmen erst 1992 ein Betriebsrat gegründet wurde. Schon aus diesem Grunde war ein „eingespielter" Umgang mit dem Betriebsrat, so wie ihn der Autor aus Großunternehmen kennt, noch nicht gegeben.

6.5.6 Die Entscheidung über die Einführung und die Rahmenbedingungen

In dem einen Monat später, also im April 1994 stattfindenden **Start-up-Workshop** wurden drei Mitglieder des Betriebsrates zum ersten Mal offiziell in den Diskussionsprozess einbezogen.

Der Autor, der diesen Workshop moderierte, legte besonderes Augenmerk auf die Zustimmung des Betriebsrates, zunächst zur Einführung von KTA generell und dann auch zum angedachten Vorgehen im Besonderen.

Der technische Geschäftsleiter stellte zu Beginn des Workshops die Einführung von Teamarbeit als Mittel dar, das Lieferzeitenziel zu realisieren, um so wettbewerbsfähig zu bleiben. KTA wurde von ihm als konsequente Fortsetzung des Teamgedankens gesehen, der unter anderem schon in bestehenden Qualitätszirkeln praktiziert wird. Mit KTA sollte der Freiraum und zugleich der Verantwortungsgrad des Einzelnen erhöht und die Mitgestaltung des Arbeitsplatzes durch die Mitarbeiter verbessert werden. Dadurch sollte die Arbeit attraktiver und abwechslungsreicher und die Einzelnen über die Ausweitung ihres Könnens und ihrer Verantwortung in ihrer Persönlichkeit gestärkt werden. Die Teilnehmer an dem Workshop verwiesen auf Beispiele aus anderen Unternehmen, die im Sinne des Nutzens für die Betroffenen Mitarbeiter erfolgreich waren. Der Austausch von Informationen über die Implementierung einer Teamorganisation führte schließlich zu der Verabredung, dass der Personalleiter den Kontakt zwischen dem Betriebsrat des Brillenglasherstellers und dem eines anderen Unternehmens herstellt, das schon Teamarbeit praktiziert, um Erfahrungen aus erster Hand zu vermitteln.

Diese Vorverabredung hatte aus Sicht des Autors die Funktion eines „Eisbrechers", denn anschließend liefen die weiteren Verhandlungen weit reibungsloser als zuvor. Folgende Punkte wurden dabei abgehandelt:

1. „Politisches" Vorgehen

    - Pilotprojekt/Startteam
    - Betroffene zu Beteiligten machen
    - Haltung und Rolle des Betriebsrates
    - Rahmenbetriebsvereinbarung
    - Kommunikation der Ziele von KTA in das Unternehmen hinein.

2. Verantwortung des Teams

3. Investitionen

4. Arbeitsgestaltung im Team

    - Aufgabenverteilung
    - Abstufungen im Team?
    - Förderung der Kommunikation unter den Teammitgliedern
    - Teamsprecher/Teamkoordinator
    - Teamsitzungen.

5. Rolle des Vorgesetzten

6. Steuerung und Gestaltung des Einführungsprozesses

- Projektteam
- Steuerteam
- Beraterfunktion
- Die nächsten Schritte.

6.5.6.1 „Politisches" Vorgehen

Pilotprojekt/Startteam
Von Seiten des Betriebsrates wurde empfohlen, nicht von einem Pilotprojekt zu sprechen, da eine andere nicht erfolgreich abgeschlossene Maßnahme ebenfalls als Pilot bezeichnet wurde und man befürchte, dass mit diesem Begriff negative Assoziationen bei den Mitarbeitern ausgelöst würden. Man verständigte sich auf den Begriff „Startteam", mit dem man zugleich verdeutlichen konnte, dass Teamarbeit flächendeckend realisiert werden sollte.

An diesem Beispiel wird deutlich, wie wichtig es ist, bei Veränderungsprojekten die Vorgeschichte – auch im Sinne von Geschichten über bisherige Vorgänge – zu begreifen. Es gibt genügend Beispiele, in denen wohl meinende Sozialwissenschaftler mit ihren Veränderungsvorschlägen, die sie ihrer Auffassung nach ganz im Sinne der Mitarbeiter machten, bei diesen entweder auf eisiges Schweigen oder wütende Ablehnung stießen. Im informellen „Change-Agent-Jargon" formuliert: Man muss in solchen Fällen „nach den Leichen graben, die irgendwo im Keller liegen". Hat zum Beispiel ein früheres Veränderungsprojekt dazu geführt, dass die „Lohnmacher" den Stücklohn niedriger veranschlagt haben, weil ihrer Meinung nach für die Mitarbeiter eine Erleichterung eingetreten war, braucht es lange, bis man mit einer neuen Veränderungsidee kommen kann.

Betroffene zu Beteiligten machen
Folgende Möglichkeiten wurden benannt, um Betroffene zu Beteiligten machen zu können:

- Ausreichende Informationen geben.
- Die allgemeine Bewegung nutzen und andere Unzufriedenheiten bearbeiten.

- Nachfolgender Bildvergleich: Bei einem Umzug werden die Regale gleich mitgestrichen, Dinge also unternehmen, die sonst liegen bleiben.
- Das Startteam deklarieren und die Auswahl begründen.
- Aktives Mitgestalten des Teams durch
    - Angst nehmen
    - Rahmenbedingungen schaffen
    - Garantien im Sinne zufrieden stellender Arbeitsbedingungen geben
    - Eigene Ideen einbringen lassen
    - Als verantwortliche Manager „bei der Stange bleiben"
    - Als Vorbild das System vorleben
    - „Animateur" sein
- Den Mitarbeitern Gründe geben, Vertrauen zu gewinnen.

Haltung und Rolle des Betriebsrates
Folgende Stichworte sollen diese Frage klären: Der Betriebsrat stimmt der Einführung von Teamarbeit grundsätzlich zu. Sein Anliegen ist es, Entgelt und Prämien im Zusammenhang mit Qualifikation zu klären. Im Rahmen eines Arbeitszeitmodelles sollte der Samstag grundsätzlich aus den Arbeitszeiten herausgehalten werden. Der Teamsprecher sollte gewählt werden. Eine Betriebsvereinbarung wird auch schon während der Pilotphase gefordert.

Von Seiten der Geschäftsleitung wurde betont, dass die zurzeit ablaufenden Verhandlungen zur Arbeitszeitregelung so gestaltet werden soll, dass KTA nicht blockiert wird. Darüber hinaus sollte innerhalb der KTA-Teams die Arbeitszeitregelung im Prozess getroffen werden und im Rahmen der gesetzlichen und tariflichen Bestimmungen bleiben.

Es wurde zudem festgehalten, dass die jeweiligen Teams selber entscheiden, ob sie einen Sprecher brauchen oder nicht und welche Funktion dieser einnehmen sollte.

Von Seiten der Geschäftsleitung und Personalleitung wird zugesagt, dass nach der Pilotphase eine Betriebsvereinbarung abgeschlossen werden sollte. Während der Pilotphase einigte man sich auf folgende Punkte:

- Es wird eine Schutzvereinbarung im Sinne eines gleichwertigen Arbeitsplatzes getroffen, der zudem gesichert ist.
- Die Bezahlung wird auf keinen Fall schlechter als vorher.

6.5.6.2 Verantwortung des Teams

Hinsichtlich der Verantwortung des Teams blieben sehr viele Fragen offen. Man verständigte sich darauf, dass dies im Laufe des Prozesses im Startteam ausdifferenziert werden sollte.

Der Autor plädierte für ein System, das folgende „Autonomiegrade" unterscheiden soll:

1. Selbstverantwortung des Teams
2. Mitwirkung des Teams zusammen mit Führungskräften
3. alleinige Entscheidung der Führungskräfte nach Anhörung der Teams.

6.5.6.3 Investitionen

Folgende Investitionen wurden benannt und akzeptiert:

- Teamsitzungsecken
- Fehler, die entstehen, als Investitionen einkalkulieren
- Budget für Qualifizierungsmaßnahmen.

Darüber hinaus wurde auch die Frage der Bezahlung der Teammitarbeiter innerhalb des Diskussionsfeldes Investitionen wieder aufgegriffen. Fazit war, dass ein Modell gefunden werden sollte, in dem die Qualifikation ein Kriterium ist. Variablen wie Qualität oder Durchlaufzeiten könnten mit einbezogen werden. Als Grundmuster könnten Grundlohn und Prämien ein Modell sein. Auf alle Fälle sollte die Berechnung des Entgeltes einfach nachvollziehbar sein.

6.5.6.4 Arbeitsgestaltung im Team

Es wird festgestellt, dass Enrichment stattfindet ebenso wie Enlargement. Bei der technischen Gestaltung wird den Teammitgliedern weitgehend freie Hand gelassen. Das heißt, die Mitarbeiter werden in die Layout-Arbeit stark mit einbezogen. Während die Frage der Arbeitsweise weitgehend im

Freiraum des Teams verbleibt, erhält es hinsichtlich der Betriebsmittel Vorgaben.

Aufgabenteilung
Die getroffenen Vereinbarungen lassen sich stichwortartig wie folgt zusammenfassen:

- Es muss nicht jeder alles können.
- Bei Qualifizierung sollen entsprechende Aufgaben auch übernommen werden.
- Berücksichtigt werden hierbei die jeweiligen Unterschiede in den Lohngruppen.

Abstufungen im Team
In Ansätzen gibt es Spezialisten und äußere Kontaktpersonen wie in der Instandhaltung. Grundsätzlich entscheidet das Team, wer welche Qualifikation mitmacht. Vorhandenes Können soll dabei genutzt werden.

Gruppengröße
Der Leiter der Abteilung Arbeitsorganisation und der neue Produktionsleiter planen die Teamgröße. Das Team stellt letztendlich fest, ob es groß genug ist oder noch weitere Teammitglieder anfordern muss.

Förderung der Kommunikation unter den Teammitgliedern
Zur Förderung der Kommunikation sollen Seminare durchgeführt werden, die den Teamfindungsprozess unterstützen. Dazu gehören auch Seminare zur Moderation. Über die Seminare hinaus sollten tagtägliche Problemstellungen als Grund für Kommunikation genutzt werden.

Teamsitzungen
Der Vorschlag, wöchentlich eine Stunde für Teamsitzungen zu nutzen, wird akzeptiert. Dabei müssen Teamsitzungen in der Arbeitszeit stattfinden oder wie Arbeitszeit bezahlt werden.

6.5.6.5 Die Rolle der Vorgesetzten

Wie noch weiter auszuführen ist, sollten die bisherigen Vorgesetzten mit einer neuen Rolle betraut werden, zumal viele der ehemaligen Führungsaufgaben nun innerhalb des Teams selbst geregelt werden. Für die ehemaligen Gruppen- und Schichtleiter bedeutet dies, dass sie zukünftig stärker von der Alltagsarbeit entlastet werden und sich „Feuerwehr-Aufgaben" und Innovationsprojekten zuwenden können.

6.5.6.6 Steuerung und Gestaltung des Einführungsprozesses

Projektteam und Steuerteam
Das Projektteam sollte sich der Entscheidung gemäß zusammensetzen aus dem Projektleiter, dem Produktionsleiter, einem Mitglied des Startteams und einem ehemaligen Schichtleiter, definiert als Mitarbeiter des Führungskreises 2 und zwei Mitgliedern des Betriebsrates.

Das Steuerteam wird auf einen „Steuermann" in der Person des technischen Geschäftsleiters reduziert.

Beratungsfunktion
Die Beratungsfunktion des Autors wurde folgendermaßen definiert: Er ist Prozessberater und Moderator und gibt auf Anfrage seine Meinung als Fachmann. Er kann vom Projektteam relativ kurzfristig zu Rate gezogen werden. Im Bereich der Kommunikation und Teamfindung übernimmt er Seminare, bei anderen Seminaren gibt er Vorschläge für die jeweiligen Seminarleiter.

Die nächsten Schritte
Im Sinne eines Aktionsplanes wurden folgende fünf Schritte vereinbart beziehungsweise von den Verantwortlichen zugesagt:

1. Die gesamte Mitarbeiterschaft wird in der darauf folgenden Kalenderwoche über die Ziele der Firma hinsichtlich der Lieferzeitvision informiert. Dabei wird KTA als ein Mittel vorgestellt, dieses Ziel zu erreichen. Das Grundprinzip sollte dabei lauten: So offen wie möglich.

2. Eine Woche später sollte der Bereich informiert werden, in dem der KTA-Prozess starten soll. Dabei sollten der Produktionsleiter, der Personalleiter, der Abteilungsleiter, der Leiter der Abteilung Qualitätssicherung und der Betriebsrat vertreten sein.

3.
4. Weitere zwei Wochen später soll feststehen, wer sich im Projektteam befindet. Dabei soll das Verfahren zur Konstituierung nicht formalisiert werden. Wer nicht in dem Startteam mitarbeiten möchte aus

dem betroffenen Bereich, bekommt das Angebot einer anderen gleichwertigen Arbeit.

5. Weitere vier Wochen später sollte ein Teamfindungs-Workshop mit dem Startteam durchgeführt werden. Eine Woche darauf ein Workshop, der die neue Rolle der ehemaligen Schichtleiter und Gruppenleiter klären sollte.

Abschließend wurde von allen Beteiligten der positive Verlauf besonders hervorgehoben, was als wichtige Voraussetzung für eine erfolgreiche Implementierung des Teamgedankens war.

6.5.7 Kommunikation der KTA-Ziele durch die Geschäftsleitung

Nachdem die vereinbarten Schritte entsprechend der Vereinbarungen im Start-up-Workshop realisiert wurden und das erste KTA-Team ausgewählt war, setzte der technische Geschäftsleiter noch einen zusätzlichen Akzent, indem er Ende August – also rund einen Monat vor dem offiziellen Start vor dem ersten KTA-Team eine Rede hielt, mit der er nochmals die Intention des Projektes erläuterte. Er stellte dabei zu Beginn seiner Rede die Frage, die sich vermutlich viele Mitarbeiter selbst stellten: Warum Teamarbeit? Warum es nicht belassen, wie es ist? Die Antwort entwickelte er in einem sorgfältig beschriebenen Szenario, in dem er folgende, den Wandel bestimmende Dimensionen entfaltete:

- die Veränderungen am Markt
- die technologische Entwicklung
- der Wertewandel von uns allen.

Die Veränderungen am Markt werden von den wachsenden Ansprüchen der Kunden bestimmt. Sie erwarten von dem Unternehmen

- hohe Zuverlässigkeit
- umfassenden Service
- kurze Lieferzeiten
- ausgezeichnete Qualität
- ein marktgerechtes Produktprogramm
- und das alles zu günstigen Konditionen.

Dazu kommt noch eine immer größere Macht der Kunden, die sich aus der Konzentration in der Augenoptikbranche vor allem durch Filialisten und Einkaufsgemeinschaften ergibt. Wie sich dies weiterentwickeln wird, verdeutlicht er durch Beispiele aus der Unterhaltungselektronik und dem Lebensmittelhandel. Getragen wird diese Entwicklung durch die Endkunden, die, wie die in den KTA-Teams zusammengefassten Mitarbeiter die Vorteile der günstigen Preise selbstverständlich für sich privat nutzen.

Mit Blick auf die Wettbewerber ist nach Auffassung des technischen Geschäftsleiters sein Unternehmen in der Produktpalette und der Qualität der Produkte den anderen gegenüber ebenbürtig und im Service sogar voraus. Schwächen sind jedoch in der Termintreue und der Lieferzeit auszumachen, die als Wettbewerbsfaktoren zunehmend an Bedeutung gewinnen. Ein Grund hierfür sind die langen Durchlaufzeiten; hier soll Teamarbeit dazu beitragen, die Produkte sicherer durch die Produktion zu führen und die Zuverlässigkeit und Lieferzeit zu verbessern. Zusätzlich sollte die Stärke des Services dadurch weiter ausgebaut werden.

Die technologische Entwicklung ist vor allem für die Fertigung neuer, aber auch komplexerer Produkte von entscheidender Bedeutung. Bei den Fertigungsverfahren ist vor allem das Mitdenken der Mitarbeiter wichtig. Veränderungen in der Handhabung und in der Nutzung von Hilfsmitteln brauchen die Kreativität, die sich in Teams besser entfalten kann.

Die technologische Entwicklung wird zunehmend geprägt durch prozessgesteuerte Maschinen, welche die Produkte automatisch zuführen und die sich miteinander verbinden lassen. Dazu kommen noch Kleinanlagen, die in wenigen Minuten eine kleine Losgröße, gesteuert durch Infomationen aus dem Datenverarbeitungssystem, bearbeiten können.

Der technische Geschäftsleiter erinnerte an den historischen Spruch von Gorbatschow und veränderte ihn wie folgt: „Wer zu spät kommt, den bestraft der Wettbewerb." Sich dem Wettbewerb zu stellen, ist nach Auffassung des technischen Geschäftsleiters nicht nur ein Zwang, sondern auch eine Herausforderung, der man im Rahmen eines gesellschaftlichen Phänomens entsprechen kann, mit der sich die sozialwissenschaftliche Diskussion unter dem Begriff „Wertewandel" auseinandersetzt. Das heißt, Spaß, Erfüllung, miteinander etwas tun als sich verstärkt abzeichnende Werte verlagern sich zunehmend auch in das berufliche Leben.

Die Werte mit der Herausforderung zu verknüpfen, flexibel Kundenwünsche zu erkennen, diese zu erfüllen und verantwortlich zu sein und zugleich mit der technlogischen Entwicklung Schritt zu halten, sind wesentliche Faktoren für den gemeinsamen Erfolg. Das so beschriebene Szenario legt die Teamarbeit als geeignete Form der Arbeitsorganisation nahe. Nach Auffassung des technischen Geschäftsleiters sollte diese neue Arbeitsform für alle einen Vorteil bringen. Die in dieser Rede knapp skizzierten Vorteile wurden einige Zeit später auf einem Faltblatt wie folgt präzisiert:

Was bringt KTA?

Für das Unternehmen

Verkürzung der Lieferzeiten
- kürzere Durchlaufzeiten
- weniger Schnittstellen
- weniger Stör- und Ausfallzeiten
- 100 % in 24 Stunden

Verbesserung der Qualität
- bessere Qualifizierung der Mitarbeiter
- mehr Verständnis für Zusammenhänge
- bessere Zusammenarbeit

Senkung der Kosten
- höhere Produktivität
- Vermeidung von Verschwendung
- weniger Ausschuss/Bruch

Höhere Flexibilität
- breitere Einsatzmöglichkeiten der Mitarbeiter
- flexible Pausen- und Arbeitszeiten
- schnellere Reaktionsmöglichkeiten

Für mich

Interessantes Arbeiten
- mehr Abwechslung
- gezielter Belastungswechsel
- mehr Handlungsspielraum
- mehr Eigenverantwortung

Höhere Qualifizierung
- mehr Arbeitsplätze beherrschen
- Hintergründe und Zusammenhänge besser verstehen
- berufliches Weiterkommen

Verbesserung des Einkommens
- durch bessere Einzel- und Teamleistung
- durch Höhergruppierung
- durch Ausschöpfung von Verbesserungsmöglichkeiten

Entwicklung der Persönlichkeit
- besser auf andere zugehen können
- selbstständiger werden
- an Ansehen gewinnen, akzeptiert werden

Für uns alle

Verbesserung der Kommunikation
- einander zuhören
- einander ernst nehmen
- einander verstehen

- Stärkung des Wir-Gefühles
- gegenseitige Unterstützung
- gemeinsames Lernen
- gemeinsame Erfolgserlebnisse
- weniger Fremdkontrolle

Kreativere Problemlösungen
- Fachwissen der Mitarbeiter nutzen
- unkomplizierte Problemlösungen
- Fantasie der Teams nutzen

Sicherung der Arbeitsplätze
- höhere Produktivität
- höhere Wettbewerbsfähigkeit
- höhere Kundenzufriedenheit

KTA bringt viel!

Warum und vor allem auch wie Gruppenarbeit zu diesen Vorteilen beitragen kann, wurde in dieser Rede sehr differenziert und eindrucksvoll skizziert und bildet nach Auffassung des Autors die zentralen Dimensionen einer erfolgreichen Gruppenarbeit gut ab.

1. Die Ziele müssen bekannt sein. Im konkreten Fall sind es:

    - die Verbesserung der Termintreue
    - die Verkürzung der Lieferzeit
    - die Verbesserung der Qualität
    - die Reduzierung der Stückkosten.

2. Die Aufgabe muss klar umrissen sein, wie zum Beispiel

    - Vorbereitung der Gläser
    - die Beschickung und das Bedienen der Anlagen
    - das Rücksortieren der Gläser
    - die Selbstkontrolle der Produkte
    - die Reinigung der Gläser
    - die Wartung der Anlagen.

3. Das Team muss die Aufgabe überblicken können. Das heißt:

    - Es darf zu keiner Überforderung kommen.
    - Beim Start des KTA-Projekts keine völlig neuen Aufgaben.
    - Die räumliche Nähe sollte gegeben sein.
    - Teammitglieder müssen sich sehen können, damit die Kollegen rechtzeitig helfen können, wenn plötzlich und vorübergehend viel zu tun ist.

4. Die Teammitglieder müssen soweit qualifiziert sein, dass das Team seine Aufgabe dauerhaft erfüllen kann.

5. Die Mitarbeiter haben Mitwirkungsrecht bei der Zusammensetzung der Teams.

6. Das Team soll seine Zeit nach den Kundenbedürfnissen und innerhalb eines Arbeitszeitmodells selbst einteilen.

7. Das Team muss die Möglichkeit haben, eigene Ideen zu entwickeln und umzusetzen. Die Zeit dafür wird im Umfang von einer Stunde

wöchentlich zur Verfügung gestellt. Das Geld soll in vertretbarem Rahmen zur Verfügung gestellt werden. Wenn entsprechende Erfahrungen gesammelt wurden, kann ein Jahresbudget zur Verfügung gestellt werden.

8. Das Team muss durch schnelle Informationen wissen, welche Mengen an Arbeit es täglich zu verteilen hat.

9. Das Team braucht einen Koordinator beziehungsweise Moderator, der auch nach außen zu dem Betriebsservice und dem neu einzurichtenden Meisterteam Kontakt hält.

10. Es muss ein Entlohnungssystem gefunden werden, das Leistung honoriert.

Die Frage des Koordinators beziehungsweise Moderators wurde auf Vorschlag des Autors zu Gunsten der Moderatorenfunktion beantwortet. Dabei wurden pro Schicht zwei Moderatoren gewählt und ausgebildet, damit sich diese Funktion nicht in Richtung eines „heimlichen" Vorgesetzten entwickelt.

Die Einrichtung des oben erwähnten Meisterteams basierte auf den Erfahrungen des Autors, die er in Seminaren mit dieser Zielgruppe machte. Fragt man, wie ihre Tagesarbeit aussieht und wie sie sich diese wünschen, wird immer wieder beklagt, dass sie durch den täglichen „Kleinkram" von wichtigen Dingen, wie zum Beispiel Verfolgung innovativer Projekte, abgehalten werden.

Dieser Klage soll mit dem Meisterteam Rechnung getragen werden, indem dieser „Kleinkram" vom Team selbst und meist reibungsloser geregelt wird, als wenn dies über den Meister läuft. Das Ergebnis war, die ehemaligen Schichtleiter zu einem Team zusammenzufassen, das schwerpunktmäßig Aufgaben der Innovation (zum Beispiel durch die Verbesserung von Abläufen und Material) und die der „Feuerwehr" zu erfüllen hat. Darüber hinaus kann sich das Meisterteam übergeordneten Führungsaufgaben zuwenden, vor allem auch im Sinne von Personalentwicklung.

Ab 1. Oktober 1994 nahm das erste KTA-Team mit 23 fest angestellten Mitarbeitern und drei Auszubildenden seine Arbeit auf und wurde von diesem Zeitpunkt an von dem KTA-Projektteam betreut.

6.5.8 Das Projektteam

Das Projektteam begann einige Monate vor dem Start des ersten KTA-Teams, und zwar Mitte Mai 1994 mit seiner Arbeit und tagte nach den dem Autor bis Januar 1997 vorliegenden Protokollen regelmäßig in Abständen zwischen einem Tag und sechs Wochen. Zur Verdeutlichung der konkreten Arbeit des Projektteams seien nachfolgend die zentralen Inhalte aufgeführt, die in den Sitzungen bearbeitet wurden.

Vor dem Start des ersten KTA-Teams waren es vor allem Fragen zur Bildung dieser Teams, der Gestaltung des Beginns und Überlegungen zur Gestaltung der Rahmenbedingungen, wie Lohn, Arbeitszeit, Personalkapazität und der Arbeitsplatzgestaltung. Dazu kam noch die Frage der Kooperation des KTA-Teams mit anderen Gruppen und Abteilungen, so zum Beispiel mit der Instandhaltung und der EDV.

Nach dem Start stand vor allem das Thema Personalanforderungen einschließlich des Einsatzes befristet beschäftigter Mitarbeiter und deren Rolle im Team im Vordergrund. Außerdem beschäftigte sich das Projektteam mit konkreten Konfliktfällen, vor allem wenn diese die Gefahr erhöhten, die Entwicklung einer Teamkultur zu behindern. Dies führte sogar zu dem Beschluss, einen Mitarbeiter aus dem KTA-Team einer Schicht in das der „Gegen"-Schicht umzusetzen.

Ein weiteres Thema war die Frage, inwieweit die Gruppe selbst entscheiden kann, wen sie als Mitglied aufnehmen will, und die eines eigenen Budgets. Schließlich war die Sonderstellung des KTA-Teams im Unternehmen, das zu einem schnell propagierten Sündenbock wurde und dem alle Schuld zugewiesen wurde, wenn etwas schief lief, ein ständiger Diskussionspunkt. Dieser wurde im Laufe der flächendeckenden Einführung der Teamorganisation überflüssig.

6.5.8.1 Das Spannungsverhältnis zwischen Freiraum und Sicherheit

Ende 1995 kam ein grundsätzliches Problem hinzu, das zum einen genährt wurde

- durch kritische Qualitätsfälle, die entgegen der Hoffnung, man könnte diese durch KTA weitgehend eleminieren, immer noch auftauchten

- durch Fehler in der Gestaltung der Rolle der Moderatoren in den Teams und vor allem
- durch die zunehmend flächendeckende Einführung von KTA.

Es handelte sich um die Kontrolle des gesamten Vorhabens, was sowohl den Prozess der Veränderung als auch die Steuerung der Alltagsarbeit betraf. Dieses Zusammenspiel unterschiedlicher Faktoren führte auch bei den Teammitgliedern zu einem Umdenken, das auf den Wunsch reduziert werden kann, zukünftig einen oder mehrere Coaches zur Seite zu haben, die Hilfe zur Selbsthilfe und auch die Bereitstellung von Know how und sächlichen Ressourcen leisten sollten. Solche Coaches könnten aus Sicht der Mitarbeiter nur aus dem Meisterteam rekrutiert werden – allerdings nicht mehr in der ehemaligen Rolle des anweisenden Schichtleiters, sondern in der zuvor skizzierten Funktion des Coaches.

Der Ruf nach mehr Führung und das Festhalten an dem bisherigen Vorgesetzten ist ein Phänomen, das bei der Implementierung einer Teamorganisation immer wieder zu beobachten ist. Nach einer ersten Phase des Gefühls der Befreiung aus der hierarchischen Struktur der Tagesarbeit kommt bald auch die Suche nach Sicherheit, die ein Vorgesetzter gibt. Nur so ist es zu erklären, dass in der Montageabteilung eines Elektronikunternehmens, wie der Autor selbst beobachten konnte, die Mitarbeiter in der Regel ihre ehemaligen unmittelbaren Vorgesetzten zu ihren Gruppensprechern wählten. Für deren Wahl sprach aus Sicht der Teammitglieder in erster Linie deren Fachkompetenz. Das heißt, man konnte sich bei Problemen an ihn wenden und um Unterstützung bitten. Was an Veränderungswünschen allerdings stabil blieb, ist eine Veränderung des Führungsverhaltens weg vom „Anweiser" und hin zum Coach. Ein solches Führungsverständnis wiederum entspricht dem Wunsch nach Sicherheit einerseits und nach Ablehnung eines autoritären Verhaltens andererseits.

Der Wunsch nach über Personen vermittelte Sicherheit ist dann noch besser nachvollziehbar, wenn man sich vor Augen führt, wer die Initiative für die Implementierung einer Teamorganisation in den meisten Fällen ergriffen hat. Es waren doch nicht die Mitarbeiter, die eine Kulturrevolution in Richtung Teamorganisation gemacht haben, sondern in der Regel Führungskräfte und die sie unterstützenden internen und externen Change Agents. Die Mitarbeiter mussten in den meisten Fällen für die Teamarbeit erst gewonnen werden, was den Beratern und Trainern eine gute Auftragslage für die Durchführung von Team-Workshops bescherte.

Zurück zum konkreten Fall: Das hier skizzierte Gemenge möglicher Motive von Seiten der KTA-Mitglieder fand sein Pendent in einem personellen Wechsel in der Produktionsleitung. Der neue Produktionsleiter, der im Herbst 1995 in das Unternehmen eintrat, hatte sich das Ziel gesetzt, das Qualitätsproblem in den Griff zu bringen. Dazu gehörte in erster Linie die Erhöhung der Prozesssicherheit. In den Bereich der human resources übertragen, heißt dies, Erhöhung der Sicherheit, die richtigen Personen an die richtigen Stellen zu bringen, und zwar durch eine gezielt gesteuerte Entwicklung der Mitarbeiter und durch die gleichzeitige Erhöhung der Sicherheit, die richtigen Leute zu einem effektiven Team zusammenstellen zu können.

Zur Realisierung seiner Idee schlug der Produktionsleiter in einem Papier, das er im Januar 1996 in eine Projektteamsitzung einbrachte, ein Vorgehen in folgenden drei Schritten vor:

1. Querausbildung im Sinne von Job-Enlargement für die Mitarbeiter und zunehmend flexibler Mitarbeitereinsatz für das Unternehmen. Die Auswahl der Mitarbeiter und die Kontrolle der Ausbildungsentwicklung soll durch das Meisterteam erfolgen, wobei nicht nur der Zugewinn an fachlichen Fähigkeiten und Fertigkeiten festgestellt, sondern auch beobachtet werden soll, wer wechselwillig ist und wer sich in einer neuen Umgebung bewegen kann.

2. Vertikale Ausbildung. Diese soll wiederum durch das Meisterteam gesteuert werden, was zu einer besseren Einschätzung der Mitarbeiterpotenziale führen soll.

3. Ausgewogene Bildung neuer KTA-Teams. Vor dem Hintergrund des verbesserten Wissens um die Mitarbeiterpotenziale ist es eher möglich, Teams mit einem ausgewogenen Leistungsprofil in einem Mix zwischen Top und Durchschnitt zu bilden.

Das von dem neuen Produktionsleiter vorgestellte Konzept und die dahinter liegende Intention, die Steuerungsfunktion durch Führungskräfte zu stärken, ist systematisch für ein konsequent kalkuliertes Managementverhalten in einer bestimmten Situation. Man muss sich fragen: Woran wird eine neue Führungskraft gemessen? Wohl in erster Linie daran, ob sie in der Lage ist, ein aktuelles Problem zu lösen, das für den Unternehmenserfolg von zentraler Bedeutung ist. In dem konkreten Fall war es die Qualität, die wiederum das Lieferzeitenziel entscheidend beeinflusste. Die Veränderung einer Unternehmenskultur erscheint vor dem Hintergrund einer Art „Bedürfnispyramide" eher im oberen Bereich anzusiedeln sein, während die Verbesserung und Sicherung der Qualität vor allem durch die Gewinnung von Prozesssicherheit eher die Basis ausmachen. Wenn wir die bekannte Maslow'sche Maxime beachten, dass jeweils die unteren Bedürfnisse abgedeckt werden müssen, bevor man sich an die Befriedigung der oberen machen kann, liegt es auf der Hand, sich zuerst um die Lösung der zentralen Produktionsprobleme zu bemühen. Die hierarchische Anordnung von Handlungsstrategien gerät dann allerdings aus den Fugen, wenn die Veränderung einer Unternehmenskultur – hier in Richtung Teamverständnis – als Voraussetzung für die Lösung des Basisproblems verstanden wird. Welcher Ausweg aus diesem Dilemma gewählt wird, liegt in erster Linie in der personellen Handlungsstrategie der Führungskraft. Sich auf Ergebnisse zu verlassen, die die Mitarbeiter im Rahmen einer Selbstorganisation erbringen, schafft eine Abhängigkeit des eigenen Erfolges von anderen Personen und von nicht beeinflussbaren komplexen Situationen, dass Handlungsstrategien nachvollziehbar sind, das, was man zu verantworten hat, auch unter eigene Kontrolle zu bringen. Vor diesem Hintergrund war es nicht verwunderlich, dass die Mitarbeiterqualifizierung und deren Steuerung bis Anfang 1997 mit im Vordergrund stand.

Damit unmittelbar verknüpft war die Bezahlung während der fachlichen Qualifizierung, vor allem, was die Prämien betraf. Ein an einer Anlage einzuarbeitender Mitarbeiter reduziert einerseits die Gesamtleistung des Teams und zum anderen kommt er selbst nicht in den Genuss einer leistungsabhängigen Prämie. Dies kann durch ein besonderes Budget, das eigens für die Implementierung einer Teamorganisation oder auch für andere Vorhaben der Organisationsentwicklung eingerichtet werden kann, ausgeglichen werden. Für die überfachliche Qualifikation wurden für die einzelnen Gruppen ein Jahr nach Start ein zweitägiges Seminar „Besser miteinander reden" angeboten.

6.5.8.2 Dauerthemen

Als ein weiterer ständiger Tagesordnungspunkt etablierte sich die Formulierung von Team-Spielregeln und deren Umsetzung in die Teams. Dahinter ist der Wunsch zu vermuten, auf der eher „weicheren" Kulturebene ebenfalls ein Steuerungs- beziehungsweise Absicherungsinstrument zu haben.

Dazu kam noch als Dauerthema die Bildung neuer KTA-Teams, die Kommunikation der einzelnen Teams untereinander und deren Steuerung. Damit die Steuerung situationsangemessen erfolgen konnte, wurde schließlich das Projektteam geteilt beziehungsweise ein zweites eingerichtet. Die Abgrenzung entspricht der schon lange bestehenden Gliederung in zwei Produktionsbereiche mit ihren Besonderheiten. Auch die Auswahl und Qualifikation der Coaches wurde zu einem ständigen Diskussionsgegenstand. Wie die Qualifizierung aussah, wird später ausführlicher beschrieben.

Die Reflexion des Implementierungsprozesses, die Analyse des Ist-Standes und die Präsentation der bisher erzielten Ergebnisse innerhalb und außerhalb des Unternehmens bildete schließlich ebenso einen Verhandlungsschwerpunkt im Projektteam.

6.5.9 Die Arbeit des „Steuermannes"

Spielregeln für den Prozess

Über die Einzelentscheidungen, die Geld kosten, hinaus formulierte die Geschäftsleitung Mitte 1995 gewissermaßen als Steuerungsinstrument für die Umsetzung der Teamorganisation folgende Spielregeln:[22]

Unternehmensziele
Unser Reden und Handeln zeigt, dass wir voll hinter den Unternehmenszielen stehen. Wir sehen Erfolge und Misserfolge als Ergebnis unserer gemeinsamen Arbeit.

Mitarbeiter
Die Mitarbeiter unseres Unternehmens setzen ihre Leistungsbereitschaft zur Erreichung der Unternehmensziele ein und nutzen dabei die ihnen gewährten Handlungsspielräume.

Informationen
Alle zur Bewältigung der gestellten Aufgaben erforderlichen Informationen werden detailliert vermittelt. Dazu gehören auch Hintergrundinformationen und das Verständnis für Auswirkungen auf andere (vernetztes Denken).

---

[22] Dort, wo in den Spielregeln der Firmenname erscheint, wird dieser durch „das Unternehmen" oder „unser Unternehmen" ersetzt.

Aufgabenzuweisung
Jeder Mitarbeiter bekommt seine Aufgaben entsprechend seinen Fähigkeiten und seinem Entwicklungspotenzial übertragen. Der Hierarchiegedanke tritt dabei hinter den Teamgedanken zurück.

Qualifikation
Um die mit ihrer Tätigkeit verbundenen Ziele verfolgen zu können, werden die Mitarbeiter bei ihrer Qualifizierung gefördert. Dazu erhalten sie die entsprechende Anerkennung und im Rahmen der Möglichkeiten Aufstiegschancen.

Teamverhalten
Die Führungskräfte fördern Teamverhalten, indem sie die Betroffenen bei Entscheidungsfindungen mit einbeziehen, Verantwortung klar delegieren, aber auch selbst übernehmen sowie die Kommunikation und gegenseitiges Vertrauen fördern und pflegen.

Vertrauen
Unser Umgang miteinander ist von Vertrauen geprägt. Wir gehen miteinander vertrauensvoll um in dem Wissen, dass wir um so mehr Vertrauen zurück bekommen, je mehr Vertrauen wir anderen geben.

Fehler
Auf mögliche Fehler weisen wir uns gegenseitig unverzüglich hin. Aus Fehlern lernen können, heißt auch, aus Fehlern lernen dürfen.

Konflikte
Probleme werden ohne falsche Rücksichtnahme, jedoch nicht verletzend mit den Betroffenen besprochen. Dabei diskutieren wir in der Sache und bringen nicht Persönliches oder andere Probleme mit ins Spiel. Aus dem Konflikt heraus wird eine Lösung vereinbart, die für alle Beteiligten akzeptabel ist.

Arbeitsmethoden
Wir verstehen uns als Team, das seine Arbeitsmethoden und Verhaltensweisen ständig weiter entwickelt, um die geplanten Ergebnisse mit größtmöglicher Effizienz zu erreichen oder, wo sinnvoll, zu übertreffen.

Planung
Unsere Planungen sind realistisch und für alle Beteiligten nachvollziehbar. Jeder entscheidet innerhalb seines Verantwortungsbereiches über Prioritätenverschiebungen und bezieht dabei Betroffene mit ein.

Geschäftsleitung
Die Geschäftsleitung identifiziert sich mit den Spielregeln zur Unternehmens-Teamorganisation. Sie nimmt – ebenso wie die Führungskräfte – ihre Rolle als Vorbild bewusst wahr.

Diese Spielregeln formulieren Grundsätze, die im Gesamtunternehmen die Implementierung einer Teamorganisation unterstützen und sichern sollten. Dies macht die Einigung auf Spielregeln für das konkrete Verhalten der Teammitglieder im Arbeitsalltag allerdings nicht überflüssig.

6.5.10 Die Arbeit mit dem Start-Team

Die Begleitung des Prozesses innerhalb des Teams kann auf zumindest zwei unterschiedlichen Ebenen liegen, zum einen auf der Mitgestaltung des Gesamtprozesses im Rahmen von Workshops und zum anderen auf der Ebene von Seminaren, die eine Teambildung beziehungsweise die Findung im Team unterstützen sollen. Mischformen, die beide Elemente miteinander verbinden, sind ebenfalls möglich.

6.5.10.1 Der Startworkshop

Will man die Form kennzeichnen, in der der Autor den Prozess innerhalb des Pilotteams begleitet hat, kann man sie als eine Variationsvielfalt der Mischform kennzeichnen. Dies gilt auch für den ersten offiziellen Kontakt mit dem ersten KTA-Team, der im Rahmen eines Start-Workshops stattfand, den der Autor zusammen mit einer Studentin moderierte und dessen Verlauf und Ergebnisse folgendermaßen skizziert werden können:

- Vorstellungsrunde verknüpft mit der Frage, wie viele Mitarbeiter wird Ihr Unternehmen im Jahre 2010 haben?

- Warum wird KTA eingeführt und was wissen Sie darüber?

Das Wissen über KTA war nicht besonders ausgeprägt. Vereinzelt wurden Vermutungen geäußert, wie zum Beispiel, durch die Verlagerung von Vorgesetztenfunktionen in die Teams sollen Meisterstellen eingespart werden.

- Darstellung der Position des Autors

Vor dem Hintergrund der Geschichte der Diskussion um Gruppenarbeit und seinem eigenen Credo, das der doppelten Zielsetzung der Organisationsentwicklung entspricht – und zwar der Verknüpfung von Produktion und Menschlichkeit.

- Warum haben sich die Teilnehmer entschieden, bei diesem Pilotprojekt mitzumachen?

Die Realisierung des Teamgefühls wurde vor allem hervorgehoben. Argumente im Sinne eines „freiwilligen Zwanges" nach dem Motto: Wenn ich nicht mitmache, ist mein jetziger Arbeitsplatz in Gefahr!" Und ein interessanteres Arbeiten im Sinne von größerer Selbstständigkeit und größerer Flexibilität. Die Erwartung, über die Teamarbeit mehr Geld zu verdienen, stellte schließlich den letzten Block an Argumenten.

- Was macht ein gutes Team aus? (in Kleingruppenarbeit)

Alle Gruppen stellen fest, dass folgende drei Aspekte abgedeckt sein müssen:
1. *gute zwischenmenschliche Beziehungen, zum Beispiel Verständnis und Vertrauen untereinander und Kompromissbereitschaft*

2. *entsprechende Rahmenbedingungen, wie Qualifizierung, Ansprechpartner außerhalb des Teams und leistungsbezogenes Gehalt*

3. *die passende innere Struktur, zum Beispiel durch eine freie Entscheidung der Arbeitsplatzbesetzung, eine freie Arbeitszeiteinteilung und die Auswahl des richtigen Gruppensprechers/Koordinators.*

- NASA-Übung.[23]

Die NASA-Übung verfolgt den Zweck, die Überlegenheit von Teamleistung im Vergleich zur Leistung von Einzelnen zu demonstrieren. Zur Orientierung soll diese Intervention kurz beschrieben werden: In einem ersten Schritt muss jeder Teilnehmer fünfzehn Gegenstände (von Streichhölzern und Magnet-Kompass bis zum Erste-Hilfe-Koffer und zu Sauerstoffflaschen) in eine Rangreihe bringen, die für das Überleben mehr oder weniger wichtig sind, um auf dem Mond zu Fuß zu einem entfernt gelegenen Raumschiff zu gelangen.

In einem zweiten Durchgang bemühen sich Kleingruppen um eine gemeinsame Lösung. Deren Ergebnisse werden schließlich im Plenum dem vorgegebenen richtigen Ranking gegenübergestellt, und zusätzlich vergleicht jeder Einzelne sein Ergebnis mit dem der Gruppe und der richtigen Lösung.

Der Aha-Effekt kann mit Sicherheit vorausgesagt werden, da die Diskussion in den Gruppen erfahrungsgemäß im Vergleich zur Einzelarbeit bessere Resultate erbringt. Auch wenn in ganz wenigen Einzelfällen ein individuelles Ergebnis einmal besser sein sollte als das seiner Gruppe, ist für die betroffenen Teilnehmer dennoch einsichtig, dass im Durchschnitt Gruppen bessere Ergebnisse erzielen.

Der Autor hat dieses Spiel – bevor das richtige Ergebnis bekannt gegeben wird – um einen dritten Schritt erweitert, und zwar um eine Diskussion von je einem Vertreter der Guppen vor dem Plenum mit der Aufgabe, wiederum ein gemeinsames Ergebnis zu erzielen. Der Erfolg dieser Plenumsgruppe hängt davon ab, welche Rolle die Gruppenvertreter spielen – entweder die des Verteidigers seiner Gruppe oder die eines „freien" und durch die vorangegangenen Schritte „gewachsenen" Experten.

Noch ein Hinweis: Frauen und Männer aus der Produktion erzielen meist bessere Ergebnisse als Experten und Führungskräfte, die ein technisches Studium abgeschlossen haben, weil sich diese zum Teil sehr stark auf Grundannahmen festlegen, die, wenn sie nicht zutreffen, zu einem stark abweichenden Ergebnis führen, während Teilnehmergruppen mit einer geringeren Qualifikation sich eher von ihrem „gesunden Menschenverstand" leiten lassen. An dem Beispiel des Magnet-Kompasses kann dies verdeutlicht werden. Der zuvor genannte gesunde Menschenverstand führt an-

---

[23] Detailliert dargestellt in: Antons, Klaus: Praxis der Gruppendynamik. Übungen und Techniken. Göttingen: Verlag für Psychologie. Hogrefe, 1976; S. 155.

scheinend eher zur Feststellung, dass der Magnet-Kompass nicht wichtig ist, weil der Mond keinen Nordpol hat, während technisch ausgebildete Teilnehmer möglicherweise gelernt oder gehört haben, dass drehende Körper eine Art Magnetfeld entwickeln können und deshalb dem Magnet-Kompass fälschlicherweise eine unangemessen hohe Bedeutung zuweisen.

- Welche Fragen zu KTA müssen möglichst schnell geklärt werden?

Folgende Fragen wurden gesammelt und nachfolgend nach der Zahl der Nennungen geordnet:

1. *Geld*
2. *Aufgaben des Teams*
3. *Arbeitszeit*
4. *Teamzusammenstellung*
5. *Rationalisierung*
6. *Qualifikation*
7. *auf Vorschlag des Autors als Moderator dieses Workshops Gruppensprecher.*

Die Diskussion hat verdeutlicht, dass vor allem für die Punkte Geld, Aufgaben des Teams, Arbeitszeit, Rationalisierung und Qualifikation keine klaren Antworten gegeben werden konnten. Auf alle Fälle konnten die Fragen des KTA-Teams präzisiert werden, wobei die Teilnehmer einräumten, dass es wohl einige Zeit dauern könnte, bis man so viel praktische Erfahrung gewonnen habe, dass diese in Regelungen umgesetzt werden können.

Hinsichtlich der Arbeitszeitregelung äußerten die Teilnehmer sowohl Bedenken – weil einige durch die angezielte Flexibilisierung der Arbeitszeit ihre langfristige Zeitplanung gefährdet sehen – andererseits aber auch Hoffnungen, ihre individuellen Wünsche eher realisieren zu können. Diese Ambivalenz führte die Gruppe schließlich in den bemerkenswerten Satz zusammen: Die Arbeitszeit regelt sich von selbst.

Für die Zusammensetzung des Teams machten die Teilnehmer den pragmatischen Vorschlag, jede Schicht solle ein Team darstellen, wobei ergänzend positiv der Effekt des Workshops hervorgehoben wurde, dass sich die beiden Schichten getroffen und miteinander gearbeitet haben.

Die Absicht, mit der Teamorganisation einen Rationalisierungseffekt zu erzielen, wird von den Teilnehmern ebenso gesehen wie von dem Autor bestätigt. Allerdings hatte der Produktionsleiter dem Team auf den Workshop die Botschaft mitgegeben, dass solche Effekte genutzt werden sollen, um größere Marktanteile zu erzielen und nicht um die Mitarbeiterzahl zu reduzieren.

Die Frage des Gruppensprechers wurde mit Hilfe eines Abstimmungsverfahrens zu beantworten versucht, als deren Grundlage eine Unterscheidung in folgende vier, vom Autor vorgeschlagene Funktionen diente:

- *der Koordinator, der eine organisatorische Funktion hat*
- *der Regler, der die Entscheidungsbefugnis besitzt*
- *der Sprecher als Bindeglied zwischen Team und Außenstellen*
- *der Moderator, der die Gruppe bei ihrer Entscheidungsfindung unterstützt.*

Das Abstimmungsverfahren führte zu folgendem Ergebnis: Der überwiegende Teil des KTA-Teams ist dafür, dass die Gruppe einen Sprecher braucht. An zweiter Stelle steht die eines Reglers und an dritter Stelle die eines Moderators. Die Funktion des Koordinators entfällt nach Meinung der Gruppe, da es dafür eine zentrale Stelle gibt.

Auf Empfehlung des Autors – ein Moderations-Sündenfall, den er versprochen hat, nie wieder zu begehen – entschied sich das Team für die Funktion des Moderators, die folgendermaßen von der Gruppe ergänzt wurde: Der Moderator hilft der Gruppe bei ihren Entscheidungsprozessen. Er strukturiert die Gespräche, sorgt für die Einhaltung der Gesprächsregeln, ohne aber zu viel Macht zu erhalten. Er ist verantwortlich dafür, dass in der Gruppe Entscheidungen getroffen werden. Nur im Notfall – wenn die Gruppe zu keiner Entscheidung findet – kann er selbst die Entscheidung treffen. Damit würde die Steuerungsfunktion zwar auf den Moderator übergehen, aber sie wäre kontrolliert. Außerdem sollte der Moderator neben der Steuerung nach innen auch die Vertretung der Gruppe nach außen übernehmen, wie zum Beispiel Hilfe holen, Informationen von Vorgesetzten in die Gruppe tragen. Die Gruppe nahm außerdem den Vorschlag an, insgesamt vier Moderatoren zu wählen und auch in einem gesonderten Workshop auszubilden. Bei der Frage, welche vier Teammitglieder diese Aufgabe übernehmen würden, entstand eine Diskussion über die Mehrarbeit und zunächst auch eine Vertagung der personellen Entscheidung.

Nach diesem doch stark lenkenden Einsatz des Autors in dem Start-Workshop für das KTA-Team hatte er die Intention, sich bezogen auf diese Gruppe zukünftig weitgehend auf die des Beobachters und Supervisors zu beschränken. Die Teambildungsmaßnahmen und die Ausbildung der Moderatoren wurden von einem anderen in keinem Arbeitszusammenhang mit dem Autor stehenden Trainer vorgenommen.

6.5.10.2 Teamarbeit macht das Zusammenleben nicht leichter

Die beabsichtigte Zurückhaltung wurde von den beiden KTA-Teams nicht immer akzeptiert. Bei dem Versuch, die Moderation in den beiden Schichtgruppen zu beobachten, kamen die Teilnehmer der einen Gruppe mit der Begrüßung auf den Autor zu: „Gut, dass Sie da sind, Sie müssen uns helfen, ein Problem zu klären."

Nach der unverzichtbaren Zwischenbemerkung: „Eine schönere Begrüßungsformel kann sich ein Berater kaum vorstellen", zurück zum eigentlichen Problem: Einem der Teammitglieder (einem Mann) wurde vorgeworfen, nicht teamfähig zu sein. Dieser konterte: „Mache ich etwa meine Arbeit nicht?" Die Antwort: „Doch, aber nichts darüber hinaus." Der Kollege: „Wie kommt ihr darauf?" Eines der Teammitglieder: „Als ich neulich an meiner Anlage unter Druck kam, hast du mir nicht geholfen, obwohl du es hättest tun können." Der Kollege: „Du hättest es mir nur sagen müssen, dann hätte ich es getan." Die Gegenantwort „Ich wollte es dir nicht sagen, du hättest es von dir aus merken müssen." Und schon wurde ein zweiter Kollege angegriffen, weil er manchmal nur „rumstehe" und nichts tue. Er verteidigte sich damit, dass man dies den Rauchern, die sich mehrmals täglich ins Treppenhaus zurückzögen, um dort zu rauchen, nicht vorwerfen würde. Einfach mal so für die Zeit einer Zigarettenlänge ohne Zigarette rumzustehen, sei wohl nicht möglich. Dieser Konflikt wurde einige Wochen später im Sinne des „herrschenden Systems" gelöst, indem der Kollege das Rauchen anfing und seine Pausen von da an „legitim" nahm.

Hinter diesem scherzhaft vermittelten Beispiel verbergen sich Symptome, die auf Unterschiede in der Interpretation bei sich verändernden Situationen verweisen und zugleich zentrale Kriterien der Teamarbeit abbilden. So lässt sich die Klage, „du hättest es merken müssen, dass ich Hilfe brauche", nicht nur auf eine egozentrische Empfindlichkeit zurückführen, sie verweist auf die Deutung der eigenen Vorstellung von einem Team, das jeder selbstverständlich – und womöglich wortlos – für den anderen da ist. Zur

Verdeutlichung dieser Sichtweise im Rahmen von Teambildungsmaßnahmen hat sich nach Erfahrung des Autors folgendes, aus männlicher Sicht und primär auf die männliche Rolle bezogenes Beispiel bewährt.

Stellen Sie sich vor, Sie und Ihre Frau haben Gäste eingeladen – und wie üblich kommen diese am Sonnabend. Als partnerschaftlich eingestellter Mann ist es für Sie völlig selbstverständlich, das Projekt Essen für Gäste arbeitsteilig anzugehen. Sie kaufen ein, putzen den Salat, verlängern den Tisch mit einer Zwischenplatte, decken diesen, besorgen zusätzliche Stühle aus dem Keller und Arbeitszimmer, holen die Getränke aus dem Keller und probieren diese erst einmal, ob man sie den Gästen überhaupt vorsetzen kann. Ihre Frau macht den Rest: Braten, Sauce, Kartoffeln, Gemüse, Nachtisch und den Dressing für den Salat, den Sie geputzt haben. Wie durch ein Wunder – oder besser gesagt auf Grund Ihrer managerialen Fähigkeiten – sind Sie Punkt 18:30 Uhr fertig und bemühen sich mit einem Gläschen Wein um die Verifizierung des Urteils, der würde den Gästen schmecken. Sie haben es sich wahrlich verdient, dabei den Fernsehapparat einzuschalten und die sonnabendliche Fußballsendung zu sehen. Vielleicht haben Sie zunächst ein schlechtes Gewissen, da die Geräusche in der Küche nicht unbedingt auf den reibungslosen Ablauf der Tätigkeiten Ihrer Frau schließen lassen. Seien Sie beruhigt: Spätestens wenn Ihr Lieblingsverein spielt, übersteigt die Spannung Ihr schlechtes Gewissen und Sie brauchen danach nur noch die Werbepausen durch irgendwelche Ablenkungsmanöver „gewissensgedämpft" zu überstehen. Die Frage lautet nun: Wann kommt die Krise zum Ausbruch? Ganz einfach: Kurz bevor die Gäste kommen beziehungsweise spätestens wenn die Fußballsendung zu Ende ist und Sie zur näheren Erkundigung in die Küche gehen. Dabei gibt es zwei Varianten: Die unschuldig Pfeifende oder die Vorwurfsvolle. Welche ergriffen wird, hängt häufig sozialisationsbedingt von erworbenen und geübten Handlungsmustern ab.

Die Wahrscheinlichkeit der Anwendung der vorwurfsvollen Variante steigt mit dem Grad des eigenen schlechten Gewissens. Also nehmen wir diese an und Sie sagen: „Du bist ja noch gar nicht fertig und die Gäste kommen gleich." Die Antwort Ihrer Frau wird eine Ansammlung der Störfaktoren sein, die Ihre Verantwortung, dass diese nicht beseitigt sind, nicht unberücksichtigt lassen, wie zum Beispiel: „Die Kartoffeln waren viel zu groß, das Gemüse anders als sonst, der Braten zog viel zu viel Wasser, was auch nicht verwunderlich ist, da unser alter Herd, den du ja nicht durch einen neuen austauschen möchtest, die Hitze nicht gleichmäßig hält. Eine zusammenfassende Klage: Du hättest mir auch helfen können, mit dem ‚coo-

len' Argument zu begegnen: „Du hättest es mir nur zu sagen brauchen," rettet Sie nicht. Denn Ihre Frau hat noch einen Trumpf in der Hand, den Sie tief aus der „Beziehungskiste" holt. „Du hättest es selber merken müssen." Hat sie nicht Recht? Sie können ja auch nicht Ihre Gäste, wenn sie dann da sind, mit der Information versorgen, dass Sie im Hause ein arbeitsteiliges System haben, das in einer Abteilung, und zwar in der, für die Sie die Verantwortung tragen, optimal funktioniert hat, aber in der Abteilung „Braten, Sauce, Kartoffeln etc." nicht. Auf zukunftsweisenden Strategien als Nachweis für Ihre manageriale Kompetenz zu entwickeln, wie zum Beispiel das Outsourcing der Abteilung „Braten, Sauce, etc." oder die Verringerung der Fertigungstiefe durch Zukauf bei einem Tiefkühlkosthändler oder das Umsteigen auf einen Komplettservice, wie zum Beispiel „Essen auf Rädern" rettet Ihnen diesen Abend nicht, auch nicht durch die Steigerung der Dienstleistung aus Ihrer Abteilung, einen längeren Tisch, mehr Stühle oder vielleicht noch mehr Getränke zur Verfügung zu stellen.

Und „die Moral von der Geschichte": Die Bewirtung Ihrer Gäste sowohl mit Essen als auch mit Getränken ist Ihre gemeinsame Aufgabe, und diese kann nur in einer gemeinsamen gegenseitigen Verantwortung – als Herzstück der Teamarbeit – voll erfüllt werden.

Hinter den Empfindlichkeiten, die in den Anfängen der Teamarbeit sichtbar werden, ist noch ein anderes Phänomen zu vermuten, das wohl am besten durch die Beschreibung „von der Kür- zur Pflichtbeziehung" gekennzeichnet werden kann. Es ist ja nicht so, dass die Mitarbeiterinnen und Mitarbeiter, die nun in eine Teamorganisation einbezogen werden, nicht schon vorher Teamgeist gezeigt und eine Beziehung zueinander entwickelt hätten. Vor allem dort, wo Einzelakkord herrschte, war es nicht unüblich, sich gegenseitig zu helfen. Nur war diese Hilfe anders definiert, und zwar als Zeichen von Kollegialität und Kameradschaft und dies eher auf der „Kürebene". Nun wird über die Teamarbeit die Kür zur Pflicht und unterliegt einer neuen Interpretation. Diese Veränderung kann man Teilnehmern in einem Seminar oder einem Workshop am besten deutlich machen, indem man sie fragt: „Könnten Sie sich vorstellen, mit Ihrer Frau oder Ihrem Mann zusammen ein Geschäft aufzumachen?" Deutlich sichtbares Kopfschütteln oder Augenrollen zeigt, welche Überzeugungskraft dieses einfache Beispiel hat, die Bedeutung der Veränderung zu einer Teamorganisation aufzuzeigen.

6.5.10.3 Effektivere Übernahme ehemaliger Führungaufgaben durch das Team

Ergebnis einer gelungenen, selbst organisierten Teamsitzung, die vom Autor beobachtet werden konnte, war die Urlaubsregelung für die Weihnachtszeit und den Jahreswechsel 1994/95. Siebzehn Frauen und Männer hatten es innerhalb einer halben Stunde geschafft, den Urlaubsplan zu erstellen. Dabei bewies die teaminterne Moderatorin bei ihrer Einleitung professionelles Geschick, indem Sie eine Punkteabfrage zur Bedeutung der Selbstregelung der Urlaubsfrage voranstellte. Alle Teammitglieder hielten hier die Selbstregelung für sehr wichtig, was die Teilnehmer natürlich besonders in die Pflicht nahm, zu einem akzeptablen Ergebnis zu kommen. Dass dies noch in einer entspannten und geradezu heiteren Atmosphäre verlief, war – angesichts der Tatsache, dass die Urlaubsplanung häufig zu erheblichen Verstimmungen unter den Kolleginnen und Kollegen führt – besonders bemerkenswert. So meldete eine Frau ihren Urlaubswunsch mit dem Argument an, ihr Mann hätte zu dieser Zeit auch Urlaub. Gegenfrage aus dem Team: „Wie lange seid ihr verheiratet?" Auf die Antwort: „Zwei Jahre", erfolgte die positive Entscheidung des Teams mit der Begründung: „Dann ist dies noch ein Grund." Vor dem Hintergrund der sonst üblichen langfristigen Verfahren im bilateralen Austausch mit dem Vorgesetzten und der entstehenden Missgunst, wer wohl wem schöne Augen gemacht hätte und wer wohl wessen Liebling sei, war das selbst organisierte Verfahren ein Gewinn, sowohl was die Atmosphäre anbelangte als auch was die benötigte Arbeitszeit betraf.

An solch kleinen, ins Detail gehenden Beschreibungen kann man aufzeigen, wie bisherige Führungsfunktionen in die Teams hinein verlagert werden können, und dies nicht im Verhältnis 1 : 1, sondern erheblich effektiver als bislang. Es geht also im Grunde nicht darum, durch die Einführung einer Teamkultur unnötige Führungsaufgaben zu eliminieren, sondern darum, den mit diesen Aufgaben verbundenen Aufwand zu reduzieren, wobei dieser Aufwand nicht nur die Kosten an Zeit, sondern auch die Kosten umfasst, die durch Demotivation angesichts atmosphärischer Störungen entstehen.

6.5.10.4 Rollenkonstellationen als Hindernis für die Entwicklung eines Teams

Zwei Monate nach dem Start des ersten KTA-Teams tauchte in einem Schichtteam ein Problem auf, das beispielhaft auf gruppendynamische Effekte verweist, die den Erfolg oder Misserfolg bei der Implementierung einer Teamkultur entscheidend mit beeinflussen.

Mitglieder eines Schichtteams begehrten gegen einen ihrer Moderatoren auf, weil dieser seine Rolle in die einer neuen Entscheidungsinstanz übersetzte. Nach Auffassung des Autors war diese Kritik nicht unberechtigt, wie die Beobachtung einer Sitzung zeigte. Der Moderator legte eher das Verhalten eines Oberlehrers an den Tag, der vorne stand und die Vorschläge der Teammitglieder zur Bewältigung eines bestimmten Problems zugleich im Sinne: „Die Guten ins Töpfchen, die Schlechten ins Kröpfchen", bewertete und nur die an die Metaplantafel heftete, die seiner Meinung nach richtig waren. Die Steigerung dieses falschen Moderatorenverhaltens war, dass er eine Frage stellte und die Antworten schon auf Karten geschrieben bereit hielt und präsentierte.

Auf ausdrücklichen Hinweis hielt sich der Moderator bei einer nachfolgenden Sequenz zurück. Auf sein Signal: „Ich warte nun demonstrativ auf eure Vorschläge als Teammitglieder, die ich auch nicht sofort bewerten werde," kam nun keine aktive Reaktion der anderen. Sie verharrten in ihrer bequemen „Passivecke", was „Papa Moderator" wieder zum selbst bestätigten Blick animierte: „Man sieht ja, ohne mich läuft in der Gruppe gar nichts."

Die zweite Moderatorenfunktion war von einer Frau besetzt, die nach Beobachtung des Autors sich nicht traute, diese tatsächlich auszufüllen. Ihr schien es zu genügen, Moderatorin zu sein, wollte sich anscheinend aber nicht auf den Prüfstand stellen lassen, ob sie auch über die entsprechenden Fähigkeiten verfügt. Dazu kam noch ihre erklärte Selbstbeschränkung, nur einige der Arbeitsaufgaben innerhalb des Teams beherrschen zu können und auch zu wollen, während der andere Moderator als früherer Springer alle Aufgaben beherrschte und als Fachmann innerhalb des Teams eine hohe Akzeptanz erfuhr.

Mehrere Gespräche – auch seitens des Autors – mit dem Moderator, seine Rolle so anzulegen, dass sie die anderen durch anregende Impulse einerseits und Geduld andererseits aktiviert, hatte ebenso wenig Erfolg wie die Aufmunterung an die Gruppe, der Dominanz des Moderators mit eigener

Aktivität zu begegnen. In fachlicher Hinsicht nahm der Moderator eindeutig die Rolle ein, die ihm das Team zuwies, auf sozialkommunikativer Ebene nahm man es ihm übel, wie er es tat.

Aus dieser Konstellation heraus entwickelte sich ein Teufelskreis, der folgendermaßen skizziert werden kann: Dominantes Verhalten stößt auf Ablehnung und auf Gekränktsein des Moderators, widerborstige Versuche des Moderators, das dominante Verhalten zu reduzieren, wird von den Teammitgliedern nicht durch die erwartete Aktivität erhöht, was letztlich dem Moderator wiederum bestätigt, seine Rolle wie zu Beginn dominant zu gestalten. Und dies wiederum wird von den Teammitgliedern abgelehnt etc.

Als Lösung wurde schließlich die Versetzung des Moderators in das andere Schichtteam im Wechsel mit einer dort fungierenden Moderatorin ergriffen. Diese Lösung war allerdings mit einem Risiko behaftet, da der „beste Mann" nun aus dem Team ausschied, was vor dem Hintergrund der im Produktionsalltag lauernden Qualitätsprobleme nicht ungefährlich war. Doch zum Glück waren mit dieser Lösung die Probleme im Team verschwunden, ohne dass es Störungen im Produktionsablauf gab.

Dies ist ein Beispiel dafür, dass fachliche Kompetenz alleine nicht genügt, um Mitarbeiter dafür mit einer besonderen Funktion, wie die einer Führungskraft oder eines Moderators, zu belohnen. Der Schaden, der von ihnen auf der Beziehungsebene verursacht werden kann, kann den Gewinn auf der fachlichen Ebene mindern, indem er auf Grund mangelnder sozialkommunikativer Kompetenz zur Demotivation der Mitarbeiter beiträgt.

6.5.10.5 Kritische Situationen im Berufsalltag des Teams

Nach dieser Beobachtung hatte der Autor neun Monate keinen offiziellen Kontakt zu dem Startteam, bis die Bitte an ihn herangetragen wurde, im Sommer 1995 für die beiden Schichtteams je ein zweitägiges Seminar mit dem Thema „Besser miteinander Reden" durchzuführen. Anstoß zu diesem Seminar war ein Phänomen, das im Verlauf solcher Prozesse immer wieder zu beobachten ist. Es handelt sich um die Irritation, warum trotz all der guten Vorsätze und der Maßnahmen noch nicht alles wie gewünscht läuft. *Als Beispiel die Äußerung eines Werksleiters in einem anderen Produktionsunternehmen gegenüber einem Produktionsteam im „O-Ton":* „Ich kann überhaupt nicht verstehen, warum Sie noch Konflikte

miteinander haben, Sie haben doch zweieinhalb Tage ein entsprechendes Seminar bei Herrn Schäffner besucht."
Auch wenn es sich hier um ein besonders extremes Beispiel eines nach technischen Vorstellungen funktionierenden Bildungsverständnisses handelt, mit einer gewissen Enttäuschung der Auftraggeber darüber, dass die Investition in die Weiterbildung von Mitarbeitern nicht sofort Früchte trägt, sieht sich ein Berater permanent konfrontiert. Dazu kommt noch die Frustration der Zielgruppe der Betroffenen, die stärker sensibilisiert mit Unzulänglichkeiten und im Umgang miteinander stärker wahrnehmen als bislang und auf Grund der neu definierten Arbeitsbeziehungen und des davon abhängigen Erfolges vehementer darauf drängen, dass man ihnen nun von außen auch hilft. Solche Situationen, in denen die Diskrepanz zwischen den Erwartungen, die man mit der Durchführung von Maßnahmen verbindet, und der wenig veränderten Realität besonders krass wahrgenommen wird, sind Meilensteine, auf denen sich häufig entscheidet, entweder weiter in die Entwicklung eines Projektzieles zu investieren oder das Vorhaben insgesamt abzubrechen oder wenigstens deutlich „zurückzufahren".

Aus den beiden Seminaren „Besser miteinander Reden" können wiederum Erfahrungen generiert werden, die exemplarisch für Prozesse der Personalentwicklung und der Organisationsentwicklung sein können. Seminare werden von den Teilnehmern nicht selten „umfunktioniert" in Veranstaltungen zur Kritik an den Bedingungen im Unternehmen. In dem Seminar mit der ersten KTA-Schichtgruppe dauerte dies bis zur Reflexionsrunde und dann noch in sehr gemäßigtem Ton. Als kritische Äußerungen blieben im Sinne einer Zusammenfassung folgende Punkte stehen:

- „Wir sind ins kalte Wasser geschubst worden."
- „Und nun hilft uns intern keiner."
- „Wir brauchen jemanden, der uns als externer Coach hilft."

6.5.10.6 Ein Rollenwechsel vom Trainer zum Botschafter

Dem Autor als Seminarleiter wurde die Funktion eines Botschafters übertragen, diese bitte dem technischen Geschäftsleiter zu überbringen. Auf einer zweiten Ebene wurde an den Autor eine Bitte gerichtet, die den Ansatz der themenzentrierten Interaktion, in der das Gleichgewicht zwischen Thema, Gruppe und dem Einzelnen in ein Modell gebracht wird, bestätigt. Nach so vielen Maßnahmen, die die Gruppe zum Inhalt hatten, kamen die

Teilnehmer auf den Autor zu, und baten ihn um eine Rückmeldung, wie er die Einzelnen als Person wahrnehmen würde.

Dass dies kein Einzelfall ist, bestätigt die Reaktion der Leiter von neu geschaffenen Außendienstteams, die sich ebenfalls an den Autor als Seminarleiter wandten und ein persönliches Feedback wünschten. Dort, wo der Fokus auf das „Wir" gelenkt wird, sind die Teilnehmer anscheinend bemüht, das „Ich" nicht in den Hintergrund treten zu lassen. In beiden Fällen hatten die Unternehmen die Rahmenbedingungen für solche Rückmeldungen geschaffen und im oben dargestellten Fall die Möglichkeit eröffnet, zu einem gesonderten Termin allen Teilnehmern, die diesen Wunsch äußerten, persönlich Feedback zu geben, das mit Hilfe eines Persönlichkeitstests unterstützt wurde.

In dem Seminar mit dem zweiten Schichtteam wurde schon zu Beginn des zweiten Tages die Thematik durch die Teilnehmer verändert. Die Auswertung eines Rollenspiels, das auf die Situation der Teilnehmer zugeschnitten worden war, führte schließlich zur Frage der Bezahlung. Diese wurde auf folgenden zwei Ebenen diskutiert:

- auf der der Gerechtigkeit zwischen den Teammitgliedern – festzuhalten an der Forderung: „Wenn alle das gleiche Geld bekommen, sollen sie auch das Gleiche leisten" und

- auf der der Erwartung für eine höhere Arbeitsbelastung auch mehr Geld zu bekommen.

Es werden mehr Anforderungen gestellt, so zum Beispiel durch den Wechsel der Arbeitsplätze und zum Teil durch die Übernahme von Arbeiten der vorbeugenden Instandhaltung, die vor allem von den älteren Mitarbeitern nicht so leicht erfüllt werden könnten.

Wie sich die höheren Anforderungen auswirkten, brachte eine Teilnehmerin mit folgender Klage auf den Punkt: „Früher war die Firma, wenn ich zu Hause war, ganz weit weg. Seit dem KTA-Start denke ich selbst im Bett noch an die Arbeit, und dafür werde ich nicht bezahlt."

Der Aspekt der stärkeren Belastung der einzelnen Mitarbeiter wirkt sich auch auf den Umgang untereinander aus. Der Stress, die Verunsicherung und der persönliche Ärger werden in das Team hineingetragen. Tritt ein Konflikt zwischen zwei Teammitgliedern auf, zeigen diese zum Teil eine

Überreaktion, der Konfliktgegner bekommt die aufgestaute Unzufriedenheit ab, so dass die Beziehung untereinander übergebühr Schaden erleidet. Insofern wird die Förderung von Problemlöse- und Kommunikationskompetenzen, die bislang weit weniger wichtig waren, im Rahmen von Schulungen aus Sicht der Teilnehmer erforderlich.

6.5.10.7 Die Bezahlung als zentrale Teamfrage

Die Teilhabe der Mitarbeiter an dem Gewinn, den das Unternehmen durch die Teamorganisation anstrebt, scheint ein wichtiges Kriterium zu sein, die Mitarbeiter langfristig in eine Teamkultur einbinden zu können. Verzögerungen, derartige Versprechen sichtbar umzusetzen, wirken eindeutig demotivierend. Dabei ist den Initiatoren von Veränderungsprozessen, auch wenn es sich um die Unternehmensleiter selbst handelt, meistens die Hände gebunden, in Vergütungsfragen eine zeitnahe Entscheidung herbeizuführen, wie auch die Klage des technischen Geschäftsleiters verdeutlicht: „Ich würde am liebsten zu dem KTA-Team gehen und jedem eine Prämie auszahlen, aber mein Personalleiter rät mir davon ab, um nicht das gesamte Lohngefüge durcheinander zu bringen."

Die Beobachtung des Autors bei der Implementierung von Gruppenarbeit in der Montageabteilung eines Elektrokonzerns belegen diese Schwierigkeiten nochmals. Am Ende jedes Teambildungsseminars stellten sich die obersten Führungskräfte des Werkes den Teilnehmern zu einem Abschlussgespräch und einer offenen Diskussion.

Das Dauerthema „Bezahlung" war trotz des guten Willens aller über einen längeren Zeitraum nicht zu lösen, zumal sie in die Gesamtkonzeption der dahinterliegenden Organisationen wie Gewerkschaften und Arbeitgeberverbände einpasst werden mussten. Hier sind schnell greifende Entscheidungen – möglicherweise durch längerfristige Vorbereitungen – erforderlich, um bei den Mitarbeitern den Eindruck zu vermeiden, nur das Unternehmen habe einen Vorteil, während sie immer wieder vertröstet werden. So ist die Klage von Führungskräften vor allem in der Produktion nicht selten, sie wünschten sich endlich ein Entlohnungssystem, das den Bedingungen in der Produktion und vor allem den Anforderungen für deren strategische Weiterentwicklung angemessen ist.

Die beiden kurz beschriebenen Seminare fördern noch eine weitere verallgemeinerbare Erkenntnis zu Tage, die einen Seminarleiter in die Situation einer kurzfristig zu treffenden Entscheidung zwingt. Es sind die mehr oder weniger deutlich ausgesprochenen Probleme, die den Seminarteilnehmern aktuell wichtiger erscheinen als das Thema, unter dem die Veranstaltung steht. Der Seminarleiter muss abwägen, wer aktuell sein wichtigster Kunde ist innerhalb des dreiseitigen Kontraktverhältnisses zwischen ihm, dem Auftraggeber aus dem Unternehmen und den konkret anwesenden Teilnehmern. Der Autor plädiert im Zweifelsfall für eine Parteinahme im Sinne der Teilnehmer. Wenn die Teilnehmer aktuell andere Fragestellungen im Kopf haben, würde dieses ohnehin den Lernprozess so überlagern, dass dies für die Erreichung des Seminarzieles eine eher kontraproduktive Wirkung hätte. Allerdings muss sich der Seminarleiter die Erlaubnis holen, den Aufftraggeber von der Abweichung zu unterrichten. Dies bringt ihn zugleich in die Funktion eines Botschafters, für die er ebenso die Zustimmung der Teilnehmer braucht.

6.5.10.8 Selbstdarstellung als Motivationsschub

Eine letzte dokumentierte Intervention, die das Start-Team betraf, war folgender spontaner Vorschlag des Autors auf die Frage seitens der Unternehmensleitung, wie man das nachlassende Engagement für den Teamgedanken im Start-Team wiederbeleben könnte. Dieser Vorschlag lautete: „Laden Sie Vertreter eines anderen Unternehmens ein, und präsentieren diesen Konzeption und Ergebnisse ihres KTA-Konzeptes durch die Mitarbeiter selbst." Dieser Vorschlag wurde aufgegriffen und zu einem äußerst erfolgreichen Ende geführt. Schon in der Vorbereitung auf die Präsentation wurde eine suggestive Wirkung spürbar. Im Rückblick auf das bisher Erreichte wurde es den Teilnehmern bewusst, dass sie schon Einiges erreicht haben, was sie mit Stolz erfüllt und zugleich die Identifikation mit dem Teamgedanken stärkte. Dieser Stolz wuchs mit dem Erstaunen der Gäste, was das KTA-Team schon alles geleistet hat und dem Lob, wie gut die Mitarbeiter die Präsentation gestaltet hätten, noch weiter an und erfasste das gesamte Unternehmen bis hin zur Unternehmensleitung. Als Erfahrung generierbar ist die Notwendigkeit, in Abständen immer wieder einmal zurückzuschauen auf das, was man schon erreicht hat und den Gewinn Dritten gegenüber zu präsentieren.

Dieses Beispiel macht allerdings auch auf die Gefahr aufmerksam, dass ohne weitere Impulse langfristig angelegte Prozesse erlahmen. Hier scheint die Dosierung eine wichtige Rolle zu spielen. Ist diese gleich zu Beginn sehr hoch, ist deren Reduzierung mit „Entzugserscheinungen" verbunden, die nach einem schnellen weiteren „Kick" verlangt.

6.5.11 Die Vergleichsgruppe in der Niederlassung

Die Tatsache, dass das Unternehmen eine Niederlassung in einer westdeutschen Großstadt hatte, in der die Teamorganisation ebenfalls eingeführt werden sollte, ermöglichte – allerdings ohne ein explizites Instrument – einen Vergleich, zumal der Autor auch diesen Prozess begleitete.

Der Einfluss historischer, struktureller und personeller Rahmenbedingugen auf den Teamgeist

Im Vergleich zwischen dem Stammsitz und der Niederlassung wurde diese bald von der Unternehmensleitung, von anderen Führungskräften und auch vom Autor als „Musterschüler" betrachtet, die den Teamgedanken spürbar lebten, was unter anderem dazu führte, dass zwischen dem Stammsitz und der Niederlassung ein zeitweiliger Personalaustausch stattfand. Dieser Austausch stand unter dem vorrangigen Ziel, die Mitarbeiter am Stammsitz von dem „Teamspirit" der Niederlassung anstecken zu lassen.
Der Unterschied in der Intensität, in der sich die Mitarbeiter um einen Teamgeist bemühten, lässt sich durch einige Rahmenbedingungen annähernd erklären, was zugleich Faktoren deutlich macht, die einer Teamorganisation förderlich sind. Zum ersten handelt es sich um eine überschaubare Zahl von Mitarbeitern in der Produktion von zirka 30, später nach Einführung einer zweiten Schicht von rund 60.

Zum anderen waren die entscheidenden Rollen in dem Veränderungsprozess gut besetzt und einige organisatorische Bedingungen schon vorbereitet. Konkret: Der Geschäftsführer und der Produktionsleiter der Niederlassung waren absolut von der Idee der Teamarbeit überzeugt und sahen es als ihre zentrale Aufgabe an, diese umzusetzen. Es macht von der Wirkung, die von Führungskräften ausgeht, schon etwas aus, ob die Führungskraft von einer Idee selbst begeistert ist oder diese lediglich aus rationalem Kalkül oder aus Anpassung an eine Entscheidung, die in der Unternehmensleitung getroffen wurde, weiterträgt. Es macht einen großen Unterschied aus, ob Führungskräfte den Eindruck erwecken, es liege ihnen am Herzen, dass eine Idee vorangetrieben wird oder ob sie durch vielfältige Analogzeichen oder spöttische Nebenbemerkungen ihren Mitarbeitern signalisieren, dass sie lediglich den Auftrag haben, eine Idee zu vertreten. Bemerkungen von Führungskräften hinter vorgehaltener Hand in der Kantine, wie zum Beispiel: „Team ist die Abkürzung von ‚Toll, ein anderer macht's.'", sind signifikante Symbole, die die Widerstände gegen Veränderungen mehr stärken, als man denkt.

Selbstverständlich ist die kleine Zahl der für die Niederlassung verantwortlichen Führungskräfte eine gute Voraussetzung. Allein die Wahrscheinlichkeit, dass zwei an einem Strang ziehen, ist größer, als bei einem Kreis von Führungskräften, die größer als zehn ist. Eine weitere „glückliche" Voraussetzung war, dass der Niederlassungsleiter beim Eintritt in das Unternehmen 1991 die für die Niederlassungsgröße überfrachtete Hierarchie mit vier Abteilungsleitern und deren „Seilschaften" entscheidend reduziert hat, was auch zum Ausscheiden von drei ehemaligen Abteilungsleitern führte. Auch dies ist von Vorteil, da damit einer „Widerstandsbewegung" gegen eine Veränderung der Organisationskultur die Anführer entzogen sind. Wie wichtig dies ist, wird an anderer Stelle noch verdeutlicht.

Ein weiterer, die Teamkultur unterstützender Faktor war, dass weitere wichtige Rollen in dem Prozess zur Teamorganisation von überzeugenden Personen eingenommen wurden. Zum einen durch die Assistentin des Niederlassungsleiters, die nicht nur über die formal beste Qualifikation verfügte, sondern als Persönlichkeit eine hohe Akzeptanz im Kreis der Mitarbeiter trotz oder gerade wegen ihrer eindeutigen Art, egalitär, das heißt auf gleicher Augenhöhe mit ihren Kolleginnen und Kollegen umzugehen, hatte. Sie war so etwas wie der „gute Geist" im Unternehmen – nicht verwechselbar mit einem Seelchen, die auch energisch eingreifen konnte. So schritt sie zum Beispiel ein, als ein Mitarbeiter zu einem Workshop nach einer anscheinend durchzechten Nacht leicht angeschlagen sowohl im übertragenen als auch im ursprünglichen Sinn (durch eine Prügelei hatte die Kleidung zum Teil Blutflecken) und zudem etwas zu spät kam. Sie bat ihn, doch einmal vor die Tür zu kommen und nach einiger Zeit kam dieser sichtlich geordnet wieder zurück und entwickelte sich, was das Pädagogenherz des Autors höher schlagen lässt, fortan zu einem begeisterten Teilnehmer an den Seminaren und Workshops.

Weitere wichtige Rollen wurden von zwei Mitarbeitern in der unmittelbaren Produktion eingenommen, die sowohl auf Grund ihrer Fachkompetenz als auch auf Grund ihrer Persönlichkeit als informelle Führer anerkannt waren. Dazu kamen noch einige gut qualifizierte Mitarbeiter aus den neuen

Bundesländern, die großen Ehrgeiz in der Verfolgung der Unternehmensziele zeigten.

Es handelt sich wohl eher um eine Mutmaßung, wenn man die örtlichen Bedingungen betrachtet, in denen die Mitarbeiter lebten. Während das Stammwerk eher von einem provinziellen Umfeld geprägt ist, lag die Niederlassung in einer Großstadt, die zugleich auch als „Schmelztiegel" für das Zusammenleben unterschiedlicher Nationalitäten und Kulturen gelten kann. Solche Rahmenbedingungen erziehen zwangsläufig zu Toleranz, was sich auch positiv auf das Verhältnis der Mitarbeiter untereinander auswirken kann. So wurden ausländische Mitarbeiter in diesem Team ebenso integriert wie Angehörige von Randgruppen.

Dieses Gesamtgemenge an positiven Einflussfaktoren wurde schließlich verstärkt durch ein Projekt, das die gesamte Niederlassung geradezu „in Atem hielt". Dabei handelt es sich um die Einführung einer zweiten Schicht in der Produktion mit der gleichzeitigen Veränderung des Produktions-Layouts, dessen Verantwortung weitgehend in die Hände der Produktionsmitarbeiter gelegt wurde. Innerhalb von zwei Monaten lief die zweite Schicht, und auch das neue Produktions-Layout funktionierte, so dass einige Wochen später die volle Produktionsleistung erbracht werden konnte.

Schließlich wurde die Gesamtsituation noch geprägt durch das klassische Spannungsverhältnis zwischen Zentrale (konkret vertreten durch Abteilungen, die nur am Stammsitz vertreten waren, wie zum Beispiel Einkauf, Qualitätssicherung, Personalabteilung) und dem dezentralen „Freiheitsdrang". Daraus kann sich das Motiv entwickeln, es denen in der Zentrale zu zeigen.

All diese Rahmenbedingungen spiegelten sich in einer positiven emotionalen Stimmung wider, die auch den Autor erfasste. Vielleicht marginal, aber doch symptomatisch war die selbst gebastelte Weihnachtskarte an den Autor, die von fast allen Teilnehmern der Workshops und Seminare unterschrieben wurde.

Die positive emotionale Atmosphäre hinderte das Team jedoch nicht, sich selbstkritisch zu betrachten. So lieferten die Teilnehmer eines Workshops einen wichtigen Indikator für Störungen im Team. Auf die Feststellung eines Teammitgliedes, der Teamgeist weise zurzeit Störungen auf, kam auf die Nachfrage, woran er dies festmache, die Antwort: „Wir verbrauchen gegenwärtig viel zu viel Zeit, um bei einem Fehler nach dem Schuldigen zu suchen als gemeinsam die Verantwortung zu tragen." Es folgte dann zugleich die in die Zukunft gerichtete und im Protokoll festgehaltene Verabredung, was jeder konkret unternehmen wolle, um diese Störung zu beseitigen. Damit diese Verabredung nicht folgenlos bleiben sollte, wurde jedem Einzelnen ein Kollege als Coach namentlich zugeordnet, der ihn an sein Versprechen erinnern und auch bei der Erfüllung unterstützen sollte.

Die Teamleistung in der Niederlassung und deren Anerkennung im gesamten Unternehmen hat sich im Sinne des Phänomens der selffulfilling prophecy als Energiequelle dargestellt, weiter im Teamprozess voranzuschreiten. Das in der Alltagstheorie vertretene Prinzip, nichts mache erfolgreicher als der Erfolg, konnte in diesem Fall langfristig aber nicht bestätigt werden. Vor dem Hintergrund von Schwierigkeiten, die die gesamte Branche erfasste, wurde die Niederlassung 1997 geschlossen, was keinem der Entscheidungsträger, für die die Niederlassung ein Vorzeigeobjekt war, leicht fiel. Hier hat betriebswirtschaftliche Rationalität vor der oben beschriebenen Rationalität gesiegt. Der Prozess, der zu dieser Entscheidung führte, wurde von einem betriebswirtschaftlich orientierten Berater vorangetrieben, der dem Autor in der Beratungsrolle für die Führungskräfte folgte. Hier wird zugleich deutlich, dass unterschiedliche Fragestellungen wohl von unterschiedlichen Beratern in einem Unternehmen gelöst werden müssen.
Selbst wenn die Schließung rational richtig gewesen wäre, wäre vom Autor nie eine Aktivität in diese Richtung entwickelt worden, was im betriebswirtschaftlichen Sinne dem Unternehmen möglicherweise nicht weitergeholfen hätte.

Das Spannungsverhältnis zwischen Produktivität und Menschlichkeit als Titel eines Grundlagenbuches zur Organisationsentwicklung[24] im Gleichgewicht zu halten, wird immer schwierig bleiben. Es bedarf wohl einer sensiblen Selbstreflexion, wo man als Berater in diesem Spannungsfeld seinen Schwerpunkt setzt. So ist zum Beispiel aus der Argumentation nicht deutlich abzulesen, welche Position man einnehmen wird, wenn man sich für die eine oder andere entscheiden müsste. Aus eigener Erfahrung schöpfen Berater, die schon auf Grund ihrer sozialwissenschaftlichen Ausbildung eher auf den Aspekt der Humanität schauen, ihre werbenden Argumente eher aus dem Fundus der ökonomischen Vorteile, als aus dem, der den Gewinn für die Mitarbeiter beinhaltet. Ob dies umgekehrt auch so gilt,

---

[24] Becker, Horst; Langosch, Ingo: Produktivität und Menschlichkeit. Stuttgart: Enke Verlag, 1995 (4. Auflage)

kann hier nicht aus eigener Erfahrung abgeleitet werden. Diese Frage zu überprüfen, wäre jedoch wichtig.

6.5.12 Die Arbeit mit dem Meisterteam

Maßnahmen zur Einführung einer Teamorganisation dürfen sich nicht nur auf die neu zu entwickelnden Teams richten, sondern auch auf ihre bisherigen und zum Teil wenn auch in einer anderen Rolle zukünftigen Führungskräfte. Die Erfahrungen des Autors in dem oben beschriebenen Projekt weisen darauf hin, dass gerade die Zielgruppe der unmittelbaren Führungskräfte der Teams zeitweise eine größere Aufmerksamkeit auf sich zieht als die der Teams. Dabei geht es in erster Linie für die Führungskräfte um drei Fragen:

1. Wie führe ich ein Team? (im Vergleich zur Führung einzelner Mitarbeiter)

2. Welche Funktion nehme ich in Zukunft ein, wenn ein großer Teil meiner bisherigen Führungsaufgaben in die Teams hinein verlegt worden ist?

3. Ist es sinnvoll, die Führungskräfte auch als Team organisieren?

6.5.12.1 Das Führen von Teams

Eine Antwort auf die Frage, wie man ein Team führt, wird mit Hilfe von Seminaren gegeben, die das Führen von Teams zum zentralen Inhalt haben. Die Erfahrung des Autors bei der Durchführung von Seminaren zur Teamfindung in vier Unternehmen unterschiedlicher Branchen hat gezeigt, dass es zunächst vor allem die Einschätzung gruppendynamischer Prozesse sind, die für die Führungskräfte die Qualität der neuen Führungsrolle ausmacht, und zum zweiten ist es ein verändertes Verständnis der Führungsrolle vom Anweiser zum Coach. Der enge Zusammenhang dieser beiden Aspekte stellt sich zwangsläufig, da die Verlagerung von Entscheidungen in das Team direkte Steuerungsmöglichkeiten, wie es zum Beispiel bei der Führung Einzelner möglich war, obsolet macht. Also ist die Hilfe zur Selbsthilfe als zentrales Ziel von Coaching angebracht.

Modelle zur Steuerung von Teams

Zur Beobachtung und Einschätzung der gruppendynamischen Prozesse können die nachfolgend genannten Modelle beziehungsweise Instrumente dienen, die nicht nur für die Fremdsteuerung der Gruppen nützlich sind, sondern auch für die Selbstreflexionsprozesse in der Gruppe selbst. Sie sind hier beschrieben, um die Bedeutung der Reflexion, was in den Teams geschieht, zusätzlich zur Selbstverantwortung der Teams auch in die Verantwortung der Führungskräfte in der Rolle des Teamcoaches zu legen.

Das Vier-Phasen-Modell der Gruppenentwicklung

Nach diesem klassischen Modell erfolgt die Entwicklung von Gruppen in vier Phasen. Dabei wird in jeder Phase eine spezifische Rolle des Moderators beziehungsweise Coaches erforderlich sein. In der Zuordnung zu den Phasen sind sie folgendermaßen skizziert:

1. *Ankommen und Orientierung*
   Moderatorenrolle: Hilfe leisten, sich gegenseitig kennen lernen und Möglichkeiten zur Selbstdarstellung der Teilnehmer schaffen

2. *Klärung und Gährung*
   Moderatorenrolle: Reibepunkt sein, sich nicht drängen lassen, für andere zu entscheiden, nicht zu schnell harmonisieren

3. *Arbeitslust und Produktivität*
   Moderatorenrolle: Zurückhaltung, Ressourcen bereitstellen, Beratung beim Methodeneinsatz, Moderation von Entscheidungsprozessen

4. *Abschluss, Transfer, Abschied*
   Moderatorenrolle: Garant für diese Phase, auf das Timing achten, weder zu früh landen noch in Hektik auseinander laufen.

Merkmale von Gruppen im Vergleich

Karl Kälin und Peter Müri haben für zehn Dimensionen deren Ausprägung sowohl für leistungsschwache als auch für leistungsstarke Gruppen beschrieben. Diese Beschreibung wird von Workshopteilnehmern begrüßt, da sie mehr als unkommentierte oder nur durch Stichworte gekennzeichnete Skalen bieten. Die zehn Dimensionen sind:

- Klarheit der Aufgaben und Ziele
- Kommunikationskultur
- Umgang mit Meinungsverschiedenheiten
- Gruppenklima
- Führungsverhalten
- Umgang mit Kritik
- Umgang mit Anordnungen beziehungsweise Festlegungen
- Umgang mit Gefühlen
- Entscheidungsfindung
- Selbstkritik. (Kälin und Müri 1990, S. 120ff)

Wie man hinsichtlich dieser Dimensionen eine Gruppe sieht, kann auf einer Sechserskala abgetragen werden. Die Beschreibungen für die leistungsstarken Gruppen einerseits und der leistungsschwachen andererseits erleichtern die Entscheidungsfindung nach Rückmeldung durch die Teilnehmer enorm. An der Dimension Entscheidungsfindung soll die Qualität der Beschreibung beispielhaft verdeutlicht werden.

Leistungsstarke Gruppen
Die meisten Entscheidungen werden im Geiste der Übereinstimmung gefällt, es herrscht Klarheit darüber, dass die Lösung bei allen auf Zustimmung stößt. Ist jemand nicht einverstanden, so bringt er seine Bedenken in aller Offenheit vor, und die Gruppe versucht, die Bedenken in die Entscheidung einzubauen, sofern dazu Möglichkeiten vorhanden sind.

Leistungsschwache Gruppen
Oft werden Entscheidungen gefällt, ohne dass die Konsequenzen für die Gruppe geprüft worden wären. Nach der Entscheidung beginnt das Gemecker jener Leute, die die getroffene Entscheidung nicht akzeptieren können und sich gegen die Durchführung wehren oder sie sabotieren." (Kälin/Müri 1991, S. 121 f.)

Rollen im Team
Die Rollen innerhalb eines Teams und deren Bedeutung für dessen Funktionsfähigkeit kann mit Hilfe von Rollenbeschreibungen und deren Systematisierung bearbeitet werden. Als Grundlage kann unter anderem die von Antons (1973, S. 226 ff.) getroffene Unterscheidung in
- Aufgabenrollen
- Erhaltungsrollen
- Störrollen

dienen.[25]

Manfred Sader bietet folgende vergleichbare Differenzierung, allerdings in einer anderen Begrifflichkeit an:
- aufgabenorientierte Positionen
- gruppenprozessorientierte Positionen
- individuumzentrierte Positionen.

Allerdings warnt er vor der Bildung solcher Stereotypen und plädiert für ein Feedback, das auf konkretes, aktuelles Verhalten zielt. Immerhin räumt er einer Etikettierung über Rollen ein gewisses Maß an Verständigung ein. Dass eine Verständigung auf solch einer Ebene sinnvoll ist, zeigt der Erfindungsreichtum von Seminarteilnehmern, wenn es darum geht, Gruppenrollen zu definieren und diese Teammitgliedern in aller Offenheit zuzuweisen.

Zu folgenden fünfzehn von Oswald Neuberger in der Praxis-Reihe „Besser Führen" aufgelisteten Rollen

- Star
- Außenseiter, Randfigur
- Arbeitstier
- Helfer, Butler
- Experte
- Betriebsnudel, Aktivist
- Sexprotz, Playboy
- Sittenwächter, Moralist
- Spannungslöser, Schlichter
- Organisator
- Unruhestifter
- Sündenbock, Schuldiger
- Versager
- Clown, Witzbold
- Pedant, Bürokrat.[26]

kommen noch einige andere hinzu, wie zum Beispiel der

---

[25] Vgl. auch Stürzl, Wolfgang: Lean Production in der Praxis. Spitzenleistungen durch Gruppenarbeit. Paderborn: Junfermann Verlag, 1993; S. 135 f.
[26] Neuberger, Oswald: Besser Führen. Problemfeld 5: Gruppenprozesse erkennen und gestalten. Arbeitsmaterialien Nr. 3. München: Institut für Mensch und Arbeit, 1989. Diagnosebogen: Analyse von Gruppenrollen.

- Kritiker, Querdenker
- ruhende Pol
- Beichtvater
- Antreiber
- Samariter.

Dabei ist den Teilnehmern leicht einsichtig, dass die Übernahme einer Rolle nur erfolgen kann, wenn die Gruppe ihm diese auch zugesteht beziehungsweise sogar zur eigenen Funktionsfähigkeit zuweist. Aufgabe des Gruppencoaches ist es, „durch Aufgabenzuweisungen, Kommentare, Nicht-Mitspielen oder offenes Ansprechen dafür zu sorgen, daß es nicht zu so starren Abstempelungen kommt, daß bestimmte Personen auf Dauer zum Gruppentrottel, Tugendwächter, Antreiber etc. ernannt werden." (Neuberger 1989, S. 16)

Ein weiteres brauchbares Modell stellt das DISG-Persönlichkeitsprofil in seinen Grundstrukturen dar, das folgende Personentypen unterscheidet:

- Dominante
- Initiative
- Stetige
- Gewissenhafte.[27]

Ein Brainstorming über den Wert der einzelnen Typen für das Team wird von den Teilnehmern gerne und mit viel Verständnis für die Notwendigkeit unterschiedlicher Rollen in einem Team durchgeführt.

Das Modell der Themenzentrierten Interaktion (Das TZI-Dreieck.[28])
Die nach Einschätzung der Führungskräfte vordringliche Hilfe bei der Steuerung von Gruppenprozessen reicht allerdings nicht aus, um Teams erfolgreich steuern zu können. Hier scheint das bekannte TZI-Dreieck (das Dreieck der themenzentrierten Interaktion) eine wertvolle Hilfe zu sein, den Erfolg der Führung von Teams nicht alleine auf die gruppendynamische Sensibilisierung zu reduzieren. Die nachfolgende Abbildung dient der Verdeutlichung der Eckpunkte, die in der Balance gehalten werden müssen, um Teams erfolgreich zu steuern.

---

[27] DISG-Training (Hg.): DISG-Persönlichkeitsprofil. Giengen, S. 44 ff.
[28] Grundlage: Cohn, Ruth C.: Von der Psychoanalyse zur themenzentrierten Interaktion. Von der Behandlung Einzelner zu einer Pädagogik für alle. Stuttgart 1992 (11. Auflage)

Ziel: Selbststeuerung fördern

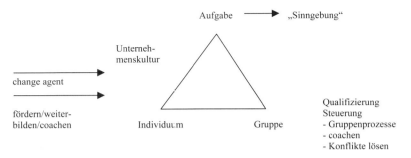

Die Teamsteuerung fällt um so leichter, je stärker die Unternehmenskultur dem Teamgedanken entspricht. Aufgabe der Führungskräfte ist es, die entsprechenden unterstützenden Kulturelemente zu betonen und zu fördern. Die Aufgabe, die der Gruppe gestellt wird, ist das letztendlich wichtigste Steuerungsinstrument. Sie ist so zu formulieren, dass sie für das Team als Gesamtheit zu einem Element wird, das alle individuellen Anstrengungen zu einer gemeinsamen Leistung vereint. Die hier aufgezeigte Struktur hat sich in der Praxis als ein Modell erwiesen, das die Aufgabe der Teamsteuerung in greifbare Teilaspekte zergliedert und damit operationalisierbar macht, aber im Hintergrund die Notwendigkeit einer Balance als unverzichtbar erscheinen lässt. Die damit verbundene Veränderung des Führungsverständnisses in Richtung Coaching wird – in dieser Abbildung verknüpft mit der Funktion des Change Agents – ebenfalls verdeutlicht.

6.5.12.2 Coaching als Führungsverständnis

Das Coaching-Verständnis kann durch die Präzisierung seiner Grundelemente verdeutlicht werden, von denen folgende erfahrungsgemäß vorrangig sind:

- Definition und Ziele von Coaching
- Coaching-Aufgaben
- Briefing und Debriefing als wichtigste Elemente
- das Grundverständnis für Coaching.

Definition und Ziele von Coaching
Coaching bezeichnet die Betreuung bei der Suche nach geeigneten Strategien, die es dem Einzelnen oder dem Team ermöglichen, die gestellten Aufgaben optimal zu erfüllen. Dabei ist Coaching als Hilfe zur Selbsthilfe zu verstehen.

Coaching-Aufgaben
Diese sind in folgenden Stichworten zu kennzeichnen:

- Spielregeln vereinbaren und kontrollieren
- beobachten
- Konflikte bewusst machen
- auf einer Metaebene über Kommunikation sprechen
- dem Team den Spiegel vorhalten
- Diskussionen über Maßnahmen anregen, um Arbeitsmethoden des Teams zu verbessern
- Ergebnisse und Konsequenzen festhalten
- Engagement für Folgeaktivitäten wecken.

Briefing und Debriefing als wichtigste Elemente
Briefing im Sinne der Antizipation von Situationen, die auf ein Team zukommen können, und die gemeinsame Suche nach geeigneten Lösungsmöglichkeiten ist das eine wichtige Element in einem Coaching-Prozess. Das andere Element, das Debriefing, das heißt das Nachfragen, wie etwas „gelaufen" ist und warum dies erfolgreich oder nicht erfolgreich war und die Ableitung der Konsequenzen für das nächste Mal, wird in der Praxis des Coachings häufig vergessen, ist aber im Sinne des Wissenstransfers in das Unternehmen hinein mit dem Ziel, sich zu einer lernenden Organisation zu entwickeln, mindestens ebenso wichtig.

Grundverständnis von Coaching
Um Coaching nicht als eine Technik erscheinen zu lassen, ist es wichtig, die Grundvoraussetzungen in der Persönlichkeit des Coaches selbst zu thematisieren. Hermann Bayer sieht im Coaching die Entwicklung einer Professionalität als „auf andere gerichtete Kompetenz im Sinne einer Service- und Dienstgesinnung und eine ‚überberufliche' gemeinschaftsfördernde Werthaltung gegenüber anderen Menschen."
(Bayer 1995, S. 36) Dahinter steckt die „emotionale Achtung der Würde eines Menschen unabhängig von dem, wie er handelt" im Sinne einer gelebten Gleichwertigkeit. (Bayer 1995, S. 91)

6.5.12.3 Die Attraktivität der Gruppe als Anreiz zur Leistung

Teamsteuerung im Sinne eines Verständnisses von Coaching ist allerdings mehr als die Steuerung eines gruppeninternen Prozesses. Sie beinhaltet auch Managementaufgaben, die das Ziel haben, Gruppenprozesse zu einer Leistung zu führen, die einen möglichst effektiven Beitrag zur Erreichung der Unternehmensziele leistet. Das Steuern von Teams bezieht somit die Schaffung von inneren und äußeren Rahmenbedingungen ein, die für den Teamerfolg erforderlich sind. Die zentrale innere „Stellgröße" ist die Kohäsionskraft der Gruppe, das heißt die Attraktivität der Gruppe für den Einzelnen. Nach außen ist es die Kongruenz von Gruppen und Managementzielen. Auf der Grundlage der Untersuchung von Marion Engelhardt (1994) hat der Autor folgende Grafik erstellt, die diesen Zusammenhang und die sie beeinflussenden Faktoren deutlich machen soll.

Führung muss Management und Gruppenziele als kongruent erscheinen lassen

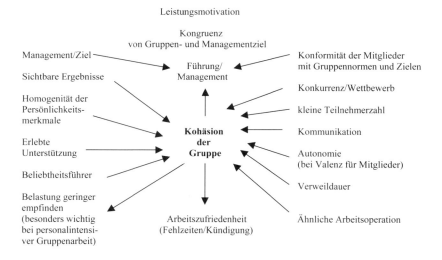

Die nach hinten gerichteten Pfeile verdeutlichen die Bedingungen, die die Kohäsion der Gruppe in der Tendenz stärken. Die nach unten gerichteten Pfeile verdeutlichen eher die „psychischen" Auswirkungen, die sowohl als Gewinne für die Einzelnen als auch für das Unternehmen interpretiert werden können. Die nach oben gerichteten Pfeile sollen die Vermittlung der

Führung, das Zusammentreffen der Managementziele und der Gruppenziele zu einem Ergebnis zusammenführen, das hier als Leistungsmotivation bezeichnet wird. Dieses Instrument kann zum einen als eine Checkliste zur Überprüfung der kohäsionsfördernden Faktoren im konkreten Falle dienen oder – wo es geht – als Handlungsanleitung, wo welche Rahmenbedingungen so verändert werden müssen, dass die Gruppe für jedes seiner Mitglieder eine Anziehungskraft ausübt.

Einige dieser Faktoren sind auf Grund von eher organisatorischen Entscheidungen zu unterstützen. So sollten Teilaufgaben in einer Gruppe zusammengefasst werden, die von der Art der Tätigkeit ähnlich sind, damit auch die Erfolge bei der Erfüllung der Aufgabe besser geteilt werden können. Außerdem sollte die Lebensdauer der Teams gefördert werden.

Die **Autonomie** als kohäsionsfördernder Faktor hängt davon ab, inwieweit die Teammitglieder darauf Wert legen. Der Autor hat gute Erfahrungen damit gemacht, den Verantwortungsgrad der Gruppe hinsichtlich der folgenden Abstufung in drei Freiheitsgrade zu regeln:

+ *Vorschläge einbringen („Anhörung") heißt:*

  - *Gruppe wird gehört*
  - *Eigeninitiative der Gruppe möglich*
  - *Entscheidung durch Vorgesetzten*

++ *Mitwirkung an Entscheidungsfindungen („Mitwirkung") heißt:*

  - *Entscheidungsvorbereitung durch die Gruppe*
  - *gemeinsame Entscheidung zwischen Gruppe und Vorgesetztem auf Konsensbasis*
  - *Vorgesetzter hat „Veto-"Recht*

+++ *Selbstständige Entscheidung durch Gruppe („Selbststeuerung") heißt:*
  - *Gruppe entscheidet eigenverantwortlich unter Beachtung der Rahmenbedingungen (Gesetze, Tarife, Betriebsvereinbarungen, Vereinbarungen über Leistungen, Treue, Budget etc.)*

Dort, wo unmittelbar **Kommunikation** im Arbeitsvollzug möglich ist, fördert dies die Gruppenkohäsion, wo dies nicht im gleichen Maße der Fall ist, sind Hilfskonstruktionen, wie Besprechungen, Kurz-Meetings, Kaffeeecken und anderes erforderlich, um das Defizit zu kompensieren. Mit der Kommunikation korrespondiert auch die Größe der **Teilnehmerzahl**. Je größer die Gruppe, desto mehr nimmt deren Attraktivität ab. Wie schon oben kurz ausgeführt, ist **Konkurrenz und Wettbewerb** als Kräftemessen mit einer gegnerischen Gruppe in ihrer teamfördernden Wirkung nicht zu unterschätzen.

Sichtbare Ergebnisse als sinnlich-fassbare Leistung der Gruppe fördert den Zusammenhalt. Ist der Output einer Gruppe auf Grund arbeitsteiliger Strukturen oder auf Grund der spezifischen Tätigkeit nicht konkret fassbar oder sichtbar, bedarf es auch hier Hilfskonstruktionen, zum Beispiel über Kennziffern, die den Teamerfolg – möglicherweise auch im Vergleich zu anderen – abbilden können.

Homogenität der Persönlichkeitsmerkmale ist der Faktor, der von seiner Definition her am wenigsten klar erscheint. Vielleicht steht er stellvertretend für Milieus. Deshalb ist dieser Faktor für eine Führungskraft bezogen auf ihre Mitarbeiter schwer identifizierbar.

Erlebte Unterstützung erscheint als teamfördernder Faktor wiederum leicht nachvollziehbar. Sie schafft emotionale Nachhaltigkeit, die die Beziehungsebene verbessert und zugleich die Bereitschaft erhöht, ebenfalls andere selbst zu unterstützen.

Wie ein **Beliebtheitsführer** als Attraktion für sich allein und auch auf Grund seiner Akzeptanz als Gestalter eines Teamgeistes die Anziehungskraft einer Gruppe stärkt, wurde in dem oben dargestellten Beispiel der Niederlassung eines Brillenglasherstellers verdeutlicht.

Sind die meisten Faktoren nicht vorhanden, wird dies in der Regel auch in einer geringeren Arbeitszufriedenheit sichtbar werden. Können die fehlenden Faktoren beim Aufbau eines Teams für die Zukunft auch nicht „hergestellt" werden, ist dies ein K.O.-Kriterium. Der Aufwand, ein Team unter solchen Bedingungen als leistungsfähige Einheit zusammenzuhalten, würde den Ertrag wohl kaum lohnen.

6.5.12.4 Die neue Funktion der ehemaligen Vorgesetzten bei der Einführung von Teamarbeit

Unmittelbare Vorgesetzte, wie Schichtführer, Meister und Gruppenleiter, werden bei der Ankündigung, in ihrem Bereich werde Teamarbeit eingeführt, sich erschrocken fragen: „Und was wird aus mir?" Und umgekehrt wird sich das Unternehmen die Frage stellen: „Was machen wir mit diesen Personen?"

Dabei steht der Verlust des Arbeitsplatzes wohl kaum in Frage, allerdings dessen Veränderung auf eine Art und Weise, die die Führungskräfte als Bedrohung, zumindestens aber als Degradierung empfinden. Dieses Empfinden wird nicht dadurch gemindert, dass man – wie im konkreten Falle – die ehemaligen Schichtleiter zu einem „Innovationsteam" zusammenstellen wollte. Der Grund liegt wohl darin, dass der Aufstieg, dessen erste Stufe man als Schichtleiter geschafft hatte, generell mit Führung von Mitarbeitern verbunden wird. Führungsseminare leitet der Autor gerne mit der Polarität: „Führung – Lust oder Last?" ein und lässt die Teilnehmer auf einer Skala zwischen diesen Positionen punkten. Nach anfänglichen, von den Teilnehmern als sozial erwünschten Wortschöpfungen, wie zum Beispiel „Verantwortung tragen macht mir Freude", kommen häufig dann auch Statements: „Ich bin jedesmal erfreut und überrascht, dass Mitarbeiter einfach das tun, was ich sage, weil ich ihr Chef bin." Diese Lust zu führen ist wohl dann noch besonders ausgeprägt, wenn sie neu ist, weil man zuvor noch zu denen gehörte, die als letztes Glied in der Kette es nur kannten, geführt zu werden.

Der Verlust der Führungsaufgabe als „Degradierung"
Führung ist noch mit einem zweiten elementaren Aspekt verbunden, und zwar dass sich Führung zusätzlich noch wie folgt quantifizieren lässt: „Ich habe soundsoviele Mitarbeiter unter mir." Da ist die Auskunft auf die Frage, „Was machst du beruflich?", wie sie im Bekanntenkreis gerne gestellt wird, „Ich bin Mitglied in einem Innovationsteam" nicht so wirksam, als wenn man auf die Zahl seiner „Untergebenen" verweisen kann.

Die Zahl als „Duftmarke der Bedeutsamkeit" hat ihre Wirkung nicht verloren. In selbstkritischer Betrachtung der eigenen Verhaltensweise muss der Autor feststellen, dass er selbst nicht gefeit ist, solche Marken zu setzen. Als ein Kollege ihm – wahrscheinlich nach einer nervtötenden Fachbereichsratssitzung zum Trost – sagte, er, der Autor, sei in seiner Funktion als Dekan des Fachbereiches Erziehungswissenschaften der Universität Hannover, weil dieser nicht in Institute gegliedert ist, Chef der größten universitären Einzeleinrichtung der Bundesrepublik Deutschland, hatte dies eine enorm aufbauende Wirkung. Wie ist diese Bedeutung nun gegenüber anderen Menschen, die sich in der Hochschullandschaft nicht auskennen, zu vermitteln? Auch die Nennung des Verantwortungsbereiches während seiner Tätigkeit in der Industrie, er sei für die Aus- und Weiterbildung der

Mitarbeiter aller deutschsprachigen Standorte von Hannover bis Traiskirchen (bei Wien) zuständig, ist gut geeignet, Respekt bei den anderen auszulösen, dieser bleibt allerdings in dem rudimentären Bemühen, Rangordnungen herzustellen, relativ vage.

Die Zahl der unterstellten Mitarbeiter sich vorzuhalten, ist ein universell kommunizierbares Signal, dem man wiederum universelle Gültigkeit zuweist. So verhalten sich Erwachsene wie Kinder, die im Streit untereinander versuchen, die Vasallen aufzuzählen, die sie im Konfliktfall aufbieten können. Zunächst angefangen bei den größeren Brüdern, über den Vater und dessen Geschäftskollegen. Wer auf einen Vater verweisen kann, der in einem Großunternehmen oder einer anderen Großorganisation beschäftigt ist, hat gute Chancen zu gewinnen.

Was hier ironisch skizziert wird, stellt sich als Auswirkung der Entscheidung dar, die im Laufe der Industrialisierung die Unternehmen getroffen haben, und zwar ihre Organisation stark an dem Modell des Militärs auszurichten. Dass die Führung von Mitarbeitern immer noch das gewichtigste Kriterium für die Positionierung in einem Unternehmen darstellt, weisen die erheblichen Schwierigkeiten nach, die Unternehmen haben, wenn sie neben der Führungslaufbahn eine Fachlaufbahn etablieren wollen, die auf vergleichbaren Stufen einander entsprechende Gratifikationen vorsieht. So bleibt doch immer der „Makel", dass man auch auf einer oberen Ebene geführt wird, ohne andere zu führen. Dennoch scheint mir die Gleichberechtigung von einer Fachlaufbahn mit einer Führungslaufbahn gegenwärtig die einzige Lösung zu sein, die ihre Basis in einer Projektorganisation haben könnte, in der Führung auf Zeit zu einem zentralen Kulturelement wird.

Zusammenfassend kann festgehalten werden, dass wie auch immer individuell begründet der Machtverlust der Personen, die ihrer Führungsfunktion beraubt werden, ein Hindernis in der Verwirklichung der Teamidee darstellt. Dieses Hindernis wird um so größer sein, je stärker es dem Betroffenen gelingt, seinen im Laufe der Jahre gewonnenen Einfluss und die gesponnenen Netzwerke zu nutzen, um offen oder versteckt Widerstand zu leisten. Wenn er dann noch Unterstützung durch einen oberen Entscheidungsträger – ob offiziell oder inoffiziell – erhält, erscheint das Hindernis als nahezu unüberwindlich.

Ein weiteres Beispiel:
Dass der Aspekt Machtverlust eine wichtige Rolle spielt, Teamorganisationen langfristig zu stabilisieren beziehungsweise zu verunsichern, unabhängig von der Hierarchieebene, auf der ein solcher droht, zeigt folgendes Beispiel aus einem Energieunternehmen: Der Forderung, Einsparungen in Millionenhöhe im Personalbereich zu erzielen, wollte der damalige Personaldirektor nicht durch die Entlassung von Mitarbeitern entsprechen, sondern durch den Verkauf von Personaldienstleistungen nach außen kompensieren. Dieser vor dem Hintergrund christlich-ethischer Prinzipien handelnde Personaldirektor verfolgte die Strategie, durch die Entwicklung einer Teamorganisation weitere Ressourcen zu mobilisieren, um das Dienstleistungsangebot nach außen erbringen zu können. Diese Strategie war jedoch nur zu realisieren, wenn man die bisherigen Funktionen der Abteilungsleiter abschaffte, die die Vorgesetzten der Personalreferenten waren und über deren Schreibtisch fast alle Vorgänge liefen. Dies bedeutete, dass vier lange im Unternehmen arbeitende Führungskräfte mit hohem Ansehen ihre formale Macht verloren, und das mit einem Durchschnittsalter von Mitte fünfzig Jahren. Gewissermaßen als Übergangslösung wurden diese vier zusammen mit einem weiteren Referenten in einer Gruppe zusammengefasst, die die Bezeichnung „Innovationsteam" trug und die Aufgabe hatte, innovative Personalkonzepte zuentwickeln, die sowohl nach innen einsetzbar als auch nach außen verkaufbar sein sollten.

Diese Gruppe wurde auf Vorschlag des Autors von einem Berater betreut, der selbst einmal Personalleiter in zwei Unternehmen war. Allerdings zeigte dieser im Laufe der Zeit Solidarisierungstendenzen mit den „Entmachteten", und das Innovationsteam wurde zu einer Widerstandsgruppe zusammengeschmiedet, die mal versteckt zündelte und mal offen „Attacken ritt". So stellten sich in der neuen Teamorganisation zwei Gruppierungen gegeneinander auf. Während die einen von der neuen Selbstverantwortung begeistert waren und die neuen Teamkoordinatoren sich ins Zeug legten, dass sich eine Teamkultur – unterstützt durch Workshops, die vom Autor und von Mitarbeitern entwickelt und durchgeführt wurden – entwickeln sollte, formierte sich auf der anderen Seite eine Gegnerschaft, die zahlenmäßig zwar unterlegen war, aber in ihren Kontakten nach oben weit mehr Einfluss hatte.

Solch labile Konstellationen können durch ein einziges unerwartetes Ereignis zusammenstürzen. Der Personaldirektor, der als Change Agent schon Strategien – auch im Gespräch mit dem Autor – entwickelt hatte, den Prozess in Richtung Teamkultur nach seiner in neun Monaten anstehenden

Pensionierung abzusichern, erlitt eine langjährige Erkrankung, was zu einem frühzeitigen Ausscheiden führte. Das Ergebnis war: Die Teamorganisation wurde von ganz oben gestoppt. Der Assistent des Vorstandsvorsitzenden wurde neuer Personaldirektor, und die Protagonisten der Entwicklung einer Teamkultur wurden „kalt gestellt". Ein junger Personalreferent, der den ausgeschiedenen Personaldirektor zentral unterstützte, „wurde gegangen", und der Autor als externer Change Agent fortan gemieden.

Dieses Beispiel verdeutlicht, wie sehr Organisationsentwicklungsprojekte in Unternehmen im Rahmen von internen politischen Willensbildungsprozessen zu betrachten sind. Solche Prozesse sind jeweils abhängig von Machtkonstellationen, die wiederum durch besondere Ereignisse eine entscheidende Veränderung erfahren können, vor allem dann, wenn die Konstellation der Veränderung labile Strukturen aufweist.

Zurück zum konkreten Fall:

Vor dem hier dargestellten Hintergrund ist es um so wichtiger, gemeinsam mit den betroffenen Führungskräften ihre berufliche Zukunft im Unternehmen zu gestalten, wie die nachfolgende Beschreibung des konkreten Falles des Führungskreises 2 – wie die Gruppe der Schichtführer in dem Unternehmen der Brillenglasherstellung ursprünglich hieß – aufzeigen soll.

Das von dem Führungskreis 1 analysierte Defizit in der Mitarbeiterführung sollte vom Frühjahr 1992 bis Januar 1994 durch eine Reihe von Seminaren zu den Themen Mitarbeiterführung, Moderation und Präsentation ausgeglichen werden. Das Seminarkonzept orientierte sich hinsichtlich der Führungsthematik an der Organisation klassischer Führungsaufgaben in dem Aufeinandertreffen von Führungskraft und einzelnen Mitarbeitern. Die Führung von Teams war damals noch kein Thema, wohl aber die Entwicklung von Teamgeist unter den Mitarbeitern der Produktion und im Führungskreis 2 im Januar 1994. Das Seminar veränderte sich im Laufe der zwei Tage zu einem Workshop, in dem die Teilnehmer Vorschläge erarbeiteten, wie die Qualität der Produkte und Dienstleistungen zu verbessern und eine konsequente Kundenorientierung umgesetzt werden könnte.

Rund ein Dutzend Personen aus dem technischen Bereich nahmen an diesen Seminaren teil. Da alle bisherigen Maßnahmen vom Autor durchgeführt und von den Teilnehmern sehr positiv beurteilt wurden, war eine vertrauensvolle Basis geschaffen, von der aus nach Meinung der Unternehmensleitung, des Führungskreises 2 und des Autors ein gemeinsamer Prozess zur partizipativen Gestaltung der anvisierten Teamorganisation begonnen werden konnte.

Nach der Vorlaufphase, wie die Veranstaltung im Januar 1994 rückblickend interpretiert werden kann, fand der eigentliche Start mit einem Workshop im Juni 1994 statt.

Vor- und Nachteileder Teamorganisation aus Sicht der ehemaligen Schichtführer

Vor allem die vom Führungskreis 2 benannten und nachfolgend widergegebenen Vorteile und Nachteile sollten Aufschluss darüber geben, wo der neue Gestaltungsprozess für die zukünftigen Arbeitsplätze dieser Zielgruppe ansetzen sollte.

Vorteile	*Nachteile*
Konflikte löst die Gruppe selbst	Ungewissheit
weniger Arbeit für den Gruppenleiter	arbeitslos und Arbeit los
weniger Verantwortung	Prestigeverlust und Statusverlust bedeutet - Stolz auf Erreichtes verblasst - Wert der Arbeit verändert sich
anderes, neues Aufgabengebiet	- Ansehen bei Mitarbeitern und höheren Führungskräften verändert sich
mehr Zeit für wichtige Dinge	- Knowhow ist in mehreren Händen
mehr Zeit für Neues - Produkte - Maschinen - Methoden	- Verlust der Anerkennung der Titel (Was kommt dann?) - Besprechung von Problemen mit Mitartern verbleiben - Vorbildfunktion verändert sich
Zeit für Optimierung - Lager	weniger Kontakt zu Mitarbeitern
	Angst vor dem Neuen
andere Art der Weiterbildung	Motivationsverlust
mehr Zeit für Mitarbeiter	Gehaltsverlust
Verständigung wird besser - Information	Unflexibilität wird „bestraft"

- Kommunikation	
- Beratung	gezwungen zum Handeln
weniger Zeitdruck und Stress	Änderung der Arbeitszeitregelung
Verbesserung von Arbeitsabläufen	zu hohe Erwartungen
eigene Weiterentwicklung	Konkurrenzverhalten - Personalanzahl
Nachdenken über neue Strukturen	- Expertengruppe
in die Gruppe integrieren	man wird nicht mehr gebraucht - überflüssig nach einer gewissen Zeit - Berater macht sich selbst überflüssig
	Informationsverlust - kein Knotenpunkt mehr - Informationen werden nicht weitergegeben
	Verunsicherungssituation
	Berater nicht immer vor Ort und abrufbar für Mitarbeiter und Unternehmen
	Schichtleiter wird Teil der Gruppe

Vor allem in den Befürchtungen kommt zum Ausdruck, was im Rahmen der Einführung von KTA geklärt werden müsste. Von den genannten Punkten sind einige identisch mit den Fragen, die die KTA-Teammitglieder haben, wie zum Beispiel:

- Wie geht man mit einem unterschiedlichen Leistungsniveau in den Teams um?

- Wie sieht die Entlohnung aus?

- Welche Arbeitszeitregelungen werden angestrebt?

- Wie werden die KTA-Teams zusammengesetzt?

Darüber hinaus ging es speziell um die Zukunft des Führungskreises 2 zum Beispiel:

- Wie sieht das zukünftige Aufgabengebiet der ehemaligen Schichtleiter aus?
- Wie die finanzielle Zukunft?
- Wie die Aufstiegschancen?
- Gibt es eine Übergangsphase?
- Wie laufen zukünftig die Informationen von der Geschäftsleitung und dem Führungskreis 1 in die Teams?
- Was passiert, wenn das alles nicht funktioniert?

Ob die letzte Frage letztlich durch eine Befürchtung oder eine klammheimliche Hoffnung getragen wurde, lässt sich im Nachhinein nicht ermitteln. Unabhängig davon bleibt zu konstatieren, dass ein Scheitern immerhin in Betracht gezogen wird, was im Sinne des Phänomens einer selffulfilling prophecy eine durchaus negative Wirkung haben könnte. Auf alle Fälle wird in den Beiträgen des Führungskreises 2 eine enorme Verunsicherung deutlich. Eingedenk der Tatsache, dass es sich bei den ehemaligen Schichtleitern mit großer Wahrscheinlichkeit auch um Meinungsführer im Alltag der Produktion handelte, lauerte in dieser Verunsicherung die Gefahr, dass diese sich auch auf die Mitglieder der Teams ausbreitet und damit das ganze Unterfangen einem Scheitern zuführt.

Die Unsicherheit der Mitarbeiter wird dann noch gesteigert, wenn die ehemaligen unmittelbaren Vorgesetzten beleidigt spielen und ihren ehemaligen Mitarbeitern ihre Hilfe verweigern, wie die Äußerung eines ehemaligen Schichtleiters in der Montage des schon erwähnten Elektronikkonzerns skizziert: „Wenn ich denen nichts mehr sagen darf, brauchen sie auch nicht mehr zu kommen und mich etwas zu fragen. Dann müssen sie auch die Konsequenz tragen und sich selbst helfen."

Gut drei Monate später, unmittelbar vor dem Start des ersten KTA-Teams (beziehungsweise der zwei Schichtteams) wurde in einem eintägigen Workshop der Führungskreis 2, der nun um einige Mitglieder ergänzt wurde, zunächst einmal um seine Einstellung zu KTA befragt. Nach Auffassung der Teilnehmer hat sich lediglich die Einstellung der ausgewählten KTA-Mitglieder deutlich ins Positive verändert, während die nicht beteiligten Mitarbeiter und der Führungskreis 2 gleich bleibend skeptisch seien.

Die Skepsis wird zudem genährt durch mangelnde Transparenz, das heißt, man weiß nicht genau, wohin „die oben" generell wollen und zudem durch die hohen Anforderungen im Alltagsgeschäft, die eine positive Auseinandersetzung mit Veränderungsprozessen erschweren.

Als Modell für die zukünftige Rolle für die ehemaligen Schichtleiter wurde von dem technischen Geschäftsleiter und dem neuen Produktionsleiter – orientiert am Beispiel eines anderen Unternehmens, das längere Erfahrung mit der Gruppenarbeit hatte – eine „Meisterwolke" favorisiert, die all die übrig gebliebenen mit einer Führungskraft verbundenen Funktion – ergänzt durch zunehmend innovative Aufgaben – zusammenfasste. Unter dieser einen gemeinsamen „Meisterwolke" (im Folgenden Meisterteam genannt) sollten die einzelnen KTA-Teams gleichermaßen beschützt wie auch herausfordernd stehen. Das heißt, das Verhältnis, dass eine kleinere Einheit, konkret ein Schichtleiter und eventuell sein Stellvertreter, eine größere Anzahl von Mitarbeitern steuert, wird nun umgekehrt, indem eine größere Anzahl von Teams auf die Meisterwolke im Sinne einer Ressource sichernden und beratenden Dienstleistung zugreifen kann. Eine zentrale Frage des Führungskreises 2 zielte darauf, wer vorrangig in dieser Meisterwolke gebraucht würde, der Vielfachkönner oder der Spezialist. Die Geschäftsleitung wurde gebeten, darauf möglichst bald eine Antwort zu geben. Auf die Rückfrage des Autors, wer von den Teilnehmern für sich die eine oder andere Rolle wünschen oder sich zutrauen würde, sprachen sich acht für die des Vielkönners und sieben für die des Spezialisten aus, wobei zugleich betont wurde, dass man beide Funktionen gleichzeitig nebeneinander brauche.

Die Diskussion um die Zukunft der Mitglieder des Führungskreises 2 wurde nach Einschätzung des Autors sowohl direkt als auch indirekt immer wieder durch die Frage der eigenen persönlichen Zukunft überlagert. Dies veranlasste den Autor als Moderator des Workshops zu der Frage, welche der Teilnehmer für sich eine individuelle Lösung – durch Suche nach einer geeigneten einzelnen Funktion – anstrebe und wer eine Gruppenlösung, wie zum Beispiel durch die des Meisterteams, anstrebe. Eine Mehrheit von elf favorisierte eine kollektive und vier eine individuelle Lösung.

Aus der Aufgabe innerhalb des Workshops, eigene Vorstellungen zu entwickeln, wie das Meisterteam auch in Abgrenzung zu den Funktionen und Kompetenzen der KTA-Teams und zu den Nachbarabteilungen, wie zum Beispiel Produktmanagement, Bestellannahme, Einkauf, EDV und Betriebsservice, aus ihrer Sicht aussehen könnte, wurde eine Vielzahl von

Ideen entwickelt; aber diese standen eindeutig unter dem Vorbehalt, dass dazu ein umfangreicher Katalog von Fragen durch die Geschäftsleitung und den Führungskreis 1 beantwortet werden müsste.

Dazu gehörten wiederum Punkte, die die KTA-Teams betreffen, wie zum Beispiel die Integration indirekter Funktionen in die Teams (zum Beispiel die Instandhaltung) oder das Schnittstellenmanagement nach außen, unter anderem konkretisiert durch die Frage, ob die Teams jeweils über einen Vermittler zum Meisterteam Kontakt aufnehmen sollten oder ob dies jedes Teammitglied kann. Außerdem wurde Klärungsbedarf angemeldet hinsichtlich des Verhältnisses zwischen der Geschäftsleitung und dem Meisterteam.

Zudem gab es selbstverständlich noch Fragen zum Meisterteam selbst:

- Hat es primär die Aufgabe des Troubleshooters oder die des Innovationsmanagements?

- Inwieweit können die Mitglieder des Meisterteams selber bestimmen, wer welche Funktion übernimmt? Und damit unmittelbar verbunden:

- Wer nimmt an welchen Qualifikationsmaßnahmen teil?

Trotz all dieser offenen Fragen endete dieser Workshop mit dem Bekenntnis: „Wir stehen in den Startlöchern und sind bereit zur Teamentwicklung."

Solch ein euphorisches Bekenntnis mag kurzfristig die Probleme verdecken, weil die Suggestivkraft, die von solch einer intensiven Zusammenarbeit ausgeht, die Workshopteilnehmer abschließend zu solchen Schwüren verleitet. Vielleicht waren rückblickend auch die unverblümten Anstrengungen des Autors, für die Gesamtkonzeption von KTA und besonders für die des Meisterteams zu werben, mit ein Ausschlagfaktor. Latent blieb natürlich das Dilemma bestehen, das in Organisationsentwicklungsprozessen ein nahezu unlösbares Problem darstellt. Auf der einen Seite werden von denen, die Veränderungen im Sinne des Verständnisses von Organisationsentwicklung betreiben, die Prozesse und Entscheidungen offen gehalten, damit die Betroffenen genügend Zeit und Raum haben sollten, sich als Beteiligte fundiert einbringen zu können. In das Drei-Phasen-Modell übersetzt, heißt dies, dass die Protagonisten des Veränderungsprozesses mit der konkreten Umsetzung ihrer Idee solange zu warten haben, bis auch die Betroffenen die erste Phase verlassen haben und „aufgetaut" sind. Auf der anderen Seite steht jedoch das Sicherheitsbedürfnis dieser Betroffenen, die wissen wollen, was die da oben mit ihnen vorhaben, und dieses wiederum erschwert den Auftauprozess erheblich.

Wenn es irgendeinen Ausweg aus diesem Dilemma gibt, so liegt er in der schnellen Reaktion der oberen Führungskräfte, indem sie auftauchende Fragen möglichst umgehend aufklären und, wenn es angebracht ist, selbst beantworten oder, wenn dies nicht der Fall ist, einem für alle transparenten Entscheidungsprozess gegebenenfalls unter Einbeziehung derer, die die Frage gestellt haben, zuführen.

Die Aufgabe des externen Change Agent beziehungsweise Moderators eines solchen Organisationsentwicklungsprozesses ist der, die Betroffenen anzuhalten, solche Fragen zu stellen und zugleich Wächter zu sein, dass es tatsächlich die sind, die für sie zentrale Bedeutung haben.

Krisen in Prozessen der Organisationsentwicklung und der Lösungsansatz im konkreten Fall

Die Bearbeitung der im Meisterteam aufgeworfenen Fragen, die aus Sicht derer, an die sie gestellt waren, zügig voranschritt, wurde in dem Zeithorizont des Meisterteams wiederum als schleppend betrachtet. Dies kam in dem Workshop zum Ausdruck, der dreieinhalb Monate später zu dem Thema „Lieferzeiten" stattfand. Dass dieses Thema nun die Beschäftigung mit dem Meisterteam selbst ablösen sollte, wurde von den Teilnehmern mit Unmut bedacht, der auch gegen den Autor als Moderator der Veranstaltung gerichtet war. Die Konsequenz war, dass die Mitglieder des Meisterteams den Sinn und Zweck von KTA generell in Frage stellten und ihre Herauslösung aus ihren Schichten als Verschwendung von frisch erworbenen Führungskompetenzen und von langjährig aufgebauten Problemlösefähigkeiten bezeichneten.

Der Workshop konnte in seinem Verlauf nur dadurch gerettet werden, dass Mitglieder aus einer kleinen eingerichteten Expertengruppe um Berichterstattung gebeten wurden. Dazu gehörten zwei Personen aus dem Führungskreis 1, die unverzüglich anreisten. Erst danach konnte an dem Thema Lieferzeiten weiter gearbeitet werden.

Als Schlüssel zur Lösung des Problems wurde eine bessere Zusammenarbeit gefordert. Nachdem mehrheitlich die Auffassung vertreten wurde, dass auch die Einführung eines Gruppensprechers kein Allheilmittel sei, ging es an ganz konkrete Kooperationsprobleme. Mit der oben schon beschriebenen bewährten Methode des Rollenverhandelns wurden insgesamt 29 Detailprobleme benannt und jeweils mit einem von der Gruppe akzeptierten Lösungsvorschlag versehen. Die Mitglieder des Meisterteams nahmen dabei in Kauf, dass es nicht immer klar zu trennen war, ob sie nun für sich als Person in ihrer neu gestalteten Funktion oder noch für den Bereich sprachen, dem sie bislang als Schichtleiter vorgestanden hatten.

Das Management hat aus dem Verlauf des Workshops und vor allem aus der Kritik, immer noch keine Antworten auf ihre Fragen vom September des Vorjahres zu haben, die Konsequenzen gezogen und sechs Tage nach Ende des Workshops eine halbtägige Veranstaltung durchgeführt, zu der die beiden Führungskreise aus dem technischen Bereich zusammenkamen und die vom Autor moderiert wurde. Nach einer Rede des technischen Geschäftsleiters, in der er nochmals die Notwendigkeit von Veränderungen deutlich machte, insbesondere weg von steilen Hierarchien hin zu Netzwerkorganisationen und damit zwangsläufig zu einer Teamkultur, wurden alle 29 Fragen, die vom technischen Geschäftsleiter aus dem Protokoll des Workshops vom September und in der darauf folgenden Diskussion ausgemacht wurden, Punkt für Punkt abgearbeitet oder zumindest in die Verantwortung offiziell benannter Personen gelegt.

Eine der Entscheidungen war dabei von grundlegender Bedeutung. Es wurde ein Technologieteam als „Keimzelle des Meisterteams" aus der Taufe gehoben. Dieses Technologieteam wurde wie folgt beschrieben:

Das Technologieteam als Keimzelle des Meisterteams

Aufgaben

Die Hauptaufgabe für dieses Team ist die

Integration neuer Produkte und Verfahren in den Produktionsprozess.

Das schließt ein:

- Ermitteln der geeigneten Prozessparameter
- Auswahl und Bereitstellung aller Hilfsmittel und Werkzeuge
- Dokumentation der Ergebnisse
- Information und Einweisung der Mitarbeiter, die das neue Produkt bearbeiten werden oder das neue Verfahren einsetzen
- Das Produkt in der Anfangsphase begleiten.

Die Verantwortung des Teams endet also erst, wenn das neue Produkt erfolgreich in der Fertigung etabliert ist.

Weitere Aufgabe ist als „schlagkräftige Truppe" eine Feuerwehrfunktion bei Qualitätsproblemen. Vorrang hat aber immer die Einführung neuer Produkte.

Organisation

Organisatorisch ist das Technologieteam in der Produktion angesiedelt. Partner sind vor allem Produktmanagement und Qualitätswesen.

Anforderungen an die Mitglieder

Damit die Mitglieder dieses Teams ihre Aufgaben erfüllen können, ist eine hohe Fachkompetenz aus allen Bereichen erforderlich. Daher Mitglieder aus allen Produktionsbereichen und dem Qualitätswesen.

Späteres Meisterteam

Da sich die Aufgaben des Technologieteams teils mit denen des Meisterteams decken, wird zu einem späteren Zeitpunkt das Technologieteam im Meisterteam aufgehen. Wann das genau sein wird, hängt von der Entwicklung im KTA ab.

Damit wurde praktisch eine Trennung im Meisterteam vollzogen zwischen denjenigen, die sich um die Betreuung der Alltagsarbeit – später in der Bezeichnung der Coaches – kümmern, während die anderen sich um die Einführung neuer Produkte und damit verbunden zum Teil auch mit neuen Arbeitsabläufen befassen sollten und sich damit also zu einer Schnittstelle zwischen Produktmanagement und Produktion entwickelten.

Die Ergebnisse wurden wenig später zusammengefasst und unternehmensweit bekannt gemacht.

6.5.12.5 Das Nebeneinander von Teamstruktur und Hierarchie

Bei der Bekanntgabe der Funktion des Meisterteams wurde hinsichtlich der Führungs- und Organisationsstruktur Folgendes klargestellt:

KTA-Teams sind zuständig für das Tagesgeschäft, für planerische Tätigkeiten (zum Beispiel Personaleinsatz und Urlaub) im vorgegebenen Rahmen. Die Teams sollen möglichst dauerhaft angelegt sein und, wenn es geht, in einem Raum zusammenarbeiten.

Das Meisterteam ist zum einen zuständig für die Steuerung und Beratung der KTA-Teams, der Überwachung von Arbeitsprozessen und -anlagen, der Qualitätssicherung, der Koordination und als Schwerpunkt für das Technologieteam die Entwicklung neuer Produkte und Prozesse.

Der Führungskreis 1 übernimmt die Verantwortung für die Bereichsergebnisse, für die Förderung der Mitglieder des Meisterteams und der der KTA-Teams.

Hinzu kommen noch ständige Teams wie das bereichsübergreifende Strategieteam und das Prozessteam sowie weitere aufgabenbezogene hierarchieübergreifende Teams.

Parallel zur Teamorganisation besteht die geltende Hierarchie aus Geschäftsleitung, Führungskreis 1 und Führungskreis 2, inzwischen zum Meisterteam umbenannt, fort.

Damit war zwar im Schutz einer klassischen Hierarchie zugleich die Möglichkeit einer Teamstruktur für das ganze Unternehmen angedeutet. Diese Andeutung mag auch eine Reaktion auf die Kritik der KTA-Teams und des Meister-Teams darstellen, die kritisiert haben, dass der Führungskreis 1 nun nicht gerade ein Vorbild an Teamkultur sei. Die Frage, wo und in welchem Grad der Intensität Teamarbeit eingeführt werden kann, hängt nicht zuletzt davon ab, welches Verständnis man von Teamarbeit hat. Konkret: Welche grundsätzlichen Voraussetzungen müssen erfüllt sein, damit sich eine Teamkultur überhaupt entwickeln kann?

6.5.12.6 Spielregeln zur Transfersicherung von Veränderungen

Die letzte Maßnahme, die der Autor mit dem Meisterteam durchgeführt hat, war das Entwickeln von Spielregeln. Diese stellen gewissermaßen das Normengerüst dar, an dem die Teammitglieder ihr Verhalten ausrichten und mit dessen Hilfe dieses Verhalten von den Teams bewertet werden kann.

Das methodische Vorgehen zur Erstellung von Spielregeln

Folgendes Vorgehen in sechs Schritten mit jeweils spezifischen Fragestellungen hat sich im konkreten Fall und auch bei Teamentwicklungsworkshops bewährt:

1. Schritt: Welche Aufgabe beziehungsweise welchen Sinn hat das Team für das Gesamtunternehmen?

2. Schritt: Wie sollen die anderen das Team sehen beziehungsweise Gutes über es sagen?

3. Schritt: Welche internen Spielregeln sollten gelten, um dieses Bild nach außen abgeben zu können?

4. Schritt: Woran erkennt man, ob die Spielregeln verletzt wurden?

5. Schritt: Was ist zu tun, wenn Spielregeln gebrochen wurden?

6. Schritt: Wie können wir Spielregeln zusammenfassen beziehungsweise reduzieren, um das Regelwerk überschaubar zu machen?

Intention dieses Vorgehens ist es, von der zentralen Aufgabe und dem Sinn des Teams auszugehen, um eine Konzentration auf den Kern der Funktion zu gewährleisten. In der Folge einer Kunden-Lieferanten-Kette sind die Kunden diejenigen, auf die der Zweck der Arbeit gerichtet ist. Deren Ansprüchen optimal zu genügen, und zwar nicht aus der Sicht des Lieferanten, sondern aus der der Kunden, sollte Ziel des Handelns sein, und dieses ist erreicht, wenn meine Kunden Gutes über uns sagen.

Eine solche Leistung ist jedoch nur zu erbringen, wenn intern bestimmte Regeln eingehalten werden. Häufig enden Prozesse zur Entwicklung von Spielregeln an diesem Punkt. Das Ergebnis ist eine Liste wohl meinender Vorsätze, die im Konfliktfall jeder nach seinen eigenen Interessen formulieren kann. Insofern ist die Formulierung von Indikatoren, an denen man messen kann, ob die Spielregeln eingehalten wurden, sehr wichtig, auch wenn dies nicht immer ganz gelingt. Ist dies überhaupt nicht möglich, sollte man die Spielregeln streichen, da der Streit darüber, ob sie eingehalten wurden oder nicht, ein zusätzliches Konfliktpotenzial in sich birgt.

Denkbar ist es auch, den dritten und vierten Schritt zusammenzulegen, indem man die Spielregeln schon so operationalisiert, dass man leicht – das heißt im Sinne der Lernzieltheorie der Siebzigerjahre – am direkten Verhalten beobachten kann, ob der Einzelne die Regeln einhält oder nicht.

Dies kann am Beispiel eines Buchhaltungsteams in einem medizin-technischen Unternehmen verdeutlicht werden. Aus konkretem Anlass wurde die Forderung erhoben, eine Regel aufzustellen, die lautet: „Kollegen haben einander Hilfe zu leisten." Dieser Regel wurde dann das Argument entgegen gehalten: „Wer Hilfe braucht, muss dies auch sagen." Als Ergebnis wurde folgende Vereinbarung getroffen: Jeder, der Hilfe braucht, stellt auf seinem Schreibtisch das Schild „Hilfe" auf. Da die Mitglieder des Teams in unterschiedlichen Räumen untergebracht sind, wurde folgende Ergänzung vereinbart: Jedes Teammitglied geht jeden Vormittag und jeden Nachmittag an den Schreibtischen der anderen vorbei und sieht nach, ob dort ein solches Schild steht.

Unabhängig davon, welchen Weg man geht, ist der nächste fünfte Schritt unbedingt erforderlich. In jedem Spiel ist zu klären, welche Sanktionen derjenige erfährt, der die Regel verletzt.

Der sechste und letzte Schritt dient dazu, die Komplexität in Richtung eines handhabbaren Regelwerkes zu reduzieren. Die Teammitglieder sollten nicht in einem umfangreichen Manual blättern müssen, um ihr eigenes Verhalten regelgerecht ausrichten zu können oder das der anderen zu überprüfen. Auf einem Blatt an die Wand gehängt oder auf dem Schreibtisch aufgestellt, sollen die Spielregeln präsent und überschaubar bleiben. Die Reduktion auf eine Zahl mit Symbolgehalt, wie zum Beispiel auf die „heilige" Sieben oder auf die „zehn Gebote", leistet erfahrungsgemäß eine Zielgröße, die die Beteiligten gerne annehmen.

Das Ergebnis eines solchen Verfahrens, das vom Autor im konkreten Fall in einem Zeitraum von vier Monaten (von Februar bis Juni 1994) begleitet wurde, lässt sich in der Reduktion von ursprünglich sechzehn auf zehn Spielregeln bei gleichzeitiger Zuordnung der Kriterien, die Auskunft geben, ob die Spielregeln eingehalten werden oder nicht, darstellen.

Ein Beispiel 10 Spielregeln für das Meisterteam

Unser oberster Grundsatz lautet:

Das gesamte Team trägt gemeinsam und gegenseitig Verantwortung (auch wenn nur einige an einer Aufgabe arbeiten).

Dazu müssen wir folgende Spielregeln einhalten:

Spielregeln	*Woran erkennen wir, ob die Spielregeln verletzt wurden?*
Wir anerkennen uns gegenseitig als gleichberechtigte Partner und arbeiten miteinander und füreinander.	Wenn Informationen zurückgehalten werden, wenn man dem anderen über den Mund fährt, wenn man anderen schlechte Arbeit zuschiebt, wenn einer immer der „Bestimmer" sein will, wenn einer nicht sieht, dass einer Hilfe braucht, wenn einer nur „seine Arbeit" macht, wenn einer den anderen blockiert.
Wir lösen Konflikte offen, sachlich und kritikfähig innerhalb des Teams. wenn	Wenn einer Konflikte negiert, wenn einer hinter dem Rücken redet, nicht alle Parteien gehört werden, wenn ein Gewinner-Verlierer-Spiel inszeniert wird, wenn Konflikte nach außen getragen werden, wenn „im Team" Informationen über Teammitglieder nach außen gegeben werden.
Wir informieren so, dass alle Betroffenen auf demselben Stand sind und die anderen Teammitglieder die Gelegenheit haben, sich auf denselben zu bringen.	Wenn Informationen fehlen, wenn man vor vollendete Tatsachen gestellt wird, wenn jemand nicht berücksichtigt, zu welchem Zeitpunkt der andere die Information braucht, wenn jemand Informationen so ausdünnt, dass der Wahrheitsgehalt verfälscht wird, wenn Informationen in einer Art und Weise weitergegeben werden, dass der andere sie nicht eindeutig beziehungsweise falsch versteht.

Wir weisen uns gegenseitig unverzüglich darauf hin, wenn wir sehen, dass Fehler macht entstehen (können).	Wenn jemand offensichtlich beobachtet hat, dass jemand Fehler und ihn nicht darauf hinweist.
Wir betrauen jeweils diejenigen mit einer Aufgabe, die die Fachkompetenz haben.	
Wir verteilen Routineaufgaben gleichmäßig.	Wenn sich jemand immer die bessere Arbeit greift, wenn jemand sich davor drückt oder sogar sich weigert, Routinearbeiten zu übernehmen.
Wir planen so, dass wir Zeit für Unvorhergesehenes haben. Unvorhergesehe-	Wenn jemand immer wieder sagt, er hätte keine Zeit für nes, wenn jemand kaum erreichbar ist, wenn jemand selten bereit ist, kurzfristig zuzuhören.
Wir geben jedem die Möglichkeit, Qualifizierungswünsche zu äußern. Wer zur Qualifizierung vorgeschlagen wird, entscheidet das Team vor dem Hintergrund der Aufgabe, die dem Team gestellt ist.	Wenn immer nur dieselben geschult werden, wenn Schulungswünsche abgebügelt oder nicht anerkannt werden.
Wir bemühen uns, Entscheidungen im Team einvernehmlich zu treffen und benutzen dazu nachvollziehbare Methoden.	Wenn jemand das Team übergeht, wenn jemand gegen die Entscheidung des Teams handelt.
Wir regen uns an, ständig über die Verbesserung unserer Arbeit nachzudenken. Erzielen wir Verbesserungen, verstehen wir diese als unseren gemeinsamen Erfolg.	Wenn Verbesserungsvorschläge nicht abgearbeitet, beziehungsweise angearbeitet werden, wenn Routine zum obersten Prinzip erhoben wird, wenn sich jemand mit fremden Federn schmückt, wenn jemand nicht nach außen vertritt, dass im Team daran gearbeitet wurde.

Die Bearbeitung der Spielregeln wurde schließlich abgeschlossen durch folgenden Katalog von sechs Maßnahmen, die getroffen werden sollen, wenn Spielregeln gebrochen wurden:

1. Wem es auffällt, der soll sofort direkt den anderen darauf hinweisen.

2. Wenn der andere das nicht einsieht beziehungsweise wenn sich die Verletzung der Spielregeln wiederholt, gehört dieses Problem in das Team.

3. Im Team ist nach dem Grund zu fragen für die Verletzung der Spielregeln. Wird von dem Team der Grund beziehungsweise die Ursache akzeptiert, ist es erforderlich, die Ursache zu beseitigen. Falls dies nicht der Fall ist und die Ursache vom Team nicht einzusehen ist, muss das Teammitglied auf die „Unverbrüchlichkeit" der Spielregeln hingewiesen werden.

4. Bei wiederholtem Verletzen der Spielregeln durch ein Teammitglied ist eventuell Hilfe von außen erforderlich im Sinne einer Moderation.

5. Ist dadurch keine Abhilfe zu schaffen, ist die entsprechende Führungskraft einzuschalten.

6. Als letzter Schritt muss die Möglichkeit bestehen, dass sich das Team von dem Teammitglied trennt.

So formulierte Spielregeln verstehen wir als Sicherung der im Laufe eines Prozesses für notwendig gehaltenen Verhaltensweisen. Sie stellen – wenn sie sorgfältig genug erstellt wurden – einen Beitrag zur Nachhaltigkeit einer Veränderung dar.

Während der Erarbeitung der Spielregeln hatte der Autor zusätzlichen Kontakt zum Meisterteam durch Seminare zu den Themen „Entwicklung von Teamfähigkeit", „Entscheidungsfindung und Führen schwieriger Gespräche".

Mitte des Jahres 1996 neigte sich die Zusammenarbeit zwischen dem Meisterteam und dem Autor dem Ende zu. Der lauter werdende Ruf aus den KTA-Teams nach einem Coach legte vor dem Hintergrund der zunehmenden flächendeckenden Einführung von KTA ein Ausbildungskonzept für Coaches nahe, das auch vom Autor erstellt wurde. Der neue Produktionsleiter entschied sich, das weitere Ausbildungskonzept in die Verantwortung der Unternehmensberatung zu legen, die zukünftig das Unternehmen vor dem Hintergrund einer deutlicheren betriebswirtschaftlichen Orientierung in Strategiefragen unterstützen sollte, damit Weiterbildung und Strategieentwicklung in einer Hand bleiben konnte.

Eingebunden blieb der Autor noch mit einer jährlichen Teaminspektion, die in Konzept und den Ergebnissen im nachfolgenden Kapitel dargestellt wird.

6.5.13 Teaminspektion

In den Jahren 1996 bis 1998 wurde vom Autor jährlich jeweils eine Maßnahme durchgeführt, die im Unternehmen als „Teaminspektion" benannt wurde. Dabei wurden alle Teams befragt, die in das KTA-Konzept aktiv einbezogen waren. Konkret waren dies 1996 die zwei Schichtteams der Pilotphase und zwei weitere Teams aus einem anderen Produktionsbereich mit insgesamt 24 Mitarbeitern. 1997 und 1998 waren es zwölf Teams mit rund 100 Mitgliedern.

6.5.13.1 Das Instrument

Das Instrument baute auf dem oben dargestellten Faltblatt auf, in dem die zwölf Vorteile von KTA zugeordnet zu den drei Kategorien „Für das Unternehmen" (Variable 1), „für die Mitarbeiter" (Variable 2) und „für uns alle" (Variable 3) aufgezählt wurden. Zu jedem dieser Vorteile wurden die Befragten auf einer Fünferskala gebeten, ihr Urteil abzugeben, inwieweit dieses Ziel erreicht wurde oder nicht. Dabei bedeutete die Ziffer 1 „voll erreicht", die Ziffer 5 „überhaupt nicht erreicht".

Ergänzt wurde dieser Fragenblock durch die Ermittlung von folgenden drei intervenierenden Variablen:

- Teamklima (Variable 4)
  differenziert in die zwei Dimensionen
    - Vertrauen
    - Hilfsbereitschaft

- Führungsstil des nächsten Vorgesetzten (Variable 5)
  differenziert in die zwei Dimensionen
  - persönliche Zugänglichkeit
  - Delegationsbereitschaft

- zeitnahe Klärungsmöglichkeiten im Team (Variable 6)
  differenziert in die zwei Dimensionen
  - Lösung von Sachfragen
  - Klärung von Beziehungsfragen.

6.5.13.2 Die Ergebnisse im Jahresvergleich

Die Einzelergebnisse in dem Dreijahresvergleich sind in der nachfolgenden Tabelle in Form von Säulendiagrammen dargestellt.

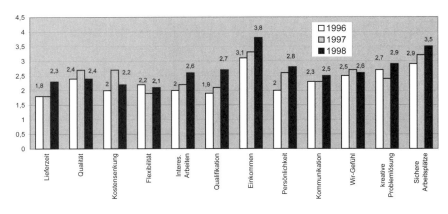

Vom bloßen Augenschein an lässt sich erkennen, dass ab der Frage nach dem interessanten Arbeiten bis zu den sicheren Arbeitsplätzen sich die Tendenz einer Verschlechterung der Beurteilung in dem untersuchten Zeitraum sich abzeichnet. Dies wird dann vollends deutlich, wenn man die in dem Faltblatt vorgegebenen Kategorien

- für das Unternehmen
- für die Mitarbeiter
- für uns alle

aufgreift und die zugeordneten Bewertungen für jede der drei Kategorien zusammenfasst. Nach diesem Ergebnis werden die Vorteile für die Mitarbeiter zunehmend schlechter bewertet, während die Vorteile für das Unternehmen nahezu gleichbleibend besser als die für die Mitarbeiter und für uns alle gesehen werden. Dabei „überholt" die negativer werdende Wertung der Vorteile für die Mitarbeiter die zuvor schlechtere Sicht auf das, was KTA für uns alle im Sinne einer Verbesserung der Unternehmenskultur bringen sollte.

Die quantitative Beurteilung der Befragten wurde wiederum durch eine qualitative Begründung ergänzt, indem die Teammitglieder nach der Begründung ihrer Beurteilung beziehungsweise nach positiven oder kritischen Anmerkungen zu den jeweiligen Punkten gefragt wurden. Die Antworten wurden alle für das Team sichtbar auf Flipchart mitprotokolliert.

Eine Zusammenfassung der zentralen Beiträge zu den einzelnen Items – allerdings beschränkt auf die im Jahre 1998 – tragen dazu bei, die quantitative Bewertung zu „illustrieren".

Vorteile für das Unternehmen
Die Verkürzung der *Lieferzeit* und die gewachsene *Flexibilität* der Mitarbeiter wurden als Hauptvorteile für das Unternehmen gesehen.

Die Verkürzung der Lieferzeit wird von den Befragten auf die erhöhte Flexibilität zurückgeführt und auch durch die persönliche Bereitschaft der Teammitglieder, das Beste zu geben.

Andere Maßnahmen, wie zum Beispiel die versetzten Pausen, die Einführung einer Nachtschicht und zum Teil Samstagsarbeit werden von den Befragten nicht als direkte Auswirkungen von KTA betrachtet, sondern basieren ihrer Auffassung nach eher auf organisatorischen und unternehmenspolitischen Entscheidungen.

Die höhere Flexibilität kam durch den Einsatz und das Anlernen an mehreren Plätzen zu Stande. Verstärkt wird dieser Prozess zwangsläufig durch weniger Personal beziehungsweise weniger qualifizierte „Leiharbeiter" und Neulinge. Dies zwingt die Erfahrenen zu mehr Flexibilität.

Bezüglich der *kostensenkenden Wirkung* von KTA konnten die Mitarbeiter keine klaren Aussagen machen, sie vermuten, dass sie durch weniger Personal erreicht wurde, auf der anderen Seite würde im Unternehmen aber immer noch darüber geklagt, dass die Kosten zu hoch seien.

Ob die *Qualität* durch KTA besser geworden sei, wurde unterschiedlich gesehen. Es wurde auf die unterschiedlichen Bemühungen verwiesen, die Qualität durch eine Einschränkung des personellen Wechsels an den einzelnen Arbeitsplätzen in den Griff zu bekommen. Insgesamt wurde eingeräumt, dass sie tendenziell besser geworden sei und durch eine bessere Schulung potenziell besser werden könnte. Insgesamt wurde realistisch gesehen, dass die Qualität bedingt durch eine Vielfalt von Faktoren, darunter auch der Einsatz von „Leiharbeitern" sehr stark schwankt.

Vorteile für die Mitarbeiter

Die Variable Vorteile für die Mitarbeiter weist mit dem Item *besseres Einkommen* die über alle drei Jahre hinaus schlechteste Bewertung auf und darüber hinaus auch eine deutlich zunehmende pessimistische Sicht. Eine von mehreren Teams in fast gleichem Wortlaut formulierte Erläuterung lautete: „Zurzeit erhalten wir für mehr Arbeit das gleiche Geld, zumal unsere Leistung auf Grund einer Verbesserung der Qualität nun mit einer neuen Messlatte gemessen wird."

Das schlechter werdende Ergebnis hinsichtlich der Items *interessantes Arbeiten* wird mit zwei Argumentationssträngen begründet, die zueinander im Widerspruch stehen. Die einen sagen: Nach der positiven Wahrnehmung der Herausforderung durch einen Wechsel im Arbeitsfeld wird die Angelegenheit zunehmend als stressig empfunden. Die anderen wiederum beklagen, dass die Vielfalt der Aufgaben erheblich reduziert wurde und ein Wechsel der Arbeitsplätze nur in personellen Engpässen möglich ist. Zudem wird von „oben" wieder verstärkt mit Anweisungen gearbeitet.

Zum Thema *Persönlichkeitsentwicklung* gaben die Befragten nur wenige Kommentare ab, die wiederum zwei gegensätzliche Positionen kennzeichnen: Die einen meinen, sie hätten sich mit dem Team weiterentwickelt, die anderen sind der Auffassung, dies sei nicht der Fall.

Die Frage einer *höheren Qualifikation* wird von niemandem weiter kommentiert außer der schlichten Bestätigung: „Es ist so." Wieso sich die Bewertung dennoch verschlechtert hat, lässt sich möglicherweise vor dem Hintergrund der zunehmenden kritischen Sicht hinsichtlich der Gewinne für die Mitarbeiter begründen, die alle Items innerhalb dieser Variablen „nach unten ziehen".

Vorteile für uns alle
Der kulturelle Gewinn „*für uns alle*" wird, wenn man die Ergebnisse über alle drei Jahre erfasst, insgesamt am wenigsten stark gesehen.

Am deutlichsten ist dies bei dem Thema *Sicherung der Arbeitsplätze* der Fall. Hier wurde selbstverständlich die Schließung der Niederlassung als zentrales Gegenargument von den Befragten herangezogen. Die Entscheidung, die Niederlassung zu schließen, wird von den Mitarbeitern im Stammwerk nicht als Absicherung ihrer eigenen Arbeitsplätze gesehen, sondern als drohendes Beispiel, wie schnell dies gehen kann und wie wenig die Mitarbeiter darauf Einfluss haben können. Als weiteres Indiz für eher unsichere Arbeitsplätze wird die Tatsache gesehen, dass beim Weggang von Kollegen die Stellen nicht mehr besetzt wurden.

Das *Wir-Gefühl* konnte durch die Verteilung der Mitarbeiter nun auf drei Schichten und durch personelle Wechsel und auch durch den Einsatz von „Leiharbeitern" nicht verbessert werden.

Die Verbesserung der *Kommunikation* ist das Ziel, das in der Variablen „für uns alle" noch am ehesten erreicht wurde, vor allem dann, wenn die Gruppe relativ klein war. Wer auf einer schon vor der Einführung von KTA guten Kommunikation aufbauen konnte, hatte nun durch die Notwendigkeit, mehr fragen und untereinander absprechen zu müssen, die Chance, die Kommunikation untereinander weiter zu verbessern.

Zur *kreativen Problemlösung* wurden überhaupt keine Kommentare abgegeben. Die Ursache dafür ist unklar. Möglicherweise ist dieses Kriterium zu vage oder es trifft auf das, was die Mitarbeiter als einen Gewinn für die Unternehmenskultur beziehungsweise für uns alle verstehen, nicht zu.

Für einen Zeitvergleich der intervenierenden Variablen „*Teamklima*", „*Führungsstil*" und „*Teamthemen*", die unserer Auffassung nach Einfluss auf die Bewertung der Teamarbeit durch die betroffenen Teammitglieder haben, stehen nur die Ergebnisse von zwei Jahren (1997 und 1998) zur Verfügung und erbrachten folgendes Ergebnis, wiederum auf einer Skala von 1 bis 5, wobei 1 „sehr gut" und 5 „sehr schlecht" ist.

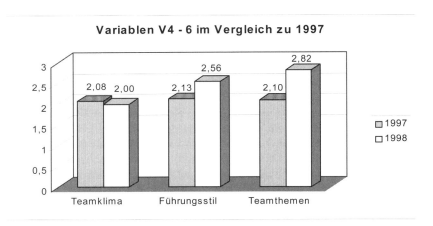

Während das Teamklima gleich bleibend gut beurteilt wurde, haben sich der Führungsstil und die zeitnahe Behandlung von Themen im Team nach Ansicht der Befragten verschlechtert.

Die Interpretation solcher durch Befragungen gewonnenen Ergebnisse kann auf drei Ebenen erfolgen:

1. auf der Ebene der Bewertung der befragten Objekte

2. auf der Ebene der Beziehung zwischen der bewertenden Instanz und dem Objekt unter der Fragestellung, wieso bewertet dieser oder jener dieses oder jenes Objekt so und nicht anders und

3. auf der Ebene des Rückschlusses auf das Subjekt der Bewertung unter der Frage: Welche Bewertungs„brille" hat die bewertende Person oder Gruppe bezogen auf das „Oberthema der Befragung" insgesamt auf?

Ermittelt wird dies durch eine Grenzziehung entlang der Gesamtzensuren, zu der die Bewertungen für alle Items zusammengefasst werden.[29]

Wir haben uns für eine Grenzziehung nach dem Maß der Gesamtzensur, die eine Gruppe den zwölf Zielen (als Durchschnitt) gegeben hat, entschieden und haben alle Durchschnittszensuren, die glatt oder abgerundet kleiner oder gleich 2 waren, dem positiven Bereich und alle, die gleich oder größer als 3 waren, dem negativen Bereich zugeordnet und die dazwischenliegenden dem neutralen Bereich.

In einem Vergleich der Ergebnisse 1997 mit 1998 lässt sich feststellen, dass von ursprünglich fünf Gruppen im positiven Bereich nur noch eine dort übrig blieb. Die anderen wanderten in den neutralen Bereich. Von den ursprünglich negativen wanderten zwei ebenfalls in das neutrale Feld, während zwei mit wachsender Tendenz zu einer schlechteren Beurteilung in dem negativen Bereich blieben.

---

[29] Es ist auch möglich, nach einem Prozentsatz für Einzelbewertungen über oder unter dem Durchschnitt zu differenzieren, so dass man zum Beispiel sagt, wenn 60 % einer Bewertung unter dem Durchschnitt liegen, handelt es sich um eine „negative Brille", bei 60 % über dem Durchschnitt um eine „positive".

Team 1997 / *1998*	positiver Bereich	neutraler Bereich	negativer Bereich
4 / X	1,93 / *1,66*		
7 / X	1,93	2,33	
5 / X	2,01	2,25	
6 / X	2,02	2,98	
9 / X	2,04	2,83	
1 / X		2,32 / 2,75	
8 / X		2,64 / 2,86	
3 / X		2,82 / 2,58	
11 / X		2,78	3,00
10 b / X		2,61	3,11
2 / X			3,16 / 3,36
10 a / X			3,17 / 3,43

Mittelwert der Beurteilung 1997 = 2,51
Mittelwert der Beurteilung 1998 = 2,70

Das Ergebnis zeigt eine wachsende Polarisierung zwischen vereinzelt extremen Positionen bei einer gleichzeitigen Nivellierung der Ansichten zu KTA mit einer deutlichen Tendenz zu einer kritischeren Sicht. Dies kommt auch durch die Erhöhung des Mittelwertes aller Beurteilungen von 1997 auf 1998 zum Ausdruck.

Einflussfaktoren auf die Bewertung der Teamarbeit

Ein Versuch, die Unterschiede der Sichtweisen auf die intervenierenden Variablen Teamsituation, Führungsstil und Teamthemen zurückzuführen, hatte im ersten Durchgang zu einem Ergebnis geführt, das eine interpretierbare Trendaussage ermöglichte.[30]

1996 wurden zwei KTA-Teams mit jeweils zwei Schichten befragt. Das Ergebnis zeigt, dass die in der Befragungswoche jeweiligen Spätschichten eine deutlich bessere Gesamtzensur vergaben als die ihrer Gegenschichten. Die Schichten mit der positiven Sicht hatten dem *Führungsstil* ihres unmittelbaren Vorgesetzten und besonders dem Kriterium Stärkung der

---

[30] Da die Korrelationsberechnungen im Gegensatz zu der Ergebnispräsentation nicht mehr zur Verfügung stehen, soll dies lediglich, aber wenigstens als Trend vermerkt werden.

Selbstverantwortung des Teams durch Delegation eine deutlich über dem Durchschnitt liegende Zensur gegeben.

Die Schichten mit einem negativen Urteil hatten ihre **Teamsituation** deutlich schlechter als der Durchschnitt beurteilt. Erklärbar mag dieses Phänomen vor dem Hintergrund der Erkenntnisse der Arbeitszufriedenheitsforschung sein, die auf zwei voneinander zu trennenden Zufriedenheitsfaktoren verweist, und zwar auf die der Motivatoren und die der Hygienefaktoren.

Ein die Selbstverantwortlichkeit förderndes Führungsverhalten ist als Motivator zu verstehen, das Klima im Team dagegen als Hygienefaktor. Insofern lässt sich das Ergebnis mit der Interpretation wie folgt darstellen:

Durch KTA erreicht / nicht erreicht   **Gruppenvergleich**

1 ----- 5

	OFFspät	OFFfrüh	OFF gesamt	VIspät	VIfrüh	VIgesamt	Gesamt
Durchschnittsbewertung	2,0	2,8	2,4	1,8	2,6	2,25	2,3

Einflussfaktoren (mittels Analyse der Gruppensituation)

Positive Durchschnittsbewertung dort,   **Motivatoren**
wo Führungsverhalten Selbstständigkeit
der Gruppenmitglieder fördert

Negative Durchschnittsbewertung dort,
wo zwischenmenschliches Verständnis
und kollegiale Kontakte schlecht sind   **Hygienefaktoren**

Motivatoren erzeugen, wenn sie erfüllt sind, Zufriedenheit. Hygienefaktoren, wenn sie erfüllt sind, beseitigen lediglich Unzufriedenheit, schaffen aber noch nicht Zufriedenheit. Sind sie jedoch nicht erfüllt, verursachen sie Unzufriedenheit.

Dieses Ergebnis konnte in den zwei Folgejahren nicht mehr bestätigt werden. Über den Grund kann man nur spekulieren. In Frage kommen Vermutungen, wie zum Beispiel

- die Sicht auf KTA wurde durch andere Themen bestimmt, wie zum Beispiel durch die Angst um den Arbeitsplatz

- durch einen Wechsel im Kreis der Führungskräfte und zum Teil auch durch den Austausch von Personen in den Teams

- durch die Zunahme der Anzahl der befragten Teams von vier auf zwölf und die der Mitarbeiter von 24 auf rund 100 lässt das Ergebnis der 1996 durchgeführten Befragung rückblickend eher als Zufall erscheinen.

Was bleibt, ist die Bedeutung der Untersuchungsfrage, warum einige befragte Gruppen beziehungsweise aus Einzelbefragungen ermitteltete Gruppen mit unterschiedlich gefärbten Brillen auf ihr Unternehmen sehen.

Ein weiteres Beispiel aus einem Versicherungsunternehmen:
Wir haben diese Fragestellung ebenfalls bei zwei Untersuchungen in einem Versicherungsunternehmen verfolgt. Die erste Untersuchung zielte auf eine Survey-Feedback-Aktion bezüglich der Unternehmensleitlinien, die zweite ergänzte eine groß angelegte TQM-Befragung, welche die interne Dienstleistungsqualität ermitteln sollte und durch die Umkehr der Fragestellung in folgendem Sinne: Gibt es Gruppen, welche die Dienstleistungen, die im Unternehmen intern angeboten werden, kritischer sehen als andere?

Ein (Teil-)Ergebnis bei der ersten Untersuchung zeigt, dass sowohl die Gruppe der Referatsleiter als auch die der Mitarbeiter, die länger als sechs Jahre im Unternehmen sind, die Verwirklichung der propagierten Unternehmensleitlinien negativer als die Sachbearbeiter und die Männer und Frauen, die kürzer als sechs Jahre im Unternehmen arbeiten, sehen. Diese Feststellung bedarf einer Interpretation, aus der schließlich Konsequenzen für konkrete Maßnahmen abgeleitet werden können. In dem konkreten Fall lieferten die Führungskräfte, denen das Ergebnis zurückgespiegelt wurde, folgende Erklärung: Mit der Position eines Referatsleiters haben die Mitarbeiter eine Grenze erreicht, deren Überschreitung nur ganz Wenigen gelingt. Insofern ist ein „Weiterkommen" als ein wesentlicher Aspekt der Leistungsmotivation kaum mehr möglich. Dass die Mitarbeiter, die länger im Unternehmen sind, dieses insgesamt kritischer sehen, vor allem was die Personalentwicklung und das Führungsverhalten ihrer Vorgesetzten betrifft, ist mit dem „Entzug" der besonderen Förderung zu erklären, die Mitarbeiter in den ersten Jahren ihrer Unternehmenszugehörigkeit erfahren. In der zweiten Untersuchung, die die Sicht der Befragten auf die internen Dienstleistungen untersuchte, brachte ein vergleichbares Ergebnis. Auch hier hatten die Referatsleiter und die Mitarbeiter, die länger als sechs Jahre im Hause waren, eine insgesamt kritischere Tendenz bei der Beurteilung eben dieser Dienstleistungen.

Die Konsequenzen, die aus solchen Ergebnissen gezogen werden können, sollten auf die Entwicklung und Durchführung von Maßnahmen zielen, die die Motivation dieser sich stärker im Abseits fühlenden Gruppen beleben können.

Zurück zum konkreten Fall:

Die Ausdehnung der Teamorganisation zwischen den Jahren 1996 und 1998 hat aus Sicht der Mitarbeiter je nach Länge der aktiven Einbindung in die Gestaltung der Teamkultur zu zwei unterschiedlichen Interpretationen geführt: Diejenigen, die zu den ersten gehörten, bemängelten, dass sie inzwischen wieder direktiver geführt würden, was unter anderem dadurch deutlich wurde, dass ein neuer Schichtführer eingestellt wurde, der als einziger über keine auf dem Gebiet der Brillenglasherstellung adäquaten Qualifikation verfügte und sich sichtbar auf die Kontrollfunktion beschränkte, die die Mitarbeiter eher auf sich als auf den Arbeitsablauf bezogen sahen.

Diejenigen, die erst seit kurzem zum KTA-Projekt gehörten, beklagten, dass sie lediglich Teams durch „Ritterschlag" sind und keine der Pilotgruppe vergleichbare Pflege durch Teambildungsmaßnahmen und andere Angebote erhalten hätten.

Im Rückblick ist beim Start eines Organisationsentwicklungsprojektes schon darauf zu achten, inwieweit aus dem, was in der ersten Phase geschieht, selbstverständlich Ansprüche von denen abgeleitet werden, die erst später „dran sind". Außerdem ist das Maß des Freiraumes zu Beginn sorgfältig abzuwägen. Im konkreten Fall war der Freiraum und – auch konzeptionell gewollt durch den ersten Produktionsleiter – nach Ansicht einiger Teammitglieder und auch des Meisterteams zu groß. Die spätere Beschränkung durch den nachfolgenden Produktionsleiter als Konzeption der stärkeren Absicht musste von den Teammitgliedern als ein Rückfall in alte Zeiten erscheinen, ohne in eine solche Beurteilung die zum Teil zurückgewonnene Sicherheit gegenzurechnen.

7. Veränderung durch Aus- und Weiterbildung - Veränderungsforschung als Transfer-sicherung
Am Beispiel eines Pilotprojektes bei einer Luftfahrtgesellschaft

7.1 Zur Vorgeschichte des Projektes

Die Luftfahrtgesellschaft führte im Jahre 1996 für ihre über 400 internen Trainer Trainertage durch. An den insgesamt vier zweitägigen Workshops nahmen jeweils mehr als hundert Trainer teil. Zu zwei davon wurde der Autor als Referent eingeladen.

Als ein zentrales Ergebnis dieser Maßnahmen wurde festgehalten, die Transfersicherung der Bildungsmaßnahmen zu stärken. Sie sollte zu einer ständigen Aufgabe bei der Gestaltung und Durchführung der vielfältigen Bildungsmaßnahmen werden. Mit Hilfe eines vom Autor zusammen mit einer Gruppe von zehn Studierenden begleiteten Pilotprojektes sollte zum einen ein Impuls gesetzt werden, Transfersicherung als Thema lebendig werden zu lassen und zum anderen sollten konkrete Vorschläge erarbeitet werden, mit deren Hilfe die Umsetzung der Transfersicherungsidee in den konkreten Berufsalltag erleichtert wird.

7.2 Das Konzept des Pilotprojektes

Diese angezielten Umsetzungshilfen wollten wir jedoch nicht auf didaktisch-methodische Rezepte reduziert sehen. Die Entwicklung von solchen Tools sollte erst der zweite Schritt sein, dem ein erster vorausgehen musste, und zwar die präzise Bestimmung der Ziele auf die die Bildungsaktivitäten gerichtet sind. In einem Unternehmen, das sich dem Prinzip der Kundenorientierung verschrieben hat, kann letztlich nur einer dieses Ziel bestimmen: der Kunde.

Aus diesen grundsätzlichen Überlegungen heraus ergaben sich für das Pilotprojekt zwei Ziele, die folgendermaßen formuliert wurden:

Wir wollten

- ein Muster erproben, mit dessen Hilfe die Wirksamkeit der zentralen transfersichernden Faktoren analysiert werden kann. Dieses Muster soll einen Rahmen liefern, der für die jeweiligen Schulungsfelder spezifisch gefüllt werden kann

- darauf aufbauend einzelne transfersichernde Maßnahmen entwickeln, die den Schulungsbereichen als „Handwerkskasten" zur Verfügung gestellt werden kann.

Das von uns erprobte Muster als erstes Projektziel ist ein Analyseinstrument, in dem die Sicht derer ermittelt wird, die Interaktionspartner in Situationen sind, die den beruflichen Alltag im Dienstleistungsgeschäft bestimmen. Die Summe dieser Situationen bezeichnen wir als Praxis.

Um welche Prozesse es sich dabei handelt, war eine Frage der Auswahl von Ort, Zielgruppe und Aufgabenstellung dieser Zielgruppe. Die Wahl fiel auf den Check-In-Bereich auf der Station Frankfurt – das Gate war mit einbezogen. Für den Check-In sprach, dass hier Verhalten im Sozialkontakt mit Endkunden im Vordergrund stand, was aus Sicht der Schulungsverantwortlichen einen hohen Schwierigkeitsgrad beinhaltet.

Damit war implizit folgende Überlegung verbunden: Wenn die Ergebnisse des Pilots für solch komplexe Verfahrensdimensionen zu verlässlichen Aussagen führen, ist die Übertragung auf eher technisch-funktionale Inhalte auch möglich. Zudem ist mit der Auswahl des Check-In die Sicht auf den externen Kunden gerichtet, was hinsichtlich der Legitimation der Bildungsarbeit von Vorteil sein kann. Beteiligte an der Praxis des Check-in sind demnach die Mitarbeiter und Mitarbeiterinnen (im Folgenden meist Service-Personal genannt), die Fluggäste – also die Kunden – und die Vorgesetzten in der Funktion der Flight-manager. Indirekt beteiligt sind auch diejenigen, die für die Konzeption und Durchführung der Aus- und Weiterbildungsmaßnahmen verantwortlich sind, mit Hilfe derer das Service-Personal für seine Arbeit qualifiziert werden soll.

Vor dem Hintergrund der unterschiedlichen Rahmenbedingungen, die hier skizziert wurden, stellt sich die Analysestruktur (als zu erprobendes Muster) wie folgt dar:

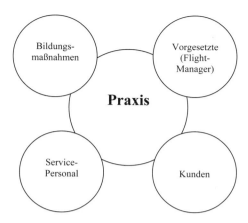

Die hier dokumentierten Ergebnisse beziehen sich in erster Linie auf die ermittelten Zielorientierungen für die Bildungsmaßnahmen. Ein detailliertes Eingehen auf die bestehenden Bildungsmaßnahmen in dem Unternehmen im Sinne einer Ermittlung der Differenz zwischen den von uns herausgearbeiteten Soll-Vorstellungen und dem gegenwärtigen Qualifizierungs-Ist, die von uns vorgenommen wurde, scheint in diesem Beitrag nicht sinnvoll, da dies eine so umfangreiche Darstellung der einzelnen Seminare erforderlich machen würde, dass sie die zentrale Thema von Nachhaltigkeit von Veränderungsprojekten überlagern würde. Die Erkenntnisse aus dieser Analyse finden jedoch ihren Niederschlag in einem hier beschriebenen verallgemeinerbaren Modell der Transfersicherungsmaßnahmen.

7.3 Die Berufspraxis der Pilot-Zielgruppe

Man hätte in einer solchen Strukturzeichnung die Praxis auch als Schnittmenge der Interaktionen zwischen den Beteiligten bezeichnen können, was unserem Verständnis von Praxis anfangs auch eher entsprochen hätte. Wenn die Praxis nun symbolisch mit einem eigenen Kreis und dann noch mit der größten Fläche dargestellt wird, hat dies in erster Linie einen forschungspraktischen Grund. Wir mussten in einem ersten Schritt die Praxis für uns sinnlich fassbar erschließen.

Wir verstehen Dienstleistung als Produktion von Situationen. Insofern macht es Sinn, die Situationen von den an der Dienstleistungsinteraktion

Beteiligten zu erfassen, bevor man dann den zweiten Schritt tut, und zwar die Situationen in der Hinsicht zu bewerten, dass man ihrer Übereinstimmung mit dem Soll oder den Grad der Abweichung bestimmt. Das Soll wiederum wird von dem Kunden bestimmt.

7.3.1 Beobachtung der Arbeitsplätze im Pilotprojekt

Die Art und Weise, in der wir uns der Praxis genähert haben, war zunächst einmal eine Beobachtung der Arbeitsplätze beziehungsweise der dort ablaufenden Interaktionen. Dabei haben wir uns für eine halbstandardisierte Beobachtung entschieden. Zu den vorgeschriebenen Beobachtungsstandards gehörte

- die Interaktionsdauer,
- die Wartezeit der Fluggäste (als Rahmenbedingung),
- die Bestimmung der Sachebene, konkret, ob es sich um eine Routineaufgabe oder eine besondere Aufgabe aus Sicht der Beobachter handelte,
- die Einschätzung des Beziehungselements, wie sie durch das Service-Personal gestaltet wird.

Unter Beziehungselement verstehen wir die Konzentration des Service-Personals im Kontakt mit den jeweiligen Kunden auf

- den Kunden,
- die Sache,
- Dritte.[31]

Die Einschätzung der Beziehungsebenen, auf denen Kunden einerseits und Service-Personal andererseits kommunizieren, identifizieren wir in Anlehnung an das Modell der Ich-Zustände der Transaktionsanalyse. Hier haben wir bei dem Service-Personal unterschieden nach

- belehrend,
- professionell,
- hilflos

---

[31] Dabei sehen wir die Konzentration auf den Kunden und auf die Sache jeweils als unabhängige Dimensionen. Beide gleichermaßen zu berücksichtigen, ist der Idealfall.

und bei den Kunden nach

- fordernd,
- sachlich,
- hilflos.

Darüber hinaus wurden die Beobachterinnen und Beobachter gebeten, Vorgänge zu sammeln, die sie als Critical Incidents wahrgenommen haben, also Schlüsselsituationen, die darüber entscheiden, ob Kunden zufrieden oder unzufrieden sind.

Bei 199 beobachteten Interaktionen wurden folgende Beobachtungen wahrgenommen beziehungsweise Einschätzungen vollzogen:

Die Interaktionsdauer betrug zwischen einer und zehn Minuten. Die Wartezeit der Fluggäste betrug zwischen null und fünfzehn Minuten. 73 % der Interaktionen wurden der Routine zugeordnet; 27 % erforderten besondere Lösungen.

In 96 % der Interaktionen war eine starke Konzentration auf die Sache beobachtet worden, in 75 % der Fälle zugleich eine starke Konzentration auf den Kunden. In 13 % der Fälle wurde eine starke Konzentration auf Dritte wahrgenommen.

Die Beziehungsebene ist nach Einschätzung der Beobachter durch das Service-Personal zu 93 % professionell (also im übertragenen Sinne auf der Erwachsenen-Ebene) gestaltet worden. Nur 5 % haben sich belehrend und 2 % hilflos verhalten.

Die Kunden haben zu 75 % ein sachliches, zu 8 % ein forderndes und zu 17 % ein hilfloses Verhalten gezeigt.

Als weitere Aufgabe hatten die Beobachter Situationen zu sammeln, die sie als Critical Incidents wahrnehmen. Die Auswertung dieser Situationen erfolgte erst im Abgleich mit den Ergebnissen der Befragung des Service-Personals hinsichtlich der Einschätzung, welche Vorgänge von ihnen als Critical Incidents gesehen wurden.

Wesentliches Ergebnis dieser Beobachtung war für uns das Ungleichgewicht in der Konzentration auf Kunden einerseits und auf die Sache andererseits.

Das Service-Personal konzentrierte sich in 96 % aller Fälle auf die Sache und lediglich in 74 % stark auf die Kunden.

Also: Das Soll: Eine gleichermaßen hohe Konzentration auf die Sache und auf den Kunden wurde zu Ungunsten des Fluggastes nicht erreicht.

Im Zweifelsfall hat also die Sache Vorrang. Dies ist ein Phänomen, das vor allem dort häufig zu beobachten ist, wo zwischen Kunden und Service-Personal ein Monitor steht. Der Blickkontakt zu dem Kunden wird erschwert und die Dateneingabe und deren Kontrolle auf dem Bildschirm erfordern so viel Aufmerksamkeit, dass diese zwangsläufig vom Kunden abgezogen wird. Wenn wir Interaktionen zwischen Dienstleistern und Kunden als Austausch zwischen Personen sehen, liegt in dem beobachteten Phänomen ein Potenzial für Kundenunzufriedenheit.

7.3.2 Abgleich der Beobachtungen mit dem gewünschten Service-Verhalten

Die referierten Ergebnisse basieren zweifellos auf subjektiven Deutungen. Mit einem zweiten Instrument haben wir uns um eine Absicherung bemüht. Dieses Instrument ist zwar nicht weniger subjektiv handhabbar als das erste; aber wir gehen von der Annahme aus, dass auch, wenn beide Instrumente zu einer subjektiven Einschätzung herausfordern, mit dem Einsatz des zweiten ein Schritt in Richtung Validierung der Ergebnisse möglich ist. Grundlage für unsere Einschätzung sind folgende Verhaltensregeln, die die Luftfahrtgesellschaft in einem „persönlichen Entwicklungsplan" für ihre Mitarbeiter aufgestellt hat.

Gespräch professionell und servicebereit beginnen:

- Schenken Sie dem Kunden seine sofortige Aufmerksamkeit?
- Halten Sie Blickkontakt, stellen Sie sich mit Namen vor, lächeln Sie?
- Treten Sie ruhig, professionell und vorbereitet auf?
- Haben Sie zum Beispiel die entsprechende Buchung vorliegen oder das Hauptmenü auf dem Computer aufgerufen, wenn Sie einen Kunden anrufen? Sind notwendige Hilfsmittel wie Handbücher, Preislisten, Flugpläne so angeordnet, dass Sie leichten Zugriff darauf haben?
- Schätzen Sie Ihre Kunden aufmerksam ein und treffen Sie die richtige Entscheidung, ob bei dem jeweiligen Kunden zuerst die Aufgabendimension oder die zwischenmenschliche Dimension angesprochen werden muss?

Gespräch beenden:

- Erkennen Sie, wann Sie bestmöglich die aufgabenbezogenen und zwischenmenschlichen Kundenerwartungen erfüllt haben?
- Stellen Sie zum Abschluss des Gespräches noch einmal sicher, dass ein gegenseitiges Verständnis hinsichtlich getroffener Vereinbarungen besteht?
- Beenden Sie das Gespräch positiv, indem Sie Ihre Verfügbarkeit für weitere Serviceleistungen signalisieren und dem Kunden danken?

Informationen einholen:

- Stellen Sie die richtigen Fragen, um effektiv Informationen in der gewünschten Qualität und Quantität einzuholen?
- Geben Sie dem Kunden Gelegenheit, sein Problem oder seinen Wunsch in eigenen Worten zu schildern?
- Achten Sie darauf, geschlossene Fragen nur zur Detailabklärung zu stellen, damit der Kunde sich nicht ausgefragt fühlt?
- Fragen Sie weiter, wenn Sie nicht genau wissen, was der Kunde erwartet, bevor Sie Service-Schritte einleiten?
- Stellen Sie sicher, dass Sie die Aussagen des Kunden verstanden haben, bevor Sie den Service leisten, den der Kunde Ihrer Meinung nach benötigt oder erwartet?

Informationen vermitteln:

- Wie klar und verständlich erklären Sie komplizierte Sachverhalte fachlich weniger versierten Kunden?
- Vermeiden Sie ausufernde Beschreibungen und beschränken Sie sich darauf, was der Kunde wissen möchte beziehungsweise was er notwendigerweise wissen muss?
- Vergewissern Sie sich beim Kunden, dass dieser die vermittelten Informationen verstanden hat beziehungsweise mit angebotenen Lösungen oder Vorschlägen einverstanden ist?
- Berücksichtigen Sie die Wirkung unerfreulicher Informationen und reagieren Sie entsprechend in der zwischenmenschlichen Dimension?

Mehr Service leisten:

- Unternehmen Sie mehr, als Ihre Kunden von Ihnen erwarten?
- Betrachten Sie Probleme als Herausforderung und zeigen Sie Initiative und Ausdauer beim Suchen möglicher Alternativen?
- Verhalten Sie sich hilfsbereit und zuvorkommend, indem Sie zusätzliche Informationen vermitteln beziehungsweise zusätzliche Schritte unternehmen?

Einfühlungsvermögen beweisen:

- Wie aufmerksam konzentrieren Sie sich auf Gefühle des Kunden, die im Gespräch zum Ausdruck kommen?
- Wie einfühlsam berücksichtigen Sie Konsequenzen, die sich aus problematischen Servicesituationen für Ihre Kunden ergeben können?
- Wie gut entschärfen Sie emotionsgeladene Situationen dadurch, dass Sie Verständnis und Respekt für die Situation und die vermuteten Gefühle des Kunden zeigen?
- Lassen Sie aufgebrachte Kunden aussprechen und ihren Gefühlen Luft machen, bevor Sie Einfühlungsvermögen beweisen?
- Vermeiden Sie Formulierungen wie: „Ich weiß genau, wie Sie sich fühlen"?
- Übernehmen Sie Verantwortung für Fehler, die Sie oder das Unternehmen verursacht haben und entschuldigen Sie sich?
- Kritisieren Sie bei Entschuldigungen Mitarbeiter oder interne Abläufe Ihres Unternehmens?
- Entschuldigen Sie sich, auch wenn kein Fehler von Ihrer oder der Unternehmensseite vorlag?

Service-Schritte erläutern:

- Beschreiben Sie dem Kunden, was unternommen wird beziehungsweise unternommen wurde, um ihm weiterzuhelfen?
- Erklären Sie den Nutzen, den der Kunde von diesem Service-Schritt hat?
- Wie gut erläutern Sie Service-Schritte, wenn der Kunde nicht sieht, was Sie gerade tun, zum Beispiel am Telefon?
- Sprechen Sie das Was und Warum an, wenn Sie gezwungen sind, als nächsten Service-Schritt dem Kunden eine Reihe geschlossener Fragen zu stellen?
- Erläutern Sie dem Kunden im Anschluss an eine durchgeführte Serviceleistung, die dieser nicht mitverfolgt hat, zum Beispiel bei einer Umbuchung, was Sie getan haben und warum?
- Wenn Sie Einfühlungsvermögen für die Situation und vermuteten Gefühle bewiesen haben, beschreiben Sie anschließend dem Kunden, was Sie nun unternehmen werden, um ihm weiterzuhelfen?

Positive Aspekte betonen:

- Zeigen Sie verständnisvollen, geduldigen oder kooperativen Kunden, wie ihr Verhalten Ihnen bei Ihrer Serviceleistung geholfen hat?
- Nehmen Sie Bedürfnisse des Kunden wahr, um die Stärken Ihres Unternehmens sowie Produkte und Dienstleistungen des Unternehmens positiv hervorzuheben?
- Gehen Sie hierbei auf den jeweiligen Nutzen ein, den diese Stärke für den Kunden hat?
- Zeigen Sie dem Kunden Ihr persönliches Engagement, ihm weiterzuhelfen?

Die studentischen Beobachterinnen und Beobachter wurden zwei Wochen nach dem Besuch an den Arbeitsplätzen am Check-In und am Gate in Frankfurt und auch damit zwei Wochen nach Abgabe ihrer Beobachtungsbögen um eine Bewertung des Verhaltens des Service-Personals vor dem Hintergrund der Soll-Vorstellungen des Unternehmens gebeten. Jeder sollte für die einzelnen Kriterien eine Gesamtzensur für alle von ihm beobachteten Mitarbeiterinnen und Mitarbeiter abgeben. Dabei ist 1 der schlechteste und 10 der beste Wert.

Auf die zentralen Kriterien zusammengefasst, lautet das Ergebnis wie folgt:

Gespräch beginnen	7,3
Aufgabenbezogene Fähigkeiten	6,8
- Informationen einholen	7,3
- Informationen vermitteln	7,7
- mehr Service leisten	5,5
Zwischenmenschliche Fähigkeiten	5,0
- Einfühlungsvermögen beweisen	6,0
- Service-Schritte erläutern	4,0
- Positive Aspekte betonen	5,0
Gespräch beenden	6,2

Sehen wir einmal von den ritualisierbaren Anfangs- und Schlussphasen in den Kundeninteraktionen ab, wird auch hier erkennbar, dass die aufgabenbezogenen Fähigkeiten besser gezeigt werden als die zwischenmenschlichen. Diese Einschätzung entspricht der Beobachtung, dass die Konzentration des Service-Personals auf die Sache höher ausgebildet ist als auf die Kunden. Insofern lag es nahe, im Pilotprojekt die Aufmerksamkeit in erster Linie auf die Kunden zu richten.

7.4 Konzeption einer Kundenbefragungbefragung

7.4.1 Der Kundenwunsch als Maßstab der Praxis

Die Kundenwünsche wurden zum Maßstab erklärt, an denen gemessen wird, ob die Mitarbeiter und Mitarbeiterinnen am Check-In und am Gate die Praxis beherrschen. Vor dem Hintergrund dieser Soll-Bestimmung verändert sich die anfänglich vorläufig entwickelte Analyse-Struktur in eine Zielformulierung.

Damit ist Praxis also keine Schnittmenge mehr, sondern Zielorientierung für die, die Dienstleistung erbringen. Dabei ist das Service-Personal

Dienstleister gegenüber dem externen Kunden. Vorgesetzte[32] und Weiterbildungsverantwortliche haben die Aufgabe als interne Dienstleister, die Dienstleistung nach außen zu unterstützen. In ein Strukturbild gebracht, sieht dies so aus:

7.4.2 Die Auswahl der Critical Incidents

Nach der Auswertung der Beobachtungen am Arbeitsplatz wurde mit zwei Gruppen von Check-In-Mitarbeitern ein halbtägiger Workshop durchgeführt, um die Situationen zu ermitteln, die aus deren Sicht Critical Incidents darstellen.

Als Methode wurde beim ersten Durchgang eine doppelte Kartenabfrage gewählt mit dem Doppelimpuls:

- Mit welchen Situationen gehe ich gerne um?
- Welche Situationen belasten mich?

Die Teilnehmer des ersten Workshops haben diese Impulse eher als Anlass verstanden, interne Strukturen zu thematisieren. Der Blick auf Situationen, die sich auf die unmittelbaren Kundenkontakte beziehen, musste von uns Moderatoren nachgesteuert werden.

Beim zweiten Workshop haben wir von Anfang an die Fragen präzisiert. Sie lauteten ab dann:

- Welche Situationen mit Kunden machen mir Spaß?
- Welche Situationen mit Kunden sind belastend?

---

[32] Ein Hinweis vorweg: Ein Ergebnis der Untersuchung war, dass die Flight-Manager als direkte Vorgesetzte des Service-Personals selbst so in den Kundenkontakt eingebunden und stark belastet sind, dass sie ihre interne „Dienstleistung" für ihre Mitarbeiter kaum noch erbringen können.

Die gesammelten Situationen wurden aufgelistet und durch die während unseres Besuches ermittelten Critical Incidents ergänzt – soweit sie nicht schon von den Workshop-Teilnehmern genannt wurden. Danach wurden die Situationen ihrer Bedeutung nach einem Ranking unterzogen. Die ersten Plätze nahmen vor allem die Situationen ein, die für das Service-Personal belastend sind. Als Ergebnis haben wir schließlich achtzehn Situationen ermittelt, die als Critical Incidents bewertet wurden und nach Ansicht der Teilnehmer auch stellvertretend für andere Situationen stehen, die dann weiter nicht mehr explizit zur Bewertung standen.

Die ausgewählten Situationen lassen sich durch folgende Stichworte skizzieren:

1. Umgang mit sperrigem Gepäckstück
2. Kontaktaufnahme
3. Umgang mit spielenden Kindern
4. zu viel Handgepäck
5. Umgang mit Namensdifferenz
6. Persönliche Anrede
7. Small-Talk beim Koffer-Einchecken
8. Noch eine Frage beantworten
9. Gepäckwagen fehlen
10. Übergepäck
11. Koffer auf Transit finden
12. Überbuchte Maschine – rücktrittswillige Fluggäste finden
13. Umgang mit Verspätungen
14. Schwierige Platzwünsche
15. Ein Kunde muss mal telefonieren
16. Systemausfall im Computer
17. Streit unter Fluggästen
18. Fluggast klagt „Gewohnheitsrecht" bei Übergepäck ein.

Diese achtzehn Situationen sind zentraler Gegenstand eines von uns entwickelten Kundenfragebogens, in dem die Fluggäste ihre Meinung kundtun sollten, wie sie auf das Verhalten des Service-Personals (jeweils in zwei Alternativen beschrieben) reagieren würden.

7.4.3 Hygienefaktoren und Motivatoren

Orientierung für die Ermittlung und vor allem für die Kategorisierung der Kundenerwartung boten uns die Zielwerte des Customer-Service-Index (CSI) der Luftfahrtgesellschaft[33], vor allem der Unterscheidung in Hygienefaktoren und Motivatoren. Allerdings erfährt die Definition von Motivatoren und Hygienefaktoren bei uns eine andere Akzentuierung als beim CSI.

Unter *Motivatoren* verstehen wir:

> *Handeln im Sinne des Kundenwunsches schafft Freude. Gegen den Kundenwunsch zu handeln wird akzeptiert beziehungsweise hingenommen.*

Unter *Hygienefaktoren* verstehen wir:

> *Handeln im Sinne der Kundenerwartung ist selbstverständlich. Gegen die Kundenerwartung zu handeln schafft Ärger.*

7.4.4 Der Fragebogen

7.4.4.1 Der Aufbau des Fragebogens

Vor diesem Hintergrund ist der Fragebogen folgendermaßen aufgebaut. Zuerst wird eine Situation beschrieben, der dann zwei Verhaltensalternativen des Service-Personals zugeordnet wurden. Die erste Alternative ist die, die unseres Erachtens dem Kundenwunsch entspricht. Die zweite ist die, die dem Kundenwunsch nicht entgegen kommt. Die befragten Fluggäste wurden gebeten, zu den beiden Alternativen ihre Reaktion kundzutun. Dabei sind pro Alternative je zwei Reaktionsmöglichkeiten angeboten.

Für die *Alternative 1,* also die im Sinne des Kundenwunsches, lauten sie:

A = Das freut mich so sehr, dass ich es als positives Erlebnis weitererzählen würde.
B = Das ist selbstverständlich.

---

[33] Unternehmenszeitschrift der Luftfahrtgesellschaft vom 27. Juni 1997, S. 6.

Für die *Alternative 2,* also die, die dem Kundenwunsch nicht entspricht, sind es:

C = Das ärgert mich so sehr, dass ich es als negatives Erlebnis weitererzählen würde.
D = Das ist nicht so wichtig./Das muss man wohl akzeptieren.

Die Formulierungen „Das freut mich/das ärgert mich so sehr, dass ich es anderen als positives/negatives Erlebnis weitererzählen würde", basiert auf der Erkenntnis, dass Dienstleistungssituationen Erlebnischarakter besitzen, die sowohl bei besonders negativer als auch bei besonders positiver Ausprägung weitererzählt werden. Der Kunde wird damit zu einem wichtigen negativen wie positiven Werbeträger.

Zurück zum Aufbau des Fragebogens, der am Beispiel der Situationen 4 und 6 anschaulich gemacht werden soll.

Situation 4

Sie haben drei handliche Gepäckstücke, darunter zwei wertvolle Vasen. Obwohl für Sie als Fluggast der Economy-Class das Handgepäck auf ein Stück begrenzt ist, wollen Sie alle drei Gepäckstücke mit an Bord nehmen.

Verhalten 1   *A*   oder   *B*

Das Service-Personal fragt – mit Erfolg – bei der Crew nach, ob noch Stauraum an Bord für die zusätzlichen Gepäckstücke zur Verfügung steht. ☐ ☐

Verhalten 2   *C*   oder   *D*

Das Service-Personal weist Sie unter Hinweis auf die Bestimmungen in Ihrem Tickelt darauf hin, dass die Mitnahme von drei Handgepäckstücken nicht möglich ist. ☐ ☐

Situation 6

| Sie geben gerade Ihr Ticket beim Check-In ab. |

Verhalten 1   *A*   oder   *B*

Sie werden sofort mit Namen angeredet.   ☐   ☐

Verhalten 2   *C*   oder   *D*

Sie werden nicht mit Namen angeredet.   ☐   ☐

Für die Auswertung entscheidend ist die Kombination der angekreuzten Reaktionsmöglichkeiten

A C,
A D,
B C oder
B D.

Die Antwortmöglichkeiten lassen sich vor dem Hintergrund der folgenden Interpretionsfolie so definieren:

A D = Motivator
A C = weder Hygienefaktor noch Motivator
B D = weder Hygienefaktor noch Motivator
B C = Hygienefaktor.

Die Antwortkombination von **A D** entspricht also unserer oben dargestellten Definition von Motivator, die Kombination **B C** den Hygienefaktoren.

7.4.4.2 Zur Kritik am Fragebogen im Untersuchungsvorfeld

Im Vorfeld der Untersuchungen führte der Fragebogen zu erheblichen Irritationen, sichtbar in Äußerungen wie „den verstehe ich nicht", „der taugt nichts" oder „der ist doch lächerlich: Jeder Fluggast kreuzt natürlich die für ihn positive Variante an." Die Irritationen beruhten darauf, dass die Aussagekraft, die in den Antwortkombinationen liegt, nicht deutlich wurde,

- weil der Fragebogen nicht aufmerksam gelesen wurde,
- weil der Fragebogen Anlass bot, latente Unzufriedenheit bei den unmittelbar und mittelbar Betroffenen mit ihrer Arbeitssituation auf sich zu ziehen,[34]
- weil wir es versäumt haben, den Aufbau des Fragebogens ausreichend zu kommunizieren.

Dabei muss die Art der Information je nach Zielgruppe unterschiedlich intensiv sein. Diejenigen, die mittelbar betroffen sind, also die den Fragebogen nicht ausfüllen müssen, sondern als Meinungsbildner auf der Ebene unternehmenspolitischer Entscheidungen mitagieren, wie zum Beispiel die Betriebsräte, können über Theorie und Interpretationsmuster aufgeklärt werden. Die Informationen an die unmittelbar Betroffenen sollte sich auf den Aufbau und die Handhabung des Fragebogens beschränken, um „sozial erwünschte" Antworten nicht zu fördern.

Exkurs: Untersuchungen im unternehmenspolitischen Zusammenhang

Bei der Verteidigung unseres Fragebogens wurde uns zudem eine Dimension deutlich, die von Forschern häufig kaum beachtet wird. Die Durchführung einer Befragung ist in einem Unternehmen, vor allem wenn es groß ist, über einen starken Betriebsrat verfügt und bürokratisch verfestigte Meinungsbildungsprozessuren aufweist, immer auch Gegenstand eines unternehmenspolitischen „Geschäftes". Dies ist eine Erfahrung, die der Autor auch in vielen anderen Unternehmen gemacht hat. Eine Befragung kann entweder zu einem politischen Tauschobjekt werden – in dem Sinne: Wenn ich zulasse, dass diese Untersuchung mit dieser Fragestellung und diesem Forscher in unserem Unternehmen durchgeführt wird, erwarte ich auf der anderen Seite, dass Du ... (das Tauschobjekt, das von der anderen Seite erwartet wird, kann vielfältiger Art sein) ... oder sie wird zum Nachweis der Legitimation der Einbeziehung in die politische Entscheidung über die Durchführung der Befragung nach dem Muster: „Gut, dass wir das Vorha-

---

[34] Dass eine Befragung so etwas wir ein „Ventilöffner" ist, aus dem der Druck der Unzufriedenheit weicht, ist immer wieder zu beobachten. Die Aggression richtet sich dann zwar gegen den Fragebogen, sollte aber auch als Indiz verstanden werden, dass die Situation der Befragten unabhängig von der Befragung belastet ist.

ben noch einmal begutachtet und mit unseren Verbesserungen versehen haben."

In die letzte Kategorie gehört der Korrektureingriff des Betriebsrates des Unternehmens, für das wir die Untersuchung durchführten, bezüglich der ursprünglichen Situation 4. Diese Situation lautete ursprünglich:

Situation 4

> Sie haben nur ein handliches 14 kg schweres Gepäckstück, welches Sie unbedingt mit an Bord nehmen wollen, weil Sie am Zielflughafen aus Termingründen nicht lange auf Ihr Gepäck warten wollen.

Verhalten 1	**A**	**oder**	**B**
Das Service-Personal weist Sie freundich darauf hin, dass dies aus Sicherheitsgründen nicht möglich ist und macht Ihnen den Vorschlag, Ihr Gepäck gesondert zu kennzeichnen, damit dieses am Zielflughafen als Erstes entladen wird.	☐		☐

Verhalten 2	**C**	**oder**	**D**
Das Service-Personal weist Sie unter Hinweis auf die Bestimmungen in Ihrem Ticket darauf hin, dass dies unmöglich ist.	☐		☐

Die Betriebsratsvertreter lehnten die Aufnahme dieser Situation in den Fragebogen mit der Begründung ab, ein im Sinne des Kunden positives Verhalten wäre aus Gründen der Sicherheitsvorschriften, die zu schweres Handgepäck ausschließen, überhaupt nicht möglich. Der Fluggast dürfe auf keinen Fall das Handgepäck mit in das Flugzeug nehmen.

Diese Argumentation ging bezüglich der von uns als Verhaltensalternativen im Sinne des Kundenwunsches gestalteten Varianten im Grunde genommen ins Leere. Denn die kundenfreundliche Variante hat die Sicherheitsvorschriften nicht außer Kraft gesetzt. Das zu schwere Handgepäck durfte nicht an Bord genommen werden, das Service-Personal hat sich vielmehr darum bemüht, das Motiv des Fluggastes aufzugreifen und eine dem Motiv angemessene Ersatzlösung zu finden.

Wir haben dennoch nicht darauf beharrt, dass die von uns beschriebene Situation korrekt sei, sondern die Betriebsräte gebeten, eine neue vergleichbare Situation 4 zu formulieren, die wir dann in den Fragebogen aufgenommen haben und die dann von den Fluggästen auch als ein Motivator eingeschätzt wurde.

Dieses Beispiel darf nicht als Angriff auf das Mitbestimmungsrecht des Betriebsrates missverstanden werden. Denkbar wären auch andere Gruppierungen oder Funktionsträger, die ähnlich agieren. Es soll vielmehr verdeutlicht werden, dass die Unterscheidung: „Handelt es sich um eine Sachfrage oder um eine politische Frage?" – so entlarvend sie auch sein mag – ein Grundproblem bei den Forschungsarbeiten in Unternehmen und auch in anderen Organisationen ist, denen sich der Forscher zu stellen hat. Wer Veränderungsforschung betreibt, also als Forscher in das Feld geht, um etwas zu bewegen, wird es nicht vermeiden können, sowohl auf der Sachebene als auch auf der politischen Ebene zu agieren. Damit steht er vor der Entscheidung, wo er aus politischen Gründen auf der Sachebene nachgeben kann und wo dies nicht mehr möglich ist. In unserem Fall war der Austausch der Situation 4 keine Grundsatzfrage. Insgeheim bleibt jedoch die Neugier, wie diese Situation wohl von den Fluggästen eingeschätzt worden wäre. Vielleicht beim nächsten Versuch.

7.4.5 Die Befragung der Fluggäste

Den Aspekt der ausreichenden Information über die Handhabung des Fragebogens haben wir bei der Befragung der Fluggäste in die Tat umgesetzt. Dem Fluggast wurde der Fragebogen nicht einfach in die Hand gedrückt und mit dem Instrument allein gelassen. Wir sind auf jeden einzelnen Fluggast zugegangen, während er das Gate passiert hat, um bis zum Boarding in der Lounge Platz zu nehmen. Wir haben ihm dann den Aufbau des Fragebogens erläutert und sind beim Ankreuzen der ersten beiden Situationen helfend beziehungsweise beobachtend dabei geblieben, um ihn dann schließlich mit dem Fragebogen allein zu lassen. Unsere Bereitschaft, im Bedarfsfall weiterzuhelfen, wurde nicht in Anspruch genommen. Nach einem angemessenen Zeitraum von fünfzehn bis zwanzig Minuten haben wir den Fragebogen abgeholt. Von den 112 befragten Fluggästen hat lediglich einer den Fragebogen falsch ausgefüllt. Für uns war dies ein Beweis, dass trotz mancherlei Kritik an dem Fragebogen die Fluggäste mit diesem umgehen können und dass die Art und Weise, wie der Fragebogen dem Kunden nahe gebracht wurde, erfolgreich war.

Die Spannung, die sich bei Forschern beziehungsweise in Forscherteams als grundlegende Frage aufbaut: Klappt das, was wir uns ausgedacht haben, hatte sich zu einem Teil gelöst. Der weitere Abbau der Spannung war davon abhängig, ob nach erfolgreicher Handhabung durch die Probandengruppe das Instrument auch geeignet war, Ergebnisse zu liefern, die vor dem Hintergrund des theoretischen Modells interpretiert werden können. Um es vorweg zu nehmen, dies gelang ebenfalls.

7.4.6 Ergebnisse Kundenbefragung

Die Verteilung der Antwortkombinationen für alle achtzehn Situationen brachte ein Ergebnis, die eine eindeutige Identifizierung von fünf Motivatoren und vier Hygienefaktoren möglich machte. Unter eindeutig verstehen wir, dass die entsprechende Antwortkombination, also A D für Motivatoren und B C für Hygienefaktoren mehr als 50 % der Nennungen auf sich zieht und damit größer ist als die anderen drei Antwortkombinationen zusammen.

In einer nach der Höhe der Ausprägung geordneten Darstellung stellt sich das Ergebnis so dar:

Die Zahlen über den Säulen stellen die erreichte Prozentzahl der Nennungen A D für die Motivatoren und B C für die Hygienefaktoren dar.

Ergebnis der Kundenbefragung / Motivatoren und Hygienefaktoren in Prozent (nach Ausprägung geordnet)

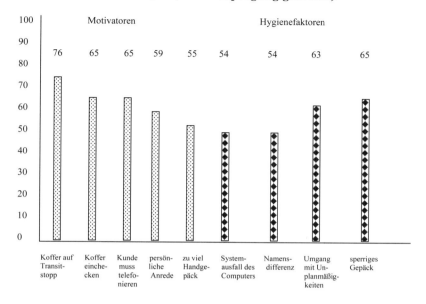

Die höchste Ausprägung aller Motivatoren hat die Situation „Koffer auf Transitstop finden". Zur Verdeutlichung seien nochmals die Situation und die Verhaltensalternativen wiedergegeben:

Situation 11   *Koffer auf Transit finden*

Bei einem längeren Flug bemerken Sie, dass Sie wichtige Unterlagen mit Ihren Koffern eingecheckt haben, die Sie unterwegs noch einmal einsehen müssen. Da Sie in Frankfurt einen Anschlussflug gebucht haben, möchten Sie auf dem Transit an Ihr Gepäck, um die Unterlagen auszupacken.

Verhalten 1   *A   oder   B*

Das Service-Personal bemüht sich, Ihren Koffer anhand der Gepäcknummer zu identifizieren und die Unterlagen werden Ihnen überbracht.

Verhalten 2	*C*	*oder*	*D*
Das Service-Personal teilt Ihnen mit, dass es keine Möglichkeit mehr gibt, an Ihre Unterlagen zu kommen.	☐		☐

Die Fluggäste würden also das Bemühen des Service-Personals, den Koffer auf dem Transitstop zu finden, am stärksten „honorieren". Dem folgt an zweiter und dritter Stelle

- die Hilfsbereitschaft des Service-Personals, in einer „Notlage" dem Fluggast mit einer privaten Telefonkarte auszuhelfen und
- der Small-Talk des Service-Personals beim Abfertigen der Koffer.

An vierter Stelle kommt die persönliche Anrede, nachdem der Fluggast gerade das Ticket abgegeben hat. Fünfter und letzter von uns ermittelter Motivator ist die zuvorkommende Regelung mit dem Handgepäck. Dabei wird dem Fluggast ermöglicht, seine wertvollen Vasen als Handgepäck mit an Bord zu nehmen, obwohl dies den formalen Regeln nach nicht möglich wäre.

Stärkster Hygienefaktor ist zu unserer Überraschung die Situation „Umgang mit sperrigem Gepäck". Wirft das Service-Personal sperrige Gepäckstücke, die gesondert entgegen genommen werden müssen, einfach nach hinten neben das Band auf den Boden, verursacht dies bei den Kunden Ärger. Dies ist auch der Fall, wenn das Service-Personal bei Verspätungen keine Informationen gibt beziehungsweise geben kann. Auch ein formal korrektes, aber in der Wirkung bürokratisches Verhalten gibt Anlass zum Ärger. Die entsprechende Situation soll zur Verdeutlichung nochmals dargestellt werden:

Situation 5   *Namensdifferenz*

> Bei einem Flug mit Dokumentenkontrolle wird am Check-In-Schalter festgestellt, dass Ihr Name auf dem Ticket und im Pass nicht übereinstimmen (zum Beispiel wegen Heirat). Der Service-Personal muss, was Sie nicht wissen können, beim Bundesgrenzschutz eine Klärung herbeiführen.

Verhalten 1   *A*   oder   *B*

Das Service-Personal erklärt Ihnen, welche Schritte
es unternehmen muss, wählt die Nummer des Bundesgrenzschutzes an, kündigt an, dass Sie vorbei-   ☐   ☐
kommen und zeichnet Ihnen den Weg zum
Grenzschutz-Büro auf.

Verhalten 2   *C*   oder   *D*

Das Service-Personal gibt keine Erklärung ab,
telefoniert mit einem Ihnen unbekannten Ge-
sprächspartner, spricht über Sie und verweist   ☐   ☐
Sie der Richtlinie entsprechend an das Büro
des Bundesgrenzschutzes.

Schließlich hängt es vom Verhalten des Service-Personals bei technischen Störungen, wie zum Beispiel bei einem Systemausfall des Computers ab, ob sich der Fluggast ärgert oder ob kein Ärger entsteht. Ärger entsteht dann, wenn das Service-Personal die Kunden vor dem Schalter stehen lässt und untereinander Gespräche führt.

7.4.6.1 Motivatoren, Hygienefaktoren und verallgemeinerbares Verhalten

Die Auflistung von einzelnen Situationen und deren Zuordnung zu Motivatoren und Hygienefaktoren, hat ihren Nutzen im Sinne von situationsorientierter Sensibilisierung des Service-Personals. Für das Training können derartige Situationen Fallbeispiele sein, an denen zielgerichtet für die Berufspraxis geübt werden kann.

Über das Beherrschen von exakt beschriebenen Situationen hinaus war es sinnvoll und nützlich, generalisierbare Aussagen zu machen, was bei dem Kunden Ärger schafft und was Freude bereitet. Nur so können Orientierungen entwickelt werden, die dem Service-Personal Verhaltenssicherheit auch für neue Situationen geben. Das verallgemeinerbare Verhalten, das hinter den Situationen steht, die wir in unserer Untersuchung als Motivatoren ausweisen konnten, ist:

- ein zugewandtes soziales Verhalten, wie zum Beispiel durch
  - die persönliche Anrede und
  - den Small-Talk bei der Abfertigung der Koffer

- und ein „added-value", das heißt ein Zusatznutzen, der unerwartet kommt und in der Marketingterminologie als „not expected but exciting" bezeichnet wird.

Dies trifft nach unseren Ergebnissen zu
- für das Bemühen, den Koffer auf dem Transitstop zu finden,
- für das Zur-Verfügung-Stellen einer privaten Telefonkarte und
- für das Engagement, einen Platz für das wertvolle Handgepäck zu finden.

Verallgemeinerbar für das, was Hygienefaktoren ausmacht, ist
- ein negatives soziales Verhalten,
- ein Ausgeliefertsein des Gastes und
- nicht funktionierende Abläufe.

Als negatives soziales Verhalten wird anscheinend ein achtloser bis ruppiger Umgang mit dem Gepäck eines Fluggastes gewertet. Zwei weitere Situationen, die als Hygienefaktoren erscheinen, sind eher der Kategorie „Ausgeliefertsein bei nicht funktionierenden Abläufen" zuzuordnen. Dies trifft sowohl auf Vorfälle zu, die durch den Kunden in keinem Fall irgendwie beeinflusst werden können. Konkret: Sowohl bei Verspätungen als auch beim Systemausfall des Computers. Hier ist der Fluggast wirklich anderen ausgeliefert.

Bei der Situation 5 „Namensdifferenz" ist der Kunde zunächst einmal eigentlich Verursacher des Problems. Die Lösung dieses Problems wird, wenn sie bürokratisch geregelt wird, als Ausgeliefertsein empfunden. Dieses Empfinden wird noch verstärkt durch das Verhalten des Service-Personals mit einem unbekannten Gesprächspartner über den Kunden telefonisch zu reden. Hier ergänzen sich negatives soziales Verhalten und Ausgeliefertsein zu einer Situation, die beim Kunden Ärger auslöst.

An diesem Beispiel wird besonders die Schnittmenge deutlich, die zwischen den Verhaltensweisen innerhalb der Motivatoren und innerhalb der Hygienefaktoren stehen. Das heißt, zugewandtes soziales Verhalten und überraschende zusätzliche Leistungen (added-value) bedingen und verstärken sich. Dies trifft auf der anderen Seite für ein negatives soziales Verhalten des Service-Personals und das Ausgeliefertsein als Gefühl beim Kunden zu.

Zugewandtes Verhalten und vor allem added-value lösen eine Dienstleistungssituation jedoch nicht selbstverständlich im Sinne eines Motivators. Beide Verhaltensweisen haben zwei voneinander zu trennende Funktionen. In Situationen, die als Motivatoren genutzt werden können, schaffen sie Freude. In Situationen, die als Hygienefaktoren gelten, können zugewandtes soziales Verhalten und added-value lediglich verhindern, dass beim Kunden Ärger entsteht, indem sie das Negativ-Potenzial dieser Situationen kompensieren.

Dies gilt

- für Informationen über die Umstände der Verspätung und das Bemühen um Anschlussverbindungen,

- für die Erläuterung der Service-Schritte bei der telefonischen Ankündigung und die Wege-Skizze in der Situation 5 „Namensdifferenz",

- für den besonderen Einsatz des Service-Personals, den Fluggästen bei einem Systemausfall im Computer einen besonderen Service zuteil werden zu lassen, indem den Fluggästen angeboten wird, schon einem im Warteraum Platz zu nehmen und die Platzkarten vom Service-Personal dorthin nachgebracht werden,

- für die besondere Aufmerksamkeit, die man einem sperrigen Gepäckstück zuteil werden lässt.

7.4.6.2 Zur Funktion von added-value

Added-value – in der Dienstleistungsterminologie auch häufig als „Sahnehäubchen" bezeichnet – kann also je nach Situation erfreuen oder wenigstens Ärger vermeiden. Das Bild des Sahnehäubchens weckt beim Autor Erinnerungen an einen Schülerjob in einer Bäckerei und Konditorei. Die Konditoren setzten den Sahnespritzbeutel für zwei Situationen ein:

- zum einen, um eine Torte noch schöner zu machen, im Sinne von Garnieren und

-   zum anderen, um optische Unzulänglichkeiten zu verstecken, im Sinne von Kaschieren.

Wenn wir den negativ besetzten Begriff Kaschieren – in den von uns beschriebenen Situationen ist die Chance, etwas verbergen zu können ja klein – durch den eher positiv besetzten Begriff Kompensieren ersetzen, taugt das Bild aus dieser Erinnerung, die Funktion des added-value deutlich zu machen.

Weitere Verhaltensweisen, die als Möglichkeiten in den Situationen angedeutet sind, gehören in die gleiche Rubrik, wie die kompensatorische Funktion von added-value. Sie schaffen weder Freude, noch lösen sie Ärger aus; dazu gehört

-   das Einhalten von Regeln und Vorschriften
-   die Konzentration der Service-Mitarbeiter auf die Sachaufgabe.

In ein zusammenfassendes Schema gebracht, lassen sich die Verhaltensformen, die zwischen Motivatoren und Hygienefaktoren trennen, wie folgt darstellen:

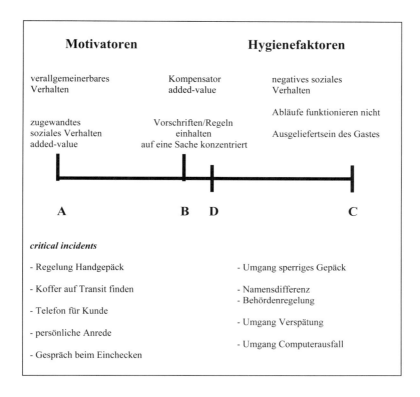

Zur Vervollständigung seien noch die Situationen aufgeführt, die weder Hygienefaktoren noch Motivatoren ausmachen. Wir beschränken uns auf die Beschreibung der Situationen.

Situation 2 **Kontaktaufnahme**

Sie sind nach einer Wartezeit mit dem Einchecken an der Reihe.

Situation 3 **Kinder**

Sie fliegen mit Ihren kleinen Kindern und sind mit dem Check-in an der Reihe. Die Kinder drücken auf die Gepäckwaage.

Situation 8   *noch eine Frage beantworten*

Sie haben sich gerade eingecheckt und verlassen den Schalter, da fällt Ihnen noch eine Frage ein. Obwohl bereits der nächste Kunde am Schalter steht, gehen Sie zurück und sprechen das Personal an.

Situation 9   *Gepäckwagen finden*

Sie haben für Ihr schweres Gepäck keinen Gepäckwagen gefunden und teilen diesen schlechten Zustand dem Check-In-Personal mit.

Situation 10   *Übergepäck*

Sie wollen einen neuen Kunden gewinnen und investieren in einen Flug und sind darauf angewiesen, Präsentationsmaterial mitzunehmen. Dieses Material führt zu 40 kg Übergepäck, für das Sie nicht zusätzlich zu den Flugkosten bezahlen wollen.

Situation 12   *überbuchte Maschine/rücktrittswillige Fluggäste finden*

Sie haben einen Flug nach New York gebucht, da dort ein Geschäftsmeeting stattfindet. Kurz vor dem Abflug kommen Sie zum Gate und wollen einchecken. Das Service-Personal teilt Ihnen mit, dass die Maschine schon voll besetzt ist. Sie betonen, dass sie unbedingt fliegen müssen, da Ihre Anwesenheit unerlässlich ist.

Situation 14   *schwierige Platzwünsche*

Sie verreisen mit Ihrer Familie nach San Francisco und haben bei der Buchung Ihres Fluges bestimmte Plätze reservieren lassen. Am Flughafen erfahren Sie, dass keine nebeneinander liegenden Plätze mehr verfügbar sind und die Platzreservierungen laut Computer nicht erfolgt sind.

Situation 17   *Streit unter Fluggästen*

| Kurz vor dem Abflug streiten sich zwei Fluggäste, wer als Nächstes beim Einchecken an der Reihe ist. |

Situation 18   *Fluggast klagt „Gewohnheitsrecht" ein*

| Sie fliegen häufig, und Ihr Gepäck hat immer ungefähr das gleiche Gewicht. Einige Male mussten Sie Übergepäckgebüren bezahlen, die letzten Male jedoch nicht. Bei Ihrem aktuellen Flug sollen Sie Übergepäckgebühren bezahlen. |

Gemeinsam an diesen Situationen sind:

- Die Regeln sind klar.
- Die Nichtzuständigkeit der Mitarbeiter am Check-In ist eindeutig.
- Der Fluggast hat die Chance selbst verpasst.
- Eine eigene Betroffenheit ist nicht vorhanden.

7.4.7 Konsequenzen aus der Kundenbefragung

Eine kundenorientierte Unternehmensphilosophie verlangt nach genauem Wissen, was der Kunde will und wie er darauf reagiert, wenn seinem Wunsch nicht entsprochen wird. Allgemeine Regeln, wie dem Kunden gegenüberzutreten ist, sind zwar nützlich, aber in ihrer allgemeinen Aussage wiederum nicht präzise genug. Außerdem wächst die Überzeugungskraft gegenüber den Service-Mitarbeitern, wenn Verhaltensvorschriften auf abgesicherten Erkenntnissen über das, was die Kunden wollen, basieren. Die Unterscheidung zwischen Hygienefaktoren und Motivatoren ist gelungen. Die Konsequenzen, die sich für ein situationsadäquates Verhalten ergeben, liegen auf der Hand.

Erste Priorität hat die Lösung der Hygienefaktoren im Sinne der Kunden. Nur so kann vermieden werden, dass bei den Fluggästen Ärger aufkommt. Ärger wiederum ist kontraproduktiv für eine Kundenbindung. Eine Marketing-Faustregel lautet: Einen neuen Kunden zu gewinnen erfordert das Fünf- bis Sechsfache an Aufwand als einen Kunden zu halten. Kunden zu halten, ist in gesättigten Märkten also das erste Gebot. Kunden zu verärgern, ist demnach ein schwerer Verstoß.

Zu glauben, dass man einen Kunden, der in einer Situation, die den Hygienefaktoren zugerechnet wird, verärgert wurde, durch ein zugewandtes Verhalten in einer den Motivatoren zugeordneten Situation besänftigen zu können, ist falsch. Die persönliche Anrede beim Check-In-Vorgang wird es kaum verhindern, dass die Fluggäste sich nachher am Gate ärgern, wenn sie bei einem Computerabsturz ohne Informationen einfach in der Schlange stehen gelassen werden. Auch der freundliche Small-Talk mit den Kunden bei der Kofferabfertigung wird den Ärger dieses Kunden kaum schmälern, wenn das letzte sperrige Gepäckstück unachtsam nach hinten auf den Boden geworfen wird.

Noch einmal: Die Aufmerksamkeit des Service-Personals muss vordringlich darauf gerichtet sein, Situationen, die den Hygienefaktoren zugeordnet werden, im Sinne der Kunden zu lösen. Erst von einer Basis aus, die frei ist von Kunden-Ärger, können Motivatoren wirken. Ansonsten „hängen sie in der Luft".

Für Schulung und Führung gleichermaßen bedeutet dies, die Mitarbeiter am Check-In und am Gate müssen wissen, welche Situationen die Kunden als Hygienefaktoren bewerten. Aus den Seminaren Gelerntes in die Berufspraxis umzusetzen, stellt nur dann einen effektiven Transfer dar, wenn das Gelernte auch das ist, was in eben dieser Berufspraxis tatsächlich gebraucht wird.

7.4.8 Zur Einschätzung der Kundenwünsche durch das Service-Personal und die Flight-Manager

Einen Aspekt haben wir bisher ganz ausgeklammert. Und zwar die Frage, inwieweit die Kundenwünsche dem Service-Personal und deren Vorgesetzten nicht schon so geläufig sind, dass die Ergebnisse unserer Kundenbefragung das unnötige Bemühen darstellt, „die bekannten Eulen nach dem ebenso bekannten Athen zu tragen". Um darüber Klarheit zu erhalten, haben wir dem Service-Personal und den Flight-Managern dieselben Fragen wie den Fluggästen vorgelegt und um ihre Einschätzung gebeten, welche Reaktionen diese wohl zeigen würden.

Wir haben bewusst nicht gefragt, wie die Service-Mitarbeiter als Fluggäste selbst reagieren würden, weil wir sie nicht aus ihrer Verantwortung für die Gestaltung der Situation als Dienstleister entlassen wollten. Empathie als erforderliche Kompetenz heißt im Sinne der interaktionistischen Identitätstheorie nicht, in die Haut des anderen zu schlüpfen, sondern sich und sein Verhalten aus den Augen des Gegenüber zu sehen.

Den Vorgesetzten wurden dieselben Fragen hinsichtlich der vermuteten Reaktion der Fluggäste gestellt. Ziel war es, Übereistimmungen beziehungsweise Abweichungen zwischen den Kundenerwartungen einerseits und den Einschätzungen durch das Service-Personal und deren Vorgesetzten andererseits zu ermitteln. Schließlich ging es auch noch darum, die Abweichungen zwischen Service-Personal und Vorgesetzten herauszuarbeiten.

Das Service-Personal und die Flight-Manager wurden in einem nächsten Passus dann auch befragt, für wie schwierig sie es halten, die Situationen jeweils im Sinne der Kunden zu lösen. Damit wollten wir Informationen darüber erhalten

- ob eine Diskrepanz in der Einschätzung der Kundenerwartungen möglicherweise aus den Hindernissen abzuleiten ist, diesen Erwartungen überhaupt gerecht werden zu können, oder

- ob es einfach darum geht, eine Sache, die im Grunde genommen leicht zu bewältigen ist, schlicht tatsächlich zu tun.

Diese Informationen wiederum geben uns einen wichtigen Hinweis, in welche Richtung transfersichernde Maßnahmen – ob auf strukturelle oder auf motivationale Aspekte gerichtet – anzustreben sind.

Der Schwierigkeitsgrad wurde mit einem Kategoriensystem entwickelt, das zwischen stärker sozialen Situationen einerseits und stärker sachbezogenen Situationen andererseits unterscheidet. Bei den sozial geprägten Situationen haben wir eine Viererskala zu Grunde gelegt, deren Abstufungen

- fällt mir immer leicht
- ist für mich überwiegend leicht
- ist für mich öfter schwierig
- ist für mich immer schwierig

lauten.

Bei den sachbezogenen Situationen haben wir uns für folgende Dreierskala entschieden:

- Da würde ich am liebsten davonlaufen.
- Da muss man halt durch.
- Das ist für mich eine Herausforderung.

Von den fünf Situationen, die wir als Motivatoren ermittelt haben, sind folgende von uns eher als sozial geprägt angesehen worden:

- zu viel Handgepäck
- persönliche Anrede
- Small-Talk beim Kofferabfertigen.

Eher sachbezogen sind die Situationen

- Koffer auf Transitstop finden
- Kunde muss mal telefonieren.

Von den vier Hygienefaktoren sind zwei eher sozial geprägt, und zwar

- Umgang mit sperrigem Gepäck
- Umgang mit Namensdifferenzen.

Folgende zwei sind dagegen eher sachbezogen:

- Umgang mit Verspätung
- Systemausfall am Computer.[35]

---

[35] Zur Verwendung einer Dreier- und Viererskala haben wir in kritischer Sicht im Nachhinein folgende Auffassung entwickelt: Selbstkritisch ist festzuhalten, dass eine Viererskala und eine Dreierskala als Maßstäbe für ein und dieselbe Dimension – hier der Schwierigkeitsgrad – zu Verwirrungen führen muss und überflüssige Erläuterung verlangt. Im Nachhinein kann eine Analyse der Entstehungsgeschichte vielleicht eine Erkenntnis liefern. Wir sind zunächst von den Ausprägungen „Da würde ich am liebsten davonlaufen", „Da muss man halt durch" und „Das ist für mich eine Herausforderung" ausgegangen. Dahinter steckt auch die Überlegung, dass die Art und Weise, wie man eine solche Situation annimmt als Indikator für die Zufriedenheit mit der Arbeitssituation generell und für das Gefühl der eigenen Qualifikation gelten kann. In einem zweiten Schritt mussten wir feststellen, dass die obige Ausprägung schon allein semantisch nicht auf alle Situationen passen. Zum Beispiel jemanden mit seinem Namen anzureden, ist keine Anforderung, die einen zum Davonlaufen bringen kann. Also haben wir für diese Situation, die wir als stärker sozial geprägt bezeichnen, neue Messeinheiten gefunden, bei denen wir dann bewusst eine mittlere Ausprägung vermieden haben.

Zur Verdeutlichung werden nachfolgend Ausschnitte aus dem Fragebogen für das Service-Personal und die Vorgesetzten wiedergegeben.

Bitte geben Sie uns nun an, wie leicht oder schwierig es in Ihrem Alltag für Sie wäre, wenn Sie bei den anfangs beschriebenen Situationen 1 bis 9 jeweils die Verhaltensalternative 1 zeigen sollten.

	fällt mir immer leicht	ist für mich überwiegend leicht	ist für mich öfter schwierig	ist für mich immer schwierig
1. sperriges Gepäck	☐	☐	☐	☐
2. Kontaktaufnahme	☐	☐	☐	☐
3. Kinder	☐	☐	☐	☐
4. zu viel Handgepäck	☐	☐	☐	☐

Wie empfinden Sie die Situationen 10 bis 18, die Sie sicher aus Ihrem Alltag kennen?

	„da würde ich am liebsten davonlaufen"	„da muss man halt durch"	„das ist für mich eine Herausforderung"
10. Übergepäck	☐	☐	☐
11. bestimmte Koffer während eines Transitstopps finden	☐	☐	☐
12. Überbuchte Maschine / rücktrittswillige Fluggäste finden	☐	☐	☐
13. Umgang mit Unplanmäßigkeiten	☐	☐	☐

Die Auswertung bezüglich der Übereinstimmung mit den Kundenerwartungen und bezüglich des Schwierigkeitsgrades haben wir nicht für alle 18 Situationen vorgenommen, sondern lediglich für die ermittelten Hygienefaktoren und Motivatoren.

Das Ergebnis
- des Vergleiches zwischen Kundenerwartungen und Einschätzung des Service-Personals und dessen Vorgesetzten und
- der Einschätzung des Schwierigkeitsgrades seitens des Service-Personals und dessen Vorgesetzten

haben wir in zwei Tabellen wie folgt zusammengefasst.

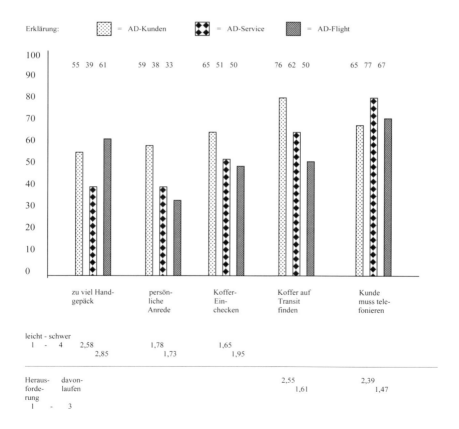

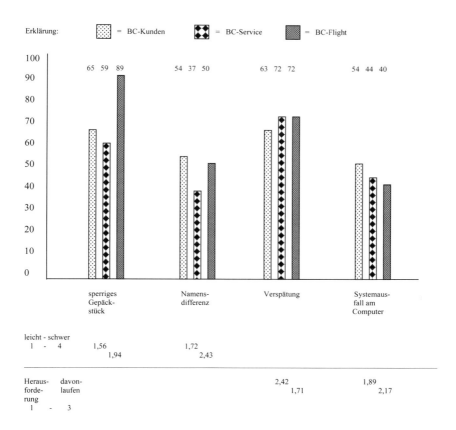

7.4.8.1 Zur Interpretation der Hygienefaktoren:

Der Umgang mit sperrigem Gepäck und das Informationsverhalten bei Verspätungen wird von allen drei befragten Gruppen, den Kunden, dem Service-Personal und den Flight-Managern als Hygienefaktor eingeschätzt, wenngleich auch mit unterschiedlich starker Ausprägung. Deutliche Unterschiede bei der Einschätzung sind bei den zwei verbleibenden Hygienefaktoren zu verzeichnen. Beim Umgang mit Namensdifferenzen liegen die Einschätzungen der Kunden und der Flight-Manager dicht beieinander. Das

Service-Personal dagegen schätzt diese Situation nicht als Hygienefaktor ein. Bei der Situation Umgang mit Systemausfall am Computer weichen sowohl das Service-Personal als auch die Flight-Manager in ihrer Einschätzung von den Kundenerwartungen deutlich ab.

7.4.8.2 Zur Interpretation der Motivatoren

Die Tabelle zeigt Übereinstimmungen beim Motivator „Der Kunde muss telefonieren". Alle drei befragten Gruppen weisen diese Situation als Motivatoren aus. Die höchste Ausprägung zeigen die Service-Mitarbeiter. Der Grund mag lapidar darin liegen, dass der „added-value" zu ihren Lasten geht – es ist ja schließlich ihre private Telefonkarte. Einen Koffer auf dem Tansitstopp zu finden und der Small-Talk beim Kofferabfertigen wird ebenfalls von allen als Hygienefaktor gesehen, von den Dienstleistern und vor allem von deren Vorgesetzten allerdings weniger ausgeprägt. Auffallende Unterschiede sind bei den Motivatoren „zu viel Handgepäck" und „persönliche Anrede" zu verzeichnen. Bei der Situation „zu viel Handgepäck sehen die Flight-Manager die Kundenfreundlichkeit als Motivator, nicht aber das Service-Personal. Die persönliche Anrede des Fluggastes wird im Gegensatz zu den Kunden weder von den Mitarbeiterinnen und Mitarbeitern am Check-In noch von den Vorgesetzten als Motivator gesehen.

7.5 Konsequenzen aus den Abweichungen zwischen Kundenerwartungen und Einschätzung durch die Dienstleister

Welche Konsequenzen sind aus diesen Ergebnissen abzuleiten?

1. Zunächst sind die Kundenerwartungen als Zielorientierung für das Verhalten am Check-In und am Gate den betroffenen Mitarbeiterinnen und Mitarbeitern zu vermitteln. Dies gilt vor allem für die Fälle, in denen das Service-Personal weder den Motivator noch den Hygienefaktor kennt. Die Informationen müssten in gleichem Maße auch den Flight-Managern zugänglich gemacht werden, da sie ja vor Ort als Modell und eventuell auch als „Coach" dienen.

2. Die transfersichernden Maßnahmen sind entsprechend dem Schwierigkeitsgrad, eine kundengerechte Leistung bringen zu können, anzupassen.

3. Bei den Situationen, die nach Ansicht des Service-Personals eher leicht einzuschätzen sind, heißt die Devise: einfach tun und die Unterstützung in Richtung Transfersicherung muss auf die Motivation und die Verhaltensdisziplin der Mitarbeiter gerichtet sein.

Zu den Situationen zählen wir die, die im stärker sozial bezogenen Bereich unter dem Wert 2,5 und in dem stärker sachbezogenen unter 2,0 liegen.

Aus Sicht des Service-Personals sind mit Ausnahme der Situationen „zu viel Handgepäck" und „Koffer auf Transitstopp finden" alle anderen Situationen eher leicht zu bewältigen. Der Ansatz, Transfersicherung zu fördern, liegt in diesen Fällen darin, die Mitarbeiterinnen und Mitarbeiter zu bewegen, wie oben schon ausgedrückt, es tatsächlich zu tun, was nicht ausschließt, auch über strukturell organisatorische Veränderungen das Service-Personal in seinem Willen zu stärken, konsequent kundenorientiert zu handeln. Hilfen auf dieser Ebene sind vor allem dort angebracht, wo der Schwierigkeitsgrad dicht an die von uns gesetzte Obergrenze heranreicht. Dazu gehört der Motivator „Der Kunde muss mal telefonieren" und der Hygienefaktor „Umgang mit Verspätung". Hier müssen Regelungen gefunden werden, die es dem Service-Personal erleichtert, kundenfreundlich zu agieren. Deutlich auf strukturelle Voraussetzungen angewiesen ist das Service-Personal schließlich bei der Handgepäckregelung und dem Auffinden eines Koffers beim Transitstopp.

Vergleicht man den Schwierigkeitsgrad, die Hygienefaktoren bewältigen zu können, mit dem, die Motivatoren kundenfreundlich zu gestalten, hält das Service-Personal den Umgang mit den Hygienefaktoren in der Tendenz (Mittelwert über alle Schwierigkeitsgrade: 1,98) für leichter, als den mit den Motivatoren (2,19). Die Flight-Manager sehen dies gerade umgekehrt: für die Hygienefaktoren 2,09 und für die Motivatoren 1,94.

Diese Diskrepanz muss Anlass sein, eine situationsadäquate Wahrnehmung der Praxis am Check-In und am Gate zwischen den betroffenen Mitarbeitern und deren unmittelbaren Vorgesetzten zu thematisieren. Die Notwendigkeit einer entsprechenden Klärung wird um so deutlicher, wenn wir die Unterschiede in der Bewertung einzelner Situationen betrachten.

0,7 Punkte liegen die Service-Mitarbeiter und die Flight-Manager bei den Hygienefaktoren „Namensdifferenz" und „Verspätung" und gut 0,9 Punkte bei den Motivatoren „Koffer auf Transitstopp finden" und „Kunde muss mal telefonieren" auseinander. Bei den beiden letztgenannten Motivatoren schätzen die Flight-Manager den Schwierigkeitsgrad erheblich geringer ein als deren Mitarbeiter.

Bei den Hygienefaktoren ist die Tendenz nicht so einheitlich. Eine Situation wird von den unmittelbaren Vorgesetzten für deutlich schwieriger gehalten, und zwar „Namensdifferenz". Dagegen wird der Umgang mit Verspätung deutlich leichter eingeschätzt, als dies das Service-Personal tut.

Diese Ergebnisse verlangen nach einer Interpretation, sie können als Anstoß genutzt werden, die Praxissituation durch die betroffenen Mitarbeiter und Flight-Manager gemeinsam zu beleuchten und möglichst konkrete Ursachen für die unterschiedliche Bewertung zu ermitteln. Diese konkreten Ursachen wiederum werden sowohl auf motivationale als auch auf strukturelle Faktoren zurückzuführen sein. Der Anteil jeder dieser Faktoren wird je nach Ursache unterschiedlich groß sein. Auf jeden Fall gilt es, die Chance zu nutzen, ein empirisches Ergebnis als Anlass zu nehmen, die Betroffenen im Sinne von Organisationsentwicklung zu Beteiligten zu machen und sie im Dialog an der Verbesserung ihrer Berufspraxis arbeiten zu lassen.

7.6 Die Ermittlung der Kundenwünsche als zentrales Element der Transfersicherung

Die Ermittlung der Kundenwünsche ermöglicht erst die eindeutige Zielorientierung der Bildungsmaßnahmen, die Mitarbeiter eines Unternehmens für deren Berufspraxis qualifizieren soll. Noch so didaktisch ausgeklügelte Seminare und Begeisterung weckende Trainer bleiben für das Tun im beruflichen Alltag wirkungslos, wenn die Zielrichtung nicht klar ist. Eine deutliche Zielrichtung ist das Fundament aller darauf aufbauenden Transfersicherungsmaßnahmen.

Wie wichtig eine solche Klärung ist, haben die Differenzen in den Einschätzungen der Kundenwünsche aus den zuvor dokumentierten Ergebnissen gezeigt. Die Bedeutung der Zielorientierung scheint durch die ersten empirischen Ergebnisse bestätigt, die sich in einem vom Autor derzeit betreuten Dissertationsvorhaben gegenwärtig abzeichnen. Als wirkungsvolls tes Mittel der Transfersicherung schält sich das zielorientierte Vorgespräch zwischen Vorgesetzten und an einem Seminar teilnehmenden Mitarbeitern heraus.

Das von uns entwickelte Muster, mit Hilfe dessen die Wirksamkeit der zentralen transfersichernden Maßnahmen analysiert werden soll, ist ein situationsorientierter Ansatz, der zwischen Hygienefaktoren und Motivatoren zu unterscheiden hilft. Dieses Muster bringt Ergebnisse, die deutlich Orientierung bieten. Die Zielrichtung im Rahmen einer Dienstleistungsstrategie wird durch eine theoriegeleitete Befragung von Kunden konkretisiert. Lernziele für die Aus- und Weiterbildungsmaßnahmen erhalten dadurch eine solide Basis. Darüber hinaus werden aus einem Vergleich zwischen den ermittelten Kundenbedürfnissen und den Einschätzungen der Dienstleister über diese Bedürfnisse Defizite erkennbar, wodurch eine gezielte „Gegen-"Steuerung möglich ist. Eine solche Gegen-Steuerung darf sich nicht auf das Mittel der Aus- und Weiterbildung beschränken, sie muss sich vielmehr Aktivitäten der Organisationsentwicklung öffnen. Darauf weisen nicht zuletzt die Unterschiede in der Wahrnehmung des Berufsalltags hin, die zwischen dem Service-Personal und dessen unmittelbaren vorgesetzten Flight-Managern hin.

7.7 Transfersicherungsmaßnahmen im pädagogischen Feld

7.7.1 Das theoretische Modell

Haben wir uns im ersten Teil des Pilotprojektes um eine Analyse der Zielsetzung der Bildungsarbeit bemüht, die hinsichtlich der zeitlichen Dimension vor den pädagogischen Maßnahmen liegt, gehen wir im zweiten Teil in das pädagogische Feld selbst hinein. Unsere theoretische Orientierung gründet sich in dem folgenden Modell der drei seelischen Faktoren, das Fritz Glasl (Glasl 1994)[36] seinem Konfliktmanagement zu Grunde legt.

---

[36] Glasl, Fritz: Konfliktmanagement. Bern, Stuttgart 1994

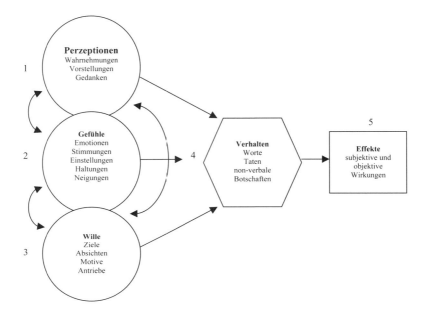

(Fritz Glasl 1994, Seite 36)

Wir haben dieses Modell allerdings um die Dimension des Interaktionspartners erweitert und die Effekte, die das Verhalten des ersten Partners erzielt, in Perzeption, Gefühle und Wille des Empfängers „übersetzt", dessen Handlung wiederum auf die drei seelischen Faktoren seines Interaktionspartners einwirkt. Diesen Interaktionsaspekt bezeichnen wir als soziale Beziehung. Die Gestaltung dieser Beziehung wiederum ist beeinflusst durch andere Umfeldbedingungen. Dazu gehört die Situation beziehungsweise der Sachgegenstand – also bezogen auf unser Pilotprojekt das Einchecken am Check-In-Schalter. Diese Situation ist wiederum durch Rahmenbedingungen geprägt. So belastet beziehungsweise entlastet zum Beispiel die Wartezeit vor dem Check-In-Schalter oder die räumlichen Bedingungen die spätere Interaktion zwischen dem Check-In-Personal und dem Fluggast. Ziel der Interaktion ist zweifellos primär eine Sachlösung, deren Gelingen beziehungsweise Misslingen auf die soziale Beziehung einwirkt. Nicht vergessen werden dürfen zweifellos die persönlichen Voraussetzungen, ob sie sich aus den aktuellen Bedingungen erklären lassen, wie zum

Beispiel Flugangst, oder in typischen Persönlichkeitsstrukturen liegen. All diese Umfeldfaktoren prägen die soziale Beziehung der Situation zwischen Service-Personal und Fluggast. Ein Modell, das diese Aspekte aufnimmt, stellt sich unserer Auffassung nach folgendermaßen dar:

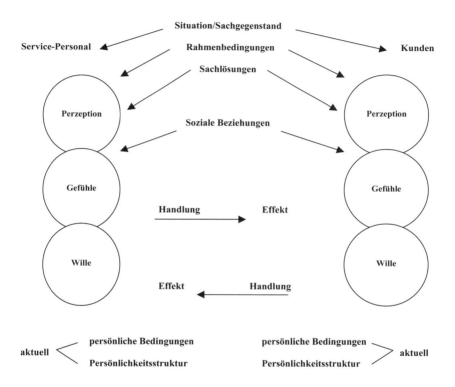

Man mag nun einwenden, dass die soziale Beziehung nicht den Hauptzweck einer Check-In-Interaktion darstellt. Dies ist richtig. Wenn wir uns an die Unterscheidung zwischen Hygienefaktoren und Motivatoren und vor allem an die verallgemeinerbaren Verhaltensweisen erinnern, die hinter diesen Kategorien liegen, können wir nochmals festhalten: die Art und Weise des sozialen Verhaltens, dass das Service-Personal zeigt, entscheidet darüber, ob die Kunden in für sie misslichen Situationen keinen Ärger entwickeln und die Sache hinnehmen beziehungsweise akzeptieren oder ob sie in für sie „gut laufenden" Situationen durch (zusätzlich) zugewandtes soziales Verhalten Freude empfinden. Damit soll zugleich angedeutet werden, dass es in der Hand der Service-Mitarbeiter liegt, ob der Fluggast sich positiv angenommen oder zumindest nicht verärgert fühlt.

Unser Analyseinstrument für Interaktionen wird somit zu einem Gestaltungsmodell, das von der Grundannahme ausgeht, dass die Gestaltung der Interaktion primär in der Verantwortung der Mitarbeiter und Mitarbeiterinnen am Check-In und am Gate liegt. Der seelische Faktor (in der Terminologie von Fritz Glasl), der damit in den Mittelpunkt rückt, ist der Wille. Der Wille der Service-Mitarbeiterinnen und Mitarbeiter die Situation zu steuern, ist das entscheidende Gestaltungsmoment. Das Service-Personal darf sich nicht als gleichberechtigte oder unterlegene Partner in die Interaktion „hinfallen" lassen, sondern aus einer Helikoptersicht so viel Distanz zu gewinnen versuchen, dass damit ein Gestaltungseinfluss zunimmt. Distanz zur Situation und damit wachsende Steuerungsmöglichkeiten basieren auf und zeigen sich zugleich in zentralen interaktionsfördernden Fähigkeiten im Sinne der interaktionistischen Identitätstheorie. Es handelt sich um neue

- Empathie und
- Rollendistanz.

Empathie heißt – wie oben bei der Begründung für die Konstruktion des Mitarbeiterfragebogens schon skizziert – sich selbst aus den Augen des anderen wahrnehmen zu können. Dieses wiederum ist Voraussetzung, sein Verhalten so zu steuern, dass er den Kunden zufrieden stellt. Wenn es den Mitarbeiterinnen und Mitarbeitern darüber hinaus noch gelingt, die „Augen des anderen noch ausdifferenzieren zu können" in dem Sinne – „Dieser schüchterne Fluggast wird mein Verhalten so, dieser aufgebrachte Fluggast wird mein Verhalten anders wahrnehmen" – hätten wir einen Idealzustand erreicht.

Rollendistanz als geforderte Fähigkeit mag vor dem Hintergrund eines kundenzugewandten Verhaltens paradox erscheinen. Hinter Rollendistanz steckt jedoch der aktive Part der Rollenübernahme im Sinne von role-making. Es geht darum, die Rolle anzulegen und sie zu spielen und nicht in ihr aufzugehen. An anderer Stelle hat der Autor zur Verdeutlichung auf folgendes Beispiel verwiesen:

„Es ist zum Beispiel ein Trugschluss zu meinen, ein guter Schauspieler sei der, der in seiner Rolle vollends lebt, und wenn es das Stück so will, jeden

Abend auf der Bühne darin stirbt. Einer, der so agiert, verdient höchstens die Berufsbezeichnung „Schmieren-Komödiant". Ein guter Schauspieler legt seine Rolle an, beobachtet wenn möglich die Originale, das heißt die Menschentypen, die er zu spielen hat, deutet deren Wirkung, wählt Charakteristika aus, verändert immer im Hinblick, wie das, was er „über die Bühne bringt", vom Zuschauer wahrgenommen wird. Ebenso bedeutet Rollendistanz in tagtäglichen Interaktionssituationen, sich selbst zu kontrollieren und in gewissem Maße innere Distanz zu halten." (Schäffner 1991, Seite 33)[37]

Empathie und Rollendistanz gemeinsam ist die Distanz, die aus einem reflexiven Blickwinkel ein aktives Steuern ermöglicht. Dies ist nach Ansicht des Autors im übertragenen Sinne als „professionelles" Verhalten[38] des Service-Personals verstehen. Dazu gehört auch der Abschied von einem Verständnis, dass leichte Situationen als normal und schwierige als Unglück zu betrachten sind. Es geht um den Willen, auch schwierige Situationen zu meistern. Gelingt dies (zunehmend), entsteht daraus die Wahrnehmung der eigenen Kompetenz und ein Gefühl, „wichtig" zu sein. Und beides sind Quellen eines (wachsenden) Selbstbewusstseins.

7.7.2 Unterstützende Voraussetzungen

Unsere obigen Ausführungen dürfen nun nicht dahin gehend missverstanden werden, dass die Mitarbeiterinnen und Mitarbeiter alleine für die Gestaltung kundenorientierter Interaktionen zuständig sind. Deren Wille ist zwar der entscheidende Ansatz. Dieser Wille muss aber zum einen entwickelt und zum anderen so unterstützt werden, dass er auch umgesetzt werden kann. Jeder Wille wird gebrochen, wenn er immer gegen eine „Betonwand" oder auch eine „Gummiwand" läuft, die möglicherweise von den gleichen Personen errichtet worden ist, die bei den Mitarbeitern den Willen einfordern, kundenfreundlich zu handeln.

Welche Unterstützungen möglich und sinnvoll sind, soll das folgende Modell zeigen:

---

[37] Schäffner, Lothar: Arbeit gestalten durch Qualifizierung. München 1991
[38] Der Begriff Professionalität wird hier eher alltagssprachlich gebraucht, da das Kriterium der wissenschaftlichen Ausbildung für die Tätigkeit am Check-In nicht erforderlich ist.

Voraussetzungen zur Steuerung eines erfolgreichen Interaktionsverhaltens des Service-Personals gegenüber den Kunden

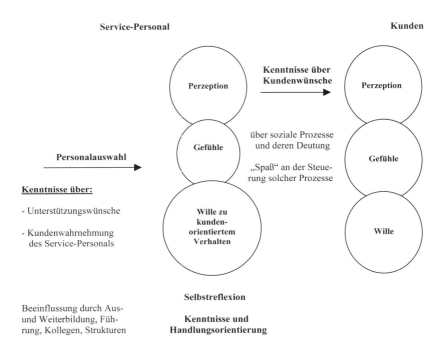

Unterstützung können die Service-Mitarbeiter

- durch Führungskräfte,
- durch ihre Kollegen,
- durch strukturelle organisatorische Bedingungen und
- durch Aus- und Weiterbildung

erhalten. Im Hinblick auf die Unterstützung durch die Vorgesetzten ist dies nur möglich, wenn diese wissen, wie ihre Mitarbeiter die Kundenerwartungen wahrnehmen und welche Unterstützungswünsche sie konkret haben. Unterstützung liefern zweifellos Informationen über das, was die Kunden wünschen, wenn diese Informationen über die subjektiven Eindrücke hinaus reichen und auf verobjektivierbaren Beobachtungen basieren. Hilfestellung können auch Kenntnisse über soziale Prozesse und über deren Deutung liefern, was zugleich die Chance erhöht, dass die Mitarbeiter „Spaß" an der Steuerung solcher Prozesse gewinnen, und zwar im Sinne der oben beschriebenen Professionalität und dem Zusammenhang von Kompetenz und Selbstbewusstsein. Diese Hilfen unterstützen und schützen eine bewusst eingenommene Orientierung für das eigene Handeln und die Entwicklung und Entfaltung von Selbstreflexion.

Bislang zurückgestellt und nicht weiter bearbeitet ist die Frage der Personalauswahl. Die Auswahl von geeigneneten Mitarbeiterinnen und Mitarbeitern für eine Tätigkeit in unmittelbarem Kundenkontakt ist wohl eine der wichtigsten Voraussetzungen für Transfersicherung. Menschen, die kontaktscheu sind, ein negatives Menschenbild haben oder meinen, sie würden sich etwas vergeben, wenn sie Dienstleistung erbringen, sind fehl am Platze. Selbst wenn sie es kognitiv erfassen würden, wie man einem Kunden gegenüber sich zu verhalten hat, würden sie in ihrem Berufsalltag jede Ausrede finden oder Schuldzuweisungen kreieren, wieso sie nun in der einen oder anderen Situation sich nicht kundenorientiert verhalten konnten. Mit dieser Bemerkung soll dieser Aspekt abgeschlossen sein.

Wieder zurück zu den unterstützenden Faktoren. Unsere bisherigen Ausführungen haben schon Informationen zu einigen dieser Faktoren beigetragen. Im Zentrum unserer Analyse standen die Kundenwünsche und die Wahrnehmung der vermeintlichen Kundenwünsche. Offen sind noch die Kenntnisse über soziale Prozesse und deren Deutung und dem „Spaß" an der Steuerung solcher Prozesse. Informationen darüber sind nur über eine Analyse der Bildungsangebote möglich oder über Coaching-Prozesse, in denen derartige Kenntnisse und Einstellungen vermittelt werden. Die soll in einem übernächsten Schritt versucht werden. In einem nächsten Schritt wenden wir uns den Unterstützungswünschen zu, die die Mitarbeiter und Mitarbeiterinnen am Check-In und am Gate äußern.

Unterstützungswünsche seitens des Service-Personals

Ausgehend von den Unterstützungswünschen, die die Teilnehmerinnen und Teilnehmer an dem oben erwähnten Workshop geäußert haben, haben wir im Fragebogen für das Service-Personal folgende Möglichkeiten zur Auswahl gestellt:

- Refresher-Kurse
- Organisierter Erfahrungsaustausch zwischen dem Service-Personal
- Kürzere Intervalle zwischen Theorie und Praxis
- Feedback-Runden unter den ersten Fachkräften, die auch die neuen Mitarbeiter einarbeiten
- Feedback einige Wochen nach dem Abschluss der „Mitlaufzeit" (Was hat es gebracht?)
- Bessere Unterstützung durch die Vorgesetzten
- Schulung standardisierter Sprachregelungen
- Transparentes Bildungsprogramm
- Job-Rotation
- Anleitung zum persönlichen Entwicklungsplan.

Die Vorgesetzten haben wir entsprechend danach gefragt, welche Hilfestellungen ihrer Meinung nach erforderlich sind, damit ihre Mitarbeiterinnen und Mitarbeiter die Schulungsinhalte im Berufsalltag umsetzen können. Beide Gruppen wurden dann noch nach der Wirksamkeit dieser Unterstützungsmöglichkeiten gefragt. Sie sollten differenzieren nach

- hochwirksam
- wirksam
- wenig wirksam
- kaum wirksam.

Die Aussagen zu diesem Aspekt haben wir zu folgendem Ergebnis zusammengefasst, das zu einen geeignet ist, Prioritäten zu setzen, zum anderen (wie oben schon bezüglich des Schwierigkeitsgrades, kundenorientiert zu handeln) Anlass bietet, die unterschiedlichen Einschätzungen durch Mitarbeiter und Flight-Manager zu thematisieren.

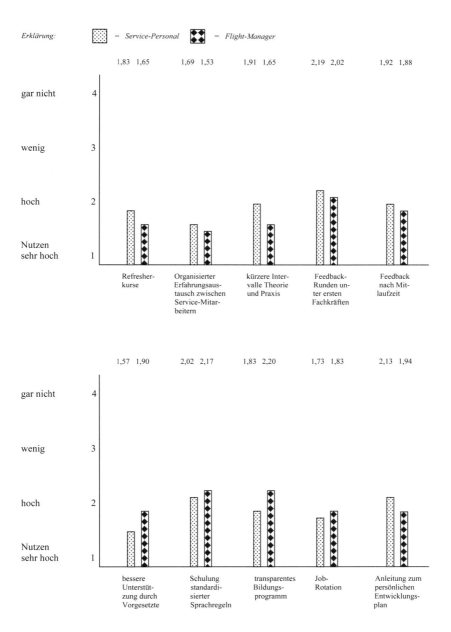

Die Vielfalt der Interpretationsmöglichkeiten aus diesen Ergebnissen haben wir doch reduziert auf die Prioritätensetzung aus Sicht der Mitarbeiterinnen und Mitarbeiter. Diese Beschränkung haben wir deshalb vollzogen, weil wir wissen wollten, wo das Service-Personal am meisten Unterstützung braucht. Dahinter steckt die pragmatische Einschätzung, dass für erforderliche Umsetzungs- und Veränderungsmaßnahmen nur begrenzte Ressourcen zur Verfügung stehen.

An erster Stelle auf der Wunschliste des Service-Personals steht eine bessere Unterstützung durch die Vorgesetzten, an zweiter ein organisierter Erfahrungsaustausch zwischen dem Service-Personal. An dritter Stelle steht Job-Rotation und an vierter Stelle gemeinsame Refresher-Kurse und ein transparentes Bildungsprogramm.

Die für das Pilotprojekt auf der Station Franfkurt Verantwortlichen haben an Hand dieser Prioritätenliste entschieden, zunächst drei Schwerpunkte zu setzen.

1. Unterstützung durch Vorgesetze
2. Erfahrungsaustausch
3. Transparentes Bildungsprogramm.

Unterstützung durch die Vorgesetzten

Der Wunsch nach mehr Unterstützung durch die Vorgesetzten hat dazu beigetragen, die Rolle der Flight-Manager als Vorgesetzte zu überprüfen. Eingeschlossen in diese Überprüfung war das Rollenverständnis der Flight-Manager selbst und die Rahmenbedingungen, unter denen sie ihre Vorgesetzenfuktion ausüben. Dass die Flight-Manager sich nicht uneingeschränkt als Vorgesetzte fühlen, haben wir zu unserer Überraschung aus einigen Äußerungen von Flight-Managern entnommen, wie zum Beispiel: „Ich verstehe mich nicht alsVorgesetzter der Kolleginnen und Kollegen am Check-In." Sind solche Äußerungen Ausdruck von egalitärer kollegialer Einstellung oder von Unterstatement? Beides können wir wohl mit Nein beantworten, und zwar auf Grund der „Nebenergebnisse" während unserer Praxisbeobachtung.

Die Flight-Manager und Flight-Managerinnen vor allem am Gate wirkten auf uns Beobachter wie die „Felsen in der Brandung"; schon allein dadurch zu erkennen, dass sie standen, während die Mitarbeiterinnen und Mitarbeiter saßen. Um im Bild zu bleiben: Alles, was an gefährlichn „Wellen" auf das Gate zukam, wurde von ihnen aufgefangen. Sie spielten Feuerwehr, Konfliktmanager und letztendliche Entscheider. Diese Rolle mögen noch etliche Führungskräfte in den unterschiedlichsten Unternehmen als ihre eigentliche Aufgabe sehen, an denen sie sich beweisen und ihre Vorgesetztenkompetenz demonstrieren müssen.

In Unternehmen, die auf die Strategie setzen, Verantwortung dorthin zu verlagern, wo Wertschöpfung geschieht – in Dienstleistungsbereichen ist dies der Ort, wo ein unmittelbarer Kontakt zu den Kunden besteht – ist ein solches „Heldenverständnis" von Vorgesetzten überholt. Um Missverständnissen beziehungsweise Fehlinterpretationen vorzubeugen: Wir wollen ein solches Führungsverständnis nicht einseitig auf persönliche Einstellungen der Führungskräfte zurückführen. Ein zweiter, nicht zu unterschätzender Faktor sind die Rahmenbedingungen, unter denen Führungsarbeit geleistet wird.

Ein Führungsverständnis, das auf

- Zielvereinbarung,
- Soll-Ist-Vergleich,
- Steuerung und
- Personalentwicklung

mit dem Ziel setzt, Hilfe zur Selbsthilfe zu leisten, braucht eine gewisse Distanz zum Alltagsgeschäft. Je stärker die Führungskraft in die unmittelbaren Operationen einbezogen ist, desto schwerer wird es ihr gemacht, das erforderliche Maß an Distanz zu halten, das es ihr erlaubt, von oben auf das Alltagsgeschäft zu scheuen und es „von der Brücke aus" zu steuern.

Dies wird den Flight-Managern, so wie ihre Rolle in der Praxis angelegt ist, erheblich erschwert. Eine starke Belastung der Flight-Manager ist die Konsequenz daraus, wahrnehmbar als eine Drucksituation zu deren Entladung dann eine Befragung dienen kann, wie aus etlichen kritischen Notizen von Flight-Managern auf dem Fragebogen oder in gesonderten Schreiben deutlich wird. Man muss solche Äußerungen als Indikator ernstnehmen für eine Situation, die für den Absender oder auch für andere zu einer extremen Belastung geworden ist. Insofern ist es auch verständlich, dass die Flight-Manager die bessere Unterstützung durch die Vorgesetzten hinsichtlich ihres Nutzens bei Weitem nicht so hoch eingeschätzt haben wie die Mitarbeiter. Dahinter ist die Zurückweisung einer zusätzlichen Belastung zu vermuten oder das Bemühen, einer Schuldzuweisung entgegenzutreten.

Die Verantwortlichen der Luftfahrtgesellschaft für das Pilotprojekt am Standort Frankfurt haben hinsichtlich ihrer Konsequenzen aus unserer Analyse einen Ansatz gewählt, der strukturelle und persönliche Bedingungen, unter denen die Arbeit der Flight-Manager geschieht, miteinander in Verbindung zu bringen vermag. Sie konzentrieren sich derzeit auf die Erstellung von Anforderungsprofilen für Flight-Manager, darüber hinaus inzwischen für alle operationalen Führungskräfte.

Die Ausweitung auf die operationalen Führungskräfte insgesamt kann im Sinne eines Pilotprojekts, das exemplarisch Anstoß geben soll, zur Lösung vergleichbarer Problemstellungen, als Erfolg gewertet werden. Dieser wird noch gesteigert durch das Bestreben, auch für die Mitarbeiterinnen und Mitarbeiter in operativen Service-Bereichen ebenfalls Anforderungsprofile zu erstellen.

Unseres Erachtens ist dies das richtige Vorgehen, da nach unserem Verständnis die Aufgaben einer Führungskraft nur aus den Aufgaben ihrer Mitarbeiter abgeleitet werden können. Die Anforderungsprofile für Führungskräfte im operativen Bereich werden aus Sicht der Verantwortlichen zu Anpassungsprozessen auf vier Ebenen führen:

1. auf der Ebene der Arbeitsplatzbeschreibung zur Aktualisierung und Verankerung von Führungskompetenz,

2. auf der Ebene der Auswahl zu einer stärkeren Berücksichtigung der Fähigkeiten zur Mitarbeiterführung,

3. auf der Ebene der Qualifizierung zur Vermittlung und Unterstützung von im Anforderungsprofil definierten Kompetenzen und

4. auf der Ebene des Beurteilungssystems zu Zielvereinbarungen, in denen die Umsetzung des in Qualifizierungsmaßnahmen Gelernten gefordert wird.

Die Chance der Vermittlungsfunktion zwischen den strukturellen und den persönlichen Bedingungen, die wir oben angedeutet haben, kann jedoch nur genutzt werden, wenn die Anpassung auf der Ebene der Arbeitsplatzbeschreibung zugleich auch genutzt wird, die Arbeitssituation von Flight-Managern selbst einer Überprüfung und Revision zu unterziehen. In diesem Falle sehen wir gute Möglichkeiten, das Ziel zu erreichen, mit dem die Erstellung von Anforderungsprofilen verbunden ist: die Verbesserung der Führungskompetenz in den operativen Feldern.

Erfahrungsaustausch

Bei der Auswahl der Aktionsschwerpunkte wurde der Wunsch nach Job-Rotation nicht gesondert aufgegriffen, zumal er von den Personalressourcen her kaum zu realisieren wäre. Das Motiv, das hinter dem Verlangen nach Job-Rotation vermutet wurde, und zwar Überblick über die Zusammenhänge zu gewinnen, in denen die eigene Arbeit steht, und die damit verbundene Chance, die Kompetenz der Mitarbeiter zu erhöhen, weil sie besser informiert und kundenorientierter handeln und denken können, glaubte man durch entsprechende Formen des Erfahrungsaustausches befriedigen zu können. Die Verantwortlichen für die Niederlassung haben dazu konkrete Aktionen auf folgenden vier Feldern vorgesehen:

- Austausch neuer Mitarbeiter untereinander,
- Austausch neuer mit erfahrenen Mitarbeitern,
- Austausch der Einweiser in die Berufspraxis untereinander,
- Austausch unter Vorgesetzten.

Für jedes der vier Felder wurde ein Aktionsplan erstellt, in dem die einzelnen Maßnahmen, die jeweiligen Umsetzungsverantwortlichen, die Termine und die jeweiligen Prozessverantwortlichen festgehalten werden.

Maßnahmen im Feld „Austausch neuer Mitarbeiter untereinander" sind

- eine Mailbox zu einem Transferpartner einzurichten,
- einen Stammtisch einzurichten,
- eine Feedback-Runde am Ende der Mitlaufzeit durchzuführen,
- über eine Telemaske Feedback zu ermöglichen und
- die Mitlaufzeit einheitlich zu gestalten und zu verlängern.

Im Feld „Austausch neuer mit erfahrenen Mitarbeitern" wird ebenfalls ein Stammtisch angestrebt. Darüber hinaus sollen zum einen Team-Meetings zum Erfahrungsaustausch genutzt und zum anderen Extra-Feedback-Runden zwischen neuen und erfahrenen Mitarbeitern zunächst versuchsweise organisiert werden. Schließlich ist die Einrichtung einer Hotline für neue Mitarbeiter nach der Mitlaufphase angedacht. Deren Realisierung hängt allerdings von der Möglichkeit ab, entsprechende Rahmenbedingungen zu schaffen.

Im Feld „Austausch der Einweiser untereinander" wird der Phasenplan (als Leitfaden) überarbeitet und um „Softskills" ergänzt. Zudem wird die Regelung eingeführt, den Phasenplan abzuzeichnen und beim Einweiserwechsel weiterzugeben. Darüber hinaus ist eine Checkliste erarbeitet worden, anhand derer die Einweiser detailliert festhalten können, welche von den vermittelten Fach- und Servicethemen wie umgesetzt werden konnten. Schließlich wird geplant, einmal vierteljährlich ein Einweiser-Meeting durchzuführen.

Im Feld „Austausch unter Vorgesetzten" ist vorgesehen, Transfersicherung in Vorgesetzten-Meetings zu thematisieren. Zur Unterstützung wird den Führungskräften eine Kurzfassung der Trainingsmaßnahmen zur Verfügung gestellt. Außerdem wird veranlasst, dass in den Flight-Manager-Meetings ein Stationsfachlehrer teilnimmt, um anfallende Fragen zu beantworten.

All diese Maßnahmen sind unseres Erachtens geeignet, den Erfahrungsaustausch entsprechend der Mitarbeitermotive und dem Unternehmensinteresse zu gestalten. Allerdings muss darauf geachtet werden, dass die Dominanz der Fachinhalte in den einführenden Schulungen nicht die Softskills, die im Rahmen unserer Untersuchung im Vordergrund standen, vergessen lässt.

Der Erfolg all der vorgeschlagenen Maßnahmen hängt letztendlich davon ab, inwieweit sich eine Kultur des Erfahrungsaustausches und der gegenseitigen Unterstützung herausbildet, die sich nicht an vorgegebenen Themen zu orientieren braucht, sondern in der all die Fragestellungen auf den Tisch kommen, die die Mitarbeiter im Check-In und am Gate behindern oder auch fördern, ihren Willen zu realisieren, Kundenkontakte kundenorientiert zu gestalten.

7.7.3 Toolbox zur Transfersicherung

Zweites Ziel des Pilotprojektes war die Erstellung eines „Handwerkskastens" für transfersichernde Maßnahmen. Ein solcher Instrumentenkoffer ist unter taktischen Gesichtspunkten die wohl wirkungsvollste Aktion, Transfersicherung tatsächlich zu transferieren. Dazu wurden die Transfersiche rungsmaßnahmen einerseits ausdifferenziert und zum anderen wieder zusammengefasst, in dem wir sie den Phasen vor, während und nach den Bildungsmaßnahmen zugeordnet haben. Das Verbindende soll wiederum durch die gemeinsame Schnittmenge verdeutlicht werden, die wir als Praxis verstehen. Unterstützung brauchen all diese Maßnahmen durch ein Transfersicherungsmanagement, das in Managementregeln gefasst wiederum Transfersicherung sichert.

Die hier skizzierten Maßnahmen dienen alle dem Zweck, den Willen der Mitarbeiter zur Steuerung von Kundeninteraktionen im Sinne der Kundenerwartungen zu stärken und ihm im Berufsalltag zur Durchsetzung zu verhelfen. Dabei sind die Schlüssel zur Transfersicherung

- die Überzeugung (vermittelt über Führungskräfte und Trainer)

- das Commitment als erklärte Verpflichtung gegenüber sich selbst und gegenüber anderen, gewissermaßen als ständige Mahnung, das tatsächlich zu tun, was man sich vorgenommen hat und

- die Unterstützung, indem in den Rahmenbedingungen die Hindernisse beseitigt werden, die dem gewollten kundenorientierten Verhalten entgegenstehen.

Das „Gesamtensemble" dieser Überlegungen ist von uns in einem Modell zusammengefasst und in der nachfolgenden Abbildung verdeutlicht wordenworden:

Dabei war das Modell einschließlich der Prämissen Grundlage für die Erstellung einer Toolbox, die in Workshops durch Bildungsbeauftragte aus unterschiedlichen Bereichen und Standorten erstellt wurde. Diese Toolbox stellt eine Registerstruktur zur Einordnung der einzelnen Werkzeuge dar, mit dem Ziel, diese zum einen organisiert und präzise sammeln und zum anderen gezielt entnehmen und effektiv anwenden zu können.

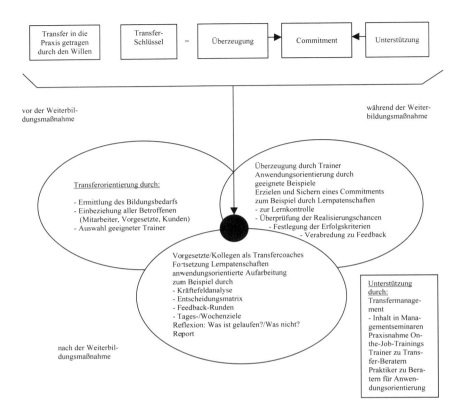

Neben den oben dargestellten empirischen Ergebnissen ist die Toolbox das dokumentierte Produkt, das über die Zeit des Pilotprojektes hinausreicht. In Form einer Ordnergliederung stehen sie in den einzelnen Bildungsbereichen der Luftfahrtgesellschaft den Trainern zur Verfügung.

8. Voraussetzungen für die Nachhaltigkeit von Veränderungsprozessen

8.1 Die leidvolle Praxis

Sowohl diejenigen, die Veränderungen aus einer Distanz beobachten, als auch die, die als unmittelbar Betroffene in diesen leben, werden den Eindruck nicht los, dass diese Veränderungen häufig zum Selbstzweck geworden sind. Vor allem die Kurzatmigkeit, in der eine Veränderung kreiert, dann wieder begraben und schließlich durch eine neue ersetzt wird, weckt einen solchen Eindruck. In die Begrifflichkeit des Lewin'schen Phasenmodells der Organisationsentwicklung übersetzt[39] wird mit Vehemenz die Phase des Aufbauens betrieben und damit zugleich die Geldquelle der Motivationstrainer gespeist. Die Phase der Bewegung führt dann zu den ersten Frustrationen, weil sich nicht alle gleichermaßen schnell und vor allem nicht in die gleiche Richtung bewegen. Der erwartete schnelle Erfolg bleibt dadurch zwangsläufig aus, was den Zweifel nährt, ob der eingeschlagene Weg so sinnvoll war. Damit schwindet die Aussicht, dass die letzte Phase, und zwar die des Refreezings, das heißt die Stabilisierung überhaupt ernsthaft in Angriff genommen wird, zumal diese am wenigsten Event-Charakter verspricht. Wie viel aufregender ist es dann doch, „eine neue Liebe zu entdecken" und zum wiederholten Male einen Neuanfang zu wagen? Kick-off-Veranstaltungen und Start-up-Workshops bereiten noch mehr Vergnügen als Veränderungen in neue Abläufe zu verankern oder als Korrekturen in einem Qualitätshandbuch zu dokumentieren. So werden Spielplätze für Manager und Berater dauerhaft erhalten; lediglich die Spielgeräte werden dem neuesten Trend angepasst. Gemessen an den Unterhaltungskosten für die realen Spielplätze unserer Kinder sind die für die Manager um ein Vielfaches höher. So ist es nicht verwunderlich, dass diejenigen, die als betroffene Mitarbeiter die Kosten mitzutragen haben, sich fragen, ob dies alles gerechtfertigt sei. Was in einer Verknüpfung aus einer ökonomischen und ökologischen Betrachtungsweise als *Nachhaltigkeit*

---

[39] Phase 1: Unfreezing: Auftauen, Infragestellen, Motivation für Änderungen wecken; Phase 2: Moving: Verändern, in Bewegung setzen, neue Verhaltens-weisen und Abläufe entwickeln; Phase 3: Refreezing: Einfrieren, Verändern, Verhaltensweisen und veränderte Verhältnisse stabilisieren und integrieren. Nach Horst Becker und Ingo Langosch: Produktivität und Menschlichkeit. Organisationsentwicklung und ihre Anwendung in der Praxis. Stuttgart 1995 (4. Auflage), S. 65.

diskutiert wird, darf auch vor dem Thema „Veränderungsprozesse in Unternehmen" nicht Halt machen.

Die Auseinandersetzung mit der Nachhaltigkeit von Veränderungsprozessen ist unter dem Gesichtspunkt der Kosten sowohl in pekuniärer als auch in motivierender Hinsicht von hoher Bedeutung. Wer Veränderungen unter dem Gesichtspunkt der Nachhaltigkeit plant und auch umsetzt, wird nicht ständig aufgeregt nach einem neuen „Kick" suchen, sondern Veränderungen geplant im Sinne eines Zugewinns zu Ende bringen.

Selbst wenn ein Veränderungsprojekt als abgeschlossen gilt, ist es sinnvoll, danach zu fragen, welchen Fortschritt diese Veränderung gebracht, das heißt, auf welche neue Basis sie das Unternehmen gehoben hat und welche Elemente daraus in eine nachfolgende Veränderungsmaßnahme übernommen werden sollen und können.

Wenn – wie in zwei vom Autor beobachteten Fällen – das Top-Management die Einführung von Teamarbeit von heute auf morgen als Verfehlung abtut, wenn diejenigen, die an einem solchen Prozess entscheidend und aktiv beigetragen haben, ebenso plötzlich zu Persona non grata erklärt werden, wenn ein neuer Werksleiter nicht einmal auf einen Brief eines Beraters antwortet, in dem dieser dem neuen Chef das Angebot macht, ihn über die bisherigen Anstrengungen und Erfolge bei der Einführung von Teamarbeit zu informieren, ist es nicht nur ein schlechter Stil, sondern auch eine fahrlässige Vergeudung von Ressourcen, so als würde man beim Kauf eines Neuwagens den zwei Jahre alten bisherigen Wagen gleich verschrotten.

Wenn Unternehmen von Veränderungen tatsächlich profitieren wollen, bedarf es von vorherin einer Veränderungskonzeption, die Nachhaltigkeit zum Prinzip erhebt.

8.2 Kriterien für die Nachhaltigkeit von Veränderungen

Rüdiger Rhein hat im Rahmen einer Dissertation sich am Beispiel der betrieblichen Gruppenarbeit der Frage Nachhaltigkeit genähert, indem er vor dem Hintergrund einer systemtheoretischen Betrachtung folgende zwölf Bedingungen für eben diese Nachhaltigkeit von Gruppenarbeit ermittelt. Dabei erhebt er völlig zu Recht den Anspruch, dass diese Bedingungen auch auf andere Veränderungsprozesse übertragen werden können.

- Organisationale Veränderungen müssen intendiert sein.
- Organisationale Veränderungen müssen sich am sachlogisch Möglichen orientieren.
- Für organisationale Veränderungen ist nicht nur die strategische Planung wichtig, sondern auch die strategische Implementierung.
- Organisationale Veränderungen müssen indiziert sein.
- Organisationale Veränderungen müssen in der Organisationskultur fundiert sein.
- Organisationale Veränderungen müssen von allen betroffenen Organisationsmitgliedern getragen werden.
- Bei organisationalen Veränderungen haben die Führungskräfte eine zentrale Funktion als Promotoren und Coaches des Veränderungsprozesses.
- Die organisationalen Veränderungen können dabei durch den Einsatz externer Berater unterstützt werden.
- Organisationale Veränderungen erfordern häufig organisationale Lernprozesse.
- Organisationale Veränderungen erfordern ein Bewusstsein über das Wesen und den Prozess organisationaler Veränderungen.
- Auf die Implementierung organisationaler Veränderungen muss eine langfristig begleitende Unterstützung folgen.
- Die organisationalen Veränderungen müssen diejenigen strategischen Ziele erfüllen, wegen derer sie eingeführt worden sind.
- Organisationale Veränderungen bestehen nur so lange, wie neue System-Umfeld-Beziehungen eine neue Veränderung erfordern. (Rhein 2002, S. 303 ff.)

Diese zwölf Bedingungsfaktoren bedürfen nach Auffassung des Autors einer weiteren Komprimierung, indem sie auf folgende vier Kernelemente zurückgeführt werden:

Veränderungen müssen

1. intendiert sein,
2. indiziert sein,
3. langfristig im Sinne einer „Nachpflege" unterstützt werden und
4. die mit ihnen verknüpften Ziele erfüllen.

8.3 Veränderungen müssen intendiert sein

Der Bedingungsfaktor *intendiert* umfasst folgende zwei Aspekte: Zum ersten muss eine Veränderung gewollt sein. Wenn – in Relativierung des entsprechenden Bedingungsfaktors von Rüdiger Rhein – zu Beginn eines Veränderungsprozesses nicht alle diesen Willen teilen, ist es doch unbedingt erforderlich, dass in einem Unternehmen eine Gruppe und/oder eine mit Einfluss ausgestattete Führungspersönlichkeit die Veränderungsidee propagiert und als Change Agent mit Energie deren Umsetzung betreibt. Dabei ist das Bemühen, dass andere in das Wollen einstimmen, zum Beispiel durch das Organisationsentwicklungsprinzip der Beteiligung der Betroffenen, wesentliche Voraussetzung für das Gelingen eines solchen Vorhabens.

Insofern bedarf der Bedingungsfaktor „intendiert" in einer formalen Organisation einer differenzierteren Betrachtung, die Antworten auf folgende Fragen liefert:

- Von wem muss die Veränderung intendiert werden?
- Wie werden Intentionen auf andere übertragen?
- Wie werden Intentionen in anderen wirksam?

Die Frage, wer Veränderungen intendiert, lässt sich nicht auf die Beobachtung reduzieren, wer nun die erste Idee hatte, sondern wer sie aktiv vorantreibt und dabei in der Lage ist, andere in die Verfolgung der Idee mit einzubinden. Intentionen werden nur wirksam, wenn sie zunächst in einem Willenbildungsprozess zu einem gemeinsamen Organisationswillen erklärt werden. Eine solche gemeinsame Erklärung bedeutet jedoch keinesfalls, dass nun alle Organisationsmitglieder den als gemeinsam erklärten Willen aktiv verteidigen, geschweige denn vorantreiben.

8.3.1 Die Bandbreite der Unterstützung

Die Bandbreite der Zustimmung reicht von einer Duldung bis zum „Beseeltsein" von der Idee. Dabei ist der Grad der affektiven Annahme der Veränderungsidee entscheidend, einen Veränderungsprozess entweder zu einem Selbstläufer zu machen oder ihm unüberwindbare Hindernisse in den Weg zu legen. So ist zum Beispiel nicht davon auszugehen, dass der Beschluss eines Gremiums seine einzelnen Mitglieder veranlasst, für diesen Beschluss lautstark zu kämpfen.

Ein Beispiel:

Der Fachbereich Erziehungswissenschaften der Universität Hannover hat einen Antrag durch den Senat gebracht, dem Institut für Didaktik der Mathematik eine zweite C4-Professorenstelle zu bewilligen, was nicht der Regel entspricht. Als das Ministerium dann nur eine C3-Stelle genehmigte, führte dies zu einer lautstarken Empörung eines emeritierten Kollegen, der den Senat als Papiertiger bezeichnete, der sich von dem Ministerium alles gefallen lasse, anstatt sich lautstark zu wehren. Wer Vorstellungen derart hegt, dass die Senatoren im konkreten Fall nun protestierend in das Ministerium ziehen müssten, ist politisch naiv, zumindest kennt er die Bandbreite der Intensität, mit der Entscheidungen getragen werden, nicht. Für den Fachbereich Erziehungswissenschaften war es ein Erfolg, den Antrag auf eine zweite C4-Stelle durch den Senat zu bringen. Aus den duldenden Senatoren nun aktive Kämpfer machen zu wollen, wäre jedoch völlig unrealistisch.

In der Praxis der Organisationsentwicklung in Unternehmen wird das Prinzip des Commitments erhoben, zu dem in Top-down-Prozessen die Führungskräfte und Mitarbeiter kaskadenartig verpflichtet werden. Alle Bemühungen in diese Richtung sagen trotzdem noch lange nichts über deren Erfolgsaussichten aus.

Wird die Idee von den Führungskräften auf der nachfolgenden Ebene verinnerlicht, wird sie eher getragen, als wenn sie zu einem Commitment verpflichtet werden. Dort, wo Letzteres der Fall ist, lässt das Commitment nach, wenn die Machtträger sich anderen Dingen zuwenden und die Aufmerksamkeit auf die Realisierung eines angesetzten Veränderungszieles nachlässt.

*Auch hierzu **ein Beispiel:***

Der Vorstandsvorsitzende eines Versicherungsunternehmens hat seinen zuständigen Bereichsleiter aufgefordert, sich um eine Transfersicherungsstrategie der betrieblichen Aus- und Weiterbildung zu bemühen, was sogleich einen telefonischen Hilferuf an den Autor zur Folge hatte. Dann war plötzlich Ruhe, dann kam der zweite Hilferuf und weitere folgten, jeweils unterbrochen durch inaktive Phasen des Hilfesuchenden aus dem Personalbereich. Im Nachhinein war zu rekonstruieren, dass der Personalbereich dann aktiv wurde, wenn der Vorstandsvorsitzende in der Angelegenheit „Transfersicherung" nachhakte. Inzwischen herrscht völlige Ruhe. Auf den Projektvorschlag des Autors ist seit eineinhalb Jahren keine Antwort eingegangen. Als Ursache konnte die Tatsache ermittelt werden, dass der Vorstandsvorsitzende das Thema Transfersicherung aus seiner persönlichen Prioritätenliste gestrichen und dem Personalbereich zur autonomen Weiterverfolgung überlassen hat.

Die Vielfalt der laufenden Projekte in einem Unternehmen lassen es als kaum realistisch erscheinen, dass die Unternehmensleiter ihre Kontrollmacht überall aufrecht erhalten können. Sie müssen vielmehr Verbündete auf unterschiedlichen Ebenen und Funktionen aufbauen. Dabei ist es wiederum unrealistisch zu glauben, man könne alle gewinnen. Wichtig ist die Besetzung zentraler Rollen in Veränderungsprozessen. Im Kapitel „Die Einführung von Teamarbeit als Organisationsentwicklungsprozess" werden die unterschiedlichen Rollen präzisiert. Dieses Konzept stellt allerdings kein Top-down-Modell dar, sondern geht davon aus, dass unterhalb der Ebene der Unternehmensleitung Veränderungsideen entwickelt und vorangetrieben werden, für die dann im Unternehmen Unterstützung eingeworben werden muss. Dazu gehört zum einen das Bestreben, ganz oben in der Hierarchie einen Patron zu finden, der die Angelegenheit „absegnet" und die Erlaubnis erteilt, in seinem Namen Dritten gegenüber handeln zu dürfen. Zum anderen braucht der, der die Veränderung anstrebt, „Flankenschutz" durch einflussreiche Kollegen. Nach Erfahrung des Autors sind hier „gestandene" Werkleiter oder Bereichsleiter höchst willkommen. Allerdings reicht es nicht aus, lediglich über die politische Unterstützung von Entscheidungsträgern zu verfügen. Der „Change Agent" kommt schließlich nicht ohne die aus, die später etwas in die Praxis umsetzen sollen. Dazu gehören neugierige Praktiker ebenso wie diejenigen, die Veränderungen nachher im Berufsalltag durch ihre konkreten Handlungen tragen.

Dass sie in das Konzept „External Change Agents" als Berater einbezogen sind, liegt im Interesse derer, die dieses Konzept entwickelt haben, denn sie sind selbst Berater. Dieses Interesse wird vom Autor und seinen Absolventen selbstverständlich geteilt.

Wie dauer- und wehrhaft der patronale Schutz ist, hängt wiederum davon ab, welche Intensität der Überzeugung der Patron hat, konkret: ob er nur duldend zustimmt, weil der Schutzsuchende „nervt" oder ob er voll überzeugt ist.

8.3.2 Die Rollen im Veränderungsprozess

Die interne Rollenverteilung bedarf insgesamt einer sensiblen Wahrnehmung, wer die unterschiedlichen Rollen einnehmen kann. Eigene Erfahrungen haben gezeigt, dass nicht jeder für jede Rolle geeignet ist. Als ein Hilfsinstrument, eine solche Differenzierung vornehmen zu können, mag eine Verhaltenstypologie dienen, in der die Veränderung als ein gesellschaftliches Phänomen eine grundlegende Kategorie darstellt.

Fritz Riemann hat in seiner tiefenpsychologischen Studie „Grundformen der Angst"[40] das Modell für eine Verhaltenstypologie geschaffen, auf dem später viele andere Typologien aufbauten.

Fritz Riemann hat vier Grundanforderungen herausgearbeitet, denen der Mensch ausgesetzt ist und von denen jeweils zwei gewissermaßen in Konkurrenz zueinander stehen. Es sind:

- Veränderung gegen Dauer
- Individuum gegen soziales Wesen.

Bringt man diese vier Anforderungen in ein Vier-Felder-Raster, lassen sich den einzelnen Feldern folgende Verhaltenstypen zuordnen.[41]

---

[40] Riemann, Fritz: Grundformen der Angst. Eine tiefenpsychologische Studie. München, Basel: Ernst Reinhardt Verlag, 1961
[41] Die Begrifflichkeit entspricht dem Persönlichkeitsprofil DISG, allerdings arbeitet dieses Modell mit folgenden Dimensionen, die zum Teil dem Führungsstilmodell Grid entliehen sind: offensiv/extrovertiert gegen defensiv/introvertiert sowie aufgabenorientiert gegen menschenorientiert.

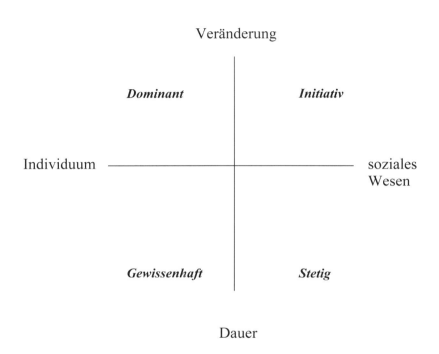

Dominante treiben in den Situationen Veränderungsprozesse voran, wo zielorientierte und schnelle Entscheidungen getroffen werden müssen und deren Einhaltung verfolgt werden soll.

Initiative sind erforderlich, um andere Menschen zu gewinnen und von einer Idee zu begeistern.

Gewissenhafte sind am besten dort einzusetzen, wo Regeln erarbeitet, alte Abläufe durchdacht und neue Abläufe in konkrete Aktionspläne umgesetzt und nochmals in der Praxis kritisch überprüft werden sollen.

Stetige wiederum sind Garanten dafür, dass vereinbarte Lösungen kontinuierlich im Team erbracht werden.

Diese in den vier Typen spezifischen Fähigkeiten passen in unterschiedliche Phasen und Situationen von Veränderungsprozessen. Die Dominanten und Initiativen beherrschen eindeutig die Phase des Unfreezing und zum Teil auch die des Moving. Die Phase des Refreezing wird wohl eher von den Gewissenhaften und Stetigen beherrscht; sie leisten dort Dinge, die den Veränderungsmotoren oder Motivationskünstlern ein Grauen sind, weil sie ihnen langweilig erscheinen und zu ihrer Energie nicht passen.

Wichtig ist es, gerade die Gewissenhaften und Stetigen frühzeitig zu gewinnen und in den Prozess als Praxisexperten einzubeziehen. Wenn diese Mitarbeiter erst in den Veränderungsprozess einsteigen, wenn die „Auftauer" ihre Aufgabe erfüllt sehen und sich schon wieder einer neueren Veränderungsidee zuwenden, entsteht die Gefahr von Brüchen, die die Stabilisierung des Veränderungsprozesses erheblich gefährden.

Jeder Change Agent muss dabei das Prinzip der Ungleichzeitigkeit der Gleichzeitigkeit in der Abfolge der drei Lewin'schen Phasen berücksichtigen. Der Change Agent, der schon von Berufs wegen als erster aufgetaut ist, darf erst in die Phase der Bewegung eintreten, wenn die Betroffenen ebenfalls bereit und in der Lage sind, sich zu bewegen. In Top-down-Prozessen ist dies in der Regel zuerst das Management, während die Mitarbeiter vor allem, wenn es sich um Bewahrer handelt, als letzte aufgetaut sind. Dies gilt auch für die anderen Phasen. Der Übergang von einer in die nächste Phase braucht Geduld und Einfühlungsvermögen in die, die vielleicht noch nicht so weit sind.

8.3.3 Zielformulierungen in Veränderungsprozessen

Die zweite Säule der intentionalen Wirkung ist die Übersetzung der Veränderungsidee in Ziele. Rüdiger Rhein belegt dies mit folgenden beiden Zitaten von Kandaouroff: „Ziele sind für eine tief greifende Strukturveränderung eine notwendige Voraussetzung, um die Umsetzung aufbau- und ablauforganisatorischer Maßnahmen sicherzustellen." (Kandaouroff 1998, S. 218) Die Zielvorgaben tragen – bei einer partizipativen Zielplanung – „zur höheren Leistungsmotivation der Beteiligten und damit zur schnelleren Zielerreichung bei." (Kandaouroff 1998, S. 196)

Ziele sind als kommunizierbarer Wille zu verstehen. Sie sind es, die – selbst wenn sie im Laufe der Zeit verändert werden müssen – dem Veränderungsprozess Richtung geben und damit als zentrales Steuerungsinstrument begriffen werden müssen. Sie sind es, die gleichermaßen den Maßstab vorgeben für die Überprüfung, ob der Veränderungsprozess erfolgreich war oder nicht. Was hier als so selbstverständlich erscheint, wird in Wirklichkeit immer wieder vernachlässigt. Da werden TQM-Maßnahmen und KVP-Projekte eingeführt, ohne dass Anlass und Ziele auch auf Seiten des Managements klar sind. Kein Wunder, dass solche Energien Gefahr laufen, zu verpuffen und langfristig bei den Betroffenen einen schalen Geschmack bezüglich zukünftiger Veränderungsinitiativen hinterlassen.

8.4 Organisationale Veränderungen müssen indiziert sein.

In diesen Aspekt werden alle die Rhein'schen Bedingungsfaktoren subsumiert, die Kriterien für eine differenziertere Analyse abgeben, inwieweit das ins Auge gefasste Projekt angezeigt ist oder nicht.
Ein Blick auf den *Beipackzettel* von Arzneimitteln mag eine allgemein verständliche Strukturierungshilfe geben.

Dort wird auf der sachlogischen Ebene der *Wirkstoff* genannt und die *Anwendungsgebiete.* Auf Grund von analytischer Forschung und empirischer Erfahrung kann man davon ausgehen, dass der genannte Stoff grundsätzlich die versprochene Wirkung erzielt. Bleiben wir bei dem Beispiel der Gruppenarbeit, hieße dies, dass Gruppenarbeit zum Beispiel zur Flexibilität, zur Kooperation und zur Leistungs- und Motivationssteigerung von der Sache her beiträgt.

Die *Dosierung* ist ebenfalls ein Aspekt der sachlogischen Ebene. Bezogen auf die Gruppenarbeit werden dort Fragen geklärt, wie zum Beispiel Gruppengröße, Verantwortungsspielraum, Qualifizierung der Mitarbeiter und Pilotprojekt oder flächendeckende Einführung. Diese grundsätzliche sachlogische Voraussage erfährt ihre Einschränkung in den *Gegenanzeigen* und den *Nebenwirkungen.*

Die *Nebenwirkungen* sind die Begleiterscheinungen, die mit mehr oder weniger Wahrscheinlichkeit auftauchen. So wird zum Beispiel bei der Einführung von Gruppenarbeit mit hoher Wahrscheinlichkeit die Frage nach einer gerechten Entlohnung gestellt und mit mittlerer Wahrscheinlichkeit auf Grund der spezifischen gruppendynamischen Entwicklungen nach Konfliktlösungsinstrumenten gefragt.

Gegenanzeigen sind entweder Ausschlusskriterien oder unter professioneller Beobachtung sorgfältig abzuwägende *Risiken,* die einer ständigen Kontrolle bedürfen. Dabei sind Gegenanzeigen jeweils abhängig von der spezifischen Disposition der Person und im übertragenen Sinne auch der einer Organisation.

Bei dem Versuch, Gruppenarbeit zu implementieren, steckt dahinter die Frage, inwieweit diese Form der Arbeitskultur zur spezifischen Organisation passt, das heißt von dieser „vertragen" wird.

Die Veränderung wiederum differenziert sich aus in einen soziotechnischen und soziokulturellen Aspekt.

Was Ausschlusskriterien in soziotechnischer Hinsicht sein können, soll folgendes Beispiel verdeutlichen:

Die Leitung eines Unternehmens, das Keramikfliesen herstellt, hat den Autor gebeten, bei einer Betriebsbesichtigung gewissermaßen im Vorfeld zu überprüfen, inwieweit dort Gruppenarbeit eingeführt werden könnte. Die Arbeitsabläufe hielten einer soziotechnischen Überprüfung aus folgenden Gründen nicht stand: Weit auseinander liegende große Maschinen wurden je von einem Arbeiter mit Keramikmehl gefüllt und darüber hinaus die Funktion der Maschine überprüft. Hinten kamen dann fertige Fliesen heraus, die von zwei bis drei Frauen auf Fehlfarben überprüft und ausgesondert wurden. Die Entfernung zwischen den Maschinen machte eine Kooperation zwischen den Maschinenbedienern nicht möglich mit Ausnahme einer gelegentlichen Vertretung. Die Endkontrolle wurde zwar von einer Gruppe durchgeführt, allerdings handelte es sich um ein Aufsumieren von jeweils einer einzelnen gleichen Aufgabe, die eine Zusammenarbeit mit dem Ziel eines qualitativen Zugewinns nicht sinnvoll erscheinen lässt.

Während sich bei diesem Beispiel die Gegenanzeige als ein K. O.-Kriterium erwies, gibt es andere Fälle, bei denen es Mittel und Wege gibt, der Gegenanzeige den Grund zu entziehen. Zum Beispiel durch die Neustrukturierung von Arbeitsabläufen, dem Zusammenfassen von Arbeitsschritten einschließlich der dafür erforderlichen räumlichen Veränderungen. So können zum Beispiel dispositive Tätigkeiten in die Gruppe verlagert oder die Produktion mit der Arbeitsvorbereitung und der Produktprüfung zusammengefasst werden. Während soziotechnische Probleme durch „chirurgische" Schnitte oder klassische Medikamente behoben werden können, bedarf es im soziokulturellen Feld „therapeutischer Maßnahmen", die eher auf eine langfristige Wirkung ausgerichtet sind.

Handlungsleitende Modelle

Rüdiger Rhein spricht in diesem Zusammenhang von „handlungsleitenden Programmen", die eine Organisation steuern. (Rhein 2002, S. 225 ff.) Unter handlungsleitenden Programmen sind all die Reaktionsweisen von Menschen in einer Organisation zu verstehen, die gewissermaßen „automatisch" ablaufen, weil sie in der Kultur der jeweiligen Organisation verankert sind. Hinter diesen Programmen stehen die Werte und Normen, die in einem Unternehmen Geltung haben und die über diese handlungsleitenden Programme gelebt werden. So wird Unternehmen, in denen seit über einem Jahrhundert die Kontrolle vor allem über die Mitarbeiter ein zentrales Merkmal ist, die Einrichtung teilautonomer Gruppen weitaus schwerer fallen als bei (in der Regel weit jüngeren) Unternehmen, die seit jeher auf die Verantwortung ihrer Mitarbeiter setzen. Das Gleiche gilt auch für die kulturelle Auswirkung eines Entlohnungssystems. Mitarbeiter, die seit Jahrzehnten im Einzelakkord gearbeitet haben, werden sehr lange einem neuen Bezahlungsmodus skeptisch gegenüberstehen, weil er für sie nicht so rasch im gleichen Maße nachvollziehbar ist, wie der gewohnte. Der Widerstand wird in dem Maße wachsen, in dem die Mitarbeiter nicht mehr selbst für ihr eigenes Geld verantwortlich erscheinen, sondern über mögliche Gruppenprämien von der Leistung anderer abhängig werden.

Hier geht es um noch mehr als eine reine Verhaltensänderung; hier geht es um Konstrukte, um Deutungsmuster beziehungsweise um die „mentalen Modelle", die hinter dem Verhalten stehen. Solche Denk- und Interpretationsmodelle zu verändern, braucht Zeit, vor allem dann, wenn die alten Modelle über einen längeren Zeitraum Sicherheit gaben, sich in einer komplexer werdenden Welt zurechtzufinden. Die Arbeit an solchen Modellen braucht hohe reflexive Kompetenz und Energie.

Sie wird trotz aller Mühen geradezu existenziell wichtig sein, wenn die alten Modelle nicht mehr den Herausforderungen der Gegenwart und Zukunft gerecht werden können. Zweifellos kann man Gruppenarbeit mit Macht anordnen, und die Mitarbeiter werden sich wohl beugen. Ob gebeugte Menschen in der Lage sind, ihre volle Leistung zu erbringen, darf bezweifelt werden. Insofern ist die Aussage von Peter M. Senge, dass es nicht bloß der Austausch von Sachargumenten ist, der ein Unternehmen zu einem lernenden Unternehmen macht, sondern in erster Linie der Austausch der mentalen Modelle, nur zu unterstützen. (Senge 1996, S. 213 ff.) Ein lernendes Unternehmen ist nicht auf ein noch so differenziert aufgebautes Wissensmanagement zu reduzieren. Es ist mehr, es ist die Arbeit an seinen soziokulturellen Elementen und Wurzeln.

8.5 Veränderungen müssen durch Nachpflege unterstützt werden

Die Nachpflege beginnt dann, wenn sowohl die Aufmerksamkeit gegenüber dem Neuen als auch die Herausforderung, das Neue zu stabilisieren, das heißt, in Regeln und Vorschriften zu fassen, entscheidend abgenommen hat und damit die Veränderung den Status des Gewohnten erhält. Mit dem Schwinden der Attraktivität des Neuen und mit dem Abnehmen des Regelungsbedarfes wächst die Gefahr, dass die Anstrengungen, die nun etablierten Veränderungen aktiv lebendig zu halten, schwinden. Neue Herausforderungen im Arbeitsalltag und neue Projekte lassen Verstöße gegen getroffenen Regelungen wahrscheinlicher erscheinen. So mag sich ein Mitarbeiter fragen, warum er an dieser oder jener regelmäßigen Teamsitzung teilnehmen soll, wenn ihm gerade die Arbeit über den Kopf wächst. Hier bedarf es spezifischer Maßnahmen, wie wir sie für die Transfersicherung von Bildungsmaßnahmen vorschlagen. Im Wesentlichen sind es Personen beziehungsweise Funktionen, wie zum Beispiel die eines zentralen Coaches für teilautonome Gruppen oder vorgeschriebene und von oben auf ihre Erfüllung kontrollierte Verfahren, wie zum Beispiel regelmäßige Feedbackrunden zwischen Vertretern teilautonomer Gruppen oder die Verpflichtung zu jährlichen Reports über die Situation der Gruppen oder die Weiterentwicklung der Zielsetzung, die mit der Veränderung verbunden waren.

Ein noch so gutes Nachpflegesystem wird es nicht verhindern können, dass die mit einer bestimmten Veränderung beabsichtigten Ziele entweder durch neue Maßnahmen besser erreicht werden können oder dass die Ziele selbst obsolet geworden sind. In einem solchen Fall ist in dieser Phase für eine geordnete „Nachfolgeregelung" zu sorgen. Dies bedeutet einerseits für Offenheit gegenüber weiteren Neuerungen zu werben, andererseits dafür zu sorgen, dass das, was die „alte Neuerung" an Positivem gebracht hat, zu erhalten.

8.6 Veränderungen müssen die mit ihnen verknüpften Ziel erfüllen

Um die vierte Voraussetzung für die Nachhaltigkeit zu erfüllen, ist ein regelmäßger Soll-Ist-Vergleich im Sinne einer Überprüfung erforderlich, inwieweit die intendierten Ziele erreicht wurden oder nicht. In eine solche Analyse ist die Frage einzubeziehen, welche Faktoren die Zielerreichung behindern und welche sie fördern, um Ansatzpunkte aufzuspüren, den Prozess gegebenenfalls „nach-justieren" zu können.

Wird festgestellt, dass die Ziele nicht erreicht wurden und findet man auch keine Lösungsansätze, dieses zu verbessern, ist dem Veränderungsvorhaben die Legitimation entzogen. Ein nicht vertretbares Festhalten würde „ideologische" Beharrungstaktiken erforderlich machen, die einerseits die Kosten erhöhen und andererseits die Bereitschaft der Mitarbeiter verringern würde, bei zukünftigen Veränderungsprozessen den propagierten Zielen zu glauben.

Werden die Ziele erreicht, sind in dieser Phase Anstrengungen erforderlich, die Veränderung auf der Ebene der Gesamtorganisation zu fixieren, zum Beispiel durch Veränderungen

- der Arbeitsanweisungen
- der Qualitätshandbüchern
- der Organigramme
- der Delegation der Befugnisse
- der Führungsprofile
- der Führungsprinzipien (einschließlich des Verhaltens in Ausnahmesituationen).

So muss, um dies an einem Beispiel im Rahmen der Einführung von teilautonomer Teamarbeit deutlich zu machen, die Frage der Unterschriftsberechtigung ebenso gelöst werden, wie die, ob Verbesserungsvorschläge nur noch von den Teams oder auch noch von Einzelnen eingebracht werden können, und natürlich nicht zu vergessen, wie die Belohnung einer Teamarbeit aussieht.

So hat – um den letzten Punkt zu verdeutlichen – ein Unternehmen der Pharmaindustrie seinen Außendienstteams zu den Gehältern, die sich die Einzelnen auf Grund ihrer typischen „Einzelkämpferleistung" erarbeitet hatten, einen zusätzlichen Betrag für Teamleistungen zur Verfügung gestellt, den die einzelnen Teams frei untereinander verteilen konnten. Kriterien waren unter anderem:

- *Leistungen bei dem Zusammentragen von Teamdaten*
- *Leistungen bei der Organisation von gemeinsam durchgeführten Ärzteveranstaltungen*
- *Leistungen bei der Unterstützung von Kollegen in kritischen Fällen bei Kunden*
- *Leistungen bei der Einarbeitung neuer Kollegen.*

Die Frage der Zielerreichung wird ebenso in die Phase der Nachpflege hineinreichen wie die Überprüfung der mit der Veränderung vorgenommenen formalen Regelungen auf ihre Wirksamkeit im Sinne der Zielsetzung.

8.7 Kosten und Nutzen von Veränderungen

Nebenwirkungen, kompensierte Gegenanzeigen, Dosierung im Sinne von Aufwendungen für die sachlogische Gestaltung und die Aufwendungen für die Nachpflege und für die Überprüfung der Zielerreichung machen die „Gesamtkosten" aus, die mit der intendierten Veränderung verbunden sind. Die Kosten kann man auch – wie Rüdiger Rhein es formuliert – als die „Transformationsleistungen" bezeichnen, die zu erbringen sind. (Rhein 2001, S. 176 ff.) Diese Transformationsleistungen wiederum lassen sich in folgende drei Phasen gliedern, und zwar in die Phase der

- Implementierung
- Durchführung
- Nachpflege.

Implementierung umfasst den Zeitraum bis zu dem Punkt, in dem die Veränderung fester Bestandteil des alltäglichen Arbeitsablaufes geworden ist. Dazu gehören alle Maßnahmen, die wir der Phase des „Unfreezing" zuordnen, von der Information über die Kick-off-Veranstaltungen und Workshops, in denen die Betroffenen ihre Gestaltungsvorschläge einbringen können, und darüber hinaus alle praktischen Bemühungen, Dinge – meistens in Pilotregelungen – auszuprobieren und sie gegebenenfalls wieder zu revidieren, wie zum Beispiel das Zusammenfassen von Arbeitsschritten, die Veränderung des Produktionslayouts, die Veränderung von Arbeitszeiten und die Umdefinition von Funktionsrollen.

Das Ziel einer solchen Implementierungsphase ist der Aufbau eines Vertrauens in die Veränderung. Nur so kann sich ein Commitment entwickeln, in dem Sinne, dass alle Betroffenen die mit der Veränderung verbundenen Maßnahmen aktiv unterstützen und nicht insgeheim hoffen, dass es nicht gelinge oder darauf lauern, dass irgendetwas passieren möge, das ihnen erlaubt, ihren Widerstand offen in Gegenaktionen umzusetzen. Wichtig ist hier die Überzeugungskraft und Geduld der Vorgesetzten, entscheidend aber letztlich deren Glaubwürdigkeit. Den Führungskräften kommt bei Veränderungsprozessen eine aktive Verantwortung zu, wobei sich die Aktivität nicht nur auf das Antreiben und Beschleunigen von Prozessen beschränken darf, es kann ebenso angebracht sein, in bestimmten Phasen zu bremsen, wenn dadurch die Chance erhöht wird, mehr Leute „an Bord zu holen". Dies verlangt ein Bewusstsein über Wesen und Prozesse organisationaler Veränderungen. Dabei ist es wichtig, dieses Bewusstsein über die Rolle als Vorbild auch an die Mitarbeiter weiterzugeben. In der Implementierungsphase wird die Basis geschaffen für das Gelingen des Veränderungsvorhaben. Insofern bedarf sie einer besonderen Aufmerksamkeit, besonders interner und auch externer Betreuung und besonderer Aktivitäten, die über die Alltagsnormalität hinausreichen. Insofern ist es auch nicht verwunderlich, dass in dieser Phase ein Großteil der Kosten anfällt.

Die Phase der Durchführung beginnt dort, wo die Versuchsphase abgeschlossen und Gruppenarbeit zum Beispiel zur regulären Arbeitsform geworden ist.

Ein Teil der Kosten in dieser Phase hat eine nicht unerhebliche Schnittmenge mit der zuvor skizzierten Implementierungsphase, vor allem was die Leistung betrifft, die den Führungskräften abverlangt wird. In dieser Phase der Gewöhnung müssen sie sensibel darauf achten und nötigenfalls gegensteuern, wenn die Veränderung – weil nicht mehr so gehegt und gepflegt – an Attraktivität verliert. Andere Kosten können unter anderem darin bestehen,

- dass die auf Grund der Implementierungsphase vollzogenen Qualifizierungen sich in finanzielle Forderungen niederschlagen;

- dass weiterhin Zeit für Teambesprechungen bereitgestellt werden muss;

- dass neue Mitarbeiter auf Grund des hohen Niveaus länger eingearbeitet werden müssen

- dass regelmäßig auftauchende Konflikte aufwendiger bearbeitet werden müssen als zu Zeiten des Einzelakkords

- dass Zeit, Raum und Geld für Aktivitäten eingeräumt werden müssen, die Situation in den Gruppen durch eine „Teaminspektion" gegebenenfalls durch einen externen Supervisor zu analysieren.

Den ermittelten Kosten ist der Nutzen gegenüberzustellen, der vor allem auch langfristig ermittelt werden muss, und mit Hilfe der intendierten Ziele überprüft werden kann.[42] Das Kosten-Nutzen-Verhältnis sowohl hinsichtlich der „harten" als auch der „weichen" Daten, das frühzeitig angedacht werden muss, bildet schließlich die Entscheidungsgrundlage dafür, ob ein Veränderungsprozess in Angriff genommen werden soll oder nicht.

Auf einer anderen Ebene findet dieses Kosten-Nutzen-Verhältnis Eingang in die Überlegung, mit welcher Strategie die einzelnen Phasen des Veränderungsprozesses zu steuern und zu gestalten sind. Strategien – definiert als Weg zum Ziel – lassen sich auf deren eigentliche Funktion zurückführen, den Weg zu finden, auf dem das Ziel mit dem niedrigsten Aufwand zu erreichen ist. Der niedrigste Aufwand ist dabei nicht gleichzusetzen mit dem kürzesten Weg, vor allem wenn es sich um ein längerfristiges Ziel handelt. Ein Aufwand ist dann niedrig einzuschätzen, wenn der eingeschlagene Weg mit höherer Wahrscheinlichkeit zu einem langfristigen Erfolg führt als ein par force Ritt, der mit Glück einen möglicherweise schneller zum Ziel führt, aber mit einer größeren Wahrscheinlichkeit die Gefahr des Sturzes in sich birgt. Insofern ist es Aufgabe von Beratung, Veränderungsprozesse auf einen Weg zu bringen, der nicht nur effizient, sondern auch sicher ist. Veränderungsforschung hat dabei einen entscheidenden Beitrag zu liefern, diesen Weg zu finden.

---

[42] Dabei bleibt die Schwierigkeit ungelöst, harte Daten gegen weiche aufzurechnen, wie zum Beispiel die Gegenüberstellung von Qualifizierungskosten einerseits und Motivationsgewinnen andererseits.

9. Das Potenzial der Nachhaltigkeit in den dokumentierten Veränderungsprozessen

In dem nachfolgenden Kapitel werden die in diesem Buch dokumentierten zentralen Veränderungsprojekte zusammenfassend auf ihre Nachhaltigkeit überprüft. Dies geschieht in zwei Schritten. In dem ersten werden die für die jeweiligen Projekte damals Verantwortlichen in Interviews danach gefragt, was aus dem Prozess geworden ist.

In dem Modellversuch Frauen in gewerblich-technischen Berufen sind es Wolf Dieter Gogoll von der Continental AG und Uwe Roßberg für die Firma Wabco, bei der ein Übertragungsmodell durchgeführt wurde.

Für die Implementierung von Produktionsfacharbeitern in der Kautschuk verarbeitenden Industrie und die der Produktionstechniker in einem Studium im Praxisverbund bei der Continental AG ist es wiederum Wolf Dieter Gogoll.

Aus der langjährigen Begleitung der Unternehmensentwicklung des Brillenglasherstellers Rupp & Hubrach wurde für die Analyse das zentrale Projekt der Implementierung von Teamarbeit ausgewählt. Interviewpartner war in diesem Falle Günther Hubrach, der für den Produktionsbereich zuständige Inhaber.

Bei dem Transfersicherungsprojekt für eine Luftfahrtgesellschaft nahm die für das Projekt unternehmensintern Verantwortliche, Ursula Fuhrmann, zur Weiterentwicklung des Projektes Stellung.

Die Ergebnisdokumentation der Interviews fand folgendermaßen statt: Im Gespräch mit den Interviewpartnern hat der Autor Stichworte mitgeschrieben, aus diesen Stichworten hat er ein Ergebnisprotokoll erstellt und den jeweiligen Interviewpartnern zugemailt. Diese haben in den Text jeweils Veränderungen eingebracht. Vorlage und Veränderungen bilden insgesamt jeweils die Endfassung der Dokumentation der Interviewergebnisse.

9.1 Modellversuch Ausbildung von Frauen in gewerblich-technischen Berufen

9.1.1 Was ist daraus geworden? – Interviews mit Wolf Dieter Gogoll[43] und Uwe Roßberg[44]

> Der Erfolg des Modellversuches ist nach Auffassung von Wolf Dieter Gogoll nicht eindeutig zu bewerten. Auf der einen Seite ist in dem Unternehmen die Akzeptanz, dass Frauen auch Berufe der ehemaligen Männerdomäne ausfüllen können, deutlich gewachsen. Diese interne Wirkung findet jedoch kaum eine Entsprechung draußen, das heißt bei den jungen Frauen, die einen Ausbildungsplatz suchen. Der Anteil der Frauen, die sich um einen Ausbildungsplatz im gewerblich-technischen Berufsfeld bei Continental bewerben, ist enttäuschend klein.

Die Volkswagen AG kann eine höhere Quote an Bewerbungen von Frauen nachweisen, allerdings nur aufgrund eines hohen Werbeaufwandes. Zudem werden Arbeitsplätze in den gewerblich-technischen Berufen insgesamt ausgedünnt und stehen im Wettbewerb zu attraktiveren High-Tech-Jobs.

Die Teilnahme an dem Modellversuch und die Art und Weise, wie der Prozess angelegt war, kann auch im Nachhinein als absolut richtig gelten. Von dem Modellversuch gingen wichtige Impulse für eine Veränderung der Berufsausbildung für die Sensibilisierung der Ausbilder auf ihr Klientel und für die Zusammenarbeit der mit der Berufsausbildung innerhalb eines Unternehmens befassten Interessengruppen aus. Das Bemühen um die Ausbildung der jungen Frauen in gewerblich-technischen Berufen hat zu einer der wenigen intensiven Maßnahmen für „Worker" in Zusammenarbeit zwischen Betriebsrat, Unternehmensleitung und Ausbildungsabteilung geführt.

Wie schon bei der Darstellung der zusätzlichen Erkenntnisse ausführlicher dargestellt, hat dieser Modellversuch die Ausbildung von Produktionsarbeitern entscheidend bewegt. Das eigentliche Ziel, die Integration von Frauen in ein traditionell von Männern beherrschtes Berufsfeld, ist anscheinend nur durch einen zusätzlichen Werbeaufwand zu realisieren, das heißt, eine einmalige Aktion – auch wenn sie über sechs Jahre dauerte – genügt nicht, um ein sozialisationsbedingtes Berufswahlverhalten, dessen Ursprung biographisch weiter zurück reicht, langfristig und dauerhaft zu verändern. Kulturveränderungen innerhalb und außerhalb eines Unternehmens brauchen Zeit und einen längeren Atem. Wolf Dieter Gogoll ist die selbstkritische Vermutung des Autors, zu viel Augenmerk auf die Situation der konkreten im Modellversuch befindlichen Frauen gerichtet zu haben und nicht auf die längerfristige Strategie, auch auf Dauer Frauen für die gewerblich-technischen Berufe zu interessieren. Vielleicht wäre eine Argumentation, die die oben beschriebene Veränderung in der Produktion in Richtung gemeinsame gegenseitige Verantwortung betont, geeignet, Frauen für dieses Berufsfeld zu interessieren.

Wolf Dieter Gogoll hält die Rolle, so wie sie von der wissenschaftlichen Begleitung gespielt wurde, für wichtig. Als von außen kommende Experten erzielten sie bei den Top-Führungskräften eine hohe Aufmerksamkeit und auch Akzeptanz. Das Gleiche gilt für die Anerkennung seitens der Betriebsräte. So konnte über die Interessengruppen innerhalb des Unternehmens eine gemeinsame Basis hergestellt werden, die durch den Modellversuch, zum Beispiel bei der Ausbildung von Produktionsfacharbeitern und den Produktionstechnikern stabilisierend wirksam wurde. Zudem hatte die wissenschaftliche Begleitung als unverdächtige Dritte eine hohe Wirkung in der öffentlichen Präsentation der Modellversuchs-Ergebnisse und dadurch in einer positiven Darstellung des Unternehmens. Dies war nur möglich, weil sich die wissenschaftliche Begleitung einer Ideologisierung enthielt.

---

[43] Das Interview mit Wolf Dieter Gogoll wurde am 5. April 2001 geführt.
[44] Das Interview mit Uwe Roßberg wurde am 13. August 2001 geführt.

Das Ergebnis der Untersuchung, das heißt der Beleg, dass eine positive Leistungskarriere der wesentliche Einflussfaktor für eine erfolgreiche Integration in ein Berufsfeld ist, wird von Wolf Dieter Gogoll als „eine Grundwahrheit" bestätigt. Das bedeutet jedoch nicht, dass die erfolgreiche Bewährung in einem Beruf den Verbleib der Erfolgreichen sichert. Sollte dieser Beruf nicht den „Talenten" der Betroffenen entsprechen, werden sie nach Alternativen suchen. Dieser Prozess kann nur so lange aufgehalten werden, wie sie selbst die Chance eines Wachstums spüren, wie zum Beispiel bei der Entdeckung bislang noch nicht realisierter Fähigkeiten.

Abschließend kann die Frage nach einem erfolgreichen Modellversuch positiv beantwortet werden, was die zunehmende Aufmerksamkeit für die Qualifizierung junger Fachkräfte allgemein betrifft. Hier hatte der Modellversuch eine starke Schubwirkung, die sich auch auf die anderen Veränderungsvorhaben, wie die Ausbildung von Produktionsfacharbeitern und von Produktionstechnikern, ausdehnte. Die eigentliche Absicht, die auf eine Förderung der Zielgruppe der Frauen abzielte, wurde, wie schon begründet, nicht im gleichen Maße – das heißt im Sinne langfristiger Kulturveränderungen – verwirklicht.

Nach Auffassung von Uwe Roßberg war der Modellversuch aus damaliger Sicht ein großer Schritt, mit dem alten Vorurteil aufzuräumen, die Metallwelt sei Männersache. Dass diese Welt auch Frauen offen steht, ist heute allgemeine Erkenntnis. Er kann in seinem Unternehmen auch keinen unterschwelligen Widerstand gegen Frauen in gewerblich-technischen Berufen entdecken. Dies ist heute eine Selbstverständlichkeit.

Der Modellversuch hat vor allem seine Wirkung in Richtung haupt- und nebenamtlicher Ausbilder entfaltet. Mit dem Beginn der Modellversuches waren sie vor allem über die Beteiligung einer von außen etablierten wissenschaftlichen Begleitung gezwungen, sich über Berichte, Gespräche, Seminare und Workshops mit einer anderen Kultur, und zwar der Sozialwissenschaften, auseinander zu setzen. Die Tatsache, dass die Ausbilder selbst zu einem Gegenstand der Betrachtung wurden, brachte sie in Verbindung zu einer „Szene", mit der sie bislang kaum in Kontakt kamen. Dazu kam noch der Verweis auf pädagogische und arbeitswissenschaftliche Literatur, die über die der ADA-Ausbildung hinaus reicht. Schließlich rückten die Ausbilder auch in das Interesse der Öffentlichkeit, da der Modellversuch stark gefördert wurde und sich in der Teilnahme an öffentlichen Diskussionen, zum Beispiel auf Messen oder durch Rundfunkinterviews, manifestierte. Damit wurde der Modellversuch auch ein Marketingargument für das Unternehmen und für die dortige Ausbildung.

Aus heutiger Sicht könnte die Zuspitzung einiger Auseinandersetzungen, die sich in seinem Unternehmen vor allem zwischen wissenschaftlicher Begleitung und Betriebrat ereigneten, durch eine höhere Gelassenheit minimiert werden. Die Widerstände gegen den Einsatz von Fragebögen seitens des Betriebsrates – auch oder gerade, wenn sie von der 68er-Generation kamen – würde heute weniger stark sein. Sich im Laufe der Zeit besser kennen gelernt zu haben, würde auf der Beziehungsebene darüber hinaus ein Vertrauensverhältnis schaffen, das die Zusammenarbeit erheblich erleichtern würde.

Auch für Uwe Roßberg, dem damaligen Koordinator mit einer betriebswirtschaftlichen Ausbildung, gab der Modellversuch einen zusätzlichen Impuls, sich systematischer mit pädagogischen Fragen auseinander zu setzen, was er schließlich durch das Absolvieren des Weiterbildungsstudiums Betriebspädagogik an der Universität Koblenz-Landau realisierte.

Die Frage, wie viele Frauen aus dem Modellversuch in dem Unternehmen heute noch arbeiten, kann Herr Roßberg ohne Recherche nicht präzise beantworten. Er weiß allerdings, dass er einige von ihnen im normalen Betriebsalltag heute immer noch sieht. Eine systematische „Verfolgung" der weiteren Berufsbiografie der „Modell-Frauen" hält er auch nicht für gerechtfertigt, da die Frauen dies ausdrücklich nicht mehr wollten. Sie wollten die Rolle der Vorzeigefrauen ablegen, was unter anderem auch darin deutlich wurde, dass sie sich nicht länger als über die Ausbildungszeit als Gruppe etabliert haben. Jede ging – unabhängig von einzelnen privaten Kontakten – ihren eigenen Weg, so wie es nach der Facharbeiterprüfung auch bei anderen Ausbildungsjahrgängen üblich ist.

Die langfristige Wirkung, Frauen in gewerblich-technische Berufe zu integrieren, ist trotz Bemühungen allerdings kaum gelungen. Dies liegt eindeutig an dem mangelnden Interesse von jungen Frauen, solche Berufe zu ergreifen. Die Bewerbungsquoten gehen wellenförmig auf und ab, zurzeit liegen sie bei einem Prozent, obwohl die Firma sich über jede Frau freut, die sich bewirbt oder ein Praktikum im gewerblich-technischen Bereich macht oder wenigstens an einer Betriebsbesichtigung teilnimmt.

Die Gründe für das mangelnde Interesse sind vielfältig, einige seien skizziert: In den Jahren des Modellversuches stellte die Aufnahme einer gewerblich-technischen Berufsausbildung für fast alle der jungen Frauen einen Ausweg aus einer Sackgasse dar, in die sie bei ihren Bewerbungsversuchen geraten waren. Gewonnen werden konnten vor allem Schulabgängerinnen, die noch keinen Ausbildungsplatz hatten. Die Bedingungen haben sich im Vergleich dazu heute entscheidend verändert. So glauben die jungen Leute insgesamt heute nicht mehr unverbrüchlich, dass es einen deutlichen biografischen Mangel darstellt, keine abgeschlossene Ausbildung nachweisen zu können. Außerdem haben heute junge Frauen – vor allem zum Beispiel im Dienstleistungsbereich, ob in der Touristikbranche oder in Call-Center, weit mehr qualifizierte Auswahlmöglichkeiten, die ihren sozialisationsbedingten Berufsvorstellungen entsprechen. Es gibt einfach mehr Alternativen für eine berufliche Karriere von Frauen.

Im Hinblick auf eine technisch orientierte Ausbildung fordert Uwe Roßberg Schulen und Lehrer auf, noch mehr Verantwortung und Initiative zu ergreifen, ihre Schüler bei der Berufswahl zu unterstützen. Ihre Einflussmöglichkeiten seien mindestens so groß wie die der Eltern. Er bemängelt, dass praktische Ausbildung in der Schule sich auf Inhalte und Materialien beschränkt, das zum Teil weit weg ist von dem, was in der Industrie verarbeitet wird. In der Schule sind es zum Beispiel Papier und Balsaholz, das in der pädagogischen Tradition weitergegeben wird. Die Schüler lernen zum Beispiel kaum, mit Metall- und Elektrotechnik umzugehen, das heißt, etwas mit Maschinen zu fertigen und zu verarbeiten, etwas zu löten oder zusammenzuschrauben, zumal Lehrer sich natürlich selbst schwer tun, mit Technik umzugehen. Gleiches gilt auch für den Umgang mit moderner Fertigungstechnologie auf steuerungstechnischer oder elektronischer Basis. Dies wirkt sich vor allem auf Mädchen negativ aus, da sie im außerschulischen Umfeld kaum Vorbilder finden, die wie Jungen an Fahrrädern, Mopeds oder Computern herumbasteln.

Außerdem scheinen aus Sicht der Lehrer Arbeitsplätze in der Industrie in Deutschland generell von der Verlagerung ins Ausland bedroht zu sein, was allerdings für qualifizierte Tätigkeiten so nicht zutrifft. Im Unterschied zu reinen Metallberufen scheinen übrigens heute die Berufe, die sich mit Elektronik- und Kommunikationstechnologien befassen, sowohl für junge Männer als auch für junge Frauen an Attraktivität zuzulegen. Dies trifft besonders auch für die Mechatronik zu.

Ein Lösungsmodell hat Uwe Roßberg selbst mit dem Rektor einer benachbarten Realschule initiiert. Schüler der achten und neunten Klassen absolvieren einen Teil ihres Werkunterrichts in der Ausbildungswerkstatt seines Unternehmens und lernen dabei mit Metall und Elektronik in einem betrieblichen Umfeld umzugehen. Solche positiven Beispiele entstehen nach seiner Meinung allerdings nur durch besondere Initiativen der handelnden Personen, hier zum Beispiel des Lehrers.

Uwe Roßberg beklagt, dass die Frage des Berufswahlverhaltens an Aktualität viel verloren hat, obwohl dieses Thema durch die wachsenden Auswahlmöglichkeiten eigentlich an Brisanz gewonnen haben müsste. Diesen gewachsenen Chancen steht leider ein Berufswahlverhalten gegenüber, das sich in Reflektiertheit und Differenziertheit in den vergangenen 25 Jahren kaum verbessert hat.

Das von uns ermittelte Ergebnis, dass die positive Leistungskarriere entscheidendes Bewährungskriterium ist, gilt aus Sicht von Uwe Rossberg für die heutige Situation in seinem Unternehmen nur noch bedingt. Die Bewährungsuntersuchung, wie sie von uns Mitte der achtziger Jahre durchgeführt wurde, stützt sich eher auf eine tradierte Vorstellung von einer Berufsausbildung, die auf das „Auslernen" abzielt. Dort, wo professionell Personalentwicklung tatsächlich betrieben wird, kann man beobachten, dass die eigentliche Entwicklung in den Jahren nach Ausbildungsabschluss einsetzt, und zwar zu einem Zeitpunkt, wo ausgebildete Mitarbeiter selbstkritisch fragen: „War das alles?" und damit neue Weiter-Qualifizierungschancen suchen. Während früher die berufliche (Erst-)Ausbildung für Facharbeiter eine entscheidende Bedeutung hatte, muss heute darauf eine professionelle und gezielte Personalentwicklung aufgebaut werden.

9.1.2 Aspekte der Nachhaltigkeit

Der Modellversuch Ausbildung von Frauen in gewerblich-technischen Berufen bewegte sich in einem System hoher Komplexität. Die Integration von Frauen in ein bislang von Männern beherrschtes Berufsfeld und damit die Ausweitung ihrer Berufschancen führt eine Vielzahl von Rahmenbedingungen zusammen. Das sind unter anderem familiäre Sozialisationsinstanzen ebenso wie Peer-Group-Einflüsse, allgemein und berufsbildende Schulen und Betriebe mit ihren Ausbildungsabteilungen. Der Modellversuch baute im Wesentlichen darauf, dass der Wille von jungen Frauen, in das gewerblich-technische Berufsfeld einzutreten, auf eine entsprechende Bereitschaft der Unternehmen treffen sollte.

Dabei war es aus unserer damaligen Sicht primär erforderlich, auf der Unternehmensseite aktiv zu werden. Dies entsprach einem Deutungsmuster der Siebzigerjahre, das Wirtschaftsunternehmen eher in die Rubrik „Bremser" gesellschaftlicher Entwicklungen einreihte. Im Laufe des Modellversuches und vor allem nach dessen Abschluss wurde deutlich, dass das Berufswahlverhalten von Schulabgängerinnen wohl der entscheidende Faktor ist, der den Erfolg der mit dem Modellversuch verbundenen Zielsetzung bestimmt. Bis dahin bleibt das Unternehmen im Zentrum unserer Aktivitäten, was im Nachhinein sich auch als der leichtere und Erfolg versprechendere Zugang erwies.

Intendiert war die Ausbildung von Frauen in gewerblich-technischen Berufen vom damaligen Leiter des Bildungswesens, Wolf Dieter Gogoll, unter dem Patronat des damaligen Personalvorstandes Hans Kauth. Unterstützt wurde die Bereitschaft, an dem Modellversuch mitzumachen, durch eine Förderung der Berufsausbildung aus öffentlichen Mitteln und durch die politische Diskussion um die Chancengleichheit von Frauen, die von den gewerkschaftlich orientierten Betriebsräten grundsätzlich mitgetragen wurde.

Die Begeisterung der betrieblichen Ausbilder hielt sich jedoch, gelinde gesagt, in Grenzen. Sie leisteten jedoch weder aktiven noch passiven Widerstand. Sie verstanden schließlich den Modellversuch als eine ihnen aufgetragene Herausforderung, an der sie ihre Leistungen zeigen sollten und auch konnten.

Im Laufe der Ausbildung – besonders in der Ausbildungswerkstatt – griff bald das Phänomen Platz, das in solchen pädagogischen Räumen entsteht, wenn die Schutzbefohlenen sich „anständig benehmen" und darüber hinaus auch im Sinne des Ausbildungszieles erfolgreich sind. Die Ausbilder stellten sich bald vor ihre jungen Frauen und damit auch vor das Ziel des Modellversuches. Dass ihre pädagogischen Bemühungen durch die Aufmerksamkeit, die der Modellversuch hervorrief, sowohl in der betriebsinternen als auch –externen Öffentlichkeit bemerkt wurden, unterstützte diesen Sinneswandel erheblich.

Der Wille der jungen Frauen, in dem gewerblich-technischen Berufsfeld Fuß zu fassen, hat sich dagegen nicht gehalten. Die Anzahl der Schulabgängerinnen, die sich dafür bewerben, ist äußerst klein. Hier zeigt die Tatsache Wirkung, dass keine der in den Modellversuch integrierten Frauen einen gewerblich-technischen Beruf ergreifen wollte. Dies dennoch zu tun, stellte sich für die jungen Frauen als ein Ausweg aus einer Sackgasse dar, in die sie mit ihrer Präferenz für einen qualifizierten „Frauenberuf" beziehungsweise für eine handwerkliche Ausbildung geraten sind. Sobald die Auswahlchancen der Frauen sich in den von ihnen bevorzugten Berufsfeldern verbesserte, schwand die Bereitschaft, einen gewerblich-technischen Beruf zu ergreifen.

Dies macht deutlich, dass Veränderungen in einer Unternehmensorganisation eher gestaltbar sind, vor allem wenn einflussreiche Mitglieder dieser Organisation die Veränderung vorantreiben. Mit der Wirksamkeit der Veränderungen können damit auch zunehmend diejenigen gewonnen werden, die die Idee anfänglich nicht aktiv verfolgt oder ihr sogar mit Skepsis gegenüber standen. In einen makrosoziologischen Rahmen einzugreifen und ein schwer greifbares individuell gestaltetes Entscheidungsverhalten, wie es die Berufswahl darstellt, zu beeinflussen, ist weit weniger steuerbar.

Mit Blick auf die Frage, ob der Veränderungsprozess *indiziert* war, lassen sich auf der sachlogischen Ebene kaum Hindernisse feststellen. Das im Kreise der Begleiter des Modellversuches kolportierte angebliche Ergebnis einer wissenschaftlichen Untersuchung, die auf Schwierigkeiten hinwiesen, weil Frauen auf Grund ihres kürzeren Daumens gehandicapt wären, Maschinen zu bedienen, wurde belächelt und als abschreckendes Beispiel herausgestellt, wie man als wissenschaftlicher Begleiter nicht arbeiten wollte.

Betrachtet man sachlogisch die Wirksamkeit des Modellversuches hinsichtlich des Zieles, Frauen in größerem Umfang in das gewerblich-technische Berufsfeld zu integrieren, so ist diese unter so komplexen Bedingungen nur schwer vorherzusagen, vor allem wenn die Intention der an diesem Prozess beteiligten Gruppen nicht in gleichem Maße stabil ist.

Die zeitweise hohe **Dosierung** – bei der Firma Continental handelte es sich um zwei komplette Ausbildungsjahrgänge – zeigte innerhalb des Systems Ausbildung ihre Wirkung. Innerhalb des Gesamtunternehmens, vor allem im Vergleich zu den männlichen Facharbeitern, die damals in gewerblich-technischen Berufen gearbeitet haben, war die Dosierung dagegen nicht so hoch.

Als **Nebenwirkungen** sind aus der Sicht der betrieblichen Vorgesetzten vorwiegend positive Effekte hervorgehoben worden, so zum Beispiel der Rückgang an sexistischen Symbolen in Wort und Bild. Ein weiterer Nebeneffekt war, dass der Ausbildungsabteilung eine höhere als bislang gewohnte Aufmerksamkeit zuteil wurde und zu einer durch die wissenschaftliche Begleitung stärkere professionelle Fundierung führte.

Als **Gegenanzeige** im Unternehmen im Sinne von nur schwer zu überwindenden Hindernissen konnte man zunächst die traditionelle, das gesamte Unternehmen durchziehende Männerkultur vom Manager über den Ingenieur bis hin zum angelernten Arbeiter verstehen, und einige hier dokumentierte Beobachtungen zeigen auch, dass dies im Alltag der Fall war.

Allerdings war es auch Intention des Unternehmens, diese Kultur durch eine angemessene Dosierung langsam zu verändern. Pädagogen würden dies als Sensibilisierungsversuch für das „Problem" Frauen in traditionellen Männerberufen bezeichnen. In der vom Autor an die Medizin angelehnten Terminologie handelt es sich um eine „Desensibilisierung" gegen die Abwehrreaktion auf Frauen in einem bislang männlich dominierten Berufsbereich.

Gegenanzeigen bildeten sich allerdings in der Entscheidungskultur der jungen Frauen in der Zeit nach dem Modellversuch, was ihre Berufswahl betrifft. Hier sind anscheinend tradierte Berufsbilder wirksam. Dazu kommt noch die Veränderung des Wirtschaftssystems tendenziell weg von produzierenden Unternehmen, die auf gewerblich-technischer Arbeit basieren, hin zu dem Dienstleistungssektor, dessen Arbeitsplätze eher Frauen anziehen beziehungsweise zumindest als geschlechtsneutral gedeutet werden. Konkret: Was damals im Modellversuch angezeigt war, ist es heute nicht mehr in gleichem Maße.

Vor diesem Hintergrund steigen die Aufwendungen für eine *Nachpflege* gewaltig. Diese würden sich in einer andauernden Werbeaktion für gewerblich-technische Berufe manifestieren, die über einen längeren Zeitraum in die Sozialisationsfelder hineingetragen werden müssten, die die Berufswahlentscheidung von jungen Leuten maßgeblich beeinflussen. Hier stellt sich die Kosten-Nutzen-Kalkulation in neuem Licht, vor allem vor dem Hintergrund inzwischen neuer Rahmenbedingungen. Waren Ende der Siebzigerjahre so hohe Aufwendungen gerechtfertigt, da den jungen Frauen Berufe verwehrt wurden, die als besser qualifiziert als typische Frauenberufe galten und damit auch besser bezahlt wurden, gibt es auf Grund der Veränderungen in der Berufswelt für die Frauen inzwischen attraktive Alternativen. Für Unternehmen, die gewerblich-technische Facharbeiter brauchen, stellt sich die Frage einer intensiven Nachpflege dann verstärkt, wenn für sie die Möglichkeit, aus geeigneten Bewerbern auswählen zu können, durch eine geschlechtstypische Berufsorientierung beschnitten wird.

Das dem Modellversuch zu Grunde liegende *Ziel* wurde, wie schon dargestellt, nicht erreicht. Hinsichtlich der makrosoziologischen Sicht ist eine nachhaltige Wirkung nicht erreicht worden. Andere der zentralen Intentionen untergeordnete Ziele konnten jedoch realisiert werden, vor allem was das Subsystem Unternehmen betrifft. Dort hat sich das Ausbildungssystem bei der Berufsqualifizierung junger Frauen ebenso bewährt wie die Frauen im Alltag ihrer späteren Berufstätigkeit.

Der Modellversuch hat gezeigt, dass von dem Zeitpunkt an, von dem Frauen sich für eine gewerblich-technische Berufsausbildung entscheiden, sie diese erfolgreich durchlaufen können. Zu diesem Erfolg ist noch die Tatsache hinzuzufügen, die nach Aussage der Interviewpartner einen wichtigen Nebeneffekt hatte, und zwar die Auseinandersetzung mit der Ausbildung innerhalb des Unternehmens und deren weiteren Verbesserungen. Damit ist die Frage der Zielerreichung als wichtiges Kriterium für Nachhaltigkeit insofern leicht relativiert, als durchaus die Erreichung von Ersatzzielen die Aufwendungen für einen Veränderungsprozess wenigstens zu einem gewissen Teil rechtfertigen.

Die Frage, ob die Ergebnisse des Modellversuches den hohen *Kosten* entsprechen, müssen die politischen Instanzen entscheiden, die den Modellversuch initiiert haben. Dabei ist das politische Kalkül nicht unerheblich, lieber etwas zu tun und dies in der Öffentlichkeit zu verbreiten, als passiv zu verharren und damit möglicherweise die Unfähigkeit zu signalisieren, politisch aktiv gestalterisch wirken zu können.

9.2 Die Implementierung von Facharbeitern in der Produktion

9.2.1 *Was ist daraus geworden? – Interview mit Wolf Dieter Gogoll*[45]

> Die Entscheidung zur Ausbildung von Produktionsfacharbeitern, die durch die im Modellversuch „Ausbildung von Frauen in gewerblich/technischen Berufen" durchgeführte arbeitswissenschaftliche Analyse bestätigt wurde, hat sich im Laufe der Jahre immer deutlicher als wichtig und richtig erwiesen. Ohne Facharbeiter geht es in der Produktion heute nicht mehr. Der Einsatz von Produktionsfacharbeitern ist ein zentrales Glied in der Kette einer strategischen Logik, die in zwei Richtungen gedacht werden muss. Zum einen fordert die Art, wie wir in Deutschland Produkte herstellen, hoch qualifizierte Fachkräfte, auf der anderen Seite bleibt uns vor dem Hintergrund der hohen Lohnkosten nichts anderes übrig, als hier komplexe Produkte herzustellen, die wiederum qualifizierte Mitarbeiter brauchen. Qualifikation und Technik – sowohl im Sinne der Arbeitsorganisation als auch in dem der Produkte – bedingen sich gegenseitig. Zudem nimmt der Anteil an abstrakten Phänomenen nicht zuletzt durch die Computer auch in der Produktion zu.
>
> Dort, wo einzelne Abteilungen sich entschieden haben, verstärkt auf Facharbeiter in der Produktion zu setzen, waren Lösungen, wie zum Beispiel durch die Einrichtung von Fertigungsinseln möglich, deren Ergebnisse die höheren Lohnkosten bei weitem aufgewogen haben. Produktionsfacharbeiter haben sich damit zunehmend zu einem wichtigen strategischen Faktor auch bei der Einführung von anderen Formen der Arbeitsorganisation, wie zum Beispiel der Gruppenarbeit, entwickelt. Den Bedenken, ob die Produktionsfacharbeiter überhaupt ihrer Qualifikation entsprechend eingesetzt werden können, kann mit der Erfahrung begegnet werden, dass „gute Leute grundsätzlich gute Plätze erhalten". Die Anwerbung von Auszubildenden für diese Berufe allerdings ist nicht einfach, da sie mit Schichtarbeit verbunden sind. Die Aussicht auf eine Karriere zum Meister ist allerdings gut, da es von den jüngeren Meistern kaum einen mehr gibt, der nicht über eine entsprechende Berufsausbildung verfügt.
>
> Die getrennte Integration der unterschiedlichen Berufe der Chemiefacharbeiter (CFA) einerseits und der Kunststoff-Formgeber Fachrichtung Kautschuk (KKF) andererseits in unterschiedliche Bereiche ist gewollt und sinnvoll. Die Kunststoff-Formgeber gehören eher in die Produktion, die Chemiefacharbeiter – als Fortsetzung der Laborantenausbildung allerdings mit zusätzlichen Produktionskenntnissen – eher in die Materialvorbereitung oder in die Qualitätssicherung.

9.2.2 Aspekte der Nachhaltigkeit

Die Ausbildung zu Produktionsfacharbeitern entsprang der **Intention** der Bildungsabteilung. Sie wurde von einigen wichtigen Managern aus der Produktion getragen und zusätzlich unterstützt durch die Ergebnisse einer von uns im Rahmen des Modellversuches Ausbildung von Frauen in gewerblich-technischen Berufen gemachten Arbeitsplatzuntersuchungen. Dabei wiesen die Überlegungen zu dieser neuen Qualifizierungsform über die

---

[45] Das Interview mit Wolf Dieter Gogoll wurde am 5. April 2001 geführt.

„Bedienung" des Status quo hinaus und zielten auf eine zukunftsgerichtete Qualifizierungsstrategie einer sich verändernden Produktionswelt. Diejenigen, die von dieser Idee überzeugt waren, bemühten sich erfolgreich, dafür innerhalb des Unternehmens zu werben und die erforderliche Zahl von Verbündeten zusammenzubringen, um das Projekt wenigstens mit einer Anzahl von zwanzig bis dreißig Auszubildenden pro Jahr stärken zu können.

Inwieweit die Implementierung von Produktionsfacharbeitern *indiziert* war, kann man zunächst mit Skepsis beurteilen. Die neuen Produktionsfacharbeiter trafen auf eine Unternehmenskultur, die innerhalb der Fertigung traditionell auf dem Prinzip Anlernung beruhte. Besonders zu Beginn, als die ersten Produktionsfacharbeiter nach ihrem Ausbildungsabschluss ihren Einsatzort in der Produktion einnahmen, herrschte Verwirrung vor, die sich bei allen beteiligten Gruppen – sowohl bei den angelernten Kollegen, den jungen Facharbeitern, als auch einigen Vorgesetzten – in dem artikulierten Zweifel abbildete, warum eine aufwändige Berufsausbildung notwendig sei, wenn in der Produktion überwiegend Angelernte ihre Arbeit verrichten. Auch für die jungen Facharbeiter war es nicht immer leicht einzusehen, dass sie Aufgaben zu erfüllen haben, die nebenan angelernte Kollegen ebenfalls erledigen. Im Vergleich zu den klassischen Metall- und Elektroberufen litt das Image der neuen Produktionsfacharbeiterberufe unter der Nähe zu einer von Angelernten dominierten Arbeitswelt, was darüber hinaus noch durch die Schichtarbeit verstärkt wurde. Dies wurde auch dadurch sichtbar, dass die Bewerberanzahl für Produktionsfacharbeiterberufe deutlich niedriger war als bei den Metall- und Elektroberufen, die innerhalb der Continental AG vor allem in der Instandhaltung und in der Formen- und Maschinenfabrik als Dienstleister und Zulieferer für die Produktion Arbeitsplätze fanden.

Mit der Implementierung von Produktionsfacharbeitern ist kulturelles Neuland betreten beziehungsweise auf eine Veränderung der tradierten Kultur abgezielt worden.

Sachlogisch war es unumstritten, dass eine Strategie zu einer Höherqualifizierung der Mitarbeiter in der Fertigung unumgänglich war. Die modernen Produktionsanlagen stellen eine immer höhere Anforderung an deren Bedienungspersonal. Eine intelligente Handhabung dieser Maschinen setzt voraus, dass diejenigen, die diese „fahren", dahinter blicken können, was in dem Produktionsprozess sowohl mit den Maschinen als auch mit dem Material geschieht. Mitarbeiter, die über solche Voraussetzungen verfügen, können dann auch, wie bei der Continental AG deutlich wurde, eher intelligente Formen der Arbeitsorganisation (wie Fertigungsinseln und Gruppenarbeit) im Arbeitsalltag tragen.

Solche Anforderungen verlangen nach einer systematischen und theoriegeleiteten Qualifizierung, wie sie in der Bundesrepublik Deutschland die duale Berufsausbildung bietet. Dieser Sachlogik stand allerdings eine **Nebenwirkung** gegenüber, die dem Management zwangsläufig als unerwünscht erscheinen musste, und zwar die Forderung nach einem Lohn, der einer Facharbeiterausbildung gerecht wird. Dies würde für das Management eine Kostensteigerung bedeuten und darüber hinaus das Lohngefüge durcheinander bringen oder zumindest den sozialen Frieden unter den Arbeitern in der Produktion gefährden.

Dieses Konfliktpotenzial hat unter anderem zu einem neuen Lohnsystem geführt, das innerhalb der Entgeltgruppen für Tätigkeiten in der Produktion zu einer Differenzierung nach Qualifikationsstufen geführt hat. Das heißt, die Bezahlung hängt davon ab, wie viele beziehungsweise welche Tätigkeiten der Mitarbeiter innerhalb seines Arbeitsbereiches ausüben kann.

Erfahrungsgemäß sind diejenigen, die über eine Facharbeiterausbildung verfügen, schneller in der Lage, die höchste Qualifikationsstufe zu erreichen, wodurch es möglich ist, die Unterschiede zu dem Facharbeiterlohn, der in der Continental AG immer noch für die Metall- und Elektroberufe gilt, weitgehend aufzuheben.[46] Mit diesem neuen Lohnsystem ist es also gelungen, die Nebenwirkungen, die sich aus der Unterscheidung in Facharbeiter- und Angelernten-Bezahlung ergeben können, weitgehend zu beseitigen. Inwieweit diese Regelung schon zu einer Kultur der Imageangleichung zwischen den in der Vergangenheit ungleich bewerteten Berufsfeldern geführt hat, wäre eine gesonderte Untersuchung wert.

Der Frage einer facharbeitergerechten Bezahlung wird zudem durch die Tatsache die Brisanz genommen, dass aus dem Kreis der Produktionsfacharbeiter im Wesentlichen der Nachwuchs für betriebliche Führungskräfte in der Produktion, wie zum Beispiel für die Funktion des Personalschichtleiters, rekrutiert wird.

Gegenanzeigen sind im Augenblick keine erkennbar. Es sei denn, die Strategie der Produktion von qualitativ hochwertigen Produkten mit hoch

---

[46] Es ist sogar möglich, dass Mitarbeiter in der Produktion mehr verdienen als Facharbeiter in der Instandhaltung oder in der Formen- und Maschinenfabrik.

qualifiziertem Personal in der Bundesrepublik Deutschland würde aufgegeben. Beeinträchtigt werden könnte die Zukunft der Facharbeiterqualifizierung für die Produktion durch Formen der Arbeitsorganisation, wie zum Beispiel die Bildung von teilautonomen Gruppen, wenn die Anzahl der betrieblichen Führungskräfte maßgeblich reduziert und damit die Aufstiegsmöglichkeit für die Kunstoff-Formgeber und Chemiefacharbeiter als ein Teil der mittel- und langfristigen Qualifizierungsziele reduziert wird.

Eine *Nachpflege* ist dann erforderlich, wenn die Attraktivität der Produktionsfacharbeiterberufe bei den Ausbildungsplatzbewerbern sinkt und zusätzliche Werbemaßnahmen, wie zum Beispiel durch ein Ende der Achtzigerjahre gedrehtes Video zur Anwerbung von Kunststoff-Formgebern, erforderlich werden. Dennoch werden sich die Kosten in Grenzen halten und den Nutzen der Berufsausbildung kaum schmälern.

Die *Ziele* des Veränderungsprozesses zur Höherqualifizierung der Mitarbeiter in der Produktion sind insgesamt voll erreicht worden, zumal sie einen Baustein in der Strategie der Produktion am Standort Deutschland, vor allem für international produzierende Konzerne darstellt. Insofern ist die Nachhaltigkeit gegeben. Eine Flexibilität in den Ausbildungskonzepten zur Anpassung auf sich abzeichnende Veränderungen wird diese Nachhaltigkeit zusätzlich sichern.

9.3 Die Ausbildung von Produktionstechnikern durch ein Studium im Praxisverbund

9.3.1 *Was ist daraus geworden? – Interview mit Wolf Dieter Gogoll*[47]

Die Tatsache, dass in der oben zitierten Untersuchung über Ausbildungserfahrung und Verbleib nach Abschluss nur 44 Produktionstechniker ermittelt wurden, obwohl bis dahin weit über hundert das Studium im Praxisverbund abgeschlossen haben, hat letztendlich ihre Ursache in der Schwierigkeit, das Qualifikationssystem einerseits und das „Abnehmersystem" anderseits in eine optimale Passung zu bringen. Dies wird umso schwieriger, je größer der Zeitraum zwischen der Entscheidung für eine Ausbildung und dem tatsächlichen Ausbildungsabschluss ist. Dabei wächst die Gefahr, dass Ereignisse eintreten, die eine noch so fundierte Vorplanung ad absurdum führen.

---

[47] Das Interview mit Wolf Dieter Gogoll wurde am 5. April 2001 geführt.

In diesem Falle war es die „Ingenieursschwemme" von der – langfristig gesehen zu Unrecht – Anfang der Neunzigerjahre die Rede war. Dies führte sogar zu einer Entlassung von Ingenieuren, was die Übernahme von Produktionstechnikern nahezu unmöglich machte. Dass dies gerade die Jahrgänge betraf, in der Continental zur Absicherung der Mindestzahl von Produktionstechniker-Studenten (nach den Anforderungen an einen rentablen Studiengang) pro Jahrgang zwischen fünfzehn und zwanzig Bewerber einstellte, war ein unglückliches Zusammentreffen.

Ein anderes eher grundsätzliches Problem liegt in dem besonderen Aufwand, der in einer Anfangssituation betrieben werden muss, um ein neues Qualifikationsprofil in der Praxis zu etablieren. Hier bedarf es einer sehr detaillierten Erkundungsarbeit, die nicht auf dem Status quo, das heißt auf den bestehenden Anforderungsprofilen aufsetzt, sondern mühsam durch Kleinarbeit Bereiche erkundet, die für zukunftsträchtige Veränderungsprojekte neue Qualifikationen erfordern. Es gilt also das für die Organisationsentwicklung gültige „Judo-Prinzip" anzuwenden, das darauf abzielt, eigene Veränderungsideen dort anzusetzen, wo ohnehin etwas in Bewegung ist.

Dies sprengt allerdings den Rahmen traditioneller Personalarbeit, die Qualifikationsprofile auf Anforderungsprofile legt, die ursprünglich definiert wurden, bevor es die neuen Ausbildungsgänge überhaupt gab. Hier sind Anstrengungen erforderlich, die man kaum zutreffender bezeichnen kann als mit „Schnüffelarbeit".

Die gerade in dieser Zeit vollzogene Zergliederung des Konzerns in Profit-Center mit dem zwangläufig damit verbundenen Aufbau von „Reviergrenzen", stellte ein zusätzliches Erschwernis dar. Zu einem adäquaten Einsatz bedarf es darüber hinaus auch der Bemühungen der Vorgesetzten, den hoch motivierten Absolventen durch entsprechende Herausforderungen „Futter zu geben". Gelingt dies nicht, verlassen gerade die Besten am schnellsten das Unternehmen. Eine zurzeit praktizierte Lösung besteht in einem zentralen Budget im Konzernbereich „Human Resources Development and Internal Consulting" zur Einstellung, Förderung und flexiblen Einsatz von neun Ingenieuren.

Das grundsätzliche Problem, einen langen Atem bei einer gezielten, ins Detail gehenden Personalentwicklung zu bewahren, kann grundsätzlich nur gelöst werden, wenn die Personalentwicklung zu einer eigenen, von der administrativen Personalarbeit „befreiten" Aufgabe wird. Nur so kann vermieden werden, dass das operative Tagesgeschäft der Personalverwaltung, Personalbetreuung und Personalrekrutierung, die Personalentwicklung überlagert und zur Quelle des Nachweises beruflichen Erfolges wird. Die Messkriterien für die Personalentwicklung allgemein und die Förderung von Talenten im Besonderen sind insofern andere als für die Personaladministration, da sie bei Personalentwicklung auf eine längerfristige Betrachtung ausgerichtet sein müssen und durch eine Vielzahl anderer Faktoren mit beeinflusst werden. Eine solche Aufgabe braucht als Fähigkeit Hartnäckigkeit und vor allem Geduld, es ertragen zu können, dass man die „Früchte womöglich erst in einer weiteren Zukunft ernten" kann.

Die oben vom Autor interpretierte Zielverschiebung der Ausbildung von Produktionstechnikern weg von der Produktion zu produktionsumgebenden Bereichen wird von Wolf Dieter Gogoll so nicht gesehen. Hier ist es erforderlich, näher zu präzisieren, was man unter Produktion versteht: Gerade im Hinblick auf eine stärkere prozessorientierte Sicht gehören zur Produktion nicht nur die Unternehmensbereiche, in denen Maschinen laufen, sondern auch die Funktionen, die die Fertigung an den Maschinen steuern, wie zum Beispiel das Industrial Engineering. Darüber hinaus hängt es von der Form der Arbeitsorganisation ab, ob nun nicht mehr ein Meister, sondern ein Ingenieur die Steuerungsfunktion der Maschinenarbeit übernimmt. Dies ist vor allem dann der Fall, wenn es um die fachliche Führung einer Gruppe von Fertigungsinseln geht.

Die Tatsache, dass der größte Anteil der Produktionstechniker inzwischen in der Forschung und Entwicklung den Platz gefunden hat, ist insofern nicht verwunderlich, als der Bereich der Forschung und Entwicklung ohnehin die meisten Ingenieure einstellt und gerade dort massiv an Aufgaben der Produkt-Industrialisierung gearbeitet wird. Betrachtet man die Arbeitsplätze der Produktionstechniker genauer, liegen diese in der Schnittstelle zwischen Produktion und Entwicklung. Im Qualifikationsprofil der Produktionstechniker zeigt sich ein Theorie-Praxis-Verständnis, das Forschung und Entwicklung Bodenhaftung verschafft und der Praxis den theoretischen „Überbau" zur Verfügung stellt.

Gerade dieses Profil macht die Produktionstechniker zu einer Art Multitalent, das an unterschiedlichsten Positionen der Prozesskette – angefangen von der Entwicklung über die Steuerung von Fertigungsinseln bis hin zum Kundendienst – eingesetzt werden kann. Dass dies von den Vorgesetzten so gesehen wird, zeigt alleine die Tatsache, dass inzwischen jährlich bis zu zwanzig Produktionstechniker ausgebildet werden, und zwar nicht mehr nur eingeschränkt auf den Bereich der Kautschukverarbeitungen, sondern auch für das Gebiet der Metallverarbeitung und der Fertigungssteuerung.

Trotz aller Hindernisse vor allem Anfang der Neunzigerjahre auf Grund der Arbeitsmarktsituation der Ingenieure war die Entscheidung zur Ausbildung von Produktionstechnikern nach Auffassung von Wolf Dieter Gogoll richtig, und dies wird seiner Meinung nach auch so im Unternehmen gesehen..

9.3.2 Aspekte der Nachhaltigkeit

Die Ausbildung von Produktionstechnikern als Führungskräfte für die Produktion im Rahmen eines Studiums im Praxisverbund wurde eindeutig von der Bildungsabteilung beziehungsweise von dessen Leiter, Wolf Dieter Gogoll, *intendiert* und initiiert. Vor der zirka viereinhalbjährigen Ausbildung bedurfte es Bemühungen, den zuständigen Vorstand zu gewinnen, vor allem auch um zusätzliche personelle und sachliche Ressourcen zu erhalten. Ferner mussten Manager gewonnen werden, die während der Ausbildung erforderliche Praktikumsplätze zur Verfügung stellen, und schließlich bedurfte es der Überzeugungsarbeit bei den hauptamtlichen Ausbildern. Doch wie bei dem Modellversuch Ausbildung von Frauen in gewerblich-technischen Berufen wurde auch diese neue Aufgabe als Herausforderung gesehen und als Chance, sich in dieser zu bewähren.

Ein Vergleich: Anders als in einer geschlossenen pädagogischen Struktur, wie zum Beispiel in den allgemein bildenden Schulen, stellt sich die Arbeit in der Aus- und Weiterbildungsabteilung eines Unternehmens als Möglichkeit dar, sich für eine anspruchsvolle Tätigkeit außerhalb des Bildungssektors zu empfehlen. Karrierewege von ehemaligen Aus- und Weiterbildnern in unterschiedlichen Unternehmen belegen dies. Gerade diese Rahmenbedingungen erleichtern im Gegensatz zu den Schulen eine flexiblere Reaktion auf sich verändernde Anforderungen. Die Chancen, die ein breiteres berufliches Umfeld bietet, erhöhen auch bei dem pädagogischen Feld die Motivation, anderes und auch mehr zu leisten als ursprünglich angenommen und vereinbart. Dabei wird zugleich deutlich, dass die mangelnden Möglichkeiten, sich beruflich verändern zu können, wenn man sich für einen Beruf in einer Schule entschieden hat, auf der anderen Seite von den Lehrern eine Selbstbescheidung abverlangt, sich in der Regel mit dem Erreichten abzufinden, auf der anderen Seite aber als zweite Seite der Medaille ein Beharrungsverhalten unterstützt, das zwangsläufig mit Widerstand auf Veränderungen reagiert.

Die Gewinnung der späteren Abnehmer der Produktionstechniker nach einer erfolgreichen Ausbildung bildete das eigentliche Problem, das schon während der Ausbildung bearbeitet wurde. Der Grund hierfür liegt darin, dass dieser Ausbildungsgang für die Abnehmer, die in den beiden Kategorien der Ingenieursausbildung zum einen Universitäts- und zum anderen Fachhochschulabsolventen dachten, unbekannt war.

Die Frage, ob sie einen Produktionstechniker brauchen, konnten sie nicht so schlicht beantworten, weil sie mit diesem Qualifizierungsprodukt noch keine Erfahrungen machen und somit die Passung mit den jeweiligen Anforderungsprofilen schwerlich erstellen konnten. So musste von den Personalentwicklern ein anderer Weg gefunden werden, die „fertigen" Produktionstechniker unterzubringen. Er bestand in der Suche nach strukturellen Veränderungen (zum Beispiel die Einrichtung einer neuen Produktionslinie oder die Gründung eines neuen Produktionsstandortes) und nach neuen Projekten. Wer nach Auffassung des Personalentwicklers für das Qualifikationsprofil des Produktionstechnikers geeignet schien, wurde dem Management „angeboten".

Bei einer Ausbildungsstrategie, die nur in Kooperation mit öffentlichen Bildungseinrichtungen, wie im konkreten Fall mit der einer Fachhochschule und einer Berufsschule zu realisieren ist, bedarf es auch auf der Unternehmensseite Partner, um diese Ausbildung nicht als Partikularvorhaben eines einzelnen Unternehmens zu diskreditieren.

All dies ist gelungen, was allein schon dadurch zu erkennen ist, dass der Ausbildungsgang noch existiert und sowohl von Bewerberseite als auch von Unternehmensseite nachgefragt wird.

Gemessen an der Zielsetzung , neue Führungskräfte für die Ebene des First-Line-Managements zu qualifizieren, war das Projekt kaum *indiziert.* Ein Gemisch unterschiedlicher Faktoren mag hier zusammen ein nur schwer überwindbares Hindernis bilden, das zunächst das Vorhaben als nicht *indiziert* erscheinen lässt

Zum einen ist es die tradierte Kultur, dass auf dieser Ebene Meister führen, die sich aus der Produktionspraxis der Arbeiter „hochgearbeitet" haben. Ingenieure nehmen in der Regel die darüber liegenden Ebenen ein.

Dazu kommt sicherlich die Entgeltfrage, die sich bei der Beschäftigung von Ingenieuren im Vergleich zu Meistern selbstverständlich stellt. Außerdem mögen die Absolventen eines *Studienganges* auf Grund ihres Selbstverständnisses als Ingenieure in Distanz zu Positionen gehen, die ihrer Meinung nach ihrer Qualifikation nicht gerecht werden. Schließlich muss unternehmenspolitisch vor allem auf der Seite des Betriebsrates Widerstand wach werden, weil es bedenklich ist, die Karriereleiter für Arbeiter durch die Eleminierung der Meisterfunktion nach oben abzusägen.

Solche massiven Hindernisse verschließen sich einer Sachlogik, die ermittelt, welche Qualifizierungsstrategie zukünftigen Anforderungen gerecht wird, solange die alte Strategie – wie es anscheinend der Fall ist – (noch) funktioniert.

Ein möglicher Grund für die schwere Verträglichkeit ist die relativ hohe Dosierung der Produktionstechniker mit einer Absolventenzahl von fünfzehn bis zwanzig pro Jahr.[48] Und dies vor dem Hintergrund der so genannten „Ingenieursschwemme" Anfang der Neunzigerjahre.

Damit ist zugleich auf die zentrale **Gegenanzeige** in diesem Projekt verwiesen. Wenn der Arbeitsmarkt keine Ingenieure mehr abnimmt, muss jede auch noch so gut überlegte neue Ausbildungskonzeption ins Leere laufen. Dass trotz dieser schlechten Rahmenbedingungen dennoch zirka vierzig Prozent der Absolventen einen Platz in der Continental AG gefunden haben, ist auf große Anstrengungen der Personalentwicklungsabteilung zurückzuführen, die Ausbildung zu Produktionstechnikern schon aus Imagegründen für diesen Beruf nicht scheitern zu lassen. Wenn die Arbeitsplätze der Produktionstechniker in unterschiedlicher Entfernung zum Produktionsgeschehen liegen, ist dies ein Zeichen für eine positive **Nebenwirkung,** die darin begründet ist, dass Absolventen mit einem hohen Theorie-Praxis-Bezug gerade im Ingenieurbereich vielfältige Einsatzmöglichkeiten in der Industrie haben.

Akzeptiert man bei diesem Veränderungsprojekt ebenfalls eine solche Zielverschiebung, ist der Aufwand für die **Nachpflege** gering. Hält man an der ursprünglichen Intention fest, mit der Produktionstechnikerausbildung zukünftige Führungskräfte auf der Ebene des First-Line-Managements zu qualifizieren, sind erhebliche Nachpflegeaktivitäten erforderlich, vor allem um das Bündel der Hindernisse zu überwinden, die oben skizziert wurden.

---

[48] Die Continental AG hat zur Aufrechterhaltung des Studienganges jeweils mindestens fünfzig Prozent der Jahrgänge gestellt.

Das ursprüngliche Ziel wurde eindeutig nicht erreicht. Dennoch kann man dem Projekt eine nachhaltige Wirkung nicht absprechen. Wenn man eine durch den unternehmensinternen Arbeitsmarkt und durch betriebspolitische Hindernisse erzwungene Veränderung der Zielrichtung hinnimmt oder sogar begrüßt, wird man auch in Zukunft mit diesem Modell Ingenieure qualifizieren, die auf Grund ihres Theorie-Praxis-Bezuges und ihrer Unternehmenssozialisation schnell und vielfältig eingesetzt werden können, und dies an einer Schnittstelle, die für den Unternehmenserfolg auf einem schnell sich verändernden Markt immer wichtiger wird, und zwar zwischen Produktion und Entwicklung.

9.4 Einführung von Teamarbeit

9.4.1 Was ist daraus geworden? – Interview mit Günther Hubrach[49]

Herr Hubrach ist mit dem, was inzwischen aus der Teamarbeit in seinem Unternehmen geschehen ist, nicht zufrieden. Gegenüber der Zielvorstellung, die er mit KTA verknüpft hat, gibt es heute weniger Delegation von Verantwortung und einen eingeschränkten Freiraum an Autonomie. Allerdings ist die Teamidee nicht ganz auf den Ausgangspunkt zurück gefallen, von dem aus die Bemühungen zur Einführung von Teamarbeit starteten.

Das Leitungsteam für die Produktion besteht heute – gewissermaßen in der Nachfolge des Meisterteams – aus drei ehemaligen Mitgliedern des Führungskreises 2, von denen jeder für einen spezifischen Produktionsbereich zuständig ist. Insofern wurde ein Teil der an die Teams übertragenen Aufgaben zurückdelegiert.

Die Gründe für das Zurückfahren der Teamarbeit sind vielfältig. Von der neuen Produktionsleitung sind zwar weitere Initiativen ergriffen worden, wie zum Beispiel der Versuch, eine Vereinsstruktur aufzubauen, in der jeder einen Posten hat, das heißt, für eine besondere Aufgabe verantwortlich ist. Die Tatsache, dass solche Vorschläge von den Mitarbeitern nicht beherzt aufgegriffen und umgesetzt wurden, hat ein weiteres Engagement erlahmen lassen.

Möglicherweise sind auch Fehler bei der Implementierung gemacht worden, vor allem in der starken und zeitlich lang andauernden Aufmerksamkeit auf die Start-Gruppe, was bei den anderen möglicherweise Neidgefühle hat aufkommen lassen. Vor diesem Hintergrund musste die eingeschränkte Pflege, welche die weiteren Teams bei der flächendeckenden Einführung erfuhren, als bescheiden erscheinen. Nach Ansicht von Herrn Hubrach wurden bei denen, die im Startteam mitgemacht haben, möglicherweise zu hohe Erwartungen geweckt, die von diesen vor allem auf den materiellen Zugewinn gerichtet wurden. Vor allem bei den Engagierten im Team hat sich Resignation breit gemacht.

Die Konsequenz bei vergleichbaren zukünftigen Projekten wäre eine schnellere flächendeckende Einführung bei einer gleichzeitig realitätsnäheren Entfaltung von Erwartungen. Darüber hinaus muss zukünftig der Eindruck vermieden werden, es handele sich lediglich um ein Ausprobieren. Vielleicht wäre eine

---

[49] Das Interview mit Günther Hubrach wurde am 2. September 2001 geführt.

Situation unter stärkerem wirtschaftlichem Druck besser gewesen. Eine solche Voraussetzung hätte ein stärker dirigierendes Vorgehen erforderlich und auch möglich gemacht und das Signal gesetzt: Dies ist unser Weg, da gibt es kein Zurück! Eine schnellere flächendeckende Einführung würde verhindern, dass die Skeptiker ihre Bedenken gegen Teamarbeit auf die eine Gruppe konzentrieren und Widerstände langfristig und sanktionslos gepflegt werden können.

Dabei ist die offene Opposition weniger gefährlich als versteckte Ablehnungsattacken, die aus dem Muster genährt werden: War ich nicht von Anfang an dabei, bin ich dagegen. So wäre es besser gewesen, von vornherein auch den kaufmännischen Bereich in die Teamidee mit einzubeziehen.

Schwer zu beurteilen ist darüber hinaus auch die Rolle, die der Betriebsrat gespielt hat. War es die eines aktiv engagierten Verfechters der Teamorganisation oder die eines Kontrolleurs, der darauf achtete, inwieweit den Kolleginnen und Kollegen durch die Teamarbeit Nachteile zu erwachsen drohten? Eine explizite Kritik und die entsprechende Forderung nach Maßnahmen zur stärkeren Pflege der Teamkultur blieben zumindest aus.

Ein weiteres Hindernis war das Anwachsen der Pilotgruppe auf 27 Mitglieder. Damit wurde die Entwicklung eines Teamgeistes nicht leichter. Im Gegenteil, eine solche Gruppengröße fördert die Grüppchenbildung, die das Konfliktpotenzial untereinander erhöht. Die Rahmenbedingungen für die Produktionsstufe Veredelung, in der KTA begann, hätten sich inzwischen hinsichtlich der Gruppengröße dadurch verbessert, dass durch die zunehmende Anzahl der unterschiedlichen Materialien eine Differenzierung in kleinere Gruppen möglich und angebracht wäre. Allerdings wäre die mit der Teamorganisation verbundene Flexibilisierung der Arbeitszeit heute durch einen zunehmenden Drei-Schicht-Betrieb erheblich eingeschränkt.

Im Bereich der Oberflächenfertigung – also der grundlegenden Produktionsstufe, die der Veredelung vorausgeht – sind die Rahmenbedingungen für Teamarbeit durch eine stärkere Automatisierung, welche die Mitarbeiter untereinander in eine größere räumliche Distanz bringt, eindeutig schlechter geworden. In den Funktionsbereichen, welche die laufende Produktion unterstützen, neue Produktionsverfahren mitentwickeln und neue Produkte in der Produktion erproben, haben sich aus dem ehemaligen Führungskreis 2 – und in Nachfolge des Technikteams – gut funktionierende neue Teams entwickelt, wie zum Beispiel das „Elektronikteam", das Team der „Fertigungsplanung" und die „Fertigungsentwicklungsgruppe".

Auch aus dem Führungskreis 1 hat sich ein Team mit der Bezeichnung „Managementteam" herauskristallisiert, dem die Inhaber die Verantwortung für das operationale Geschäft übertragen haben. Dass der Teamgedanke gewissermaßen „nach oben" gewandert ist, liegt zum Teil auch daran, dass sich die Produktionsabteilungen mehr auf die reine Produktion beschränken, während produktionsoptimierende Aufgaben daraus ausgegliedert wurden.

Die Frage, inwieweit der Implementierungsprozess damals richtig gemacht wurde, wird von Herrn Hubrach in der Rückschau, wie folgt beurteilt: „So wie wir es damals angelegt haben, war es vor dem Hintergrund unserer damaligen Intention richtig." Die zuvor gemachten Einschränkungen lassen im Nachhinein dennoch einige Kritikpunkte deutlich werden. Zu diesen gehört die Tatsache, dass sich Herr Hubrach als Protagonist der Teamidee mit der Etablierung der Funktion eines Produktionsleiters und der Übertragung der Verantwortung auf diesen aus dem operationalen Geschäft zurückgenommen hat.

Die Rolle, die der Autor aus Sicht von Herrn Hubrach einnahm, lässt sich folgendermaßen ausdifferenzieren. Für die Mitarbeiter des Start-Teams und die ehemaligen Schichtleiter stellte er eine Art Vaterfigur dar, dem großes Vertrauen entgegen gebracht wurde, für Herrn Hubrach war er Wegweiser, Berater, Fachmann und Vertrauensperson.

Herr Hubrach als Patron und der Autor als externer Change Agent, die den Prozess von Anfang an steuerten, wurden durch eine dritte Person ergänzt. Es war der damalige Personalleiter. Zwar von der Teamarbeit überzeugt, brachte er die Überzeugung auf Grund seiner eher distanziert intellektuellen Art den Mitarbeitern „nicht rüber". „Er war schlicht keiner zum Anfassen." Diese Rolle übernahm immer mehr der Autor. Nach der Übergabe der Verantwortung für die Arbeitsorganisation an den Produktionsleiter und der damit wachsenden Distanz von Herrn Hubrach zum Alltagsgeschehen in der Produktion entstand *eine weitere „emotionale" unternehmensinterne Lücke. Als der Autor, der bewusst oder unbewusst diese Lücke schloss, ausschied, begriffen die Mitarbeiter dies möglicherweise als Signal für das Ende der Teamarbeit.*

Ende 2001 hat der neue Personalleiter Aktivitäten entwickelt, die Teamidee neu zu beleben. Es scheint angeraten, dies in einen neuen Aktionsrahmen einzubetten und unter einer neuen Überschrift zu tun, um diejenigen, die schon immer gegen Teamarbeit waren und die, die sich dafür engagiert hatten, aber inzwischen enttäuscht sind, nicht zu einem gefährlichen Komplott von Widerständlern zu vereinigen.

9.4.2 Aspekte der Nachhaltigkeit

Die Einführung von Teamarbeit bei dem Brillenglashersteller Rupp & Hubrach unter dem Begriff KTA war eindeutig ***intendiert*** durch den für die Produktion zuständigen Geschäftsleiter, der zugleich einer der beiden Inhaber ist. Die Intention wurde von dem Personalleiter und dem Produktionsleiter, dessen Funktion zu Beginn des Projektes neu geschaffen und auch besetzt wurde, aktiv mitgetragen. Gerade für den neuen Produktionsleiter stellte die Einführung von Teamarbeit in seinem neuen Unternehmen und in seiner neuen Funktion eine ebenso neue Aufgabe wie auch für das Unternehmen dar, an der er sich messen konnte.

Der massive Einsatz des Inhabers unterstützt durch weitere Führungskräfte der ersten Ebene hatte eine Initial- und Motivationskraft, der sich die Mitarbeiter im Produktionsbereich kaum entziehen konnten.

Inwieweit Teamarbeit in dem Unternehmen ***indiziert*** war, lässt sich nicht einheitlich beantworten. Innerhalb der Produktion eignete sie sich unterschiedlich gut für die Form der Gruppenarbeit. Im Bereich der Veredelung, also dort, wo die Brillengläser entspiegelt, getönt und mit einer Hartschicht versehen werden, gibt es in den einzelnen Veredelungsfunktionen eine vielfältige Anzahl von Tätigkeiten, die zu einer Gruppenaufgabe zusammengefasst werden können. In der Oberflächenfertigung, das heißt in dem Bereich, in dem mit Hilfe von Fräsen die Brillenstärke hergestellt wird, dominiert die Tätigkeit an der Fräsmaschine, so dass dieses Arbeitsfeld als Addition von gleichen Tätigkeiten erscheint, die eine Gruppenarbeit, basierend auf gegenseitiger Hilfe fast ausschließlich auf eine gelegentliche Vertretung reduziert. Insofern war es nahe liegend, KTA im Bereich der Veredelung zu starten.

Eine Kultur des Miteinanderumgehens im Hauptwerk, die zum Teil durch Misstrauen geprägt war, hat sich im Laufe des Projektes allerdings als hemmender Faktor erwiesen.

Die anfangs niedrige Dosierung im Rahmen eines Pilotprojektes war ebenfalls sachlogisch geraten. Allerdings war der Aufwand, der in den Erfolg dieser Startphase gesteckt wurde – durch Seminare, Workshops bis hin zu persönlicher Beratung – enorm hoch. Ein solcher Aufwand war für die Teams, die im Rahmen einer flächendeckenden Einführung nach der Pilotphase sukzessive gebildet wurden, nicht mehr möglich. Dies führte dazu, dass sich die anderen Teams als „Gruppen zweiter Klasse" empfanden, die schlicht zu Teams ernannt wurden, ohne weitere Unterstützung zu erhalten.

Dies stellte eine *Nebenwirkung* dar, die sich auf den Erfolg der Implementierung negativ auswirkte. Erschwert wurde dies weiterhin durch den Umstand, dass von der Aufgabenstruktur her eine Teamaufgabe weit eingeschränkter als im Bereich Veredelung formuliert werden konnte.

Als *Gegenanzeige* hat sich hier die Abhängigkeit von Personen erwiesen, die sich in einem Wechsel in der Produktionsleitung manifestierte. Der neue, also zweite Produktionsleiter hat das KTA-Projekt – wie in der Managementsprache häufig ausgedrückt – weniger als „sein Baby" betrachtet als sein Vorgänger. Das heißt, die Implementierung der Teamarbeit war nicht in gleichem Maße das Projekt, mit dem er sich in dem Unternehmen als erfolgreicher Manager etablieren konnte. Insofern fiel es ihm leichter, die Gruppenarbeit mit weniger Engagement als eine Form der Arbeitsorganisation voranzutreiben beziehungsweise sogar in Distanz dazu zu gehen.

Dies wurde entscheidend dadurch genährt, dass die unternehmerische *Zielsetzung*, die mit dem KTA-Projekt verbunden war, die Stabilisierung bei der Erzeugung von Qualität (statt Erkontrollieren von Qualität) nicht in dem erhofften Maße erreicht wurde.

Die Nachhaltigkeit war damit stark in Frage gestellt, zumal auch kein Ersatzziel, wie zum Beispiel die Verbesserung des Betriebsklimas als Gewinn ausgewiesen werden konnte. Die Erwartung der Mitarbeiter an die Implementierung von KTA, einen materiellen Zugewinn zu erreichen, wurde ebenfalls nicht erfüllt, so dass auch aus dieser Gruppe kein besonderes Bemühen zu erwarten war, sich für den Erhalt und die Weiterentwicklung der Teamarbeit einzusetzen.

Exkurs: Teamarbeit und Sozialkapital

Über den konkreten Fall hinaus ist die Frage, wer an dem Gewinn beteiligt ist, der aus der Gruppenarbeit gezogen wird, von grundsätzlicher Bedeutung. Die Zeit vor der Einführung der Gruppenarbeit war ja nicht von sozialer Kälte gekennzeichnet, in der jeder nur auf seinen eigenen Vorteil bedacht war. Die Normen einer kollegialen Zusammenarbeit legten selbstverständlich gegenseitige Hilfe nahe; wer wollte schon als unkameradschaftlich gelten? Trotz der ungeschriebenen Norm blieb die gegenseitige Unterstützung aber auf der Ebene der „Kür", die nun durch formale Regelungen zur „Pflicht" wurde. Eine solche Veränderung gewinnt vor dem Hintergrund der Diskussion um **Sozialkaptital** an zusätzlicher Brisanz.

Sozialkapital ist als Ressource aus sozialen Bezügen zu verstehen. Es entsteht „wenn sich die Beziehungen zwischen Personen so verändern, daß bestimmte Handlungen erleichtert werden." (Colemann 1991, S.394) Individuen schaffen Sozialkapital, wenn sie Verpflichtungen erzeugen, aus denen Erwartungen abgeleitet werden können." (Vgl. Colemann 1991, S.396 ff.) Damit kann das Sozialkapital als Anhäufung von Gutschriften und damit analog zum Finanzkapital betrachtet werden. So erhält der Altruismus des Helfens reziproke Züge, die durchaus dem Muster folgen: „Hilf demjenigen, der (mit hoher Wahrscheinlichkeit) später etwas für dich tun wird."

Wenn also Person A etwas für Person B tut und zugleich das Vertrauen in B setzt, dass dieser in Zukunft eine Gegenleistung erbringt, dann wird in A eine Erwartung hervorgerufen, während für B eine Verpflichtung entsteht, dieses Vertrauen auch zu rechtfertigen. Besonders rentabel wird dies für den Geber, wenn die Gegenleistung vom Empfänger dann erwidert wird, wenn der Geber seinerseits Hilfe benötigt. Als besonders „handfestes" Beispiel kann die gegenseitige Hilfe beim Hausbau gelten.

Vor diesem Hintergrund bedeutet die formale Einführung der Gruppenarbeit und die von oben bestimmte Übernahme einer gemeinsamen gegenseitigen Verantwortung eine starke Einschränkung, Sozialkapital anhäufen und darüber frei verfügen zu können. Das heißt: Das private Polster wird „vergesellschaftet". Wenn dieser private Verlust nicht durch eine Beteiligung an dem Gewinn ausgeglichen wird, der aus dieser Veränderung resultiert, wird die Attraktivität der Gruppenarbeit für die Betroffenen deutlich sinken.

Zurück zum konkreten Fall: Als ein Ersatz für das Erlahmen des Teamgedankens in der Produktion kann allerdings die Tatsache gesehen werden, dass der Teamgedanke nach oben in das Management und in produktionsoptimierende Expertenteams gewandert ist. Ob es dazu notwendig war, Teamarbeit in der Produktion zu implementieren, ist nicht unbedingt zwingend nachvollziehbar. Sicherlich war die Einführung von KTA Anlass, mit den Mitgliedern des zweiten Führungskreises zu arbeiten und sie dabei zu unterstützen, ein neues Funktions- beziehungsweise Selbstverständnis zu entwickeln.

Die *Nachpflege* fand nach der flächendeckenden Einführung in einer jährlichen „Teaminspektion" statt, deren Ergebnisse vor der Geschäftsleitung, den Führungskräften der ersten Ebene und den zuständigen Abteilungsleitern präsentiert wurde. Den Abteilungsleitern wurde dabei der Auftrag erteilt, die Ergebnisse mit ihren Mitarbeitern zu bearbeiten. Mit der Übernahme der Teaminspektion durch die Mitarbeiter selbst wurde das Interesse, diese tatsächlich durchzuführen, geschwächt, zumal dies für die Mitarbeiter eine zusätzliche Aufgabe bedeutete, während ein externer Berater darin einen mit Honorar verbundenen Auftrag sieht. Dies wird allein schon dadurch deutlich, dass in den Jahren 1999 bis 2001 nur eine solche Maßnahme realisiert wurde. Diese Beobachtung geht einher mit einer wachsenden Distanz der Führungskräfte und der Mitarbeiter zur Teamarbeit in der Produktion.

Dass die Abhängigkeit von Personen auch positive Effekte hat, deutet sich durch die Aktivitäten eines nun neuen Personalleiters an. Die Absicht, den Teamgedanken zu beleben, zeigt, dass ein Grundverständnis von einer kooperativen Gestaltung der Arbeitswelt weiterhin nachhaltig wirkt. Die Überlegungen, dies in einem neuen Aktionsrahmen und unter einer neuen Überschrift zu tun, ist jedoch ein eindeutiges Indiz dafür, dass es mit der Nachhaltigkeit des konkreten Implementierungsprozesses von KTA nicht so weit her ist.

9.5 Pilotprojekt Transfersicherung

9.5.1 Was ist daraus geworden? – Interview mit Ursula Fuhrmann[50]

> *Aus heutiger Sicht war der Prozess des Transfersicherungsprojektes für Frau Fuhrmann erfolgreich – auch im Blick auf die begrenzten Ressourcen, die damals zur Verfügung standen. Dazu hat auch die realistische Zielsetzung beigetragen.*
>
> *Das Vorgehen hat sich als richtig erwiesen, vor allem was den parallelen Ablauf von externen und internen Aktivitäten angeht, das heißt extern verantworteten Analyse-Arbeiten und internen Workshops mit den dezentralen Bildungsbereichen, vor allem zur Diskussion von Möglichkeiten der Transfersicherung und schließlich zur Erstellung einer Toolbox für Transfersicherungsinstrumente.*
>
> *Verbesserungsmöglichkeiten würde Frau Fuhrmann heute darin sehen, das Projekt mit der Installation eines Bildungscontrollingsystems zu verknüpfen, um die Notwendigkeit der Transfersicherung zu betonen und die Verbindlichkeit, sich um eine solche aktiv zu bemühen, zu verdeutlichen. Auch ein als Ergebnis des Projektes empfohlenes Transfersicherungsmanagement wurde nicht entwickelt. Mit solchen Maßnahmen könnte zugleich die Managementattention hinsichtlich dieses Themas erhöht werden.*
>
> *Unseren Beitrag als externe Beobachter und Prozessbegleiter haben wir nach Meinung von Frau Fuhrmann entsprechend unserer Vereinbarung geleistet und sind darüber hinaus als wertvolle Berater, Impulsgeber und „Stimme von draußen" wirksam geworden.*
>
> *Als langfristige Wirkung des Transfersicherungsprojektes ist Folgendes festzuhalten: Schon vor und während der Projektes war die Auseinandersetzung mit dem Thema Transfersicherung in den einzelnen Bildungsbereichen sehr unterschiedlich, was unter anderem darin begründet liegt, dass innerhalb des Unternehmens Bildungsarbeit sowohl in Profit-Center wie auch mit Cost-Center-Strukturen betrieben wird. Das Projekt hat jedoch Anregungen zur Durchführung der Transfersicherung gegeben, und jeder Bildungsbereich hat sich vor allem in den Maßnahmen vor und nach den Seminaren und Lehrgängen verbessert.*
>
> *Inwieweit sich die entwickelten und in der Toolbox gesammelten Transfersicherungsinstrumente bewährt haben, lässt sich nicht klar beantworten, zumal diese als Anregungen und Empfehlungen gedacht waren. So wurde auch keine Überprüfung und Validierung des Einsatzes der Instrumente vorgenommen. Die von uns ermittelten Ergebnisse über die Wünsche der Fluggäste – und vor allem deren Ausdifferenzierung in Motivatoren und Hygienefaktoren hat über das Projekt hinaus keine Relevanz erhalten.*
>
> *Positive Nebeneffekte aus dem Projekt war ein zumindest zeitweise intensiver Erfahrungsaustausch über das Thema Transfersicherung sowohl innerhalb der einzelnen Bildungsbereiche wie auch bereichsübergreifend. Als bleibendes greifbares Ergebnis bleibt die Projektdokumentation und die Toolbox, die jedem an diesem Projekt beteiligten Bildungsbereich und darüber hinaus Interessierten im Konzern zur Verfügung steht.*
>
> *Abschließend ist festzuhalten, dass das Projektziel, und zwar die Sensibilisierung der Bildungsverantwortlichen für das Thema Transfersicherung, erreicht worden ist. Mehr war nicht gewollt und ist auch nicht erreicht worden.*

---

[50] Das Interview mit Ursula Fuhrmann wurde am 25. Oktober 2001 geführt.

9.5.2 Aspekte der Nachhaltigkeit

Das Transfersicherungsprojekt in der Aus- und Weiterbildung einer Luftfahrtgesellschaft stand *intentionell* auf einer breiten Basis. So hat sich die Transfersicherung als ein zentrales Handlungsfeld aus den Trainertagen der hauptberuflichen Weiterbildner des Unternehmens herauskristallisiert und ist von dem in dem Unternehmen für Personalentwicklung hauptverantwortlichen Top-Manager, der national und international in Fragen der Personalentwicklung als Experte ausgewiesen ist, als Projekt initiiert worden. Zwar stieß dies bei einzelnen Weiterbildungsmanagern nicht unbedingt auf ungeteilte Zustimmung, weil sie in diesem Projekt eine Kritik an ihrer bisherigen Arbeit sahen. Dies stellte jedoch vor dem Hintergrund dieses doppelten Bottom-up- und Top-down-Willens kein unüberwindbares Hindernis dar. Das Unterfangen, stärker Aktivitäten zur Sicherung des Lerntransfers zu entfalten, war auch uneingeschränkt *indiziert*. Von der Sachlogik her ist die Bedeutung der Transfersicherung ebenfalls unumstritten.

Die *Dosierung* wurde durch ein Pilotprojekt vorsichtig erprobt und dann über die Toolbox zur Transfersicherung in die Verantwortung der einzelnen Bildungsbereiche gelegt.

Zudem ist ein Projekt zur Förderung der Transfersicherung uneingeschränkt vereinbar mit der Idee des Weiterbildungsauftrages. Selbst wenn die konkreten Bemühungen im Arbeitsalltag der Aus- und Weiterbildung bislang nicht so forciert wurden, entspricht das Projekt in seiner Zielsetzung dem, was Weiterbildner eigentlich für richtig und wichtig halten. Also gehört dieses Projekt in die Kategorie der Maßnahmen, die der Mahnung und Aufforderung dienen, schlicht und einfach das zu tun, was man eigentlich immer schon sollte und wollte.

Als hilfreiches Instrument, das Sollen und Wollen in Tun umzusetzen, diente dabei die Toolbox für Transfersicherungsinstrumente.

Belastende *Nebenwirkungen* können darin bestehen, dass nach einer Überprüfung der Bildungsmaßnahmen unter dem Gesichtspunkt der Transfersicherung bisherige Bildungsprogramme und auch Trainer anders bewertet werden müssen als vorher.

Ein Beispiel, wie Bestehendes unter einem veränderten Fokus eine neue Sichtweise herausfordert, aus der Praxis des Autors während seiner Tätigkeit in der Industrie: Als die ersten Überlegungen auftauchten, das bislang aus zentralen Mitteln finanzierte Bildungswesen zu einem Profit-Center zu machen, setzte einen Wandel in der Bewertung der Mitarbeiter ein. Die Mitarbeiter, die man inhaltlich und persönlich schätzte, waren nicht unbedingt identisch mit denen, von denen man mit Sicherheit annehmen konnte, dass sie profitable Bildungsprodukte verbreiten.

Gegenanzeigen sind dann zu erwarten, wenn die Weiterbildung im Allgemeinen und die Transfersicherung im Besonderen an Bedeutung verliert, weil andere für das Unternehmen existenziell weit wichtigere Themen in den Vordergrund rücken, wie es den Luftfahrtgesellschaften nach dem 11. September 2001 widerfahren ist.

Zur **Nachpflege** des Projektes ist von uns ein Transfersicherungsmanagement empfohlen worden. Inwieweit dies realisiert wird, obliegt den einzelnen Bildungsbereichen. Was auf alle Fälle bleibt, ist der Aufwand, die bisherigen Bildungsmaßnahmen auf Elememte der Transfersicherung zu überprüfen und gegebenenfalls Korrekturen anzubringen. Die Toolbox für Transfersicherungsinstrumente mag hierfür eine große Hilfe sein, die „Kosten" für die Nachpflege niedrig zu halten.

Das **Ziel,** das die Luftfahrtgesellschaft mit dem Pilotprojekt verfolgt hat, ist nach Aussagen der für das Projekt unternehmensintern Verantwortlichen erreicht worden. Das Projekt hat ihrer Meinung nach die Mitarbeiter in den Bildungsbereichen für Transfersicherung sensibilisiert. Dies konnte der Autor auch in den Sitzungen beobachten, in denen eine Gruppe von betrieblichen Aus- und Weiterbildnern an der Toolbox gearbeitet haben.

Ob „der große Wurf" gelungen ist, den wir als Veränderungsforscher ins Auge gefasst haben, darf bezweifelt werden. Unter diesem großen Wurf verstehen wir in erster Linie die Absicht, ein Muster zu erproben, mit dessen Hilfe die Wirksamkeit der zentralen transfersichernden Faktoren analysiert werden kann, also das, was wir als Praxis im Sinne der Schnittmenge der Interaktion zwischen den beteiligten Gruppen bezeichnet haben. Entscheidende Zielgröße dabei ist der Kundenwunsch. Unsere erfolgreichen Bemühungen, die Wünsche der Kunden zu erheben, liegen Motivatoren und Hygienefaktoren einzuordnen und auch mit den Vorstellungen der Mitarbeiter und Vorgesetzten über die Kundenanforderungen zu vergleichen, sind von uns als wissenschaftliche Begleiter als größter Erfolg gefeiert worden. Mit Ausnahme von Aktionen, die Führungsstruktur im Check-in und Gate am Standort Frankfurt zu verändern, ist unser Instrument, die Kundenwünsche exakter bestimmen und daraus Handlungsorientierungen für das Service-Personal für ein kundenorientiertes Verhalten ableiten zu können, von den anderen Unternehmensbereichen so nicht übernommen worden. Die Ursachen dafür sind schwer zu ergründen. Sie mögen auf einer Bandbreite liegen, die auf der einen Seite von der ständigen Verlockung wissenschaftlicher Arbeit begrenzt wird, alles grundsätzlich anzugehen, auch wenn damit das Rad damit zum wiederholten Mal erfunden wird. Der Gegenpol mag in der komplexen Struktur großer Unternehmen liegen, die in ihrer arbeitsteiligen Herangehensweise ihre Zuständigkeiten vor Einflüssen von nicht zuständigen Abteilungen schützen.

9.6 Zusammenfassung

Im Rückblick auf die Nachhaltigkeit der hier dokumentierten Veränderungsprozesse lässt sich Folgendes zusammenfassend feststellen:

Je komplexer das System ist, auf das eine Veränderungsabsicht zielt, desto schwieriger ist es, die Intentionskraft zusammenzubringen und auch zu erhalten. Je anspruchsvoller das Ziel ist, desto größer werden die Bemühungen sein müssen, die Indikation und die Kosten für die Nachpflege als gerechtfertigt erscheinen zu lassen. Insofern ist es ratsam, bei der Implementierung von Veränderung darauf zu achten, dass sich die geplanten Innovationen auf einen begrenzten Organisationsraum beschränken und bescheidene Ziele verfolgen, vor allem dann, wenn eine deutlich identifizierbare Nachhaltigkeit zum Erfolgskriterium erhoben worden ist.

Das bedeutet jedoch nicht generell, auf Aktivitäten zu verzichten, deren nachhaltige Wirkung gegenwärtig eher skeptisch eingeschätzt werden müssen, weil sie, wie zum Beispiel beim Modellversuch Ausbildung von Frauen in gewerblich-technischen Berufen, auf eine umfassende Veränderung lange tradierter gesellschaftlicher Bedingungen abzielt.

Es geht auch darum, neben den kurz- und mittelfristig Erfolg versprechenden Veränderungsprozessen, die einem Berater den Arbeitsplatz beziehungsweise die Kunden erhalten, Ideen – wenn auch „auf kleiner Flamme" – weiter zu köcheln, vorausgesetzt man ist trotz gegenwärtig schwacher Resonanz davon überzeugt.

Ein letztes biografisch belegtes Beispiel:
Der Autor hat seit der von H. Kern und M. Schumann Anfang der Siebzigerjahre angestoßenen Diskussion um die Qualifikationsanforderungen in der Industriearbeit[51] immer dafür plädiert, Arbeit so zu organisieren, dass sie nicht von Dequalifikation bedroht wird. Aus seiner Sicht ist herausfordernde Arbeit humane Arbeit. Dieses Bemühen wurde zwar lange Zeit als Aufruf aus sozialwissenschaftlicher Sicht respektiert, die Wirkung blieb jedoch gering. Etwas, wenn auch in bescheidenerem Umfang bewegen zu können, führte dann über die Wege im Rahmen des Modellversuches Ausbildung von Frauen in gewerblich-technischen Berufen durch wissenschaftliche Analysearbeit Einfluss zu gewinnen und diesen dann durch eine hauptberufliche Tätigkeit im Feld der Industriearbeit zu vergrößern. Dennoch blieb man weitgehend auf die Rolle des Rufers in der Wüste beschränkt, dem man mit der Ausbildung von Produktionsfacharbeitern auch einen bescheidenen Erfolg gönnte.

Der eigentliche Durchbruch, wirksam werden zu können, kam dann Anfang der Neunzigerjahre mit der weltweiten Diskussion um Lean Production, die durch eine MIT-Studie über die weltweite Automobilproduktion angestoßen wurde.[52] Eines der zentralen Elemente dieser Produktionsphilosophie ist eine Verlagerung der Verantwortung auf die Ebene der Wertschöpfung. Damit stellt sich die Frage der Arbeitsgestaltung und auch die der Mitarbeiterqualifizierung im Sinne des Plädoyers des Autors, was sich in zahlreichen Einladungen zu Vorträgen und Workshops zum Thema Lean Production niederschlug.

Dies mag abschließend ein tröstendes Beispiel für all diejenigen sein, denen bei der Verfolgung einer zentralen Idee kurz- und mittelfristig der Nachweis von Nachhaltigkeit verwehrt bleibt. Auch in Veränderungsprozessen muss man manchmal abwarten können.

---

[51] Kern, H./Schumann, M.: Industriearbeit und Arbeiterbewusstsein. Wirtschaftliche und soziale Aspekte des technischen Wandels in der Bundesrepublik Deutschland. Forschungsprojekt des Rationalisierungs-Kuratoriums der Deutschen Wirtschaft. Frankfurt am Main 1973, zweite unveränderte Auflage

[52] Womack, J. P.; Jones, D. T.; Roos, D.: In der deutschen Fassung: Die zweite Revolution in der Auto-mobilindustrie. Frankfurt, New York: Campus Verlag, 1991

Literatur:

Antoni: Gruppenarbeit in Unternehmen – Konzepte, Erfahrungen, Perspektiven. 1994

Antons, Klaus: Praxis der Gruppendynamik. Übungen und Techniken. Göttingen: Verlag für Psychologie Hogrefe, 1976

Bähring, Winfried; Roschmann, Christian; Schäffner, Lothar: Das Mandantengespräch. Essen: Deutscher Anwaltsverlag, 1989

Bayer, Hermann: Coaching-Kompetenz. Persönlichkeit und Führungspsychologie. München, Basel: Reinhardt Verlag, 1995

Becker, Horst; Langosch, Ingo: Produktivität und Menschlichkeit. Stuttgart: Enke Verlag, 1995 (4. Auflage)

Beyersdorf, Martin; Schäffner, Lothar: Berufswahl – Theorieaspekte und ein theoretisches Modell. Hannover 1983

Blumer, H.: Der methodologische Standort des symbolischen Interaktionismus. In: Arbeitsgemeinschaft Bielefelder Soziologen (Hg.): Alltagswissen, Interaktion und gesellschaftliche Wirklichkeit. Band 1 und 2. Opladen 1980; Seite 80 ff.

Bungard, W.; Wiendick, G.: Qualitätszirkel als Instrument zeitgemäßer Betriebsführung. Landsberg/Lech 1986

Cohn, Ruth C.: Von der Psychoanalyse zur themenzentrierten Interaktion. Von der Behandlung Einzelner zu einer Pädagogik für alle. Stuttgart 1992 (11. Auflage)

Czichos, Reiner: Change Management. München, Basel: Ernst Reinhardt Verlag, 1990

Dahms, Wilhelm; Schäffner, Lothar: Ausbildung von Mädchen in gewerblich/technischen Berufen. Determinanten geschlechtsspezifischen Verhaltens, Ausbildungserfolg und didaktische Konsequenzen. Hannover 1981

Dahms, Wilhelm; Schäffner, Lothar: Vierter Zwischenbericht zum Modellversuch Frauen in gewerblich/technischen Berufen für den Zeitraum von November 1980 bis November 1981. Hannover 1981

Dahms, Wilhelm; Schäffner, Lothar: Lebensplanung und berufliches Leistungsverhalten von Frauen im gewerblich-technischen Berufsbereich. Hannover 1984

Dahms, Wilhelm; Schäffner, Lothar: Frauen in gewerblich/technischen Berufen. Hannover 1985

DISG-Training (Hg.): DISG-Persönlichkeitsprofil. Giengen

Drexel, I.; Nuber, Ch.: Qualifizierung für Industriearbeit im Umbruch. Hannover 1985

Duell, W.; Frei, F.: Leitfaden für qualifizierende Arbeitsgestaltung. Köln 1986

Eck, Claus D.: Rollencoaching als Supervision. In: Fatzer, Gerhard; Eck, Claus D.: Supervision und Beratung. Edition Humanistische Psychologie. 1990. S 209 – 247

Engelhardt, Marion: Veränderung von Arbeitszufriedenheit und Leistungsmotivation bei Mitarbeitern in Produktionsbetrieben nach Einführung teilautonomer Gruppenarbeit. Diplomarbeit an der Technischen Universität Braunschweig. Braunschweig 1994

Förster, Ulrich: Die Einordnung neuer Formen der Arbeitsorganisation in ein Lebenszykluskonzept – Team- und Gruppenarbeit als Grundlage aktueller Entwicklungstendenzen in der Organisationsentwicklung. Dissertation Maschinenschriftliches Manuskript. Hannover 1999

French, W. L.; Bell, C. H.: Organisationsentwicklung. Stuttgart, Bern 1982 (2. Auflage)

Glasl, Friedrich: Konfliktmanagement. Ein Handbuch für Führungskräfte, Beraterinnen und Berater. Bern, Stuttgart: Verlag Haupt, Freies Geistesleben, 1994

Kälin, Karl; Müri, Peter: Sich und andere führen. Thun: Ott Verlag, 1991 (6. Auflage)

Kandaorouff, A.: Erfolgreiche Implemtierung von Gruppenarbeit, Leverkusen 1998

Kern, H.; Schumann, M.: Industriearbeit und Arbeiterbewusstsein. Wirtschaftliche und soziale Aspekte des technischen Wandels in der Bundesrepublik Deutschland. Forschungsprojekt des RKW. 2. unveränderte Auflage, Frankfurt am Main 1973

Krappmann, Lothar: Soziologische Dimensionen der Identität. Stuttgart 1975

Langmaack/Braune-Krickau: Wie die Gruppe laufen lernt – Anregungen zum Planen und Leiten von Gruppen. 1989

Lehmann/Mehrens: Educational Research. Readings. In: Focus. New York 1971; S. 6 ff.

Matthes, J.; Schütze, F.: Zur Einführung: Alltagswissen, Interaktion und gesellschaftliche Wirklichkeit. In: Arbeitsgemeinschaft Bielefelder Soziologen (Hg.): Alltagswissen, Interaktion und gesellschaftliche Wirklichkeit. Band 1 und 2. Opladen 1980

Mead, George Herbert: Geist, Identität und Gesellschaft. Frankfurt am Main 1980

Moser, Heinz: Aktionsforschung als kritische Theorie der Sozialwissenschaften. München 1975

Paul, A.: Gruppenarbeitskonzepte in der Automobilindustrie. In: Bullinger, H. J.; Warnecke, H. J. (Hg.): Produktionsforum 91 – Produktionsmanagement. Berlin, Heidelberg, New York 1991; S. 159 – 174

Rhein, Rüdiger: Betriebliche Gruppenarbeit im Kontext der lernenden Organisation, Frankfurt a.M.u.a. 2002

Riemann, Fritz: Grundformen der Angst, München: Basel 1961

Rosenstiel, Lutz von: Organisationspsychologie, Stuttgart u.a 1988

Schäffner, Lothar: Arbeit gestalten durch Qualifizierung. Ein Handbuch zu Theorie und Praxis der betrieblichen Weiterbildung. München: Lexika Verlag, 1991

Senge, Peter M.: Die fünfte Disziplin. Stuttgart: Klett-Cotta, 1996

Stürzl, Wolfgang: Lean Production in der Praxis. Spitzenleistungen durch Gruppenarbeit. Paderborn: Junfermann Verlag, 1993

Wehling, M.: Diplomarbeit. Hannover 1983

Womack, D. T.; Jones, D. T.; Roos, D.: In der deutschen Fassung: Die zweite Revolution in der Automobilindustrie. Frankfurt am Main: Campus Verlag, 1991